KB233258

장학연구

장학연구

주삼환 저

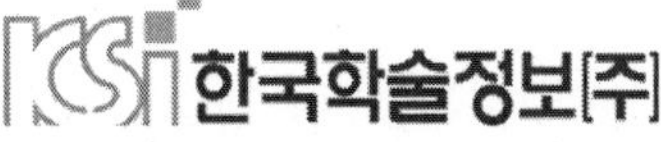

머리말

가르칠 '교(敎)'자와 기를 '육(育)'자를 배우기 시작한 지(1962. 3) 44년, 햇병아리로 교단에 선 지(1964. 3) 42년, 학문을 한다고 교육행정을 연구하기 시작하여 석사학위를 받은 지(1975. 2) 31년, 대학에서 교육행정을 강의하기 시작한 지(1981. 10) 25년, 그동안 무엇인가 놀지 않고 열심히 해보려고 노력했지만 남아 있는 것은 별로 없는 것 같다. 저자의 교단생활을 약 40년으로 볼 때 그중 약 15년은 초등교육의 실천이었고, 교육행정을 공부하기 시작한 것은 약 30년이 되며 그중 5년 정도는 초등교육실천과 교육행정연구의 중복 기간이다. 그동안 올바로 교육실천을 해왔다면 지금은 흩어져 있는 제자들의 생활에 영향력이 미치고 있을 것이고, 제대로 교육실천을 못 해왔다면 그동안 교실에서 떠들어 댄 것은 그 순간에 모두 허공으로 사라졌을 것이다. 결국 교육자는 제자들에 의하여 심판과 평가를 받게 되는 셈이다.

그런데 원고지에 뭔가 썼던 것들은 잘 썼건 못 썼건 꼼짝없이 세상에 그대로 남고 만다. 오자는 오자대로 남아 있고 잘못된 표현은 잘못 표현된 대로 그대로 남아 있다. 여기에 모아 놓은 것은 교육행정에 관심을 갖고 연구하기 시작한 석사학위 이후의 지난 10년간 이미 세상에 발표되었던 장학 관련 논문을 모아 놓은 것이다. 물론 그중에는 여기에 모아 놓기 부끄럽고 '논'자나 '연'자를 붙이지 못할 것도 있다. 그러나 세상에 발표된 것은 이미 저자 개인의 소유물은 아니며 회수할 수도, 지우거나 바꿀 수도 없는 것이기에 그대로 다시 모아 놓기로 했다.

짧은 학문생활에도 저자의 교육행정에 대한 관심과 강조점이 조금씩 바뀌어 온 것 같다. 그 한 줄기는 석사논문 쓸 당시로 교사의 직무동기, 특히 Herzberg의 동기-위생이론에 관심을 갖게 되었는데 The Motivation to work의 번역(허즈버그의 직무동기이론(한국학술정보, 2005)이 그 산물이다. 그리고 "교육조직 연구(2006. 한국학술정보(주))"로 출판되었다. 이 이론은 다음의 관심인 장학론에서도 유용하게 쓰이고 있다.

두 번째 줄기는 학교조직에 대한 관심으로, 특히 학교조직의 관료화와 교직의 전문화 사이의 갈등의 문제인데 결국 한국교육학회에서 2편의 논문을 발표하고 마침내 박사학위논문으로 발전하게 되었다. 학교는 점점 더 관료화되고 가르치는 일과 교사는 점점 더 전문화되는 데서 생기는 문제는 우리나라에서 앞으로 더 논의될 것으로 본다. 이것도 "교육조직 연구"에 포함시켰다.

셋째로 미국에서 공부를 마치고 돌아와서 교육현장에 다소라도 도움을 주기 위해서는 실질적인 장학을 다루어야겠다고 생각하여 임상장학 적용의 문제를 한국교육학회에서 발표하고 이어서 몇 편의 논문을 쓰고 몇 권의 책을 번역하고 저술하게 되었다(임상장학, 인간자원론적 접근, 장학: 장학자와 교사의 상호관계성; 선택적 장학; 장학의 이론과 기법(학지사) 등). 물론 미국으로 떠나기 전 2편의 장학에 관한 논문을 학회에서 발표하고 한 권의 책을 번역한 것(신장학론, 교육출판사)이 바탕이 되었다. 교육의 질을 높이려면 수업의 질을 향상시켜야 하는데 이것이 바로 장학이 할 일이라고 보는데 앞으로 더욱 연구해야 할 분야이다. 저자는 이 장학론을 석사과정에서 김종철 교수에게서 배우고 박사과정에서는 마침 장학론과 교장론, 초등교육행정을 전공으로 하는 지도교수인 Dr. Lambert에게서 배우고 또 2년간 조교(TA)로서 이 강좌를 도와드리며 더욱 관심을 갖게 되었었다. 또 약 15년간의 교육현장생활을 하는 동안 이 분야 연구의 필요성을 절실히 느끼게 되어 관심이 집중하게 되었다. 이 책의 제2부는 주로 장학에 관한 초기 4년간 썼던 논문을 모아 놓은 것이다.

그러다가 최근 교육행정가의 철학과 행정윤리가 중요하다는 것을 느끼게 되어 행정철학(법문사)을 번역하고 2편의 논문을 쓰게 되었다. 결국 동기문제도, 학교조직문제도, 장학문제도 궁극적으로는 철학의 문제로 귀착되는 것 같아 이쪽으로 관심이 쏠렸다. 특히 교육정책은 철학을 표현해 놓은 것이라 볼 수 있다(교육정책의 새로운 방향, 교육과학사를 번역하고 이 분야의 강의를 담당하면서 더욱 철학의 중요성을 느끼게 됨). 앞으로 이에 대한 관심은 계속될 것으로 본다. 2편의 논문이 제1부를 이루고 있다.

그런데 학위과정에서 전공으로 삼고 수강했던 '초등교육행정'과 '초등교장론', '교육정책분석'에 대하여는 한 편의 논문도 제대로 못 썼다. 제3부의 '초등교육의 구조·기능·운영'과 3부 제10장 '학교장의 수업지도성과 수업장학 대안'이 약간 이와 관련될 뿐이다.

짧은 학문생활 동안 관심과 흥미가 네 줄기로 약간씩 바뀌면서 조금씩 범위가 확장되어 나가고 그때마다 신선감을 주어 연구의욕을 일으켰던 좋은 점도 있으나 그만큼 깊이 없는 연구가 되었다는 의미도 된다.

그런데 이렇게 이미 발표된 논문을 모아 놓다 보니 같은 내용을 이 논문 저 논문에서 이중 삼중으로 써먹은 것이 많은 것을 발견하게 되었다. 똑같은 내용이 중복되었다는 약점이다. 어떻게 보면 중복된 부분은 기초적이고 공통된, 계속 강조할 부분이라고 좋게 해석할 수도 있으나 저자가 이용한 자료가 제한되고 게을렀으며 학문이 일천하고, 공부를 덜한 탓이라고 생각하여 독자의 용서를 빌 수밖에 없다.

또 책의 체제에 잘 안 맞는 부분이 있고 논문형식(writing style)에 일관성이 없어 매끄럽지 못한 약점이 노출되었다. 기왕이면 교육행정연구법에 관한 장을 첨가했더라면 하는 아쉬움이 있다.

그러나 연구자들이 이용하기에 따라서는 많은 연구 아이디어와 쏘스(sources)를 발견할 수 있으리라 생각되며, 교육행정실천가들도 현장개선을 위한 어떤 아이디어를 이 책에서 찾을 수 있으리라 믿는다.

책을 세상에 내놓을 때마다 갖는 똑같은 감정은 부족하고 서운하다는 감정과 두렵다는 감정이다. 그렇더라도 뭔가 내놔야 비판도 받고 또 이런 비판을 통하여 더욱 발전할 수도 있다고 믿기 때문에 같은 짓을 반복하게 된다.

이러한 부족한 것이라도 내놓을 수 있도록 그동안 저자를 키워 주시고 길러 주신 국내외 은사님들과 이제는 이미 돌아가시고 이 세상에 안 계신 부모님께 감사드린다. 그리고 성원해 주신 선배, 동료, 제자들께도 고마움의 뜻을 나타내고 싶다. 이 부족한 논문집이 한국교육행정연구에 조금이라도 도움이 된다면 출판자와 저자의 더할 수 없는 기쁨이 되겠다.

2006. 3.

著者 朱三煥 識

차 례

제1부
지도자의 철학 연구

1. 교육행정가의 행정철학과 행정행위[*]

이 글은 첫째, 교육행정에서 철학이 중요하다는 점을 강조하고, 둘째, 행정과학과 행정철학의 형성경향에 대하여 살펴보고, 셋째, 행정가의 철학과 행정행위의 관계를 설명하는 몇 개의 개념적 틀에 대하여 언급하고, 넷째, 철학의 소박한 개념으로서의 신념·이론·가치와 행정행위와의 관계에 대하여 살펴보고, 다섯째, 여러 철학파의 교육행정에 대한 시사를 고찰하려는 데 목적을 두고 있다.

여기서 철학이란 어떤 특정 주의의 체계나 세계관이나 세계의 체계, 또는 하나의 특별한 인식론이나 가치론·심미학을 의미하지 않고, 다만 정확한 사고의 과정과 가치화(valuing)의 과정, 즉 합리성 또는 이론, 그리고 가치·신념을 의미하는 것으로 쓴다. 다만 뒤에 가서 각 철학파의 주의의 교육행정에 대한 시사를 약간 다룬다. 그리고 행정행위라 함은 의사결정과 정책결정 등 결정행위를 중심으로 하되 기획·조정·의사소통·변화·집단과정·지도성 등의 겉에 드러나는 행정행동의 모두를 말한다. 교육행정가도 특정지위나

---

* 이 논문은 "교육행정가의 행정행위에 대한 철학적 영향", <u>교육발전논총</u> 제Ⅱ권 1호(충남대학교 교육발전 연구소, 1983)를 고쳐 써서 <u>새교육</u> 84년 10, 11월호(대한교육연합회)에 연재되었던 것임.

직책을 지정하지 않고 교육행정의 일을 하는 사람을 의미한다.

이 논문은 교육행정에 대한 철학적 접근의 하나의 시도로서 간단한 문헌적 고찰에 불과하며 필자의 주관성도 완전히 배제하지 못한 점이 있다.

I. 행정철학의 중요성

우리 인간들은 살아가는 동안 수많은 결정을 내린다. 물건 하나 고르는 사소한 일에서부터 주말계획을 하는 일, 학교나 직업을 선택하는 일, 배우자를 선택하는 중요한 일에 이르기까지 살아가는 과정 전체가 어떤 결정으로 이루어진다고 해도 과언이 아니다.

교육행정가는 이와 같은 사적인 결정 이외에도 수많은 중요한 결정을 한다. 상위직으로 올라갈수록 많은 결정의 서명과 날인을 한다. 교사와 교육행정가는 어린이 학생의 먼 장래에 영향을 주는 교육적 의사결정을 하는 일을 피할 길이 없다(Fitzgibbons 1981, p.8). 이 의사결정은 행정행위의 가장 핵심이 되는 활동이다(Simon, 1976).

그런데 행정가들은 똑같은 조건, 똑같은 상황에서 다른 행정가와 각각 다른 결정을 내릴 수 있다. 이것은 그 사람 개인의 인성과 성·연령·종교 같은 인구적 변인(demographic variable)의 차에서 오는 경우도 있지만 많은 경우 그 사람이 가지고 있는 신념·철학이 다르기 때문이다. 행정가의 행정행위에는 어떤 이유가 밑에 깔려 있으며 그 행동의 이유를 이론적으로 설명할 수 있을 때 그는 철학을 가졌다고 할 수 있다. 다시 말하면 행정가의 의사결정을 수반하는 수많은 이유 있는 행정행위는 그의 철학이 반영되어 나온 것이다. 교육행정가는 그의 행동에서 다른 사람과는 다른 철학적 가정(假定)을 반영하는 것이다(Graff and others, 1966, p.306). 결국 교육행정 실천가들은 그 영역 내에서 가치(價値)를 시도하고 윤리(倫理)를 실천하는(Simon, Smithburg and Thompson, pp.539, 554) 것이다. 한마디로 말하여 행정은 행동철학(行動哲學, philosophy in action)(Hodgkinson, 1978, p.3)이라고 할 수 있다.

그런데 때로는 자기의 행동이유를 충분히 이론적으로 설명하지 못하고, 그렇다고 어떤 믿음에서 나오지도 못한 즉흥적인 행동도 있을 수 있다. 이런 행정가의 행동에는 일관성도 없고 이랬다저랬다 제멋대로인 철학 없는 행동인 것이다. 이러한 철학적 지향성이 없는 행정가는 자기의 지도성 역할을 포기하고 일상적·관리적 일을 다루는 데 정력을 소비하고 이것이 자기의 주요 기능인 것으로 착각하는 사람도 있다. 이들은 학교 관리적 사소한 일이라는 바다를 미친 듯이 헤엄치고 다니며 방향감도 없이 닥치는 대로 일을 처리하고는(Graff and others, 1996, p.10) 열심히 일을 많이 했다고 생각한다. 철학지향성이 없는 어떤 다른 행정가는 기획주의적 형태의 기관운영법을 나름대로 개발하여 사용하게 된다. 어떤 신념이나 철학이 없이 아래위 눈치와 기회를 보아 행동하는 것이다. 어떻게 보면 이것도 그의 행동철학이라고 할 수 있다. 철학지향성이 부족한 행정가들의 행정행위는 위와 같은 행동을 자기의 일에 반영한다. 그런데 대부분의 교육행정가에게 이렇게 중요한 철학지향성을 개발할 만한 적당한 기회가 주어지지 않았었고 또 교육행정에서 철학적 측면을 강조하여 다루지 못했었다는 데 문제가 있다.

지금까지 교육행정에서 행정과정에 가치나 신념·철학 등이 어떻게 스며드는지에 관한 관심은 비교적 적었고, "주로 기능 위주의 관견이 주류를 이루어"(김광웅, 1983, p.4) 기획·조직·인사·지휘·조정·보고·예산·통제(POSDCoRB) 등의 제 기능에 많은 관심을 두어 왔다. 다시 말하면 겉에 드러나는 행정가의 행정행위와 과정의 연구에 관심이 많이 쏠렸었고 행정행위의 밑바탕에 깔려 있는 핵에 해당하는 철학에 대한 연구적 관심이 적었다. 이 논문은 행정행위의 밑바탕에 깔려 있는 철학적 측면과 표면에 드러나는 행정행위를 연결지어 보려는 것이다.

교육행정가가 하는 수많은 의사결정 속에는 교육목적설정·교육내용결정·교육방법의 결정 등 어린이의 운명을 좌우하는 교육결정이 있으며, 이때마다 그의 철학이 스며든다고 할 때 교육행정가의 철학은 아무리 강조해도 오히려 부족하다. 앞에서 교육행정가가 철학이 없을 때의 문제점을 잠깐 지적하였으나 또 중요한 것은 교육행정가가 잘못된 철학을 가지고 있을 때이다. 학생과 교사, 우리의 교육 전체를 엉뚱한 곳으로 끌고 갈 염려도 있고 또 혹시 끌려가지 않는다 하더라도 올바른 철학을 갖지 못한 행정가는 철학 없는 행정가와 마찬가지로 비난의 대상이 될 것이기 때문이다.

상위직의 행정가일수록 기술적(tcehnical)·관리적(managerial) 일을 하는 하위직 행정가보다 더 철학적인 결정을 하게 되며 그러므로 철학은 더욱 중요시된다.

Ⅱ. 행정과학과 행정철학의 형성

교육의 중요한 결정들을 다루는 교육행정에 최근 두 접근경향성이 대조적으로 나타나고 있다. 한편에서는 행정과 교육의 과학화 또는 과학적 접근(김광웅, 행정과학서설, 1983; 이돈희, 교육과학의 이론, 1983) 등이 있고, 다른 한편에서는 의사결정과 행정에 철학적 접근(Fitzgibbons, *Making Educational Decisions: An Introduction to Philosophy of Educaton, 1981; Hodgkinson, Towards a Philosophy of Adminisration, 1978; Graff and others, Philosophic Theory and Practice in Educational Administration, 1966; Bellone, Orgaization Theory and the New Public Administration*, 1980)의 경향이 나타나고 하나의 학문 영역으로 발돋움하려 하고 있다. 이 두 경향에 대하여 위의(괄호 안의) 문헌을 중심으로 살펴보고자 한다.

과학과 철학은 원래 같은 것으로부터 출발하였다. 과학은 아마 철학의 한 가지(branch)였다고 말하는 것이 보다 더 정확한 것이다(Graff and others, 1966, p.38). 그래서 초기의 과학자들은 자신들을 자연철학자로 생각했었다. 그러나 모든 면에서 과학이 중시되면서 그 근원을 잊고 대등한 위치로 올라서고 있으며 논리 실증주의철학에서는 과학성이 강조되고 또 과학철학도 나오게 되었다.

교육에 있어서도 "교육목적의 탐구는 철학이고 교육방법의 탐구는 과학적이라고 구분하는 것은 지나친 단순화"라고 하더라도 "명백히 교육목적의 탐구에는 철학적 탐구의 노력보다 더 요구하며, 교육방법의 탐구에는 그와 반대된다고 할 수 있다"(이돈희, 1977, p.14). 교육에서 철학적 ·탐구행위와 과학적 탐구행위를 동시에 요청(상게서, p.47)하고 있는 것은 사실이다. 교육행위는 바로 목적지향적인 과정이며(상게서, p.15), 행정은 목적달성에 있어서 조정과 통제의 과정에 붙여진 이름이다(Graff and others, 1966, p.48). 목적을 다루는 것은 주로 철학적 측면이며, 그 달성방법에서 과학적 방법을 동원하는 것이다. 다시 말하면 교육행정은 "목적을 실현하기 위한 관리(management)를 위해서는 물론이고 계속적인 교육목적의 재개발을 위한 도구가 되어야 한다"(Graff and other, 1966, p.3).

Taylor의 과학적 관리운동 이래 Gulick과 Urwick의 Papers on the Science of Administration의 출판은 과학적 관리운동의 절정을 이루었다(Gulick and Urwick, 1937). 이들은 성공적인 관리자의 경험분석과 실패사례의 분석은 효과적인 관리기술을 밝힐 것이라 확신했었다.

그 후 1960년대에 행정과학의 성립과 발전을 위한 노력은 강화되었다. 이러한 경향은 (1) 행정 연구에 대한 학제적(interdisciplinary) 접근과, (2) 행정의 일반이론과 특수이론의 발전, (3) 행정가가 일해야 하는 사회학적·정치학적·심리학적 환경을 이해하기 위한 수단으로서 조직론 개발에 대한 관심의 증대, (4) 행정이론과 조직이론에 기반을 둔 체계적 연구에 대한 노력의 증가 등의 움직임으로 인해서 더욱 분명해졌다(Sergiovanniand Carver, 1980, p.3).

또한 교육행정에 PERT, CPM, PPBS 등의 기법과 계량화 기법, 컴퓨터 등 공학적 기법의 도입과 발달로 교육행정의 과학화는 가속되었다.

그동안 우리나라에서도 행정의 과학적 접근과 과학화의 노력은 꾸준하였으나 행정과학이란 이름이 붙은 책은 김광웅의 「행정과학서열」(1983)이 처음인 것 같다. 과학으로서의 행정은 조직목적 달성과 관련되는 조직 현상과 인간행위를 기술·설명·분석·예언하는 데 관심을 갖는다. 행정에의 과학적 접근은 객관성과 중립성을 요구한다. 이 접근의 초점은 일반적으로 행정에 널리 적용해 온 원리들을 확인하고 서로 연결시키려는 데 주어진다(Sergiovanni and Carver, 1980, p.5). 그리고 행정과학은 교육에 있어서 독특한 가치체제에 의하여 그 명제를 평가할 수 없게 한다. 예를 들면 행정과학 개발의 선구자 Simon은 신념체제는 과학에서 설 자리가 없다는 것을 상기시켜 준다. 즉 "다른 어떤 과학과 마찬가지로 행정과학은 순전히 사실적 진술에 관심을 갖는다. 과학체계에는 윤리적 주장의 여지가 없다. 윤리적 진술이 나타날 때마다 사실적 진술과 윤리적 진술의 두 부분으로 분리된다. 그런데 사실적 진술만이 과학에 적절하다"(Simon, 1976, p.253)는 것이다.

행정에의 과학적 접근이 정확한 지식·개념·기본적 이해라는 형태로 의사결정에 귀중한 투입을 해 줄 수 있지만 교육행정가를 위한 운영전략의 형성에는 거의 직접적으로 도움을 주지 못한다. 그래서 행정과학의 강점, 즉 객관성·중립성·광범한 적용성은 또한 그 약점이 되기도 한다. 가치부재·목표강조의 취약, 특수상황에의 적용 곤란성 때문에 교육행정가는 교육이란 독특한 가치체제의 관점에서, 또 자기 학교에 특이한 목표의 관점에서 과학적 명제를 수정해야 한다(Sergiovanni and Carver, 1980, p.7). 그래서 일반행정을 다루고 있는 김광웅도 가치 배제적인 한 학문 그 자체는 과학적 학문의 수준에 이르지 못한다고 하여 그의 「행정과학서설(行政科學敍說)」은 가치 전체적 성격이 강한 과학적 학문으로서의 행정학을 뜻한다고 말한다. 그는 사실 위주의 '과학적 행정학'과 경험을 바탕으로 한 규범과 가치정향의 '행정과학'을 구별하여 사용하고 있다. 그래서 이의 행정과학 속에는 가치와 철학적 요소까지 포함시킨 것을 의미하는데 실제로 그의 책에는 충분히 포함시키지 못한 것을 아쉬워하고 있다. 어쨌든 가치와 윤리를 다루는 철학적 바탕이 있어야 하며, 응용과학에 속하는 교육행정에서는 철학적 측면이 더욱 중요시되고 있다.

이제 행정의 철학의 측면을 살펴볼 차례이다. 김광웅은 행정에 철학이 있는가에 의문을 제기하며 이에 부정적이라 하며 그 이유로 지금까지 행정사상을 아리스토텔리안의 방식으로 통합하고 체계화된 틀 속에서 정리한 행정철학자나 이론가가 아직 없기 때문(김광웅, 1983, p.194)이라고 지적하고 있다. 그는 지금까지 행정학 분야에서 정진한 수많은 학자들이 행정학의 철학적 배경을 얼마나 규명하려고 애썼는지에 의문을 제기하면서도 그들이 각 분야의 지식을 동원하여 행정학의 가치기반을 굳히는 데 공헌하였던 게 사실이라 인정하고 있다. 그리고 그의 책에서 행정학의 발달 순서에 따라 여러 학자들의 주장과 철학관을 중심으로 행정을 철학으로 조명하고 있다.

Simon은 전후의 행정에 철학적 혁명을 주도한 인물이라 할 수 있는데, 그는 행정의 핵심은 의사결정이라 하고 결정 행위에는 크건 작건 행정가 자신의 가치를 주입하게 된다는 것이다. 그리고 결정이란 여러 대안들 중에서 선택하는 것이기 때문에 각 결정은 윤리적·가치적 내용을 담게 된다고 하였으며 Broudy도 교육자는 가치 이외에 아무것도 취급하지 않는다(1965, p.52)고 하여 행정에 있어서 가치를 강조하고 있다.

1960년대 후반에서 1970년대 전반에 걸쳐 나타난 신행정학(New Public Administration)의 모임은 윤리적 명제를 제일주의로 삼는 일종의 철학운동으로 민주주의철학과 인간의 존엄성을 최고로 조작적 가치와 관료적 결정 행위의 종국목표(김광웅, 1983 p.222)로 하고 있다. 이들의 노력은 과거의 전통적인 입장에서 행정현상을 기능적으로 보던 관현에서 탈피하고 과학적 연구를 주장하는 행태과학의 조류에서도 벗어나면서 가치와 규범을 과학적 사고에 접목하려는 것이다. 그중의 한 사람인 Bellone(1980)은 행정학을 가치와 규범에 관한 논의에 초점을 맞춰 학문적 위상을 정립하려 하여 (1) 규범과 가치, (2) 가치지향, (3) 인식론, (4) 합리성, (5) 개인의 욕구와 조직의 통합, (6) 조직성과 측정, (7) 조직과 환경의 상호관계, (8) 합의적 결정, (9) 기술과 미래를 그의 책 서론에서 행정학의 관점에서 종합하고 있다.

Hodgkinson은 「Towards a Philosophy of Administration」(1978)을 I. 논리, II. 가치, III. 철학의 3부로 구성하고 행정철학의 형성가능성을 제시하고 있다.

Fitzgibbons(1981)는 교육적 의사결정을 철학적으로 접근하여 (1) 지성적 결정에 필요에 교육철학, (2) 합리적 교육의사결정을 위한 기반으로서의 논리학, (3) 교육의사결정과 윤리학, (4) 교육의사결정을 다루고 있다.

Graff 외는 『Philosophic Theory and Practice in Educational Admiristsation』(1966)에서 교육행정가에게 필요한 철학이론과 실제 사례를 제시하고 있다. 제I부는 철학과 행정가, II부는 철학사상체계, III부는 철학적 개념과 행정행위로 나누어 행정가에게 등한시되었던 철학적 무장을 강조하고 있다.

Sergiovanni와 Carver는 교육행정은 근본적으로 좋은 또는 더 좋은 과정, 좋은 또는 더 좋은 수단, 좋은 또는 더 좋은 목적과 관련된 하나의 윤리과학(ethical science)이며 그래서 가치·선호·아이디어·열망·희망을 완전히 내포한다고 하며, 교육행정을 행동지향적(action-oriented) 응용과학으로 보고 과학적 측면과 직관적 측면, 평가적 측면(신념체제·철학·교육목적·자아개념)을 동시에 강조하고 있다. 이들도 행정에 있어서 의사결정의 중요성을 강조하고 의사결정에 영향을 주는 요소로 (1) 행정가 내부요인, (2) 인간체제 요인, (3) 조직 내 요인, (4) 환경요인으로 구분하였는데, 내부요인은 신념체제를 인간체제는 윤리과학을 가리키는 것으로 둘 다 철학적 측면이라 할 수 있다.

지금까지 행정의 철학적 측면을 다룬 사람과 책을 중심으로 살펴보았는데, 행정에 있어서 철학적 측면은 더욱 중요시되고 있으며 그래서 행정철학이라는 하나의 분야로 형성될 가능성까지 엿보이고 있다. 그리고 최근의 행정과학은 과거의 과학적 행정과는 달리 가치전제적·규범적·윤리적·철학적인 면까지 포함하려 하고 있다는 것을 지적한다.

Ⅲ. 교육행정가의 철학과 행정행위의 관계

지금까지 행정과학과 행정철학의 형성경향에 대하여 언급하였다. 이제 본론에 해당하는 교육행정가의 철학과 행정행위와의 관계에 대하여는 논하고자 한다. 행정행위로 겉에 나타나게 되어 교육행정을 행동지향적(action oriented) 응용과학(applied science)이라고 하는 사람도 있다. 그런데 이 행동의 밑바탕에는 철학이 깔려 있다는 것은 이미 지적하였다. 그렇다면 행정은 결국 철학을 행동으로 번역하는 것이다. 인간본성에 대한 철학적 가정이 행정가의 행동과 행정행위에 영향을 주어 겉에 드러나게 된다. 예를 들면 의사결정이나 정책결정도 철학적 기반으로부터 나오며, 행정에 있어서 중요한 문제는 거의 다 철학적 개념과 분리하여 해결될 수 없다. 그래서 정책결정은 이론적으로 그리고 가치적으로 행정행동, 즉 행정의 진수(眞數)이며, 행동철학의 축도로 고려하기도 하며(Hodgkinson, 1978, p.67), 심지어 "정책과 철학은 합동"(p.66)이라고까지 한다.

이제 행정가의 철학이 어떻게 행정행위로 스며 나오는지 그 개념적 틀(conceptual framework) 몇 개를 살펴보고자 한다.

Sergiovanni와 Carver(1980)는 우리가 이미 살펴본 과학적 측면과 예술적(art)·직관적 측면을 투입시켜 철학적 측면의 평가적 망(網)으로 걸러내서 행동이 나와야 효과적인 행정행위가 나온다는 행정효과성 모형을 〈그림 1〉과 같이 제시하고 있다.

이 모형에서는 행정의 과학적 측면과 예술적·직관적 측면을 포함하고 있으며, 양자는 서로 관련짓고 상호 작용함으로써 둘 다 성장하고 발전하며 과학성과 예술성이 직접 행동으로 나타나는 게 아니라, 지금까지 강조해 온 철학적 측면의 신념체제·경영철학·자아개념 등의 평가적 망에 의하여 걸러서 행동이 나와야 행정의 효과성(效果性)이 높아진다는 것이다. 이미 언급한 것처럼 의사결정에 영향을 준다고 생각하는 신념체제·인간체제·조직체제·정치체제·행동체제에 의하여 The New School Executive란 책을 꾸미고 있다.

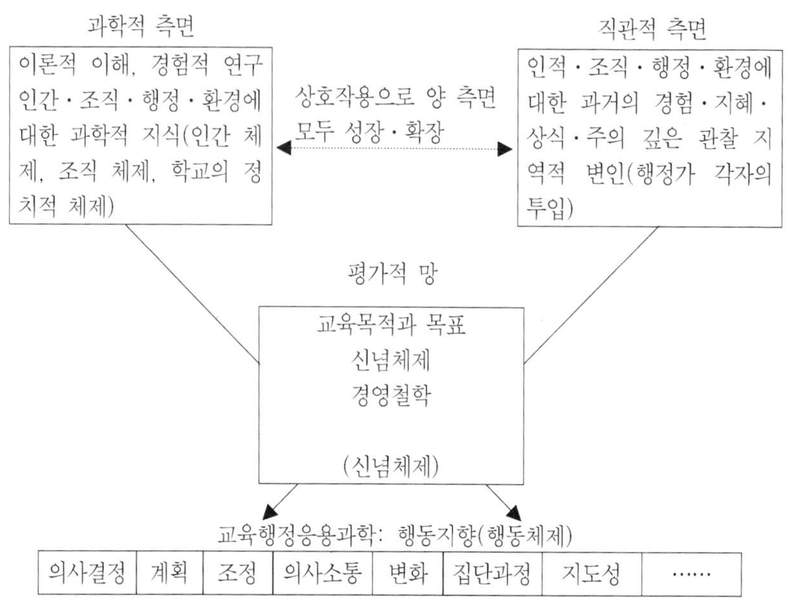

〈그림 1〉 행정효과성 모형(Sergiovanni & Carver, 1980, p.54, 약간 수정)

Hack 외는 체제적 사고에 의하여 행정행위가 나오는 것을 '선행요인'(an-tecedents)이 행정가라는 '사람'(man)에 투입(input)되어 '표현'(manifes-tions)으로 산출(output)되는 것으로 〈그림 2〉와 같이 설명하고 있다.

행정의 국면(facet)으로 (1) 철학적 기초(philosophical base), (2) 이론(theory), (3) 환경(setting), (4) 사람(man), (5) 직무(job), (6) 조직(organization), (7) 과정(process)을 들고 이 7개의 국면으로 이들의 책을 구성하고 있다. 이 그림에서 교육행정가로서의 '사람'은 그 사람 자신의 독특한 '가치' 양식, '지각' 양식, '기술과 능력'이라는 프리즘적 구조로 '선행요인'인 (1) '철학', (2) '행정이론', (3) '사회적 환경'을 굴절시켜 행정가의 (4) '직무'가 정의되고, (5) '조직'이 구체화되고, (6) 행정 '과정'이 결정되어 '표현'으로 등식화된다.

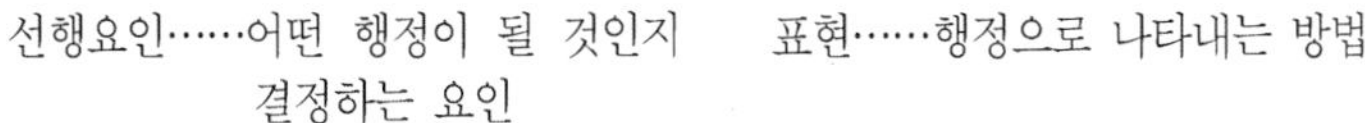

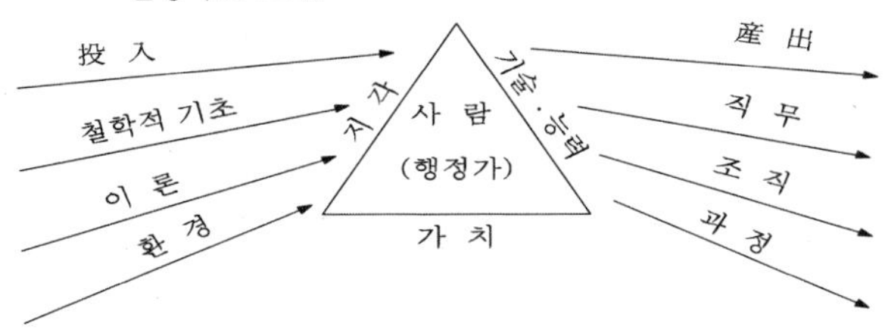

〈그림 2〉 교육행정의 프리즘적 구조

　Sergiovanni와 Carver의 행정효과성 모형에서는 과학적 측면과 직관적 측면을 철학이 걸러내는 평가적 기능을 한 반면 Hack 외의 프리즘적 구조에서는 철학과 가치를 나누어 철학이 투입 요인이 되고 행정가의 가치관(價値觀)이 걸러내는 평가적 역할을 하고 있다. 이렇게 약간의 차는 있으나 철학은 행정행위의 전제가 되며 투입 요인 또는 평가적 기능으로 행정행위에 영향을 주고 있음을 알 수 있다.

　Harmon(1980)은 행정가의 자아개념을 능동적 자아 대 수동적 자아, 원자적 자아 대 사회적 자아로 나누어 보고, 사회적 자아와 능동적 자아, 그리고 이를 둘러싸고 있는 환경의 상호작용에 의해서 행정행동이 나오는데, 이는 사회적 가치와 목표의 실현을 위해서 취하는 행동으로 〈그림 3〉과 같이 나타내고 있다.

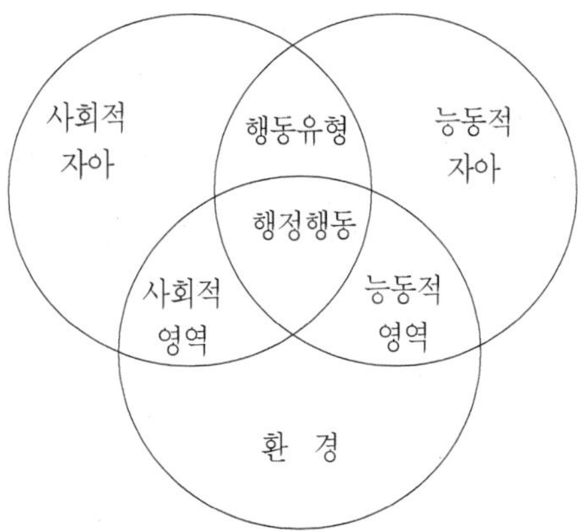

〈그림 3〉 행정행동 모형(Harmon 1980. p.189)

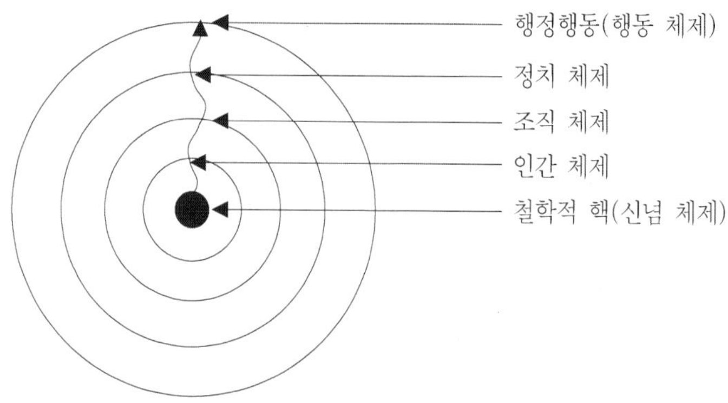

〈그림 4〉 교육행정가의 철학과 행정행위

지금까지 철학이 행정행동으로 나오는 모형을 세 개 소개하였는데, 특정 행정가의 철학적 핵(核), 신념체제로부터 인간 공통의 인간체제와 보다 넓은 조직체제, 또 조직 내외의 정치체제를 거쳐서 표면적인 행정행동으로 나온다고 〈그림 4〉와 같이 정리하고자 한다. 행정가의 철학이 튼튼하여 중심을 잘 잡을 때 인간체제·조직체제·정치체제를 통과하는 동안 크게 변질되지 않고 이지러지지 않아 표면에서 크고 둥근 행정행위라는 원을 그릴 수 있는 것이다.

Ⅳ. 신념·논리·가치와 행정행위

철학을 소박한 말로 바꾸면 신념·논리·가치란 말과 가까워진다. 이제 이들과 행정행위를 관련지어 간단히 살펴보고자 한다.

"당신의 교육철학은 무엇입니까?"라는 질문은 "당신의 교육에 대한 신념은 무엇입니까?"로 대치될 수 있다. 신념은 교육에 대한 개인철학을 구성하고 "교육철학은 교육에 대한 일련의 신념"(Fitzgibbons, 1981, p.23)이라고 할 수 있는데, 한 사람의 교육적 신념에는 경험적 신념과 철학적 신념의 두 종류의 신념이 있을 수 있다.

교육행정가가 어떤 결정을 할 때도 그 사람의 신념에 기반을 둔다. 어떤 결정을 하려면 여러 대안들을 고려하기 때문에 의사결정자는 무엇보다 먼저 여러 대안들이 존재한다는 것 자체를 믿어야 한다. 둘째, 신념이 합리적 결정을 위한 근거가 되는 방법은 어떤 결정의 '합리성'(rationality)을 다룬다는 것이다. 어떤 결정에는 이유가 있으며 바로 그 이유가 합리성이 되며 이 합리성은 그 결정자의 신념에서 나온다. 신념이 합리적 결정의 근거가 되는 세 번째 길은 각 결정에 대한 이유가 적절해야 한다는 것이다.

교육행정가가 인간은 본래 선하다는 인간에 대한 신념을 가질 때 그는 McGregor의 Y이론의 경영철학을 가질 것이며, 그 결과 부하 직원에게 많은 자율성과 재량권을 주고 위임하는 행정행위로 번역되어 나올 것이며, 인간은 믿을 수 없는 존재라는 신념을 갖는다면 X이론의 경영철학으로 번역되어 그 반대 행정행위가 나오게 될 것이나, 교육에서 무엇이 어떻게 이루어져야 한다고 믿느냐는 바로 그 사람의 행정행위를 결정한다.

어떤 결정을 위한 합리성은 바로 논리적 사고라고 할 수 있다. 행정가의 많은 행정은 논리적 사고라고 할 수 있다. 행정가의 많은 행정은 논리성과 논리적 판단에 의하여 나오지만 반드시 그럴 수만은 없다. 의사결정이나 정책결정의 합리적 모델(rational model)이나 합의결정모형(consensus decision making)에는 제한이 있기 마련이다. 처음부터 인간의 합리성에는 한계가 있기 때문이다(Simon, 1976). 예를 들면 조직 내외의 힘에 의한 정치적 영향이 행정행위에 강하게 작용하여 결정에 이르게 되는 정치적 모형이 있다. 즉, 학교수준이나 지방자치의 교육청 수준에서의 어떤 결정은 교육행정가의 어떤 합리성이나 논리성 이외에 각 이익집단 간의 힘의 다툼과 균형에 의하여 이루어지는 수가 많다. 그렇다고 해도 행정에 있어서의 논리는 행정과학과 행정철학의 양면에서 중요한 위치를 차지하고 있다.

Hack 외의 모델에서나 Bellone 등의 신행정학의 모임에서는 가치를 행정의 중심으로 삼고 있다. 과학적이라는 것은 무엇보다도 '가치배제'(value-free)로 번역되었었다. 현대의 비평은 가치배제적 사회과학은 불가능하다고 한다. 사실은 관찰자와 독립하여 존재할 수 없고, 우리 인간의 신념·

소망·가치·사회화는 우리가 '보는 것'(see)을 채택한다.

Bellone(1980)은 가치정의 접근으로 (1) 주관주의(subjectism), (2) 유기사회주의(biosocialism), (3) 논리실증주의(logical positivism), (4) 상호주관성(intersubjectivity)을 들고 '어떤 대상에 붙여진 인지적—정의적 의미'라 정의한다.

그리고 가치를 (1) 인간의 창조로서의 가치, (2) 사회—심리학적 과정으로서의 가치 창조, (3) 대상—지향 활동으로서의 가치로 보고 있다. Clayton(1980)도 (1) 행정가는 결코 가치중립일 수 없고, (2) 행정가는 공적인 일을 할 때 가치를 창조·변화시키며, (3) 기술(technolgy)은 점점 더 중요한 역할을 한다고 주장한다(p.74). 그리고 행정가는 가치에 관한 인지적 기반을 제공해 주는 사전·사후 교육만으로 충분치 못하고 실제 문제(real issues)를 풀어야 하며(p.77), 기술자는 무엇이 가능한가를 명백히 해 줄 수 있지만 행정가는 무엇이 바람직한가를 명백히 할 수 있도록 도와줄 필요가 있는 것이다(p.78).

비단 행정가뿐만 아니라 "각 조직구성원은 하나의 가치실천자(a value actor)(Hodgkinson, 1978, p.126)라 할 수 있다. 여러 개의 대안 중에서 하나를 선택하는 의사결정은 가치위계 또는 '가치순서'에 근거하여 선호의 순서를 포함하는 것이다. 기술적·정치적·과학적·심리적·논리적 가치체제(Huebner, 1966, p.14) 등의 기준에 의한 비중에 의하여 가치의 순서를 매기고 행정가의 선호가 작용하여 결정에 이르게 된다.

정책이란 것도 가치를 조작적으로 진술한 것(Kogan, 1975, p.55)에 지나지 않으며 가치를 추구하기 위하여 작용한다(주삼환, 1983, p.57). 어쨌든 가치의 실현을 위해서 행정행위로 나타난다.

V. 여러 철학파의 교육행정행위에 대한 시사

철학파를 여러 가지로 이름을 달리하여 분류할 수 있으나, 여기서는

Graff 외에 따라 (1) 이상주의(idealism), (2) 현실주의(realism), (3) 논리 실증주의(logical positivism), (4) 실용주의(pragmatism), (5) 실존주의(exisentialism)의 교육행정행위에 대한 시사점을 간단히 요약하고자 한다. 각 학파에 대한 설명은 생략하기로 한다.

A. 이상주의(理想主義)

이상주의의 주요 특징은 변화에 대한 저항이다. 이상주의는 현상유지를 추구한다. 현시대의 사회적·경제적·정치적·공학적 혁명에 당면하여 이상주의는 "아름다웠던 옛날로의 복귀"(go back to the good old days)인 것같이 보인다. 그러나 오늘날의 행정가는 변화에 대처할 행정능력을 증대시키는 철학적 전망을 요구받고 있다. 그래서 이상주의는 오늘날의 교육행정에서는 적절치 않은 것 같다. 우리의 세계는 변화의 세계이며 우연성과 가능성의 세계이기 때문이다. 이상주의적 신조를 계속 실천하고 있는 교육행정가는 시대에 어긋났을지도 모른다. 그런데도 어떤 행정가는 자기 일의 어떤 측면에서 이상주의적 의미를 수용하고 있으며, 또 이상주의는 교육행정에 중요한 영향을 끼쳐왔고 또 계속 영향을 주고 있다.

이상주의자는 개인의 권위에 의지하고 어떤 문제점에 부닥치면 그것을 해결하기 위한 방도로 직원들을 소집하여 '아이디어 교환'을 하게 하고 '해결'에 동의하게 할 것이다. 또 사회사건으로부터 교사와 학생을 보호하려는 입장을 취하고 결과적으로 학교는 지역사회와 담을 높이 쌓게 된다. 이상주의 교육행정가는 보수적 행정행동을 취하게 될 것이다.

B. 현실주의(現實主義)

현시대의 많은 사람들이 인간은 우주의 심층적 비밀을 발견할 것이라는 신념을 즐기고 있다. 완전한 철학체계로서의 현실주의의 성장은 대개 과학의 발달과 병행하여 이루어졌다. 현실주의는 서구문화의 과학의 성장과 발전을 위한 중요한 철학적 기반을 제공해 주었다. 대부분의 초기 과학자들은 현실주의

자였다. 그들은 자연의 보편적 법칙을 발견하고 있었다. 현실주의자들은 저절로 이상주의의 적이 되었고 다양한 가정 때문에 공존은 불가능하게 되었다. 이들은 실제 세계는 감각을 통해서 의식으로 직접 해석된다고 가정하였다.

교육행정은 현실주의자의 사고에 의하여 많은 다양한 방법으로 영향을 받아 왔고 또 지금도 받고 있다. 이 분야의 많은 학자들은 특히 과학적 방법에 대한 현실주의자의 강조를 끌어들여 왔다. 다른 어느 분야에서보다 행정분야에서 과학적 연구의 가치가 인정받아 왔다. 학생진급·성적평가 체제, 건물·건축 재정 체제의 조직은 정확한 과학적 방법이 실제에 있어서 가장 중요한 전환으로 작용해 온 부문이다.

특히 교육행정과 공공행정에서 과학적 관리운동은 현실주의 운동에 의하여 나온 것이다(Graff and others, 1966, p.140). 교육행정에 대한 현실주의의 초기의 경향은 교육행정을 하나의 연구분야로 성립시키는 데 하나의 자극제로서 크게 공헌하였다.

C. 논리실증주의(論理實證主義)

현대 논리실증주의 또는 논리적 경험주의는 하나의 철학으로 발전하는 데 Vienna 대학교의 소집단 학자(Vienna Circle)들에 힘입은 바 크다. 교육에서 많은 교육실천가와 교육인사들은 증대되는 과학적 방법에 대한 안내로 많은 득을 얻은 게 사실이다. 논리실증주의에 안내된 사람들은 과학은 사람이 살아가기 위한 최선의 길을 밝혀 줄 것이라 믿기 때문에 가치를 발전시키는 것은 교육의 관심으로는 적당치 않다고 생각하였다. 더구나 논리실증주의자들에게 가치는 과학적 과정에 들어가지 않기 때문에 가치문제는 의미가 없다는 것이다. 이것은 이 논문에서 가치를 강조한 것과는 정반대의 견해이다. 그러나 교육에 대한 논리실증주의의 가장 큰 기여는 사고의 명백성, 언어의 정확성, 추리의 일관성, 그리고 행동의 합리성에 대한 주장이라고 할 수 있다.

논리실증주의자들의 합리적·논리적·과학적 경향성을 띤 저서들은 전통적으로 교육행정가들에게 강하게 어필해 왔다. 우선 이들은 사실의 문제와 가치의 문제를 구별하여 사실의 문제는 과학의 영역이며 가치의 문제는 과학적 방법으로 해결될 수 없다고 주장하는 데 실증주의자들과 합세하였다. 그러므로 만일 교육행정이 하나의 과학이라면 'What ought to be'가 아닌 'What is'에 관심을 가져야 한다는 것이다. 어쨌든 사실과 가치, 'What is'와 'What ought to be'의 양분은 교육행정에 중요한 영향을 주었다. 사실과 가치의 구별을 위한 시도로 Simon의 「Administrative Behavior」가 이론을 위한 출발점이 되고, 이 책으로부터 철학과 교육행정을 관련지어 관심을 갖게 되었다. 논리실증주의자들의 주장에 의하면 교육행정이 과학이 되려면 철학이지 말아야 한다는 것이며, 과학을 통해서만 교육행정에 대한 지식의 체계가 발견될 수 있다는 것이다.

교육행정에 대한 논리실증주의의 영향은 교육행정의 과학화인데, 이들의 주장은 김광웅의 가치전제적 행정과학과는 달리 가치배제적·가치중립적인 과학적 행정이라 할 수 있다. 교육행정이 진실로 과학적이고자 한다면 경험적으로 검증되지 않은 가치·윤리·도덕의 문제(규범적이고 당위적인 고려)는 제거되어야 한다는 이들의 주장은 이 논문이 강조하는 논리와 어긋난다.

D. 실용주의(實用主義)

실용주의는 미국의 철학으로서 교육에도 영향을 준 바 크다. 실용주의는 교육이라는 경험 속에 전인적 어린이(whole child)·생물적 어린이·사회적 어린이를 포함시키는 게 중요하다고 강조한다. 또 이들은 이 세상에 절대적인 것도, 궁극적 실재도, 권위적 인물도, 영원한 다양성도 없다고 믿는다.

행정은 어떤 '해답'과 '해결'을 추구하고 실행하는 과정의 중심이기 때문에 행정기능의 실용주의적 개념은 다른 철학적 입장에 의하여 지지되는 행정개념에 비하여 그 범위와 중요성에 있어서 훨씬 더 넓고 크다(Graff and others, 1966, p.186).

또 실용주의는 진정한 민주행정을 위한 철학적 근거를 제공해 준다. 모든 사람이 교육에 관한 어떤 결정에 의하여 영향을 받아야 하기 때문에 결정에 의하여 영향을 받는 모든 사람을 의사결정과정에 포함시켜야 한다는 것이다. 이러한 생각은 참여행정, 참여장학(participative supervision) 등을 낳게 되었다. 만일 공중에게 기본 이슈에 대하여 알 수 있는 기회가 주어진다면 최선의 대안이 선택될 것이라고 믿는다. 그래서 실용주의는 교육에 관련된 공공정책을 형성하는 데 있어서 교육행정가의 지도적 역할에 주민 참여를 위한 철학적 근거가 된다. 현대사회에서 지적 결정을 하려면 점점 더 이러한 참여가 필요하다는 것이다.

실용주의철학은 다른 가설이 검증되듯이 교육행정가들도 자기의 신념과 가치를 검증할 것을 촉구한다. 행정가들의 옳고(rightness) 그름(wrongness) 그들의 도덕성은 그들이 산출하는 결과로 나타날 것이다. 어떤 행정가의 행위는 그 결과에 대한 지적 평가에 근거하여 긍정되거나 부정될 것이다. 실용주의철학은 행정과정의 본질을 솔직하게 조사하여 모든 측면에서 행동(action)을 위한 지적 기반에 도달해야 한다고 주장한다(Graff and others, 1966, p.187). 어쨌든 실용주의가 민주교육행정을 위한 기반이 된 것만큼은 확실하다.

E. 실존주의(實存主義)

전통적 철학들을 객관적 견지에서 대우주의 질서를 찾아보려는 철학이라고 한다면, 실존주의는 주관적 입장에서 사람 자신을 살펴보려는 철학이라 할 수 있다. 실존주의는 우리와 멀리 떨어져 있어 우리와 직접 관련이 적은 외적 세계에 관심이 있는 것이 아니라, 사람 자신의 문제, 우리와 절실한 관계에 얽혀 있는, 애환과 생사와 사랑과 운명과 같은 실제 생활에 관한 문제에 보다 더 큰 관심을 가지고 있다. 이러한 관심은 자연 교육에 지대한 영향을 미치지 않을 수 없다(오천석, 1982, pp.110-111).

오천석(1982)은 이 실존주의자가 교육에 주는 의의로 (1) 개인 중요성의 강조, (2) 사회적 적합에 대한 반항, (3) 전인교육, (4) 인격교육, (5) 자아인지(自我認知)를 위한 교육과정을 들고 있다(pp.110-117).

교육행정가는 교육목적, 전문성의 향상, 교육행정 조직의 바람직한 목표와 목적에 강력히 참여할 필요가 있다. 행정가는 자기 자신의 신념과 가치를 확인할 책임감과 자기가 자기 자신의 생에 이르고자 하는 철학적 가정과, 자기의 행정행위의 근거가 될 철학적 가정은 선택에 대한 책임감을 요구한다. 일어나는 것에 대한 책임에 주의를 기울일 것을 강력히 요구함으로써 실존주의는 교육행정에 영향을 주고 있다.

실존주의자에게 과학은 인간이 어떤 목적을 선택하든 그 목적을 위한 단순한 하나의 도구에 불과하다는 것을 우리들에게 기억시켜 주고 있다. 교육행정가는 오늘날 과학과 과학적 방법으로부터 많은 것을 배워야 하는 동시에 과학의 한계성과 인간의 도구로서의 기능을 인정해야 한다. 개인은 자기자신의 행동강령과 자기 행위방법을 완전히 자유로이 선택하되 그것에 대하여 책임을 져야 한다는 것을 교육행정가에게 일러준다. 또 실존주의는 교육행정가에게 논리적 실증주의의 과학적 결정주의가 위험한 것과 꼭 마찬가지로 도덕적 상대주의와 비합리주의가 위험하다는 것을 가르쳐 준다. 즉, 행정가는 뭐든지 원할 수 있고, 원하는 대로 행동하고 자유로이 마음대로 하고자 하는 한 가지가 바라는 대로 기회적이고, 조작적이고, 개발적이되 실존주의자의 견해로는 반드시 책임감이 있어야 하며 도덕적이어야 한다는 것이다. 그러므로 실존주의적 교육행정가는 부하직원들에게 자율성과 동시에 책임성, 인간존엄성을 강조하는 행정행위를 나타낼 것이다.

지금까지 이상주의, 현실주의, 논리실증주의, 실용주의, 실존주의의 교육행정행위에 대한 시사를 간단히 살펴보았는데, 교육행정가가 어떤 철학학파의 견해를 가지고 있느냐에 따라 똑같은 상황에서 똑같은 행정과제(行政課題)를 놓고도 각각 다른 행정행위(行政行爲)를 하게 된다고 할 수 있다.

Ⅵ. 결 론

행정가들이 똑같은 상황에서 각각 다른 행정행위를 보여주는 것은 그 사람이 가지고 있는 신념이나 가치관, 또는 사물이나 상황에 대한 지각 등이 다르기 때문이며 그중에서 행정가의 신념이나 가치관, 또는 사물이나 가치관 등 그 사람이 갖고 있는 철학은 행정행위에 중요한 영향을 줄 것이라 하였다.

그럼에도 불구하고 지금까지 겉에 드러나는 행정행위나 기능에는 많은 관심을 기울여 왔으나 행정행위의 밑바닥에 깔려 있는 행정가의 철학에 대하여는, 또 철학과 행정행위와의 관계에 대하여는, 비교적 관심과 연구와 문헌이 적었던 것 같다.

그러나 최근 한쪽에서는 행정의 과학적 접근으로 행정과학이 나오는 반면 또 다른 한쪽에서는 행정과 철학을 접목시키려는 행정철학의 움직임이 보이고 있다. 행정과학이라 하더라도 논리실증주의에서처럼 가치배제적인 사실편중의 과학이 아니고 가치부여적·규범적·윤리적 과학으로서의 행정과학의 성립은 행정에 있어서의 철학적 측면까지를 포함하는 것이다. 그러나 행정에 있어서 철학적 측면에 비중을 더 둔다면 이 방면에 대한 체계적 연구를 필요로 하여 하나의 연구 분야로 대두될 가능성이 있다.

Sergiovanni와 Carver의 행정의 효과성을 위한 개념적 틀에 있어서 행정가의 신념체제와 철학은 교육행정에서 다루고 있는 과학적 측면의 제 이론과 직관적 측면의 경험을 걸러서 평가한 다음 행동으로 옮겨야 한다는 좋은 모델이었다. Hack 외의 모델에서 철학과 이론은 투입변인이었으나 행정가의 가치관이 투입 요인들을 걸러내는 매개변인의 역할을 하여 겉에 드러나는 행정현상을 올바르게 해 준다는 것을 알 수 있었다. Harmon의 행정행동은 사회적 자아와 환경의 관계 속에서 설명하였고, 필자는 우선 행정가의 신념체제에 해당하는 철학적 핵으로부터 Sergiovanni가 말한 인간체제·조직체제·정치체제를 거쳐 표면의 행동으로 나타난다고만 하였다. 어쨌든 이러한 모델에서 행정가의 행동은 그 사람의 철학에 비추어 본 다음 나오게 되며 또 그래야만 올바른 행정행위가 나올 것이라는 것을 알 수 있다. 그런데 비추어 볼 거울이나 프리즘적 역할을 하는 행정가의 신념이나 철학, 가치관이 없거나 또 잘못되었을 때는 문제가 될 것이라는 것을 암시해 주고 있다. 여기서 행정가에 대한 철학적 기반의 중요성이 강조된다.

그리고 행정가가 어떤 주의나 철학에 기울어져 있느냐가 교육행정행위에 어떤 영향을 주느냐에 대하여도 약간 살펴보았었다.

이상의 논의를 바탕으로 몇 가지 나름대로 정리할 필요가 있다.

첫째, 교육행정에 있어서 철학적 접근이 중요시되며 하나의 연구분야로 형성될 가능성이 있다.

둘째, 교육행정에 있어서 철학은 행정행위를 만들어 내는 투입요인들을 걸러내는 평가적 역할을 하고 있다.

셋째, 교육행정가가 어떤 철학(주의)을 가졌을 때 어떤 행정행위를 보여주는가에 관한 경험적 연구가 필요하다. 또 우선 교육행정가·교사·학부모 등이 어떤 철학에 많이 기울어져 있는가에 관한 조사·연구부터 해 볼 필요가 있다. 여기서 각 집단 간에 신념·철학·가치 등에 차가 있다면 갈등의 원인이 될 수도 있기 때문이다.

넷째, 교육행정가의 철학을 위한 교육 프로그램·교재 개발 등이 시급히 요청되고 있다.

이 논문을 교육행정에 있어서 행정행위와 행정가의 철학과의 관계에 관한 간단한 문헌적 고찰과 약간의 의견에 불과하다. 앞으로 각 용어의 개념정의에서부터 분명히 하는 기초연구로부터 철학과 행정행위의 관계를 다루는 경험적 연구에 이르기까지 보다 집중적인 연구가 요청된다. 교육행정가에게 철학의 중요성이 강조되는 계기가 되었으면 한다.

참고문헌

금광웅, <u>행정과학서세</u>, 서울: 박영사, 1983.

백현기, <u>교육행정의 기초</u>, 서울: 배영사, 1977.

오천석, <u>교육철학신강</u>, 서울: 교학사, 1982.

이규호, "교육현상과 교육학" 한국교육학회편, <u>교육의 철학적 이해</u>, 서울: 배영사, 1971.

이돈희, <u>교육과학의 논리</u>, 서울: 교육출판사, 1983.

이돈희, <u>교육철학개론</u>, 서울: 박영사, 1977.

정세구, <u>가치이론과 가치교육</u>, 서울: 교육출판사, 1984.

주삼환 역, <u>교육정책의 새로운 방향</u>, 서울: 교육과학사, 1983.

한동일 역, <u>교육철학</u>, 서울: 종로서적, 1983.

Bellone, (ed.), Organizational Theory and the New Public Administration, Boston: Allyn and Bacon, 1980.

Broudy, Harry S., "Conflict in Value", *Educational Administration-Philosophy in Action,* Robert Ohm and William Monohan, eds., Norman: University of Oklahoma, College of Education, 1965.

Clayton, Ross, "Technology and Values: Implications for Administrative Practice" in Bellone's Ibid.

Fitzgibbons, *Making Educational Decisions: An Introduction to Philosophy of Education, N. Y.:* Harcourt Brace Jovanovich, Inc., 1981.

Graff, Orin B. and Others, *Philosophic Theory and Practice in Educational Administration,* Belmont, California: Wadsworth Publishing Co., Inc., 1966.

Gulick, Luther and Lyndall Urwick(eds.), *Papers on the Science of Administration,* N. Y.: Columbia University, Institute of Public Administration, 1937.

Hack, Walter G., John A. Ranseyer, William J. Gephart and James B. Hock, (eds.), *Educational Administration: Selected Readings,* Boston: Allyn and Bacon, 1965.

Harmon, Michael, "Toward an Active Social Theory of Administrative Action: Some Emprical and Normative Implication" in Bellones *Ibid.*

Hodgkinson, Christopher, *Towards a Philosophy of Administration,* N. Y.: St. Martin's Press, 1978.

Huebner, Dwayne, "Curriculum Language and Classroom Meanings" in *Language and Meaning,* James B. McDonald and Robert R. Leeper, eds., Washington, D. C.: ASCD, 1966.

Kogan, Maurice, *Educational Policy-Making,* London: George Allen & Unwin Ltd., 1975.

Miles, Raymond E., *Theories of Management: Implications for Organizational Behavior and Development,* N. Y.: McGraw-Hill Book Co., 1975.

Sergiovanni, Thomas J. and Fred D. Carver, *The New School Executive,* 2nd ed., N. Y.: Harper & Row, Publishers, 1980.

Simon, Herbert A., *Administrative Behavior: A Study of Decision-Making Processes in Administrative Organization,* 3rd ed., N. Y.: The Free Press, 1976.

Simon, Herbert A., Smithburg, D., & Thompson, *V., Public Administration,* N. Y.: Knopf, 1950.

ABSTRACT

Educational Administrators' Administrative Philosophy and Their Administrative Action

The purposes of this paper were fivefold;

(1) to emphasize the importance of administrators' philosophy,

(2) to describe both tendencies of administrative science and administrative philosophy formation,

(3) to introduce some conceptual framework presenting the relationship of administrators' philosophy and their administrative action.

(4) to explain the relationship between belief, logic and value, and administrative action, and

(5) to suggest the impact of each philosophical "ism" to administrative action.

I

Educational administrators take too many actions in their administrative life. Sometime administrators show different action from others even in the same condition and. and situation with same task. The major different action in the same situation is considered to be come from individuals' different belief, value or Philosophy which each action is based on. Therefore basic philosophical foundation is very important as key factor in the behavior of individuals.

In other words administrative action comes from and should come from right administrative philosophy, and the best of human behavior is based on intellectualized, systematized, and personalized philosophical concepts. Nevereless, students of administration has been concerned mainly to superficial administrative phenomena and administrative process at the surface, not to its philosophical core at the center of sphere which they should be based on. And till now no appropriate opportunity of education and training on their administrative philosophy has given to educational administrators.

II

There are recently two tendencies of approaching to administration, one of them is formation of strict administrative science and the other is efforts towards a administrative philosophy, Administrative science has been developed from Taylor's scientific management and Gulick's Papers on the Science of Administration(1937) and recently began to emphasize and include value and ethic in its field. On the other hand other groups recently are trying to bridge and to dialogue between administration and philosophy. This movement will form administrative philosophy as a new study area.

Since Taylor's scientific management, administrative science focused on fact, "what is," objectivity and neutrality continuously has developed as a discipline. Administration as a science is concerned with describing, explaining, analyzing, and predicting organizational phenmena and human behavior as they relate to the accomplishment of organizational goals (Sergiovanni and Carver, 1980, p.5). The strength of a science of administration-objectivity, neutrality, and wide applicability-are also its weaknesses. The absence of values, the lack of goal emphasis, and the difficulty in developing carry-over in particular situations require that educational administration continually assess and modify scientific propositions in the light of a value system unique to education and the goal unique to each schools.

However New Public Administration circle began to emphasize values, norms and ethic and to focus on them in administration, excluded in the old scientific management.

On the other tendencies there is a philosophical approach to administration, it is the position that "Administration is philosophy in action." Recently dialogue between two realms, philosophy and administration was begun and more concern tends to focus on the logical and value aspects of philosophical administration and administrative philosophy.

Ⅲ

Some conceptual frameworks explaining the relationship between administrators' philosophy and their administrative action were introduced in this paper. Sergiovanni and Carver in their Administrative Effectiveness Model(1980) used belief system, management philosophy, educational goals and objectives, and self concepts, that is, "philosophical base," as a evaluation screen which evaluate the "scientific dimension" and "intuitive dimension" and then creat right and effective "administrative action."

In Hack and others' prismatic construct, however, "philosophical base" was used as one of ANTECEDENTS and Man's "value" as one of mediating variables. On the highlight of this model, "as an educational administrator, Man has his own unique pattern of values, perceptions, and skills and abilities. In an administrative position he is subject to ANTECEDENT forces-a philosophy, a theory of administration, and a setting. As these antecedents to administrative action are refracted through the unique construct of MAN's values, perceptions, and skills and abilities, they emerge as MANIFESTATIONS of administrative action. At this point the job of the administrator is defined, the organization is specified, and the administrative tive process is determined. Thus, the ANTECEDENTS might be grossly equated with inputs, the Man with mediating variables and the MANIFESTATIONS of administrative action with outputs(Hack and others, 1965, p.7).

Harmon's administrative action model was that the situation in which administrator acts was represented by the areas of overlap among the three circles of (1) Social and (2) Active domain, and (3) Environment. Administrative action depicts the projects under taken by the administrator (1) in response to values and claims within the social domain, and (2) in order to realize values and goals in the active domain that are congruent with his or her administrative style.

The writer in tentative position explained administrative action at the surface comes out of philosophical core at the center of sphere through human system, organizational system, political system as follow figure.

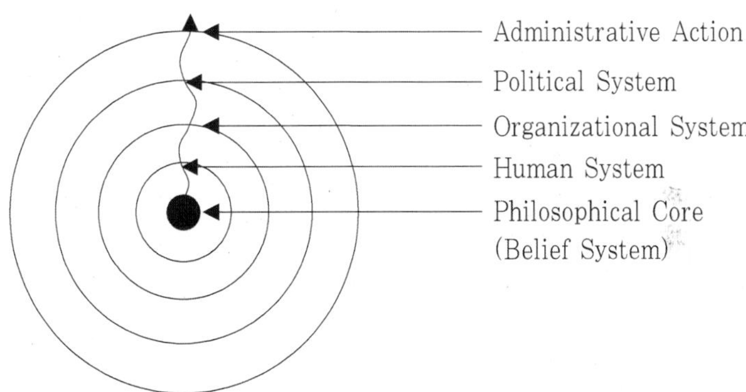

Figure 1.
Educational Administrators' Philosophy and Administrative Action

IV

The author also explained administrative action in relation to "belief," "logic," and "values."

V

Finally the writer discussed the relationship between each philosophical "ism" and administrative action under the assumption that if administrator is specifically oriented to one of Idealism, Realism, Logical Positivism, Pragmatism, and Existentialism, their administrative action will be different from others with other "ism."

Framework of this thesis can be summarized as follow figure.

(Administrative Philosophy)

Section	Philosophy	+	Administration
I.	Importance of Philosophy		(past concentration)
II.	Tendency of Administrative Philosophy		Administrative Science

III. (Frameworks)

1. Ad. Effective Mode — Sccientific & Intuitive Dimension → Philosophy ⟶
2. Prismatic Construct — Philosophical Base, Theory & Setting → Value ⟶
3. Harmon's — Social & Active Domain, Environment →
4. Joo's — Belief → Human → Organization →

Political System ⟶

IV.   Belief, Logic and Value ⟶

V.   Idealism, Realism, Logical Positivism, Pragmatism and Existentialism ⟶

ADMINISTRATIVE ACTION

Figure 2.

Framework of Thesis

2. 장학사와 교사의 교육적 신념에 관한 연구[*]

I. 서 론

이 연구는 "교육행정가의 행정행위에 대한 철학적 영향"(주삼환, 1983)과 관련된 하나의 후속연구라 할 수 있다. 교육행정가의 행정행위는 그 사람의 철학으로부터 나와야 하고 또 많은 행정행위가 그 사람의 철학과 관련되어 있는 것이 사실이기 때문에 교육행정가의 행정행위를 올바로 이해하기 위해서는 그의 철학을 이해하여야 할 것이다. 그런데 지금까지 교육행정에서 행정과정에 철학이나 신념가치 등이 어떻게 스며드는지에 대하여는 비교적 관심이 적었고 겉에 드러나는 기능주의 기획, 조직, 인사, 지휘, 조정, 보고, 예산, 통제 등 행정행위에 주로 관심과 노력이 집중되어 왔다. 그 이유 중의 하나는 겉에 드러나는 행정행위는 관찰하기 쉽고, 측정하기 쉽고, 따라서 계량화하기 쉬운 반면 교육행정가의 철학이나 신념, 가치 등은 관찰도, 측정도, 계량화도 어렵기 때문이었을 것이다. 또 하나 생각할 수 있는 것은 과학

---

* 이 논문은 <u>교육발전논총</u> 제VI권 1호, 충남대교육발전연구소, 1984에 게재.

적 관리운동 이후 Simon의 「행정행위」(Administrative Behavior)에서 가치배제적(價値排除的) 행정이 주장되고 논리실증주의의 행동과학의 영향으로 다양한 계량기법에 압도되어 행정(administration)이 관리(management) 수준으로 떨어지고(양자의 관계에 대해서는 Hodgkinson, 1978, pp.4-6 참조), 행정행위의 근원이 되는 철학적 측면에 대하여는 관심이 적었던 게 사실이다.

그리고 교육행정이 교육학을 모학문으로 한다면 가치전제적이고 윤리적·철학적인 것을 밑바탕에 깔고 출발하여야 할 텐데 일반행정이나 경영학의 기법들에 너무 치우치고 그쪽에서 하는 대로 교육행정이 덩달아 춤을 추었던 점도 있다. 그런데 공공행정(public administration) 부문에서도 1968년 Minnobook회의를 기점으로 소장 행정학자 중심으로 가치전제적·윤리적·철학적 측면을 강조하는 신행정학(新行政學, New Public Administration)(Marini, 1971; Frederickson, 1980; Bellone, 1980 참조)을 형성하고 Hodgkinson(1978) 같은 사람은 행정학과 철학을 접목시켜 행정철학(주삼환, 1984)을 형성하려 하고 있으며, 교육행정 분야에서도 Sergiovanni와 Carver가 신념체제(belief system)를 *The New School Executive*(1980)의 한 부로 다루고, Kimbrough와 Nunnery가 그들의 책에서(1976) 가치(value)의 문제를 취급하고, 우리나라에서는 백현기(1977)가 약간 철학적 측면을 다루었고, 최근 남정걸(1984)이 「행정관과 교육철학」을 한 개의 장으로 다루었다. 어쨌든 교육행정에서 행정가의 철학, 신념, 가치 등에 대하여 새로운 관심을 돌려야 할 입장에 있다.

이 연구는 이러한 배경과 전술한 연구자의 문헌연구에 바탕을 두고 1차적으로 교육행정가가 실제에 어떠한 철학을 가지고 있는가 알아보고자 하는 경험적 연구이다. 여기서 철학이란 말을 소박한 표현으로 하여 교육적 신념이라 하였고, 교육행정가 중에서도 장학사(관)에 관심을 집중하였다. 교육적 신념은 (1) 인간의 본성, (2) 지지, (3) 가치의 세 영역을 포함하는데 (1) 이상주의(관념론), (2) 본질주의, (3) 실용주의, (4) 실존주의, (5) 행동주의로 나누어 보게 된다.

이 연구의 주요 관심을 구체적으로 표현하면 다음과 같다.

(1) 장학사들의 교육적 신념은 위 5갈래 중 어느 쪽으로 기울어지는지,

(2) 장학사와 교사 전체의 하위집단 간(남:녀, 초:중등, 사:비사계, 고:대:대학원 출신과, 교육경력, 연령의 다:중:소)에 교육적 신념에 차가 있는지 알아보고자 하는 것이다.

장학사와 교사의 교육적 신념을 알아봄으로써 우리의 교육이 어느 방향으로 가고 있나를 알 수 있고, 또 우리 교육이 나아갈 교육목표설정의 근거로 도움이 될 것이며, 장학사와 교사, 또 다른 하위집단 간에 교육적 신념에 차가 있다면 이것이 장학에 있어서 갈등의 한 원인이 되는 것이 아닌가 알아볼 수도 있다.

연구대상인 충남도내 200명의 시·도 교육청, 교육청 장학사(관)와 90명의 교사(1개 고교에서 50명, 1개 국교에서 40명)에게 "교육적 신념 질문지"(Minnesota Analysis of Beliefs in Education; MABE를 연구자가 번역하여 한국 상황에 맞게 수정한 것, Minnesota Department of Education, Division of Instruction, Elementary and Secondary Section이 개발)를 적용하여(장학사에게는 우편으로, 교사에게는 인편으로 배부 회수) 자료를 수집하였다(회수율은 73.5%). 질문지의 회수 상황은 다음 〈표 1〉과 같으며 실제 분석된 대상은 장학사(관) 124명, 교사 89명, 계 213명이었다. 초등 장학사 68, 중등장학사 56; 초등교사 40, 중등교사 49; 남자 185, 여자 28; 사범계 출신 154, 비사범계 출신 59; 고졸 95, 대졸 118(대학원 6명 포함); 경력은 4~19년 54, 20~29년 82, 30~40년 77, 4~40년 범위에 평균경력은 25.25년; 연령은 2, 30대 35, 40대 61, 5, 60대 117, 26~61세 범위에 평균연령은 47.68세였다.

<표 1> 표집분포상황표

		성 별		출신계		학 력		경 력(년)			연 령(년)				계
		남	여	사범	비사	고졸	대졸(원)	4~19	20~29	30~40	26~39	40대	50~61		계
장학사	초등	66	2	56	12	59	9	0	19	49	0	16	52	68	124
	중등	55	1	39	17	6	50	0	36	20	0	5	51	56	
교사	초등	26	14	33	7	26	14	18	14	8	14	16	10	40	89
	중등	38	11	26	23	4	45	36	13	0	21	24	4	49	
계		185	28	154	59	95	118	54	82	77	35	61	117		213
		213		213		213		213			213				

이 표집으로 보아 장학사가 많이 표집되고, 남자가 많으며, 장학사와 교사 사이에 경력과 연령에 너무나 많은 차이(장학사 평균 경력 30.6년, 교사 평균 경력 17.7년, 장학사 평균 연령 52.4세, 교사 평균 연령 41.1세)를 나타내는 편포를 이루고 있다.

이 질문지는 교육에 대한 신념을 "인간본성"(human nature)(1~30번 문항), "지지"(knowledge)(31~60번 문항), "가치"(value)(61~90번 문항)의 세 영역에서(각각 30개 문항) (1) 이상주의(Idealism)(3, 10, 13, 17, 21, 29; 35, 39, 41, 48, 55, 58; 64, 68, 71, 76, 84, 87), (2) 본질주의(Essentialism)(4, 9, 15, 20, 22, 29; 31, 36, 43, 49, 54, 56; 65, 69, 73, 80, 82, 88), (3) 실용주의(Pragmatism)(2, 6, 12, 18, 23, 26; 34, 38, 42, 46, 53, 60; 61, 66, 75, 78, 83, 90) (4) 실존주의(Existentialism)(5, 8, 11, 16, 24, 27; 33, 40, 45, 50, 52, 59; 63, 67, 74, 79, 85, 89), (5) 행동주의(Behaviorism)(1, 7, 14, 19, 25, 30; 32, 37, 44, 47, 51, 57; 62, 70, 72, 77, 81, 86)(각각 18문항씩)에 "대체로 동의"(mostly agree)하는가 "대체로 동의하지 않는가"(mostly disagree)를 알아보아 동의한다고 표시한 빈도수를 세어 어느 주의에 많이

기울어지는가를 알아보게 되어 있다. 이 질문지는 개인의 교육적 신념뿐만 아니라 집단의 신념도 분석할 수 있게 되어 있고, 또 전문용어(technical term)를 안 쓰고 평이한 용어를 써서 교육자뿐만 아니라 지역사회 주민, 학부모의 교육적 신념도 잴 수 있도록 되어 있다고 하나, 실제로는 워낙 철학적·추상적 용어가 많아 문항의 뜻 이해에 아직도 어려움이 있다. 원래 MABE의 Pearson 상관계수에 의한 재검사 신뢰도는 이상주의 r=.69, 본질주의 r=.64, 실용주의 r=.71, 실존주의 r=.53, 행동주의 r=.79였다.

자료 처리는 "대체로 동의한다"에 표시된 문항의 빈도수를 5개의 철학주의별로 세어 개인점수를 내고 집단의 평균을 내어 그 집단의 대체적인 경향을 알아보았고, 그리고 집단 간의 차이 비교는 F검증을 하였다. 자료분석은 충남대 전자계산소의 STATS 프로그램을 사용하였다.

이 연구의 결과는 (1) 교육자들이 어떤 철학적 지향(philosophic orientation)으로 이끌고 있는지 알 수 있고, (2) 특히 장학사가 어떤 철학에 의하여 장학의 지도성(supervisory leadership)을 발휘하는지 알 수 있으며, (3) 장학사와 교사 사이에 교육적 신념에 차가 있는지 알아 갈등의 원인을 밝히게 될 것이며, 그래서 결국 (4) 교육목표 설정, 교육과정 구성, 학습지도 방법에 어떤 단서를 주게 될 것이며, (5) 장학의 질 향상에 어떤 단서를 줄 것으로 기대한다.

II. 이론고찰

교육행정가의 올바른 행정행위는 그의 올바른 철학으로부터 나오게 되는데 Sergiovanni와 Carver(1980)는 철학, 신념, 자아개념, 교육목적과 목표가 교육학의 과학적 측면과 개인의 직관적 측면을 걸러내어 겉에 드러나는 행정행위를 내보내는 평가적 망(網)이라는 행정효과성 모형을 제시하고 있다(주삼환, 1983에서 모형 참고). 그러나 Hack 외는 철학적 기초를 투입 요인으로 보고, 대신 행정가의 지각·기술과 능력·가치가 걸러내는 프리즘의 기능을 하여 행정행위가 산출되는 것으로 보고(주삼환, 1983에서 프리즘적 구조 참고), Harmon의 모델은 능동적 자아(active self)와 사회적 자아(social Self)가 환경(environment)과 상호 작용하여 행정행동(administrative action)을 만들어 내는 것으로 그림과 같이 나타내고 있다.

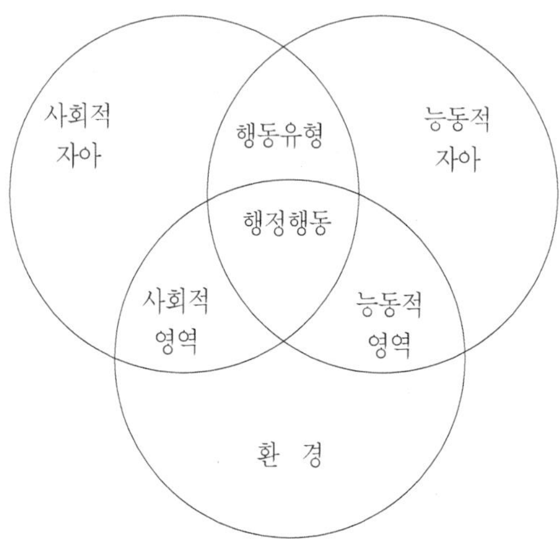

〈그림 1〉 행정행동 모형(Harmon 1980. p.189)

　　연구자는 이를 검토한 후 행정가의 "철학적 핵"(신념체제)에서 출발하여 인간의 욕구, 바램, 열망, 희망 등의 "인간체제"의 영향을 통과하고, 그가 숨쉬고 일하는 조직의 조직형태, 권위형태, 조직역동성 등 조직풍토라는 "조직체제"의 영향을 거치고, 보다 넓은 정치적·문화적 상황이라는 "정치체제"의 영향을 통과해서 행정행동을 하는 "행동체제"로 나타난다고 다음 그림과 같이 정리한 바 있다(주삼환, 1984 b).

　　물론 철학과 관련 없이 나타나는 우연한 행동이나 즉흥적인 행동, 외부의 압력에 의한 행동도 있을 수 있으나 이는 행동이라 할 수 없고 또 이러한 행동도 어떤 의미에서 보면 그 자체가 그 사람의 철학에 의한 행동이라 할 수 있다.

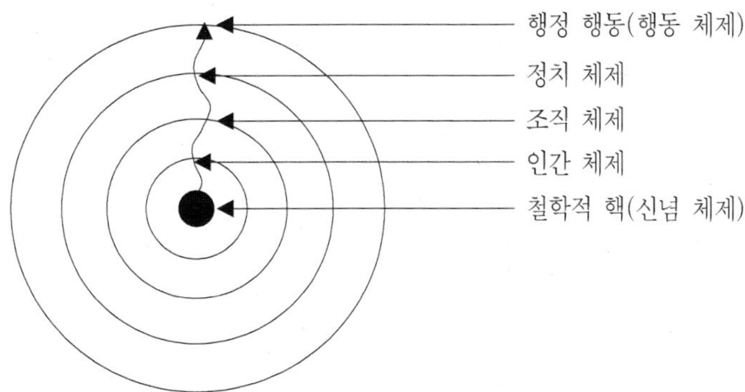

〈그림 2〉 교육행정가의 철학과 행정행위(주삼환, 1984 b, p.89)

철학과 행동과의 이러한 관계는 장학사의 장학행위나 교사의 교수행위에서도 마찬가지일 것으로 본다. 장학사의 철학에서 나온 장학행위는 교사의 교수행위에 영향을 주려 할 텐데 장학사의 장학행위가 교사의 철학이나 신념과 다를 때 이는 심각한 갈등을 일으킬 것으로 미루어 생각할 수 있다. 그래서 이 연구에서 장학사와 교사의 교육적 신념에 차가 있는지 알고자 하는 것이다. 이것을 그림으로 표현해 보면 다음과 같다(그림 3).

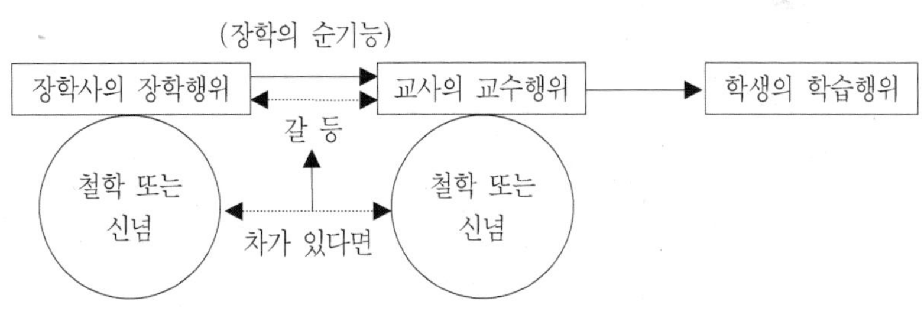

〈그림 3〉 장학사와 교사의 교육적 신념과 장학

철학은 주로 실재하는 것이 무엇이냐(reality)를 다루는 형이상학(meta-physics)과 지식(knowledge)이 무엇이냐를 탐구하는 가치론(axiology)으로 나누어 볼 수 있으나 교육적 신념 질문지(MABE)는 교육과 다루는 인식론(epistenology), 가치(value)가 무엇이냐를 다루는 관련이 깊은 "인간본성"(human nature)을 형이상학 대신에 넣어 구성하게 되었다. 인간의 본성을 어떻게 보느냐는 인간관, 즉 학생관과 직접 관련되기 때문이다. 나머지 "지식"과 "가치"에 관한 것은 마찬가지로 다루고 있다.

철학의 학파를 나누는 데는 학자에 따라, 책에 따라 여러 가지로 나누고 있으나 여기서는 MABE의 분류에 따라 다섯으로 나누어 간단히 살펴보고자 한다.

이상주의(Idealism)는 관념론이라고도 하며 감각적 실재의 세계를 Idea의 세계가 지배한다는 입장을 견지한다. 심신이원론이지만 정신의 능력(faculties of mind)(Graff and others, 1966, p.106)을 중시하여 강조점은 정신적 훈련(mental discipline), Idea와 개념의 개발, 보편적 진리의 추구에 주어진다. 존재하는 이상적 진리를 발견하도록 돕는 것이 교육에서 할 일이다. 그래서 자연히 역사, 수학, 문학을 중시하게 된다. 또 이상주의자는 절대적이고 불변하는 가치가 존재한다고 믿는데 이성과 논리의 사용으로 이러한 가치에 대한 믿음을 지지할 수 있다고 생각한다.

본질주의(Essentialism)는 어떤 본질적인 지식과 신념이 존재한다는 사실에서 나온 이름이다. 이것은 이상주의와 현실주의(Realism)의 주요 신념을 합치려고 하는 입장이다. 본질주의자들은 학생은 학습으로부터 탈출하고자 한다고 본다. 이러한 가정은 원죄나 Adam과 Eve의 죄에 해당하는 가정이다. 이를 믿는 교육자는 학습과 가치 있는 생활을 위하여 필요한 자율(self discipline)을 학생들이 발전시키도록 일관된 훈련(discipline)을 실시해야 한다고 믿는다. 본질주의자는 교사를 학습의 완성자로 보고 학습을 교사가 가지고 있는 지식을 나누어 주는 것으로 생각한다. 이상주의자와 마찬가지로 절대적 불변의 가치가 있다고 믿는다.

실용주의(Pragmatism)는 후기 진보주의 운동에 해당된다. 진리는 생활 속에서 발견된다고 믿고 Idea는 그 결과를 검토해 봄으로써 검증된다고 생각한다. 즉 진리는 상대적이고 시대와 장소에 따라 달라진다는 것이다. 또 실재는 그 사람의 경험으로 보기 때문에 실용주의의 입장은 과정중심(process-oriented)이라 할 수 있다. 교육에서 실용주의는 학생들로 하여금 물리적·사회적 현실세계의 경험을 통해서 배우도록 자극하고 경험으로 문제해결을 하도록 격려한다.

실존주의(Existentialism)는 개인(individual)에 초점을 둔다. 각 개인은 특이하다고 생각하고 집단의 가치(group value)를 개인에게 주입하려는 것은 용납 안 된다. 개인의 독특한 특성을 개발·유지하기 위해서는 고도의 개인적 자유가 보장되어야 한다는 것이다. 개인은 이상적 또는 절대적 진리를 추구하는 게 아니고 자기 자신의 존재와 자기 자신이라는 사람을 알고자 노력하는 것이다. 마찬가지로 개인적 자유를 갖고 있는 각 개인은 중요한 가치를 결정한다. 이 철학적 입장은 주관적이다. 교육에서 실존주의는 학생으로 하여금 학생 자신을 독특한 존재로 창조하도록 돕고 개인적 자유를 인정하고 실천하도록 돕는다. 개인적으로 선택한 경험을 통해서 자기지식(self knowledge)을 키워 나가고 자기충족(self-fulfillment)을 성취하게 된다.

심리학으로부터 나온 하나의 체제의 분리될 수 있는 두 측면이 있는데 철학적 입장으로서의 행동주의(Behaviorism)와 하나의 기술(technology)로서의 행동공학(behavioral engineering)이다. 철학적 입장은 인간의 생의 모든 단계에서 반응하도록 조건지어진다는 것을 주장한다. 이에 의하면 인간행동은 자유가 아니고 환경의 자극에 의하여 결정된다는 것이다. 이러한 환경을 통제할 수 있기 때문에 결국 인간행동을 통제할 수 있다는 생각이다. 행동주의자들은 가치라는 주제에 대하여는 침묵을 지킨다. 긍정적으로 자극을 강화해 주는 행동은 좋은 것으로 생각할 뿐이다. 교육에서 행동주의자는 학습을 하기에 올바른 조건을 유지하려는 데 주의를 집중한다. 그리고 계량화할 수 있는 방법으로 학습의 명세적 행동목표를 진술하려고 한다.

이상 다섯 철학학파에 대하여 몇 개의 문헌(오천석, 1982; 이돈희, 1983; Graff 외 1966; MABE 사용지침) 고찰을 종합하여 간단히 살펴보았고 이제 연구결과를 제시하고자 한다.

Ⅲ. 연구결과 및 해석

연구결과는 (1) 교육자(전체 조사대상 213명)의 교육적 신념의 어떤 경향성을 분석하고, (2) 장학사(124명)의 교육적 신념을 별도로 알아보고, (3) 장학사(124명)와 교사(89명)의 교육적 신념을 비교해 보고, (4) 전체(213명) 하위집단 간 〔(초:중등; 남:녀; 사:비사범계출신; 고(사범고):대(사대): 대학원(교육대학원) 졸업자; 경력의 소(5~19년):중(20~29년):다(30년 이상); 연령 소(2, 30대):중(40대):노(5, 60대)〕의 교육적 신념을 비교하는 순서로 제시하고자 한다.

A. 교육자의 교육적 신념

분석대상 213명의 교육적 신념은 높은 것으로부터 실용주의(15.24), 실존주의(14.24), 행동주의(14.11), 본질주의(13.03), 이상주의(12.16)의 순서이다. 이 순서는 서홍식(1984)의 연구결과와 일치한다. 이 순서는 각 하위집단별로 보았을 때도 거의 마찬가지였다. 평균점과 표준편차는 〈표 2〉와 같다.

〈표 2〉 교육자의 교육적 신념

	M	S. D	순위
1. 이 상 주 의	12.16	2.79	5
2. 본 질 주 의	13.03	2.34	4
3. 실 용 주 의	15.05	2.28	1
4. 실 존 주 의	14.24	2.07	2
5. 행 동 주 의	14.11	2.02	3

* 각 주의의 모든 문항에 동의한다면 18점.

이 다섯 주의 간의 관련의 정도를 알아보기 위한 각 주의의 순서가 의의 있는 차인가를 알아보기 위한 상관관계와 t검증 결과는 〈표 3〉과 같다. t검증의 결과 다섯 개의 철학 사이에는 의의 있는 차가 있다. 다시 말하면 앞에서 제시한 순서는 우연한 근소한 차가 아니라 의의 있는 차라고 해석할 수 있다. 이것은 장학사만의 것도 교사만의 것도 마찬가지였다〈표 4, 5〉.

<표 3> 다섯 철학주의 간의 차(관계)(전체)

	이상주의	본질주의	실용주의	실존주의	행동주의
이 상 주 의	1				
본 질 주 의	r= .57 t=10.08**	1			
실 용 주 의	r= .44 t= 7.29**	r= .53 t=9.22**	1		
실 존 주 의	r= .50 t= 8.53**	r= .46 t=7.62**	r= .52 t=8.97**	1	
행 동 주 의	r= .49 t= 8.32**	r= .53 t=9.16**	r= .52 t=8.91	r= .50 t=8.52**	1

상단의 숫자는 r, 하단은 t, *는 .05수준, **는 .005수준.

<표 4> 다섯 철학주의 간의 차(관계)(장학사)

	이상주의	본질주의	실용주의	실존주의	행동주의
이 상 주 의	1				
본 질 주 의	r= .46 t=5.78	1			
실 용 주 의	r= .50 t=6.40	r= .50 t=7.35	1		
실 존 주 의	r= .35 t=4.23	r= .38 t=4.63	r= .52 t=6.77	1	
행 동 주 의	r= .41 t=5.03	r= .43 t=5.36	r= .50 t=6.47	r= .38 t=4.60	1

t 2.63=.05 수준, t 2.37=.01 수준

<표 5> 다섯 철학주의 간의 차 (관계)(교사)

	이상주의	본질주의	실용주의	실존주의	행동주의
이 상 주 의	1				
본 질 주 의	r= .65 t=8.16	1			
실 용 주 의	r= .41 t=4.31	r=.50 t=5.47	1		
실 존 주 의	r= .64 t=7.81	r=.55 t=6.24	r= .56 t=6.39	1	
행 동 주 의	r= .59 t=6.87	r=.65 t=8.01	r= .55 t=6.27	r= .66 t=8.22	1

t 2.63=.05 수준　t 2.37=.01 수준

<표 6> 각 철학적 주의와 철학의 세 영역과의 관계

	인 간 본 성	지　　식	가　　치
이 상 주 의	.69	.82	.67
본 질 주 의	.73	.68	.55
실 용 주 의	.57	.81	.78
실 존 주 의	.61	.65	.68
행 동 주 의	.65	.68	.60

인간의 본성, 지식, 가치의 세 영역 중에서 어느 영역이 특별히 철학의 각 주의와 관련을 갖는가 알아보기 위해 상관관계로 알아본 결과 어떤 영역에도 치우친 관련이 없이 골고루 갖고 있다.<표 6> 다시 말하면 세 영역이 모두가 어떤 주의를 이루는 데 골고루 기여하고 있다고 할 수 있다.

B. 장학사의 교육적 신념

이 논문의 주요 관심 중의 하나가 교육자 전체보다도 장학사의 교육적 신념에 있었다. 장학사의 교육적 신념의 분석결과도 교육자 전체의 것과 비슷하게 나타났다. 장학사의 교육적 신념이 높은 것으로부터 실용주의(14.72), 실존주의(14.28), 행동주의(14.06), 본질주의(12.81), 이상주의(12.06)의 순서이다. 실용주의, 실존주의, 행동주의가 비슷하게 높은 반면 본질주의와 이상주의가 비슷하게 낮은 점수를 보이고 있다.〈표 7〉

〈표 7〉 장학사의 교육적 신념

N=124

	M	S. D	순 위
이 상 주 의	12.06	2.31	5
본 질 주 의	12.81	2.13	4
실 용 주 의	14.72	2.35	1
실 존 주 의	14.28	1.96	2
행 동 주 의	14.06	2.03	3

이 결과로부터 장학사의 교육적 신념은 어느 한 주의에 기울어져 있다고는 할 수 없으나 이상주의나 본질주의보다는 실용주의, 실존주의, 행동주의의 신념을 가지고 있다고 할 수 있다.

그러면 이러한 장학사의 교육적 신념은 이들이 장학하는 교사의 신념과도 일치할 것인가?

C. 장학사와 교사의 교육적 신념의 비교

장학사와 이들이 장학하고 있는 교사의 신념에 차가 있는가? 그래서 혹시 이러한 신념의 차가 장학하는 데 갈등의 원인이 되지나 않을까 하여 이 두 집단의 교육적 신념의 점수를 각 주의별로 F검증하였다〈표 8〉. 그 결과 두 집단이 거의 비슷한 교육적 신념을 갖고 있다고 할 수 있으나 "실용주의"와 "본질주의"에서만 장학사보다 교사가 통계적으로 의의 있게(.01수준) 더 높은 반응을 보였다.

<표 8> 장학사 교사의 교육적 신념의 차

장학사 n=124, 교사 n=89

집 단 교육적 신념	장 학 사		교 사		F	P
	M	순 위	M	순 위		
이 상 주 의	12.06	5	12.29	5	.34	
본 질 주 의	12.81	4	13.36	4	2.91	**
실 용 주 의	14.72	1	15.52	1	6.51	**
실 존 주 의	14.28	2	14.20	2	.07	
행 동 주 의	14.06	3	14.20	2	.26	

* P<.05, ** P<.01

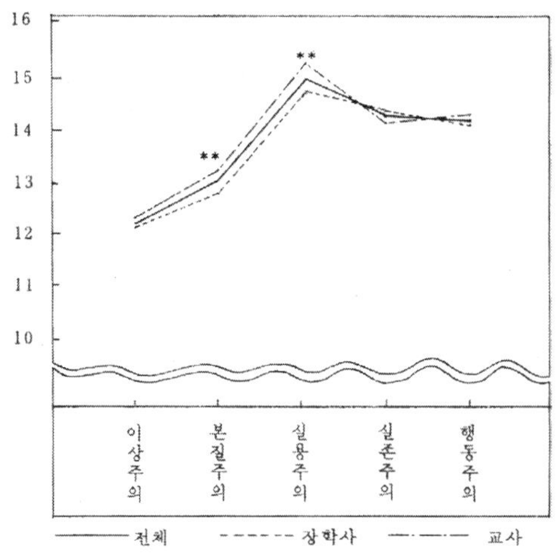

*.05수준, **.01수준

<그림 4> 장학사와 교사의 교육적 신념 프로파일

장학사와 교사, 그리고 전체의 프로파일(profile)을 그려보면 <그림 4>와 같다.

이 결과를 보면 교사가 장학사보다 더 실용주의적 신념과 더 본질주의의 신념을 갖고 있다고 할 수 있다.

D. 전체의 하위집단 간의 교육적 신념비교

전체(213명) 교육자의 하위집단 간에 교육적 신념에 차가 있는지를 알아 보기 위하여 F검증한 결과는 〈표 9〉와 같다.

〈표 9〉 하위집단 간 교육적 신념의 차(F검증)

변인	집단	N	이상주의 M(순위)	F(P)	본질주의 M(순위)	F(P)	실용주의 M(순위)	F(P)	실존주의 M(순위)	F(P)	행동주의 M(순위)	F(P)
	전 체 교 원	213	12.16 (5)		13.03 (4)		15.05 (4)		14.24(2)		14.11 (3)	
직위	장학사	124	12.06 (5)	.34	12.81 (4)	2.91**	14.72 (1)	6.51*	14.28(2)	.07	14.06 (3)	26
	교 사	89	12.29		13.36		15.52		14.20		14.20	
학교	초 등	108	12.61	5.84*	13.39	5.02*	15.59	13.00	14.65	8.40	14.65	16.11
	중 등	105	11.70		12.68		14.50		13.84		13.57	
성별	남	185	12.08	1.27	12.88	6.90	14.94	3.37**	14.21	.47	14.04	2.18**
	여	28	12.71		14.11		15.79		14.50		14.64	
출신	사범계	154	12.30	1.37	13.05	.02	15.01	.15	14.29	.24	14.21	1.27
	비사계	59	11.80		13.00		15.15		14.14		13.86	
학력	고 졸	95	12.67		13.36		15.54		14.65		14.51	
	대 졸	112	11.83	4.19	12.85	2.58	14.75	5.79	13.92	3.32	13.83	3.38
	대학원	6	10.17		11.50		13.00		14.00		13.33	
경력	19년 이하	54	11.72		13.28		15.26		14.07		14.09	
	20~29년	82	12.18	1.05	13.01	.42	14.76	1.12	14.15	.77	13.79	2.32
	30년 이상	77	12.44		12.90		15.22		14.48		14.48	
연령	2.30대	35	12.06		13.69		15.40		14.31		14.49	
	40대	61	12.03	15	13.03	1.74	15.02	.49	14.03	.46	13.77	1.55
	5.60대	117	12.36		12.85		14.97		14.34		14.19	

* P<.05, ** P<.01

초등교원이 중고등교원보다 다섯 주의에서 모두 통계적으로 의의 있게 높 은 것으로 나왔는데 그렇다고 다섯 개 주의에 모두 높은 교육적 신념을 갖 고 있다고는 할 수 없다. 어느 주의에 통계적으로 의의 있게 높은 신념을 가 지고 있다면 다른 주의의 신념은 낮아야 하기 때문이다. 이러한 통계적 결과는 초등교원이 질문지의 각 문항의 "대체로 동의한다"는 쪽에 전반적으로 많이 반응하는 경향을 보였을 것으로 추측 해석된다. 또 고졸학력의 교원이 대졸이나 대학원수요 교원보다 네 주의에서 통계적으로 의의 있게 높은 반응을 보인 것도 초등교원이 전체적으로 "대체로 동의한다"에 반응하는 경향인데, 고졸학력의 많은 사람이 초등교원에 속하기 때문인 것으로 해석된다(중등교원 중 10명이 고졸임).

그러나 여자교원이 남자보다 더 본질주의, 실용주의, 행동주의의 교육적 신념을 가지고 있다(.01 수준에서 의의 있게)고 해석할 수 있다. 그런데 여기서 조심스럽게 해석할 점은 남자는 185명이 표집된 데 비하여 여자는 불과 28명이 표집된 편포라는 점이다. 또 여자는 주로 교사에서 나왔다(장학사에서는 3명)는 점도 고려해야 한다. 그러나 초·중등의 여교사 표집비율은 비슷하였으므로(초등여교사는 14명, 중등여교사는 11명) 초·중등에서 오는 차라고는 할 수 없다.

다음은 통계적으로는 의의가 없으나 젊은 교원(경력 5~19년까지, 연령, 2, 30대)이 실존주의보다 행동주의의 신념을 더 갖는다(통계적으로 의의는 없지만)는 점에 주의를 기울여야 한다. 이 연구의 주요 관심이 장학사(교육행정가의 구체적 한 대상)의 교육적 신념의 분석이었기 때문에 장학사는 충남도 내 전체에 질문지가 배포되어 124명이 분석대상이 되고, 교사에게는 2개교(초등1, 중등1)를 대상으로 하여 89명이 분석대상이 되었다는 점이다. 만일 교사가 더 많이 표집되어 젊은 교사가 분석의 대상에 많이 들어갔더라면 행동주의의 신념이 통계적으로 의의 있게 높이 나타났을지도 모른다.

Ⅳ. 요약 및 결론

이 연구는 교육행정가의 행정행위와 철학과의 관계에 관심을 갖고 연구하던 중 실제 교육행정가가 어떤 철학을 갖고 있는지 조사·분석해 볼 필요가 있다고 느껴 경험적 연구를 하기에 이르렀다. 교육행정가 중에서도 특히 교사를 장학·지도하는 장학사의 철학에 관심이 집중되었으며, 혹시 교사의 철학과 차이가 있지 않을까 하여 교사에게까지 연구가 확대되었고 부차적 관심으로 여러 하위집단 간에 철학적 차가 있는지 알아보게 되었다. 여기서는 철학을 소박한 말로 하여 "교육적 신념"이라 하였으나 큰 차이를 두고 사용하지는 않았다.

충남도내 전 장학사(관)(사용된 자료는 124명분)와 초등 1개교(40명), 중등 1개교 교사(49명)에게 미국 미네소타 주 교육국 초·중등교육과에서 개발한 것을 연구자가 번역·수정한 MABE를 적용하여 충남대 전자계산소의 도움을 받아 분석한 결과를 요약하면 다음과 같다.

(1) 교육자의 교육적 신념은 높은 반응의 순서대로 실용주의, 실존주의, 행동주의, 본질주의, 이상주의이다.

(2) 교육자의 다섯 주의 간의 차의 의의도를 알기 위한 t검증의 결과 다섯 철학파 간에는 모두 의의 있는 차가 있었다.

(3) 교육적 신념 중 다섯 주의가 철학의 세 분야 즉 "인간의 본성", "지지", "가치"와 골고루 높은 상관을 보였으며 극단으로 치우치지 않았다.

(4) 장학사의 교육적 신념도 전체의 결과와 비슷하여 실용주의, 실존주의, 행동주의, 본질주의, 이상주의의 순이며 전자의 세 주의가 집단을 이루어(실용, 실존, 행동) 후자의 두 주의의 집단(본질, 이상)보다 차이가 나게 높은 반응을 보였다.

(5) 장학사와 교사의 교육적 신념의 경향은 비슷하였고, 제일 높은 "실용주의"와 비교적 낮은 "본질주의"의 신념에서만 통계적으로 의의 있게 교사가 더 높은 반응을 보였다.

(6) 하위집단 간의 교육적 신념에는 큰 차가 없고 다만 여자교원이 남자교원보다 "본질주의", "실용주의" "행동주의"의 신념에 더 높은 반응을 보였으며(통계적으로 의의 있게), 젊은 교원은 "실존주의"보다 "행동주의"에 높은 반응을 보였으나 통계적으로 의의는 없었다.

이러한 결과로부터 다음과 같은 몇 가지 결론을 얻을 수 있으나 표집과 연구설계가 엄격하지 못하였으므로 조심스럽게 다루어야 한다. 즉 장학사는 전 도내 장학사를 대상으로 한 데 비하여 교사는 두 학교에서 임의 선정되었고, 장학사의 경력과 연령은 높고(40대는 소수이고 거의 50대), 거의 남자이며(3명의 여장학사 포함), 장학사는 우편으로 질문지를 적용하고 교사는 인편으로 적용했던 점에서 엄격성이 부족했다.

(1) 장학사와 교사 전체의 교육적 신념은 극단적인 하나의 주의에 기울어져 있지 않고 실용주의의 신념이 가장 높고 다음으로 실존주의, 행동주의이며, 본질주의와 이상주의의 신념은 적다. 이것은 미국의 교육철학의 영향과 비교적 최근에 나타난 교육철학의 영향으로 생각해 볼 수 있다.

(2) 장학사의 교육적 신념도 극단으로 치우치지는 않았지만 실용주의, 실존주의, 행동주의에 많이 기울어져 있으며 본질주의와 이상주의는 적다. 이러한 현상은 충남도내장학사집단이 성별(주로 남자, 3명만 여자), 경력(높은 경력, 모두 20~40년), 연령(20명만 40대, 주로 50대), 출신(주로 사범계, 29명만 비사계)에 있어서 동질성이 많기 때문이 아닌가 생각된다.

(3) 장학사와 교사의 교육적 신념은 거의 같다고 할 수 있다. 그러므로 교육적 신념이 장학에 있어서 장학사와 교사의 갈등의 원인이 된다고 할 수는 없다. 그러나 교사가 장학사보다 더 "실용주의"와 "본질주의"의 신념을 갖고 있다고 할 수 있다. 이 점은 장학사가 교사를 장학할 때 고려하여야 할 것이다.

(4) 장학사와 교사를 다시 합쳐서 전체를 여러 하위집단별로 나누어서 교육적 신념을 살펴보았을 때 거의 차가 없었으므로 교육적 신념은 대체로 개인적 변인에 상관없이 비슷하다고 할 수 있다.

(5) 그러나 여교사가(여장학사는 3명만 포함되어 있으므로) 남자보다 "본질주의" "실용주의" "행동주의"의 신념을 더 갖고 있다고 할 수 있다. 그러므로 남녀 간에는 교육적 신념에 차가 있다고 할 수 있다.

(6) 젊은 교사들은 실용주의 다음에 실존주의보다는 행동주의의 신념을

더 갖는 경향이다. 이 점도 앞으로 장학 시 고려되어야 할 것이다.

(7) 여교사는 실용주의, 행동주의, 실존주의, 본질주의, 이상주의 순서로 높은 신념을 갖지만 본질주의에 있어서 남자보다 훨씬 높은 굳은 신념을 갖고 있다 할 수 있다. 그 원인은 밝힐 수 없으나 남자보다 보수적 경향을 보이고 있다 할 수 있다.

이러한 결론을 바탕으로 몇 가지 시사점을 얻을 수 있다.

(1) 장학사의 교육적 신념과 장학행위와의 관계, 교사의 교육적 신념과 교수행위와의 관계를 밝히는 확대연구가 필요하다.

(2) MABE가 다섯 철학 간의 차를 밝힐 수 있는지 계속 사용해 보고 더욱 다듬어야 할 것이다.

(3) 보다 엄격한 연구설계와 표집에 의한 연구를 실시하여 연구결과를 확신성을 갖고 일반화시킬 수 있어야 한다.

(4) 장학에 있어서 개별장학이 어렵다면 집단별로 약간 교육적 신념이 다르기 때문에 최소한 남녀별, 젊은층과 연로층 등 작은 집단별로라도 나누어 그 집단에 맞는 집단장학을 하여야 할 것이다.

(5) 장학사는 자기의 교육적 신념을 교사에게 주입하기보다는 교사들의 교육적 신념을 이해하고 차이를 줄이는 데에도 노력을 기울여야 할 것이다.

참고문헌

금광웅, "행정과학서세", 서울: 박영사, 1983.

백현기, "교육행정의 기초", 서울, 배영사: 1977.

오천석, "교육철학신강", 서울: 교학사, 1982.

이돈희, "교육철학개론", 서울: 박영사, 1997.

서홍식, "학교행정가의 철학과 개인적 배경과의 관계", 건국대 교육대학원 석사학위 논문(원고), 1984.

주삼환, "행정철학", Christopher Hodgkinson, *Towards a Philosophy of Administration,* N. Y. : St Martin's Press, 1978의 역, 서울: 법문사, 1985.

주삼환, "교육행정가의 행정행위에 대한 철학적 영향", 교육발전논총, 제V권 제1호 충남대 교육발전연구소, 1983.

주삼환, "교육행정가의 행정철학과 행정행위", "새교육", 84. 10. 11월호, 대한교육연합회, 1984

Bellone, Carl J. (ed.), *Organizational Theory and the New Public Administration,* Boston: Allyn and Bacon, 1980.

Clayton, Ross, "Technology and Values: Implications for Administrative Practice" in Bellon's *Ibid.*

Frederickson, H. George, *New Public Administration,* University, Alabama: The University Alabama Press, 1980.

Graff, Orin B. and Others, *Philosophic Theory and Practice in Educational Administration,* Belmont, California: Wadsworth Publishing Co., Inc., 1966.

Hack, Walter G. and Others(eds.), *Educational Administration: Selected Readings,* Boston: Allyn and Bacon, 1965.

Harmon, Michael, "Toward an Active Social Theory of Administrative Action: Some Empirical and Normative Implications," in Bellone's *Ibid.*

Hodgkinson, Christopher, *Towards a Philosophy of Administration,* N. Y.: St. Martin's Press, 1978.

Marini, Frank(ed.), *Toward a New Public Administration: The Minnowbrook Perspective,* Chandler Publishing Co., 1971.

Minnesota Department of Education, Minnesota Analysis of Beliefs in Education, User's Guide.

Sergiovanni, Thomas J. and Fred D. Carver, *The New School Executive,* 2nd ed., N. Y.: Harper & Row, Publishers, 1980.

Simon, Herbert A., *Administrative Behavior,* 3rd ed., N. Y.: The Free Press, 1976.

ABSTRACT

A Study on Supervisors' and Teachers' Belief in Education in a Selected Board of Education

This is a posterior study of "Philosophical Impact on Educational Administrators' Administrative Behavior"(Joo, Sam Hwan, 1983) and Educational Administrators' Administrative Philosophy and Their Administrative Action"(Joo, Sam Hwan, 1984).

The purposes of this study were (1) to investigate educational supervisors' belief in education, (2) to find whether there are any differences between supervisors' belief in education and their teachers', and (3) to identify whether there are any differences in belief among subgroups of whole supervisors and teachers, for example, between male and female, elementary and secondary, teachers school graduates and non-teachers school graduates, high school graduates and college graduates, long teaching experienced and short teaching experienced, and young and old educators.

"Minnesota Analysis of Belief in Education," translated and adapted by this researcher(originally developed by Minnesota Department of Education), was administered to one hundred and twenty four supervisors and eighty nine elementary and secondary school teachers in Chungnam Board of Education.

The major results were as follows.

(1) Whole sample teachers' and supervisors' belief in education was

appeared in order from high, Pragmatism, Existentialism, Behaviorism, Essentialism and Idealism. Pragmatism, Existentialism and Behaviorism made a higher group than the others(Essentialism and Idealism).

(2) Because there were statistically significant differences among scores of five philosphical "isms" as the results of t-tests, the above order from high can be said significant.

(3) Supervisors' belief in education in order from high was also almost same to whole samples, that is, Pragmatism, Existentialism, Behaviorism, Essentialism and Idealism.

(4) Supervisors' belief in education in order were same to teachers', but teachers' scores were significantly higher than supervisors' only in both Pragmatism and Essentialism.

(5) Female educators(supervisors plus teachers) had higher orientation to Essentialism, Pragmatism and Behaviorism than male.

In conclkusion, educators highly oriented to Pragmatism, Existentialism and Behaviorism, however there were no significant differences between supervisors and teachers and among any other subgroups of educators in belief in education.

For further study, the teacher highly recommend to study on the relationships between supervisors' supervisory behavior and their belief in education, and teachers' teaching behavior and their belief in education.

In practice, supervisors are suggested to approach differently to each subgroup, for example, male and female, and young and old teachers at least, and to try to understand teachers' belief in education when they supervise teachers.

부록 : 교육적 신념에 관한 질문지

본 조사지는 교육적 신념을 분석해 보려는 것인데 교육에 바쁘실 줄 믿사오니 학문적 발전에 도움을 주신다는 뜻에서 기꺼이 응답해 주시면 고맙겠습니다. 귀하의 반응은 연구 이외의 목적으로는 결코 사용하지 않을 것을 약속드리며, 부탁드리고 싶은 것은 대리 작성된 것은 연구에 무의미하오니 꼭 본인이 응답해 주시면 고맙겠습니다.

Ⅰ. 인적사항; 다음의 해당란에 V표, 또는 숫자를 써 주십시오.
　(1) 성별 ① 남＿＿ ② 여＿＿, (2) 연령(만　)세 (실제 연령으로)
　(3) 출신별(해당란 모두) ① 사범학교＿＿＿ ② 고등학교＿＿＿ ③ 사범대학＿＿ ④ 일반대학＿＿ ⑤ 교육대학원＿＿ ⑥ 기타대학원＿＿
　(4) 현 직위 ① 교사＿＿ ② 주임교사＿＿ ③ 교감＿＿ ④ 장학사＿＿ ⑤ 장학관＿＿ ⑥ 기타＿＿（　）
　(5) 현 직위 재직연수(　)년 (1년 미만은 반올림)
　(6) 총 교육경력연수(　)년 (1년 미만은 반올림)
　(7) 재직 학교 급별 ① 초등＿＿ ② 중등＿＿ ③ 고등＿＿
　(8) 설립자별 ① 사립＿＿ ② 국공립＿＿, (9) 학급 수 (　)학급

Ⅱ. 교육에 대한 신념의 분석
　※ 본 조사지의 서술과 선생님의 견해(신념)가 대체로 같을 때는 "대체로 동의한다"에, 대체로 보아 같지 않으면 "대체로 동의하지 않는다" 난에

√표 해주십시오.(철학적 측면이라서 문장이해에 어려움이 있을 것이오나 가능한 한 모든 문항에 다 응답해 주십시오.)

(인간의 본성)

① 대체로 동의한다. ② 대체로 동의하지 않는다.

(1) 인간의 행동을 지시하고 개선하기 위하여 기술적 방법을 사용해야 한다. ①＿＿＿ ②＿＿＿

(2) 사회적 상호작용과 인간 관계성의 개발은 인간발달에 아주 중요하다. ①＿＿＿ ②＿＿＿

(3) 지적 개발은 아동을 보다 진실한 인간이 되도록 하는 데 기여하는 바 크다. ①＿＿＿ ②＿＿＿

(4) 아동은 학습을 싫어하고 성인의 지시를 필요로 한다. ①＿＿＿ ②＿＿＿

(5) 직관적 경험과 정서적 경험은 인간 발달에 필수 불가결하다. ①＿＿＿ ②＿＿＿

(6) 인간은 일상 생활상의 문제를 해결하는 좋은 방법을 성공적으로 발견함으로써 성장감과 성취감을 경험한다. ①＿＿＿ ②＿＿＿

(7) 한 사람은 그가 처한 환경의 조건에 반응한 것이 합쳐져서 바로 현재와 같은 사람이 되었다. ①＿＿＿ ②＿＿＿

(8) 사람은 자기 자신이 진실로 누구인지 알게 될 때 자기완성의 상태가 나타난다. ①＿＿＿ ②＿＿＿

(9) 아동은 규칙에 복종하도록 훈련시켜야 하며, 또 꼭 복종하도록 해야 한다. ①＿＿＿ ②＿＿＿

(10) 아동에게 가장 절실한 흥미와 욕구를 표현할 수 있는 기회를 줄 때, 그들은 제일 잘 배운다. ①＿＿＿ ②＿＿＿

(11) 각 개인은 자기 자신이 될 수 있는 자유와 자기 자신이 누구인지 표현할 수 있는 자유가 필요하다. ①＿＿＿ ②＿＿＿

(12) 아동이 경험한 것은 아동을 위하여 절실하게 되는 것이다. ①＿＿＿ ②＿＿＿

(13) 학생은 인류의 사상과 이성에 대해 천성적으로 호기심을 갖고 있다. ①＿＿＿ ②＿＿＿

(14) 환경 조건의 변화에 따라 행동은 변한다. ①＿＿＿ ②＿＿＿

(15) 학생은 이성과 논리를 현실적 문제에 적용시킬 수
    있는 능력을 길러야 한다.   ①______   ②______

(16) 한 사람은 자유 선택적 결정이 모아져서 바로 현재
    와 같은 사람이 되었다.   ①______   ②______

(17) 인간 본성은 결코 변하지 않기 때문에 과거의 관념
    은 중요한 것으로 되었다.   ①______   ②______

(18) 사람은 세상의 현실문제에 대한 훌륭한 해결책을 찾
    아냄으로써 점검 성장한다.   ①______   ②______

(19) 사람은 부정적인 조건은 회피하고 탈출하고자 하며,
    긍정적으로 강화해 주는 조건에는 접근한다.   ①______   ②______

(20) 주어진 학습과제로부터 멀리 떨어져 나가지 않도록
    학생 자신을 위해서 어떤 때는 벌을 줄 필요가 있다.   ①______   ②______

(21) 아동은 착해지려고 하는 경향이 있다.   ①______   ②______

(22) 현실 세계의 사실과 지식을 이해하도록 학생들이 훈
    련될 수 있다면 학생들은 어리석은 일을 별로 하지
    않을 것이다.   ①______   ②______

(23) 인간의 가치는 적응성과 생산성의 관계성 속에 있다. ①______   ②______

(24) 인간은 우주 속에서 개인의 중요성과 무의미성 사이
    에서 파악된다.   ①______   ②______

(25) 인간은 사회에 적응하도록 형성시키고 조건화시킬
    수 있다.   ①______   ②______

(26) 아동은 변화하는 사회에 대응하여 변화할 능력을 갖
    고 있으며, 또 계속적으로 변하고 있다.   ①______   ②______

(27) 사람은 자기가 자유로이 선택한 행동에 의하여 자기
    자신이 된다.   ①______   ②______

(28) 교사는 교실에서 최고 의사 결정자의 역할을 담당해
    야 한다.   ①______   ②______

(29) 아동이나 성인의 중요한 능력은 이상과 사상을 갖는
    것이다.   ①______   ②______

(30) 개인은 자기의 과거 이력에서 강화받는 것이 무엇이
    냐에 따라 각각 다르게 된다.   ①______   ②______

(31) 학교에서는 학생들에게 역사와 문법과 철자법에 관
    한 것과 같은 사실들을 가르쳐야 한다.   ①______   ②______

(지 식)

(32) 학습은 측정 가능한 행동의 변화에 의하여 결정된다. ①_____ ②_____

(33) 학생들은 자기 자신의 학습 과정(과목)을 자유로이
선택할 수 있어야 한다. ①_____ ②_____

(34) 지식의 일차적 목적은 실생활에 적응하는 데 있다. ①_____ ②_____

(35) 문학, 미술, 음악 등과 같은 인류의 위대한 작품들
은 최고의 지식의 근원이 된다. ①_____ ②_____

(36) 토막상식의 반복이나 외우기 등과 같은 연습은 두뇌
훈련을 돕는 좋은 방법이다. ①_____ ②_____

(37) 한 개인이 과업을 수행할 수 있을 때만 그것은 완전
한 지식이 될 수 있다. ①_____ ②_____

(38) 아이디어의 가치는 실제 결과로 나타난다는 것을 아
동들이 알 수 있도록 교사는 도와주어야 한다. ①_____ ②_____

(39) 지식이란 이상을 통해서 가장 잘 경험할 수 있는 진
리를 탐구하는 것이다. ①_____ ②_____

(40) 현명한 교사는 지식 습득의 과정에서 머리보다 마음
을 강조한다. ①_____ ②_____

(41) 학교는 우리의 문화유산을 보존하고 존경할 수 있도
록 이를 전승해야 한다. ①_____ ②_____

(42) 아동은 실생활 문제를 해결하면서 가장 잘 배운다. ①_____ ②_____

(43) 안다는 것은 이성과 논리를 세상의 현존 문제에 적
용하는 과정이다. ①_____ ②_____

(44) 교사는 학생을 강화해 주는 조건들을 찾아낼 필요가
있다. ①_____ ②_____

(45) 학생은 어떤 선택이나 참여를 결정하려 할 때 현실
문제와 부딪친다. ①_____ ②_____

(46) 학교는 현존사회에 적응하기 위하여 끊임없이 변화
되어야 한다. ①_____ ②_____

(47) 학습이 일어나려면 학생은 자신의 행동 결과에 의하
여 자극을 받아야 한다. ①_____ ②_____

(48) 학교에서는 사회적, 신체적, 정서적 발달에 앞서 지
적 발달을 강조해야 한다. ①_____ ②_____

(49) 학습은 힘들게 일하는 것이며, 학생은 이에 따라 요
구되는 자율성(자기억제력)을 발전시킬 필요가 있다.　①＿＿＿　②＿＿＿

(50) 개인이 사랑과 죽음, 인간관계성에 접하면서 현실
문제와 부딪치게 된다.　①＿＿＿　②＿＿＿

(51) 좋은 학교는 프로그램 학습과 행동 수정의 활용을
조장한다.　①＿＿＿　②＿＿＿

(52) 학생은 자기의 감정을 표현하고 느낄 필요가 있다.　①＿＿＿　②＿＿＿

(53) 결국 각 학생은 사회적으로 정의되고 성립된 규범에
비추어 보아 참되다고 생각되는 바에 따라 행동한다.　①＿＿＿　②＿＿＿

(54) 모든 아동에게 가르쳐야 할 학습의 근본적 핵이 있다.　①＿＿＿　②＿＿＿

(55) 교육은 아동을 이상과 사상의 세계로 인도해야 한다.　①＿＿＿　②＿＿＿

(56) 훌륭한 교사는 아동이 무엇을 배워야 하는지 알고
있으며, 그것이 바로 가르쳐야 할 내용이다.　①＿＿＿　②＿＿＿

(57) 교사와 교육행정가는 행동목표와 목적을 분명히 진
술함으로써 학생이 가야 할 바람직한 방향을 설정
해 줘야 한다.　①＿＿＿　②＿＿＿

(58) 교육의 주목적은 개인으로 하여금 지적으로 성장할
수 있도록 도와주는 것이다.　①＿＿＿　②＿＿＿

(59) 학생들이 다른 어떤 사람이 진리라고 말한 것을 받
아들이도록 강요되어서는 안 된다.　①＿＿＿　②＿＿＿

(60) 교사는 학생들에게 학습과제를 지시하기보다는 안내
해 줘야 한다.　①＿＿＿　②＿＿＿

(가치관)

(61) 미술이나 음악, 무용 작품이 가치가 있느냐 없느냐는
대중이 수용할 가능성과 그 유용성에 의해 결정된다.　①＿＿＿　②＿＿＿

(62) 선(선)은 개인에게 강화받는 결과에 이르는 행동이다.　①＿＿＿　②＿＿＿

(63) 미술과 음악, 무용에 대한 규칙과 기준은 개인의 창
의성과 표현을 억압하는 결과가 된다.　①＿＿＿　②＿＿＿

(64) 미(미)의 개념은 변화할 수 없다.　①＿＿＿　②＿＿＿

(65) 아름다운 미술과 음악은 실생활에서 자연적으로 일
어나는 것이 반영되어 나온 것이다.　①＿＿＿　②＿＿＿

(66) 미(美)에 대한 절대적 기준은 없다.　①＿＿＿　②＿＿＿

(67) 미(美)란 각 개인에 따라 다르다.　①＿＿＿　②＿＿＿

(68) 훌륭한 미술과 음악은 이상을 반영하기 때문에 지적
으로 향상된다.　①＿＿＿　②＿＿＿

(69) 학생은 미의 기준을 찾기 위해 자연을 살펴봐야 한다.　①＿＿＿　②＿＿＿

(70) 학생의 행동은 사회를 위해서 최선을 다하도록 변화
시킬 필요가 있다.　①＿＿＿　②＿＿＿

(71) 근본적 도덕가치는 결코 변하지 않는다.　①＿＿＿　②＿＿＿

(72) 인간은 도덕적 선택을 자유롭게 결정하지 못한다.　①＿＿＿　②＿＿＿

(73) 비록 아동이 정의를 실천하는 데 어려움이 있을지라
도 아동은 불의로부터 정의를 배울 수 있는 능력을
갖고 있다.　①＿＿＿　②＿＿＿

(74) 창조적 예술의 가장 중요한 점은 자유와 개인적 표
현이다.　①＿＿＿　②＿＿＿

(75) 가치는 상대적이며 변한다.　①＿＿＿　②＿＿＿

(76) 교사는 학습과 학문, 도덕적 행동의 모범이 되어야
한다.　①＿＿＿　②＿＿＿

(77) 가르쳐야 할 기본적 가치는 인간의 생존이다.　①＿＿＿　②＿＿＿

(78) 보다 바람직한 행위를 촉진시켜 준다면 그것이 선
(착함)이다.　①＿＿＿　②＿＿＿

(79) 학생들로 하여금 자기의 자유에 대한 책임감을 의식
할 수 있도록 하여야 한다.　①＿＿＿　②＿＿＿

(80) "대접받기 바라는 것을 남에게 대접해 줘라"라는 보
편적 도덕률을 아동들이 이해할 필요가 있다.　①＿＿＿　②＿＿＿

(81) 인간은 동물과는 달리 인간만의 도덕성을 만들어
왔다.　①＿＿＿　②＿＿＿

(82) 행동과 윤리적 행위는 최고 권위자가 설정한 보편적
법칙에 의하여 규제되어야 한다.　①＿＿＿　②＿＿＿

(83) 이상이란 것은 그것이 유용하냐 실제적이냐에 따라
판단된다.　①＿＿＿　②＿＿＿

(84) 고대의 예술은 아름다운 것으로 인정되기 때문에 미
의 판단 원칙은 결코 변치 않는 것으로 우리는 알고
있다.　①＿＿＿　②＿＿＿

(85) 부도덕적인 사람은 자유선택에 대한 책임을 거부한
    사람이다.   ①______   ②______

(86) 인간은 도덕적 투쟁을 하지 않는다.   ①______   ②______

(87) 정직과 진실에 대한 근본적인 생각은 옛사람이나 현
    대인 모두에게 같다.   ①______   ②______

(88) 학생이 자연 세계에 대하여 연구할 때 무엇이 선이
    며 가치로운지 이해하게 된다.   ①______   ②______

(89) 학생은 단지 자유선택의 가치만을 진정으로 받아들
    인다.   ①______   ②______

(90) 개인은 단지 결과적 측면에서 가치로운 것이 무엇인
    지 결정할 수 있다.   ①______   ②______

제2부
장학연구

3. 장학의 본질에 비추어 본 장학의 개선방향*

모든 조직은 점점 더 복잡해지고 있으며, 조직이 복잡해지면 복잡해질수록 감독(supervision)의 필요성은 강해지게 마련이다. 그래서 모든 사회기관이나 복잡한 조직은 감독제도를 두고 있다. 모든 수준의 정부 기관, 기업체, 종교 조직, 보건 기관, 군대 등 이 모든 기관은 필수적인 기능 발휘를 위해서 감독의 주의와 지원을 필요로 하게 되었다. 따라서 감독과 감독의 역할에 관한 연구를 위해서 노력하게 되었다(Alfonso, 1981. p.1). 교육조직도 예외가 아니다. 교육은 원래 개인교수(비형식적 교육)에서 시작되었지만 형식적 교육이 채택되면서부터 어떤 형태로든 감독은 있게 마련이었다.

"감독자는 일의 과정을 지시하고 안내하는 책임"(Alfonso, 1981, p,3)을 지고 있는데, 교육조직에서는 '감독'이란 용어가 '장학'이란 말로 바뀌었다 해도 이러한 역할은 필요했었고, 지금도 그런 색채를 찾아볼 수 있다. 어쨌든 "장학은 교육 프로그램 개선에 없어서는 안 되는 필요불가결의 것이다."(J. Wiles & Bondi, 1980, p.3)

더구나 교육이 양적으로 팽창하여 질(質)의 보장에 대한 요구가 강한 이

---

* <u>교육발전논총</u> 제Ⅳ 제1호, 충남대학교교육발전연구소, 1982. 12. pp.81~99에 게재.

때에 장학에 대한 연구와 장학력의 강화가 절실히 요구되고 있다. 여러 가지 여건으로 말미암아 교육의 주역인 교사들을 유인하기 위한 체제가 약화되어 우수한 두뇌를 가진 젊은이들이 교직에 매력을 느끼지 못하고 있으며, 또 현직교사들의 사기가 저하되어 있는 이런 때일수록 장학의 필요성은 더욱 강조되고 있다.

이러한 시점에서 교사들로 하여금 스스로 능률적이고 생산적인 직무수행을 할 수 있도록 동기를 부여하기 위하여(주삼환, 1977(b), p.83) 장학은 필요한데, 교사들은 장학에 대하여 부정적인 태도(주삼환, 1977(a), p.49; Acheson, p.7)이니 장학적 접근에 문제가 있다. 부정적 태도에서 긍정적 태도로 바꾸고, 저하된 사기를 높이고, 봉급 등 사회경제적 지위에 관심을 쏟고 있는 상태에서 가르치는 일에 교사들이 관심을 쏟고, 또 가르치는 일에서 즐거움을 찾도록 하기 위해서는 장학에 대한 연구가 더욱 절실해진다.

또한 교사들의 이직률이 줄어들어 겉으로 보면 좋은 현상인 것 같으나 그만큼 교직에 애착이 없는 불만에 찬 교사들이 머물러 있다는 증거도 된다. 이런 때일수록 이들을 지도할 장학의 중요성이 강조된다.

또 교사교육의 연한이 길어지고, 질이 높아져 교직의 전문성이 강화됨에 따라 전문교사를 어떻게 장학하고 또 장학담당자를 어떻게 전문화하느냐 하는 것이 중요한 문제가 될 것이다. 교사들은 자기들 전문영역에 한해서는 무감독적 장학을 원하고 있다(주삼환, 1977(b), p.161). 이러한 상황에서는 장학이 구태의연한 상태로 머물러 있을 수도 없고 그렇다고 포기할 수도 없었다. Woodward에 의한 일의 체계분류에는 단순노동을 하는 대량생산체계, 정류공장과 같은 연적과정의 체계, 일을 계획부터 완성, 평가에 이르기까지 전 과정을 책임지는 단위생산체계가 있는데(1958), 교육체제는 단위생산체계로서 교사가 가르치는 일 전체를 다 다루기 때문에, 일의 성질로 보아 장학이 필요하고 또 장학하기에 적절하다는 것이다. 다시 말하면, 일의 성질로 보아 장학에 의하여 일이 발전, 개선될 수 있다는 것이다.

장학에 여러 가지 문제가 있겠으나, 여기서는 주로 장학의 본질 면을 김종철의 이념적 접근(ideological approach)(1982, p.161)으로 문헌연구를 중심으로 장학의 개념, 발달, 장학담당자, 장학이론의 순서로 고찰하면서 우리나라 장학의 개선 방향을 제시하고자 한다.

I. 장학의 개념

문헌연구를 통하여 장학의 정의나 개념을 살펴볼 때 학자들 사이에 완전한 합의를 보지 못하고 있으며, 각각 강조점과 접근법이 다르다. 문헌에 나타난 개념의 정의는 대체로 (1) 행정(administration), (2) 교육과정(curriculum), (3) 교수(instruction) (4) 인간관계(human relations), (5) 경영(management), (6) 지도성(Leadership)의 6측면(J. Wiles & Bondi, 1980, pp.8~11에 기초하여)으로 나누어질 수 있다.

A. 행정(administration)

장학을 교육행정의 일부, 또는 행정의 연장으로 보는 입장이다. Eye, Netzer와 Krey는 "교육체제의 적정 교수기대의 달성에 주로 초점을 둔 학교행정의 국면"(1971, p.31)이라고 장학을 정의하고 있으며, Harris와 Bessent도 "학교체제의 인원이 학교의 주요 교수목적 달성을 위해 직접적으로 영향을 주기 위하여 학교운영을 유지 또는 변화의 목적으로 성인과 사물을 다루는 것"(1969, p.11)이라 하여 장학을 행정활동으로 보고 있다. Burton과 Brueckner는 "행정은 물자와 시설제공과 일반적 운영에 흔히 관련되는 반면, 장학은 특별히 학습환경 개선에 관련된다"(1955, p.85)고 행정과 장학을 구별하려 한다. 그러나 행정과 장학은 기능적으로 분리될 수 없고 둘은 교육체제 운영에 있어서 서로 조정하고 상호관련되며, 상보적이고, 기능을 상호분담하는 데 유리한 학습조건을 제공하는 것이 행정과 장학의 공동의 목적이라고 한다. Sergiovanni & Starratt(1979, p.15)는 행정과 장학과의 관계를 역할과 과정 사이의 딜레마라고 하며 구분하려 하고 있다. 즉, 성공을 위하여 다른 사람에게 의지하지 않고 학교목적달성을 위한 행동으로 특정지어진 행정가나 다른 사람의 행위는 장학행위라기보다는 행정행위로 그들은 구별하고 있다. 또 학교목적달성 추구에 있어서 사람과 함께 일하지 않고 물건이나 아이디어를 가지고 행정가나 장학담당자가 일할 때 장학적 방법(supervisory way)이라기보다는 행정적 방법(administrative way)으로 운영하는 성향(性向)이라고 하여 사람을 통해서 학교목적을 달성하면 장학적 방법이고, 직접적으로 하면 행정행위라 구별하고 있다. 그래서 관료지향학교에서는 행정적 방법이 많이 쓰이고 전문지향학교는 장학적 방법에 더 비중을 두어 학교목적을 달성한다는 것이다. 한국에서도 단연 교육행정의 연장으로 보는 입장이 압도적이다. "장학론"의 강의도 교육행정과에서 개설되고, 교육행정책에서 "장학행정"(김종철, 1982; 강영삼, 1982) 또는 "지도행정"(백현기, 1964(b))으로 하나의 장으로 다루어지고 있다. 그리고 김종철의 법규적 측면에서의 정의, "계선조직의 행정활동에 대한 전문직, 기술적 조언을 통한 참모활동 내지 막료활동(staff operations)"(1982, p.236)도 행정적 측면에서의 정의이다.

그러나 미국에서는 교육행정과에 장학전공이 같이 있는 것이 보통이나(Department of Educational Administration and Supervision이란 이름으로), 어떤 대학에서는(예를 들면, University of Georgia, University of Connecticut 등) Department of Curriculum and Supervision으로 장학이 교육과정과 교수이론 쪽에서 다루어지고 있다. 또, 미국장학교육과정개발학회(ASCD)의 이름도 교육과정과 같이 다루어지고 있다. 더구나 최근 80년대 들어와서는 독립된 분야로 발돋움하려는 기운이 보이고 있다.

B. 교육과정(curriculum)

두 번째는 장학을 교육과정의 측면으로 정의하는 사람들이 있다. Cogan은 "일반장학(general supervision)은 교육과정의 제정과 개정, 교수단원과 교수자료의 준비, 학부모에게 통지하는 과정과 도구의 개발, 전 교육 프로그램의 평가 등 광범한 일을 뜻한다"(1973, p.9)고 하여 교육과정으로서 정의하고 있다. Curtin도 "……장학은 교육과정에서 의미를 발견해야 한다. 그렇지 못하다면 의미가 없다"(1964, p.162)고 하여 같은 입장이다. 장학론이 교육과정과에서 다루어지는 대학이 있다는 것은 이미 지적한 바와 같다.

C. 수업(instruction)

장학의 세 번째 정의는 수업에 초점을 둔 것이다. ASCD는 "Supervisor"와 "Curriculum Director"는 기능 면에서 서로 바꾸어 쓴다면서, 장학담당자를 "교수(teaching) 개선이나 교육과정 운영이나 개발에 기여하는"(1965, pp.2~3) 모든 사람을 의미한다고 하고 있다. Marks Stoops와 King-Stoops도 장학을 "교수와 교수 프로그램 개선에 목적을 둔 행동과 실험"(1978, p.25)으로, Dull은 "교육개선의 목적으로 행하는 전문교육자의 행동"(1981, p.5)으로 보아 수업적 측면에서 정의하고 있다. 그리고 다른 많은 저자들과 책들도 궁극적인 장학의 목적을 수업개선(improvement of instruction)에 두고 있으며, 책의 제목도 Instructional Supervision, 또는 Supervision of Instruction으로 되어 있는 것이 많다. 김종철의 기능적 접근(functional approach)에서의 정의, "교사의 전문적 성장, 교육운영의 합리화 및 학습환경개선을 위한 전문적, 기술적 보조활동"(1982, p.237)과 이념 면(ideological approach)에서의 정의, "교수(instruction), 즉 학습지도의 개선을 위하여 제공되는 지도·조언"(1982 p.237)도 수업적 측면의 강조이다. 백현기의 "교수·학습과 학생의 성장발달에 관한 모든 조건을 향상시키는 전문적 기술봉사"(1964(a), pp.41~44; 1964(b), p.164)도 이쪽 측면이다.

D. 인간관계(human relations)

문헌에 나타난 장학에 관한 네 번째 정의는 교육환경에 있는 모든 사람과 함께 일하는 인간관계의 측면에서 장학담당자를 보는 것이다. K. Wiles

(1967, p.10)는 장학담당자를 촉진자(expedite), 의사소통 조성자, 다른 사람과 접촉하게 하는 연락자, 직원을 자극하는 사람…… 등으로 보아 인간관계 측면을 강조하였다. Lovell도 K. Wiles 책을 개정하면서 "수업장학행위(instructional supervisory behavior)를 학생의 학습기회제공과 실현을 유지, 변화 개선하기 위한 방법으로 교수행위체제(teaching behavior system)와 상호작용(interaction)의 목적으로 조직이 공식적으로 제공하는 부가적 행위체제(additional behavior system)로 가정한다"(K. Wiles, 1975, pp.6, 8)고 정의하여 '상호작용'을 중심으로 하고 있다. 1982 ASCD yearbook도 "장학담당자는 다른 직원의 직무수행(performance)을 개선하도록 도와주는"(1982, 원고) 모든 사람을 일컫는다고 하여 넓은 의미의 인간관계로 정의하고 있다. Blumberg는 책 전체를 장학담당자와 교사와의 관계만을 다루면서 "생산적인 직무관계성(Productive working relationship)의 조성이 장학담당자에게 가장 결정적인 것"(1980, p.2)이라고 하여 인간관계에서 다루고, Sergiovanni Starratt는 인간관계에서 한 걸음 더 나아가 인간자원(Human Resources)적 접근을 제의하면서 이는 "개인의 욕구와 학교목적과 과업을 종합하는 데 더 강조된다"(1979, p.13)고 한다.

E. 경영(management)

다섯 번째는 장학을 경영의 한 형태로 정의하는 것으로 Alfonso, Firth와 Neville은 "장학담당자는 일의 과정을 지시하고 안내하는 책임이 있다. 결과적으로 기술적 생산체제(technical production system)이었든, 인간봉사체제(human service system)이었든 조직의 일의 체제(organization's work system)는 장학담당자의 역할을 결정하는 가장 의미 있는 결정인자"(1981, p.4)라 하며, 조직경영의 측면에서 장학을 다루려 하고, 학교를 하나의 생산체제로 보고 있다.

F. 지도성(leadership)

Mosher와 Purpel은 "장학의 과업을 가르치는 방법을 교사에게 가르치는 것이고 공교육을 수행하는 데 있어서, 보다 구체적으로 말하면 교육과정, 교수, 조직형태 등에 있어서 전문적 지도성을 발휘하는 것으로 생각"(1972, p.4)하여 하나의 지도성 기능으로 정의하고 있다. J. Wiles와 Bondi도 장학담당자는 행정, 교육과정, 교수의 굴레(축, orbit)에서 벗어나도록 해야 하고, 장학을 독특한 지도성 역할로 정의해야 한다고 주장하며, 장학을 "행정, 교육과정, 교수(teaching)를 연결하는, 그리고 학습과 관련된 학교활동을 조정하는 지도성 기능"(1980, p.11)으로 정의하고 있다. 그리고 많은 사람들이 책이름에 지도성을 내세워 강조하며, Dull 같은 사람은 장학담당자를 "교수지도자"(1981)라고 하고 있으며, 책의 내용에서 지도성이 빠져 있는 책은 거의 없을 정도로 지도성이 강조되고 있다. 이상을 종합하여 보면 다음 표와 같이 요약된다.

〈표 1〉 1955~1982년 장학의 정의

초 점	저 자(연도)
(1) 행 정	Eye, Netzer and Krey(1971), Harris and Bessent(1969) Burton and Brueckner(1955), 김종철(법규적 측면)(1982) 강영삼(장의 제목)(1982)
(2) 교육과정	Cogan(1973), Curtin(1964)
(3) 수 업	ASCD(1965), Marks, Stoops & King-Stoops(1978) 김종철(기능, 이념적 측면)(1982), 백현기(1964)
(4) 인간관계	K. Wiles(1967), K. Wiles & Lovell(1975) Sergiovanni and Starratt(1979), ASCD(1982) Blumberg(1980)
(5) 경 영	Alfonso, Firth & Neville(1981)
(6) 지 도 성	Mosher and Purpel(1972), J. Wiles & Bondi(1980) Dull(1981)

이상의 장학의 개념에 대한 문헌연구에서 나타난 몇 가지 점에 주목하여

장학의 개선방향이 제시될 수 있다.

첫째, 전통적으로 장학을 행정의 일부로만 생각하였으나 최소한 교육과정과 수업과 깊이 관련되어 있다는 점이다. 이것이 바로 김종철이 지적한 "……행정과 장학의 한계가 명확하지 않다는 점"(1982, p.234)과 "외국의 장학개념과 우리나라의 그것이 반드시 일치되지 않는다."(1982, p.235)는 점이다. 외국에서는 행정의 연장에서 교육과정과 수업으로 바뀌어 강조되는 반면, 우리나라에서는 행정적인 측면에서 광범위하게, 간접적인 방법으로 교수·학습개선에 접근하려 하며, 교수학습이란 알맹이를 제대로 건드려 보지도 못하고 알맹이의 주변만 맴돌았었다는 점이다. 그것이 바로 "장학의 규범과 현실의 차"(홍후식, 1973, p.73)이었고, "이론과 실제의 차"(주삼환 1977(a), p.49)였으며, 관리에 치우치게 되고 마침내는 도움을 받겠다고 달려들어야 할 수혜자인 교사들이 도와주겠다는 장학에 부정적인 태도를 가지게 되었던 것이다. 이제 장학은 주변을 맴도는 일도 해야겠지만, 알맹이인 '수업'에 직접적으로 접근할 것을 제안한다〔제안 1〕.

둘째, 장학이 행정, 교육과정, 수업, 인간관계, 경영, 지도성의 6측면에 초점을 두어 정의하려 했던 것으로 분류되었으나 궁극적인 장학의 목적은 '수업개선'이며 이것이 바로 장학의 본질이라 본다. 나머지 다섯은 수업개선을 위한 방법적 측면이요, 목적달성을 위한 간접적인 방법이라고 〈그림 1〉과 같이 본다.

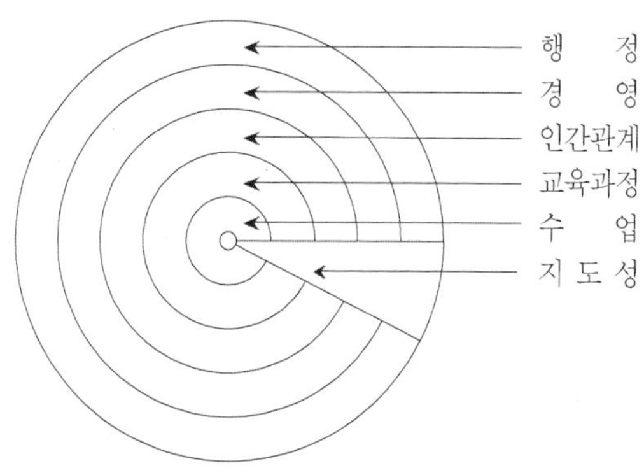

〈그림 1〉 장학의 개념 정의 접근

〈그림 1〉은 장학의 궁극적 목적은 핵인 '수업개선'이고 '교육과정'은 좀더 넓은 상위의 것으로 보고, 그 다음이 '인간관계'에 의한 간접적인 방법이고, '경영'은 보다 간접적이고 광범한 것이며, '행정'을 가장 넓은 의미로 보았고, 장학담당자의 '지도성'은 다섯 개의 모든 영역에서 발휘되어야 한다고 본 것이다. 이것은 제안 1을 보다 선명하게 해 준다.

셋째, 필자는 새로운 장학의 정의를 내세울 만한 준비도 되어 있지 않고, 그럴 의도도 없다. 잠정적으로 앞서 인용한 김종철의 법규, 기능, 이념적 접근을 따르면서 다만 중앙중심적, 행정적, 인사적, 간접적, 주변적인 접근을 하면서 동시에 수업개선에 직접적으로 도전해야 하는데, 그 방법의 하나로 문교부나 시·도 수준의 장학은 행정적, 간접적, 법규적인 측면으로 접근하더라도 최소한 지역의 교육청이나 각 학교 수준에서는 기능적, 이념적 접근으로 수업개선에 직접적으로 공격하는 장학을 제안한다[제안 2]. 이것을 그림으로 표시하면 〈그림 2〉와 같다. 교사와 직접 접촉하게 되는 학교나 지역 교육청 수준의 장학기능이 강화되어야 한다는 것이 여기서 암시된다.

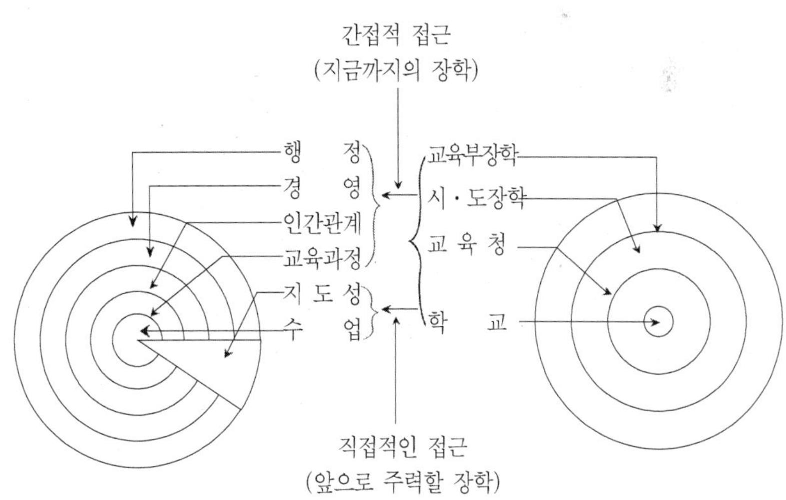

〈그림 2〉 장학개선의 방향제안

다음은 장학의 개념과 관련이 깊은 장학의 발달을 미국을 중심으로 살펴
보고자 한다.

II. 장학의 발달

장학의 본질은 장학의 발달 역사를 살펴봄으로써 좀더 분명해질 것이며, 현
재의 장학의 실제와 미래에 대한 전망도 과거를 살펴봄으로써 확실해질 수 있
다. 역사적인 관점이 현재의 문제를 해결해 주지는 못한다 하더라도 미래의
모양을 그리는 데 중요하다. 장학발달의 역사도 강조점을 어디에 두느냐에 따
라 시대구분을 다르게 하고 있다. 미국의 것을 J. Wiles와 Bondi(1980)의
분류를 살펴본 다음, 우리나라에서의 발달과 연결시켜 종합할 것이다.

장학은 교육행정의 연장으로서 발전해 왔으나 1980년대에 들어서면서 독
립된 별개의 기능을 수행하려는 찰나에 들어서 있다(J. Wiles & Bondi,
1980, p.4). 이것은 학문적으로 독립할 단계를 의미하는 것이 아니라, 교육
의 기능 면에서의 독립의 움직임이다.

18C~19C 대부분 미국에서의 장학은 비전문인(layperson)에 의하여 학
교운영 전반을 시학하는 형태였다. 학교시설, 장비, 학생 출석상황 등을 정
기적으로 점검하고 통제하는 것으로 장학의 역사가 시작되었다.

19C 후반에 학교와 교육구가 커지면서 시학관(supervisor)이 별도로 임
명되어 학교시찰과 검열의 일은 계속되고, 또 시설건축, 교육재정확보 등 전
반적인 일도 다루게 되었다.

20C 초까지는 교육감(장)을 대리하여 임명된 시학관이 위임받은 교육감
(장)의 권위를 가지고 시학하게 되었는데, 이 시기가 권위적 계선(line)에서
참모적(staff) 능력가로 옮겨가는 시기였다. 이때까지의 장학은 근본적으로
행정의 연장이었다.

20C 초의 약$\frac{1}{3}$은 미국 교육이 과학적 관리(scientific management)의

영향을 심히 받은 시기로, 장학의 실제에도 과학적 관리의 색채가 강하게 스며들었었다.

장학에 있어서의 경제시대의 영향은 관료적 장학(bureaucratic supervision)의 출현이었다. 장학은 목적, 목표, 명세화와 밀착하게 되었다. 능률지향성, 경제지향성 때문에 분업, 기술적 전문화, 조직 내의 규율, 일의 상황에 따른 특수절차, 문서에 의한 의사소통이 강조되었다. 장학사까지도 시간-동작연구를 하기에 이르고, 장학도 전공교과별로 전문화되기에 이르렀다.

1930년대 초 미국에 있어서의 장학은 강제와 감독의 역할이 약화되는 시기였다. 교실 뒤에서 서성거리는 'snoopervisor'라 불리었던 장학사는 수업관찰의 평가, 보고 시에만 학급교사와 함께 일하던 시기였다. 수업장학의 역할을 바꾸는 교육행정의 전환기였다.

1930년대 미국 교육은 '진보주의 교육'의 시대로 학교도 보다 개성화, 인간화, '아동 중심'이 강조되었다. 학교행정가의 책임이 증대하게 되고, 학교도 복잡해지고, 따라서 복잡한 경영기술이 필요하게 되었다. 산업계를 본받아 학교행정가도 민주적 지도성의 형태를 실천하기 시작하여 1940년대까지 '인간관계' 행동이 장학에서도 나타났다.

1940년대에서 '1950년대 중반까지의 장학은 결과보다 과정을 중시하게 되었다. 장학사도 교사의 직무수행을 판단하는 심판자가 아니라, 가르치는 일에서 교사가 발전할 수 있도록 돕는 데 대부분의 시간을 보냈다. 협동적 집단노력이 극대화하고 민주적 상호작용이 실천되었다. 이 시대에는 장학이 교육에 있어서 특수분야로 부상하게 되고, 장학론이 하나의 독립 과목으로 다루어지기 시작하였다.

1957년 소련의 Sputnik 1호가 떠오르자 미국 교육의 형식과 실체는 바뀌기 시작하였다. 하룻밤 사이에 옛 프로그램과 교육목적은 도려내지게 되고, 새로운 교육계획과 프로그램이 설계되었다. 교육과정 개발에 모두가 바빴고, 이것이 장학담당자들의 역할에 영향을 주게 되어, 장학사는 교육과정 개발자가 되었다.

1960년대 초 장학사는 각 전문교과담당자가 되고, 이들의 역할은 자료를 조직하고, 학교교육 프로그램을 제작, 실시하는 데 교사들을 참여시키고, 교사들을 위하여 자원인사로 봉사하는 일이었다. 부수적 임무로 교사의 현직교육 기회를 조직하여 학급교사를 훈련, 재훈련시키는 일이었다.

1960년대 후반까지 미국 각 교육구의 교육목적에는 특이점이 있을 수 없었다. 너무나 많이 프로그램이 바뀌고, 학교교육과정이 지나치게 확대되고 혼잡하게 되고, 교육의 비용이 높아져 어떤 프로그램이 필요불가결한 것인지 재평가하지 않으면 안 되었다. 학교에 대한 기대의 상승과 줄어들기만 하는 학교운영자원으로 죄어든 행정가들은 사물을 질서 있게 정돈하지 않으면 안 되는 전통적인 방법으로 되돌아가지 않으면 안 되었다. 목표도달계약(performance contracts), 행동목표, 책임성 프로그램(accountability program), 경영체계(management schemes), 표준도달졸업(standard graduation expectation)을 통하여 학교를 발전시키려 했던 것들은 아직도 여러 책에서 나타나고 있다.

1960년대 후반에 일어났던 여러 가지 상황과 이에 대한 1970년대 초의 행정적 반응의 결과는 장학에도 여러 가지로 영향을 주었다. 교육과정 개발에 열을 올리고 있을 때 학교의 수업측면에 초점을 맞추려는 노력도 일부에서 일어나고 있었다. 1960년대 후반과 1970년대 초의 장학에 관한 문헌을 보면, 교수·학습과정의 분석과 임상장학(clinical supervision)의 개념에 초점이 주어져 있는 것을 볼 수 있다. 이러한 움직임에서 장학사는 비디오테이프의 사용, 교사·학생의 상호작용 평가, 교수의 새로운 가능성의 개발을 위하여 '현장연구(action research)' 기법 작용이 뚜렷하게 되었다.

1970년대 후반에 학교체제에 대한 경제적, 정치적 압력이 증대되어 행정가들은 다시 산업지향으로 기울어지는 경향이었다. 학급수업개선에 대한 연구와 노력에 흥미가 줄어들게 되고, 대신 경영적 역할(managerial role)로 옮겨가기 시작하였다. 장학에 관한 문헌은 경영과 관련된 행위체제, 조직이론에 대하여 많이 다루게 되었다.

1980년대에 들어서면서 장학의 역할은 아직 행정, 교육과정, 교수 사이를 맴돌고 있으나, 장학의 독특한 영역을 확보하려는 움직임과 지도성을 강조하려는 경향으로 나가고 있다.

이상을 요약하면 〈표 2〉와 같다.

<표 2> 장학역할의 발전

1750~1910	시학과 강제
1910~1920	과학적 장학···················과학적 관리 시대
1920~1930	관료적 장학
1930~1955	협동적 장학 ················ 인간관계 시대
1955~1965	교육과정 개발의 장학
1965~1970	임상(교수) 장학 ··········· 인간자원론 시대
1970~1980	경영으로서의 장학
1980~	지도성으로서의 장학

Sergiovanni와 Starratt(1979)는 과학적 관리 장학, 인간관계 장학, 신과학적 관리 장학, 인간자원 장학의 넷으로 나누어 장학의 역사를 설명하고 있는데, 인간화 시대에 맞춰 McGregor의 Y-이론의 교사관에 바탕을 두고 교사의 잠재능력을 최대한 발휘하게 하고, 일에서 만족을 얻게 하자는 인간자원 장학은 설득력이 있다.

Lucio와 McNeil(1962, pp.3~20)은 (1) 1900년 이전, 행정적 시학(administrative inspection), (2) 20C 초, 전문가에 의한 장학(supervision by specialists), (3) 1920년대, 과학적 장학(scientific supervision), (4) 1930년대~1940년대, 민주적 인간관계 장학(supervision as democratic human relations), (5) 1950년대 이후, 이성과 실천적 지성의 장학(supervision through reason and practical intelligence)으로 나누고 있으나, 1960년대 이후의 것이 빠지고, 강조점이 약간 다를 뿐 거의 비슷하다.

우리나라에서는 (1) 일제시대, (2) 8·15 광복과 정초기, (3) 6·25 사변과 재건기, (4) 1960년대 개혁기, (5) 1970년대 발전기(문교사, 1974)로 시대는 구분할 수 있으나, 시대에 따른 장학의 특색을 찾기는 힘들다. 다만, 일제의 시학에서 광복 후 장학으로 이름이 바뀌고, 구조와 장학담당자의 수가 늘어나고, 감독에서 민주장학을 지향하여 발전해 왔으나 행정중심이었으며, 수업에 직접 파고들지 못한 점이 있다. 교육일선에서 보면 권위적, 시찰식 장학의 색채는 옅어졌으나 그에 따른 대안이 명확하지 못하여 오히려 장학력의 약화란 표현이 적절할지 모른다.

장학의 발달을 고찰하면서 나타난 중요한 사항이나 강조점을 몇 가지 지적하면서 장학의 개선방향이 제시된다.

첫째, 하나의 주기성을 찾아볼 수 있다. 시학, 감독, 과학적 관리, 관료적 장학까지 맥을 같이하다가, 협동, 보조, 교육과정개발, 임상, 교수 장학으로 다른 하나의 커다란 맥을 이루다가, 다시 1970년대부터 경영적, 1980년대의 지도성으로 돌아오는 cycle이라 볼 수 있다. 다시 말하면

Inspection(Administrative) → Helping(Cooperative) → Leadership(Management)의 주기성을 찾아볼 수 있다. 이에 대하여 우리나라에서는 꾸준히 민주화의 방향으로 Inspection → Democratic인데, 최근 교육의 양적 팽창으로 장학력이 약화되는 경향이라 말할 수 있을 것이다.

다른 또 하나의 주기는 크게 보아 행정 → 수업(교육과정) → 행정(경영)의 주기성으로 장학의 개념에서 지적하였던 것처럼 수업과 교육과정에 초점을 두었던 시대가 있었는데, 우리나라의 경우는 행정일변도였다는 점이 지적될 수 있다. 수업에 초점을 둔 장학은 Harvard 대의 Robert Anderson, Morris Cogan과 Rodert Goldhammer의 팀이 개척한 임상 장학(Clinical Supervision)(Goldhammer, 1969; Cogan, 1973)으로 일반장학(General Supervision)에 대하여 교실 내의 교수활동과 교사로 범위를 좁힌 것이다. 우리나라에서는 강영삼(1982, pp.363~364)에 의하여 처음으로 최근에 소개되었다.

필자는 〔제안 1〕에서 "……수업에 직접적으로 접근할 것"을 제안하고 그 방법으로 〔제안 2〕에서 "……최소한 지역의 교육청이나 각 학교수준에서는 수업개선에 직접적으로 공격하는 장학"을 제안했는데, 여기서 직접적으로 공격하는 구체적인 방법으로 '임상장학'을 적용할 것을 제안한다〔제안 3〕. 이 임상장학의 방법 현직교사교육(inservice education)과 준비교육(preservice educa-tion)에 모두 적용할 수 있다. 좀더 자세한 것은 다음으로 미룬다.

둘째는 장학의 개별화 문제이다. 임상장학은 바로 장학의 개별화에 바탕을 두고 있다. 수업에 있어서 개별화 수업(individualized instruction)이 강조되듯이, 장학에 있어서도 "각각 다른 교사에게 각각 다른 장학환경으로 상호 작용하는 과정"(McNergney and Harootunian, 1978, p.2)의 개별화 장학(individualized supervision)(Joo, 1981, p.145)을 시도할 것을 제안한다〔제안 4〕. 모든 사람에게 맞는 하나의 유일한 최선의 장학(one-best-supervision style)은 존재할 수 없다. 이런 제안을 하면 대부분의 사람들은 장학사가 모자라 업무가 폭주하는 판에 무슨 1:1의 개별화 장학이냐고 너무나 이상논리라고 비난할 것이다. 그렇기 때문에 교육청수준이나 특히 학교수준에서, 교장, 교감에 의한 교내장학(김휘열, 1976, p.58), 동료장학(김영식과 주삼환, 1979, pp.193~216; Blumberg, 1980, pp.151~156)으로 개별화에의 접근을 제안한 것이다.

셋째, 지도성의 강조와 장학의 독립적 기능을 개척하려는 최근 경향을 지적하고자 한다. 이것은 장학담당자의 전문화, 자질과 능력의 보장이 전제되어야 한다. 이런 면에서 볼 때, 우리나라 장학담당자와의 자질향상을 위한 노력이 경주되어야 한다.

Ⅲ. 장학담당자

장학의 본질과 관련하여 누가 장학담당자인가 하는 문제가 논란의 대상이 된다. 장학사(관)(supervisor) 만이 장학담당자인가? 많은 사람들이 그렇지 않다는 데 의견의 일치를 보고 있다. "장학사나 장학관이 행하는 모든 행정사무가 장학이 아닐 뿐만 아니라 그와는 반대로 학교장이나 교육감의 소관업무 중에도 장학에 관한 것이 있다"(김종철, 1982, p.234). 그래서 "장학담당자를 정의하는 것은 직명(title)이라기보다는 역할이다"(J. Wiles and Bondi, p.3). 그러므로 수업개선을 위하여 지도성을 발휘하는 모든 사람을 말한다. 장학관, 장학사, 연구사는 물론이고 교육감, 교육장, 교장, 교감, 교과주임교사, Team Leader까지를 의미한다. 교육감(장)과 교장은 계선(line)에 있지만 행정과 장학 양쪽으로 시간을 나누어 쓰고, 교과주임교사는 장학과 교수(teaching)에 시간을 나누어 쓰게 된다. "장학담당자는 사람[교사]을 통해서(through), 사람과 함께(with) 일하지만, 그렇다고 교육목적 달성에 있어서 처방적(prescriptive)이거나 사람을 이용(use)하지는 않는다."(Dull, 1981, p.8)고 하면서 Dull은 의사소통의 이용에 최우선순위를 두어야 한다고 주장한다.

그리고 Dull은 장학담당자가 해야 할 10개의 영역을 제시하고 있다. (1) 교육과정의 범위와 내용, (2) 교육과정 개발, (3) 직원향상, (4) 교수방법, 전략, 기술, (5) 교육과정자원(resources)을 평가적으로 선택하고 이용하는 일, (6) 교사의 학생이해력 향상, (7) 단원과 과(lesson) 계획, (8) 학생집단의 조직과 교수 스케줄, (9) 학급경영과 학급풍토, (10) 교사, 학생, 프로그램의 평가(1981, p.8) 등이다. 이것은 미국에서 제시한 장학담당자와 영역이고, 우리나라의 장학담당자들이 하는 일은 이와는 너무나 거리가 멀다. 결국 본질은 팽개치고 주변적인 일에 허덕이고 있는 것이다.

이러한 일들을 해내기 위해서 장학사 준비(양성)프로그램이 필요한데, ASCD가 연구대상 장학사의 반응으로부터 받은 코스는 중요한 순서대로, (1) 수업장학, (2) 집단역학 및 인간관계, (3) 교육과정 이론과 개발 (4) 교육측정과 평가, (5) 교육심리학, (6) 학교조직과 행정, (7) 교육연구, (8) 교육철학, (9) 교육모체와 공학, (10) 교육사회학, (11) 교육사, (12) 교육

인류학(J. Wiles& Bondi, 1980. p.16)이다.

교사경력을 가지고 위와 같은 코스를 거쳤을 때 수업장학의 전문가로서 교사를 지도할 수 있는 강력한 힘이 생기는 것이다. 지위에서 나오는 권위만 가지고 장학하려는 시대는 이미 지났다. French와 Raven(1959, pp.155~164)이 제시한 (1) 보상의 힘(reward power), (2) 강제적 힘(coercive power), (4) 참조적 힘(referent power), (5) 전문적 힘(expert power) 중에서 장학담당자는 전문적 힘, 또는 참조적 힘이 있어야 교사에게 설득력이 클 것이다.

장학담당자와 관련하여 몇 가지 강조점과 이슈를 제시하고 장학의 개선방향을 제안한다.

첫째, 장학담당자의 전문성 확립과 이를 위한 양성제도의 확립문제이다. 이와 관련하여 잠시 교사들의 주장을 들어볼 필요가 있다.

> 교사는 더 이상 행정가에 의하여 관찰(observation)을 받고, 장학을 받고 평가를 받을 수 없다. 수업과 교육과정 개선을 위해서 교실을 방문하고, 교사와 함께 일하는 모든 장학은 중·고등학교 수준에서는 각 교과주임이, 초등학교 수준에서는 그 목적에 알맞은 주임교사에 의하여 이루어져야 한다. 모든 교사의 평가는 교사 중에서, 교사에 의하여 선출된 교사평가특별위원회가 해야 한다…….

> 대부분의 행정가는 교사를 장학하거나 평가할 만한 능력이 있다고 교사들은 믿지 않는다. 과거에 교사교육이 제대로 안 되고, 교수법과 교육과정이 단순하고 표준화되어 있었을 때는 아마 행정가들이 교사를 효과적으로 장학하고 평가할 수 있었다. 그러나 이제 교수법과 교육과정이 점점 다양해지고 또 매우 전문화되고 있다. 오늘날의 교사들은 전문분야에서 보다 잘 교육받았으며, 또 행정가들이 자기들의 교수법과 교육과정을 개선시킬 만큼 충분한 배경이나 훈련을 받았다고 교사들은 느끼지 않는다…….

> 다른 전문직에서도 평가는 동료들에 의해서 행해지고 있다. 예를 들면 의학계에서 병원 행정가는 의사들을 평가하지 못하며, 동료의사들에 의하여 서로 평가된다.

교육에서도 교사자신의 동료가 교사를 장학하고 평가할 수 있는 가장 자격을 갖춘 사람이다(비교수직에 있는 행정가가 아니다!)(Gorton, 1972. pp.92~93).

이것은 외국 교사들의 주장으로 지금 이슈가 되고 있는데, 우리나라 교사들도 노골적인 표현을 하지 않을 뿐이지 마찬가지 주장일 것이다.

또 생각해야 할 점은 교사의 역할(주로 교수하는 일)과 장학사의 역할이 완전히 다른데, 현재 우리나라에서는 우수교사 중에서 장학사를 발탁해서 아무런 교육도 없이 장학을 담당하게 했다가 행정가 쪽인 교장, 교감 쪽으로 넘나든다는 것이다. 이는 한마디로 전문성이 필요 없다는 것을 노골적으로 드러내 보여 주는 것이며, 장학부재를 증명해 주는 것이다. 김종철의 제시처럼 "장학의 전문성 확립을 위해서는 근본적으로 대학원 수준에서의 직전교육을 강화 실시"(1980, p.104)하면 좋겠지만, 그렇지 못하다면 최소한 현직교육을 통해서라도 장학론, 교장론, 교수이론 등이라도 이수하도록 해야 할 것이다. 이에 필자는 장학담당자의 전문성 확립을 위하여 석사학위를 요구하지만, 우선 현직교육을 통해서라도 장학에 초점을 둔 과정을 이수하도록 할 것을 제안한다[제안 5]. 교장, 교감 자격 획득을 위한 연수에서도 교내장학의 강화를 위해서 [제안 5]가 동시에 적용되어야 할 것이다.

둘째, 장학업무분담에 의하여 우선 장학의 본질인 교수개선만을 전담할 수 있는 장학사만이라도 양성해야 한다. 업무과중 등 현실 여건으로 전원을 한꺼번에 [제안 5]와 같이 할 수 없다면 소수만이라도 돌격대를 만들어 수업개선에 집중공격할 것을 제안하는 것이다. 예를 들면, 행정잡무가 적은 연구사로 하여금 수업개선 측면에서 현직교육을 시켜 각 학교의 연구주임교사를 수업개선의 일선 지도자(leader)로 육성하는 전략도 생각해 볼 수 있다. 이런 경우 교수학습 전담장학사는 일선 지도자의 지도자(leader of leaders)(Faber and Shearron, pp.376~382)가 되는 것이다. 그래서 우선 소수정예 수업개선 전담장학사를 양성할 것을 제안한다[제안 6].

셋째, 장학담당자 양성(연수) 프로그램을 운영하기 위해서는 대학에서 장학이론과 장학방법 면에서 학문적으로 성숙해야 한다. 지금까지 우리나라에서 장학론에 관한 책도 부족했고, 석사학위논문에서 현실적 문제들이 좀 다루어졌으나 아직 미흡하며, 학문적으로 계속적인 연구가 요청되고 있다.

Ⅳ. 장학이론

장학이 아직 독립된 학문으로 성숙하지 못하고 여러 사회과학의 이론들을 빌려 와 적용하고 있다. 어떠한 이론들이 이용되고 있는지를 장학의 본질에서 살펴볼 필요가 있다.

K. Wiles와 Lovell(1975, p.23)은 (1) 심리학에서 학습, 동기, 정신건강, (2) 사회심리학에서 지도성, 집단개발, 인간관계, (3) 사회학에서 의사소통, 지역사회 권력구조 이론을 빌려 오는 것이 장학론 형성에 적합하다고 보았으며, Alfoso, Firth와 Neville(1981 p.46)은 교수행위체제에 초점을 두어 (1) 조직이론, (2) 지도성이론, (3) 의사소통이론, (4) 의사결정이론, (5) 변화이론이 필요하다고 한다. Sergiovanni와 Starratt(1979)는 (1) Getzels Guba의 사회체제이론, (2) Etzioni의 수락이론(compliance), (3) Likert의 4체제, (4) Blake와 Mouton의 관리망, (5) Fiedler와 Reddin의 상황적 지도성이론(contingency leadership theories), (6) Miles의 조직건강, (7) Argyris의 성숙·미성숙, (8) Hage의 조직공리이론, (9) McGregor의 X·Y-이론, (10) Maslow, Herzberg Vroom의 동기이론으로 장학의 인간자원(Human Resoures) 이론을 설명하고 있다.

강영삼(1982, pp.365~369)은 장학의 바탕이 되는 기초이론으로 유용한 것을 (1) 사회심리학적 이론, (2) 일반체제이론, (3) 사회체제이론, (4) 가치이론, (5) 조직이론, (6) 역할이론, (7) 의사결정이론, (8) 리더십 이론, (9) 의사소통이론, (10) 기획이론, (11) 학습이론을 제시하고 있다.

이상을 종합해 볼 때 교육행정에서 다루고 있는 이론들과 큰 차이가 없다.

장학의 개념, 장학사 양성과정에서 요구되는 과목과 연결시켜 볼 때 교수이론, 교육과정, 인간관계경영, 지도성, 조직론, 의사소통, 교장론 등이 포함되어야 할 것이다. 그리고 임상장학의 적용을 제의하면서 좀더 자세히 임상장학을 소개하고자 한다.

수업개선이란 장학의 본질을 위해서는 교실 밖의 일에 주로 관심을 가지는 일반장학보다는 교실의 교수학습에 관심을 가지고 임상장학에 초점을 맞출 필요가 있다. '임상(clinical)'이란 말은 교사와 장학사 간의 face to face의 교사의 교실 내의 실제행동에 초점을 둔다는 의미에서 빌려온 말이다.

"임상장학이란 합리적인 수정에 관심을 두고 계획(planning), 관찰(observation), 실제교수의 집중적인 지성적 분석(analysis)의 체계적 순환(cycle)의 방법으로 수업개선에 초점을 둔 장학"(Acheson, 1980, p.11)이라 정의된다. 이 정의에서 보면 임상장학 활동의 주요 목적은 교사의 교실수업의 개선이며, 그 방법으로서 계획(planning conference), 관찰(classroom observation), 분석(feedback confernce를 통하여)의 세 단계를 제시하고 있다. 계획단계에서는 수업계획, 문제점을 확인하고, 관찰에서는 장학사가 비디오테이프 등을 사용한다든지 하여 자료를 분석하여 다음 수업에 투입하는 〈그림 3〉과 같은 주기이다.

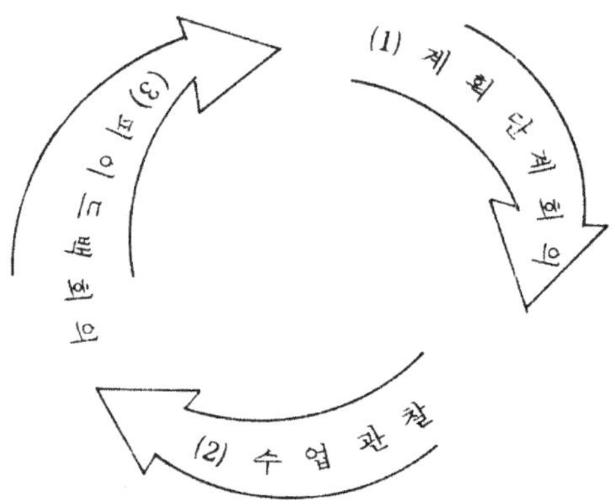

〈그림 3〉 임상장학의 3단계(Acheson, 1980. 9. 10)

3단계를 8단계(강영삼, 1982. 363~364 참고)로 좀더 자세히 나눌 수도 있고, Reavis(1978, pp.11~16)처럼 (1) 관찰전협의회(Preobservation conference), (2) 관찰(observation), (3) 분석과 전략(analysis and strategy), (4) 장학협의회(supervisory conference), (5) 제2차분석(post conference analysis)의 5단계로 나눌 수도 있다.

이 임상장학은 몇 개의 기본가정으로부터 출발한 것이다. (1) 학교교육과정은 실제에 있어서 교사들이 매일매일 하고 있는 일이다. (2) 교육과정과 수업형태의 변화를 위해서는 교실수업에서 교사가 어떻게 행동하느냐의 변화를 요구한다. (3) 장학사는 교사의 교사가 아니다. (4) 장학이란 교사와 장학사가 투입되어 책임을 지는 과정이다. (5) 장학의 초점은 교사의 강점(strengths)에 있다. (6) 좋은 조건이 주어진다면 교사들은 개선하고자 하고 또 개선할 수 있다. (7) 교사들은 흔히 다 쓰지 못하고 저장되어 있는 재능(talent)이 있다. (8) 교사들은 일에 도전함으로써 만족을 가진다(Sergiovnni & Starratt, 1979, pp.309~310). 이러한 가정들은 McGregor의 Y이론에 바탕을 두고 있다. 이보다 더 기본적인 가정은 (1) 모든 교사를 모든 목적과 목표에 맞게 장학할 수 있는 유일한 최선의 방법은 없다. (2) 다양한 목적, 다양한 교사에게 효과적이기 위해서는 장학사는 가능하다면 다양한 전략(diverse repertoire of strategies)을 가지고 있어야 한다. (3) 효과적인 장학은 피상적이고 즉흥적인 것이 아니고 전략적(사려 깊고 계획적)이다(McNergney & Harootunian, 1978, pp.15~16). 이러한 가정이 임상장학의 밑바닥에 깔려 있다.

이 임상장학의 특징을 지적한다면 (1) 순서(단계)적(sequential), (2) 주기적(cyclical). (3) 다원적(pluralistic), (4) 체계적이고 개별처방적(systematic and individually prescribed), (5) 호혜적(reciprocal), (6) 실제가치(practical value)(McNergney & Harootunian, 1978, pp.16~17) 추구적이다.

V. 요약 및 개선방향

지금까지 장학의 본질이란 측면에서 개념, 발달, 담당자, 이론을 중심으로 살펴보았다. 장학의 개념은 학자에 따라 (1) 행정, (2) 교육과정, (3) 인간관계, (4) 교육과정, (5) 수업, (6) 지도성으로 정의하는 것으로 분류되었으나 모두가 궁극적으로는 "수업개선(improvement of instruction)"으로 이것을 장학의 본질로 본다.

역사적으로 볼 때, 미국에서는 행정→수업(교육과정)→경영의 과정이라 크게 묶을 수 있고, 최근 지도성이 강조되고 독특한(independent and distinct) 영역을 확보하려는 기운이 80년대 들어 나타나고 있으나 아직 행정, 교육과정, 수업의 세 영역을 넘나들고 있다.

장학담당자에 따라 관점이 다를 수 있으나 "수업개선을 위하여 지도성을 발휘하는 사람"으로 정의되며, 우리나라에서는 장학사(관), 연구사(관), 교육감(장), 부교육감, 교장(감), 각 교과부장, Team Leader들이 이에 해당한다.

장학이론으로 교수이론, 교육과정, 경영, 지도성, 조직론, 의사소통, 교장논리 제 이론이 많이 쓰이고 있다. 그리고 일반장학에 비하여 장학의 본질이라 할 수 있는 교수개선에 초점을 둔 임상장학이 소개되었다.

장학의 개선방향을 위한 필자의 제안을 정리해 보면 다음과 같다.

〔제안 1〕 장학은 본질인 수업개선에 직접적으로 접근해야 한다.

〔제안 2〕 수업을 직접 담당하는 교사와 가장 가까운 학교나 교육청 수준의 장학은 수업장학에 주력한다.

〔제안 3〕 임상장학의 적용가능성을 검토해 볼 필요가 있다.

〔제안 4〕 임상장학이 아니더라도 장학의 개별화(individualized supervision)에 힘써야 한다.

〔제안 5〕 장학담당자의 전문성 확립을 위하여 대학원 수준의 장학사 교육이 바람직하나, 우선 현직연수를 통해서라도 최소한 장학론, 교장론, 교수이

론만이라도 이수하게 해야 한다.

〔제안6〕 전 장학담당자를 다 수업개선에 직접 투입시킬 수 없다면, 우선 일부라도 이 방면에 연수시켜, 각 학교의 리더를 양성하는 방법도 고려할 수 있다.

이 모든 제안의 실현을 위해서는 무엇보다도 대학이나 연구기관에서의 장학에 관한 연구가 활발하여 학문적으로 성숙해야 하고, 또 정책결정자의 장학력 강화의 필요성에 대한 현실적 감각이 필요하다.

참고문헌

강영삼, "장학행정" 현대교육행정학, 신중식 외, 서울: 교육출판사, 1982, pp.352~273

금영식, 주삼환 역, 신장학론, 서울: 교육출판사, 1979.

김종철, 교육행정의 이론과 실제, 3정, 서울: 교육과학사, 1982.

김종철, "교육행·재정지원", 교육제도발전의 방향탐색, 한국교육개발원편, 서울: 교육과학사, 1980, pp.100~110

김휘열, "장학의 개념규정을 위한 장학활동분석", 서울대대학원 석사학위논문, 1976

백현기, 장학론, 서울: 을유문화사, 1964(a)

백현기, 교육행정, 서울: 을유문화사, 1964(b)

주삼환, "인간화 측면에서의 장학에 대한 교사의 지각반응", 교육학연구, 15권 1호 한국교육학회, 1977, pp.42~54(a)

주삼환, "장학에 있어서의 교사의 욕구", 교육학연구, 15권 2호, 한국교육학회, 1977, pp.83~95(b)

중앙대부설 한국교육문제연구소, 문교사, 서울: 한국교육문제연구소, 1974,

홍후식, "장학의 규범과 한국장학의 현실과의 차에 관한 연구", 연세대 교육대학원 석사학위논문, 1973.

Acheson, Keith and Meredith Damien Gall, *Techniques in the Clinical Supervision of Teachers: Preservice and Inservice Applications,* N. Y.: Longman, 1980.

Alfonso, Robert J., Gerald R. Firth and Richard F. Neville, *Instructional Supervision: A Behavior System,* 2nd. ed., Boston: Allyn and Bacon, 1981.

Association for Supervision and Curriculum Development, *Role of the Supervisor and Curriculum Director in a Climate of Change,* 1965 Yearbook, Washington, D. C.: Association for Supervision and Curriculum Development, 1965.

Association for Supervision and Curriculum Development, 1982 Yearbook Committee, *Supervision*(draft).

Blumberg, Arthur, *Supervisors and Teachers: A Private Cold War,* 2nd, ed., Berkley, California: McCutchan Publishing, 1980.

Cogan, Morris, *Clinical Supervision,* N. Y.: Houghton Mifflin, 1973.

Curtin, James. *Supervision in Today's Elementary schools,* N. Y.: Macmillan, 1964.

Dull, Lloyd W., *Supervision: School Leadership Handbook,* Columbus, Ohio: Charles E. Merrill Publishing, 1981.

Eye, Glen G., Lanore A Netzer and D. Krey, *Supervision of Instruction,* N. Y.: Harper & Row, 1971.

Faber, Charles F. and Gilbert F. Shearron, *Elementary School Administration: Theory and Practice,* N. Y.: Holt, Rinehart and Winston, 1970.

Goldhammer, Robert, *Clinical Supervision,* N. Y.: Holt, Rinehart and Winston, 1969.

Gorton, Richard A., *Conflict, Controversy and Crisis in School Administration and Supervision: Issues, Cases and Concepts for the '70s,* Dubuque, Iowa; WM. C. Brown Co., 1972.

Harris, Ben and Wailand Bessent, *In-Service Education: A Guide to Better Practice,* Englewood Cliffs, N. J.: Prentice-Hall, 1969.

Joo, Sam Hwan, "Relationships of School Bureaucratization, Elementary School Teachers' Professional and Bureaucratic Orientation, Conflict, and Job Satisfaction in a Selected School District", University of Minnesota, doctoral dissertation, 1981.

Lucio, William H. and John D. McNeil, Supervision: *A Synthesis of Thought and Action,* N. Y.: McGraw-Hill Book Co., 1962.

McNergney, Robert F. and Berj Harootunian, "Toward a Differential Model of Clinical Supervision", Paper Presented to the First Congress on Education, Toronto, Canada, June 18, 1978.

Marks, James R., Emery Stoops and Joyce King-Stoops, *Handbook of Educational Supervision: A Guide for the Practitioner,* 2nd. ed., Boston: Allyn & Bacon, 1978.

Mosher, Ralph and David Purpel, *Supervision: The Reluctant Profession,* Boston: Houghton-Mifflin, 1972.

Owens, Robert G., *Organizational Behavior in Schools,* Englewood Cliffs, New Jersey: Prentice-Hall, 1970.

Reavis, Charles A., *Teacher Improvement Through Clinical Supervision,* Bloomington, Indiana: Phi Delta Kappan, 1978.

Sergiovanni, Thomas J. and Robert J. Starratt, *Supervision: Human Perspectives,* 2nd. ed., N. Y.: McGraw-Hill Book Co., 1979.

Wiles, Kimball, *Supervision for Better Schools,* 3rd. ed., Englewood Cliffs, N. Y.: Prentice-Hall, 1967.

Wiles, Kimball and John Lovell, *Supervision for Better Schools,* 4th. ed., Englewood Cliffs, N. J.: Prentice-Hall, 1975.

Wiles, John and Joseph Bondi, *Supervision: A Guide to Practice,* Columbus, Ohio: Charles E. Merrill Publishing, 1980.

4. 장학에 대한 교사의 지각*

I. 서 론

1960년대의 <u>물량지상주의</u>시대가 지나고 1970년대의 인간성 회복, 즉 인간성 존중시대를 맞아 교육에 있어서도 '교육의 인간화' 문제가 고조되었으며, 신교육과정에서도 '비인간화 현상의 극복'이 강조되고 있다.

교육의 인간화를 위해서는 무엇보다도 먼저 교육의 주역을 담당하고 있는 교사가 인간적 측면에서 존중되고 교사를 지도장학하는 입장에 있는 장학담당자로부터 바르게 이해되어야 한다고 본다. 교육은 바로 교육자와 학습자 간의 인간적 접촉을 통하여 이루어진다고 보기 때문이다. 그런데 지금까지 장학에 있어서 교사가 인간적 측면에서 장학담당자로부터 바르게 이해되고 있는지에 대한 연구가 적었다.

더구나 지금까지의 장학에 있어서는 교사들이 장학담당자로부터 어떻게 이해되고 있으며, 또 어떻게 대해지고 있다고 스스로 지각하느냐에는 관심이 적었던 것 같다. 바꾸어 말하면, 장학의 대상인 교사가 장학을 어떻게 지각

---

* <u>교육학연구</u> 15권 1호(1977년 6월), 한국교육학회, pp.42-54. 원래의 제목은 "인간화 측면에서의 장학에 대한 교사의 지각반응"임.

하고 받아들이느냐에는 거의 관심을 두지 않고 일방통행적으로 장학하기만 하였다. 장학이 어떻게 이루어지고 있느냐 하는 그 사실 자체보다도 교사가 장학의 현실을 어떻게 지각하고 있느냐를 파악한다는 것은 중요한 의미를 가진다. 인간은 타인이 보는 소위 객관적 사실에 따라 행동하는 것이다.[1] 즉, 인간의 행동은 각 개인의 지각의 함수⟨B=f(p)⟩이다. 다시 말하면, 장학이나 장학담당자가 교사들에게 어떻게 비치느냐는 장학의 성패에 중요한 의미를 준다.

이론적 배경에서 인간적 측면의 장학을 고찰하여 교사들이 어떻게 이해돼야 하느냐 하는 준거, 또는 요인을 찾아내고, 그 요인의 관점에서 장학의 현실에 대한 교사들의 지각을 조사분석하고, 그것을 바탕으로 장학개선의 방향을 제의하는 순서로 글을 전개하고자 한다.

Ⅱ. 이론적 배경

A. 인간화의 개념

인간성 확립을 위한 교육을, 첫째 인간의 본성이나 잠재능력을 충분히 실현하는 것, 둘째 인간의 존엄성을 실현하는 교육으로 보는 두 견해가 있는데, 차경수는 오늘의 한국 사회가 국가 사회의 발전을 위해서 요청하고 있는 인간을 양성하는 교육으로 보아 둘째 견해, 즉 인간의 존엄성을 실현하는 교육을 교육의 인간화라고 하였다.[2]

교육에 있어서 인간화 문제가 있다면 장학에 있어서도 인간화 문제가 있을 수 있다고 보아, 장학에 있어서의 인간화 측면이란 장학담당자가 교사를 바르게 이해하느냐 하는 범위를 좁혀서 보고자 한다.

---

1) 최정훈, 지각심리학, 서울: 을유문화사, 1973, p.23.
2) 차경수, "인간성 확립을 위한 교육", 새교육, 대한교연, 1975. 10. pp.21-25.

B. 장학이론

장학의 개념에는 혼동이 있다.3) 용어에 있어서, 또 장학담당자가 실지로
하고 있는 일에 있어서 장학의 개념이 통일되어 있지 못하다. 어떤 사람은
장학과 교육행정을 거의 대등한 위치에 올려놓기도 하고, 외국에서의 개념과
우리나라에서의 개념이 일치하지도 않고 있다.

이러한 혼동 속에서도 전제주의적 시학에서 민주적 봉사활동으로 변하여,
지도성, 의사소통, 인간관계, 집단역학 등의 연구로 더욱 발전하고 전문화1)
됨에 따라 교사도 차차 장학담당자로부터 바르게 이해되기 시작하였다. 시학
의 상태에서는 지시와 명령, 감독일변도이기 때문에 교사의 인간성은 무시되
어 바르게 이해된다고 할 수 없었다.

그러나 장학담당자에게 지도성의 기술, 인간관계 기술, 집단과정에 대한
기술, 인사관리의 기술, 평가의 기술2)이 강조됨에 따라 인간화 측면에서 바
르게 이해하려 해 온 것이다.

지도행정의 민주화는 현장교육의 발전과 개선의 열쇠이며, 불가결의 요
소3)이고, 또 지도의 형태를 1) 집단 위에서 행하는 방식, 2) 집단을 위해서
일하는 방식, 3) 집단 속에서 일하는 방식4)이 있는데, 각 방식에 따라 장학
담당자가 교사를 이해하는 방법도 다를 것이므로, 이는 인간화 측면에서 중
요한 시사를 준다.

C. 교육에 있어서의 인간이해

우리가 인간을 어떻게 이해하느냐에 따라서 교육의 체제·방법·내용 등
이 달라질 수 있다.5) 따라서 인간이해방법에 따라 교육의 성격, 장학의 방

---

3) 김종철, 교육행정의 이론과 실제(서울: 교학사, 1965), pp.152-154.
1) 상게서, pp.157-160.
2) Kimball Wiles, Supervision for Better Schools(N. J.: Prentice-Hall,
   Inc., 1976)을 인용한 상게서, p.117.
3) 백현기, 신고교육행정(서울: 을유문화사, 1964), p.150.
4) 백현기, 장학론(서울: 을유문화사, 1964), pp.140-151.

향, 방법, 태도 등이 아주 다르게 나타난다.

인간을 식물재배의 표상으로 보느냐, 물품제작의 표상으로 보느냐, 영원불변한 본질을 가지고 있는 존재로 보느냐, 역사적 존재로 보느냐에 따라 교육의 성격이 달라진다고 한 이규호는, 인간을 세 측면으로 보았다. 즉, 첫째로 인간은 존엄한 존재라 하여 교육이 지향해야 할 인간상은 주체의식이 있는 인간, 공동체 의식을 가진 인간(요인 3), 생애학습을 위한 능력과 의욕을 가진 인간6)이라 보고 있다(요인 8).

그러나 과학문명의 기하급수적 발전과 사회구조의 중층화 및 인구의 팽창 등은 인간이 인간 스스로를 물질시(物質視) 또는 도구시(道具視)하여 인간의 존엄성과 삶의 가치를 도외시하는 경향7)이 있는 것이다. 인간이 추구해야 할 원대하고 근본적인 목적을 망각하고 오늘의 생을 향락하고 있다. 그래서 목전의 이익을 달성하기 위하여 수단과 방법을 가리지 않고 공리를 앞세우는 생활, 신의보다 실리를 앞세우는 생활, 내일보다 오늘에 눈을 돌리는 찰나주의, 실적주의, 질보다 양, 내적 정신보다 외적 효과, 목적추구보다 겉치레, 인간성보다 실리성을 강조하는 교육이나 장학이 있다면 추방되어야 할 것이다.

인간의 존엄성에 대한 신념은 강조되고, 새 가치체계의 정상에 인간 및 인간적 가치가 놓여야 한다.8)(요인 1).

또, 인간의 본성은 교육철학 측면에서 이상주의, 실학주의, 실용주의로 나누어 논할 수 있고, 심리학 측면에서는 인간의 특이성이 지적되고 있다.9) 뿐만 아니라, 인간은 단순한 생물학적 차원을 넘어 다차원적으로 이해되어야 한다10)는 것도 사실이다.

---

5) 이규호, <u>인간의 사회화와 사회의 인간화</u>(서울: 배영사, 1974, p.200)
6) 상게서, pp.197-233.
7) 서울시 교육연구원, "<u>교육과정개정의 기본방향</u>"(교원연수자료, 1973, pp.115-116)을 참고함.
8) 김태길, <u>인간회복서장</u>(서울: 삼성문화재단, 1973, p.81)
9) 정원식, <u>인간과 교육</u>(서울: 배영사, 1968, pp.20~30)

어쨌든 교육은 인간을 대상으로, 인간을 위하는 인간의 일[11]이니만큼 인간교육을 맡고 있는 교사는 장학담당자로부터 인간화 측면에서 바르게 이해되어야, 교사도 아동·학생을 바르게 보아 교육의 인간화에 이바지하리라 본다.

D. 조직 속에서의 인간이해

현대사회에서 인간은 조직을 떠나서는 살 수 없다. 우리는 조직 속에서 태어나고 조직에 의하여 교육되며, 우리의 평생의 대부분을 조직을 위하여 일하는 데 보내고 있다.[12] 민주적 지도자가 당면한 가장 큰 난제는 성원 개인의 욕구를 최대한으로 만족시킴과 동시에, 집단전체의 이익을 보호하고 나아가서 지도자 개인의 욕망과 포부를 만족시키는 일이다.[13] 일정한 한도 내에 있어서 행복도 조직에 있어서 능률을 높이는 것이며, 반대로 능률적인 조직 없이는 우리들의 행복은 거의 생각할 수 없는 것이다.[14] 그래서 조직의 합리성과 인간의 행복은 서로 병행되는 것이다. 교사 입장에서 볼 때, 조직은 하나의 욕구 충족의 수단이라는 것을 장학담당자는 인식해야 할 것이다(요인 2).

Getzels-Guba 모델[15] 〈그림 1, 2〉에서 '조직규범적 측면'과 '역할'만을 장학에서 강조한다면 교사 개인의 인간성은 상실되기 쉽다. 〈그림 3〉에서 보는 것처럼 학교조직의 목표와 교사 개인의 목표와의 합치도가 높아지도록 장학담당자는 노력해야 할 것이다.[16]

---

10) 최영희, "인간회복의 역사적 고찰", 연구보고 제2집, 서울시 교육연구원, 1971.

11) 최규호, 교육과 사상(서울: 배영사, 1974), p.143.

12) 고영복·김해동, 인간관계론(Ⅰ)(서울: 서울대출판부, 1972), p.64.

13) 박용헌, 학교사회(서울: 배영사, 1969), p.231.

14) 고영복 외, 전게서, p.65.

15) J. W. Getzels & Egon G. Guba, "Social Behavior as the Administrative Process", The School Review LXⅤ(Winter, 1957), p.424.

16) 윤정일, '게젤스의 사회과정유형에 관한 가설검증'(미출판의 석사학위논문, 서울대교육대학원), 1970, p.5.

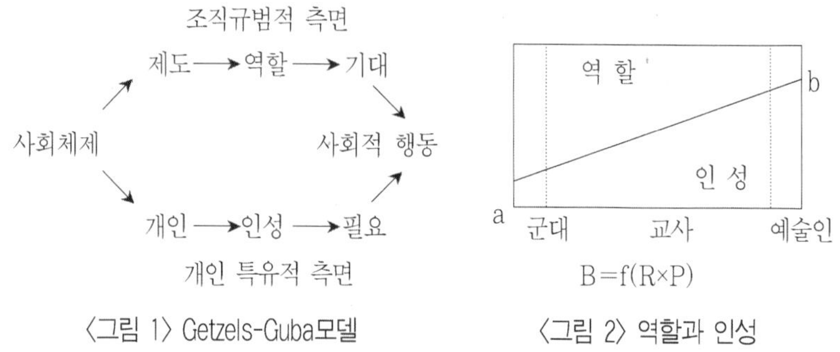

〈그림 1〉 Getzels-Guba모델   〈그림 2〉 역할과 인성

조직체의 목표와 개인 목표의 합치

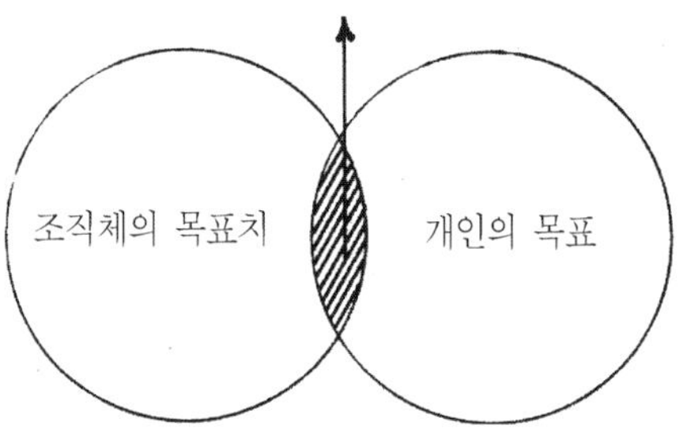

〈그림 3〉 조직의 목표와 개인의 목표의 합치

Argyris는 집단과 개인의 문제에 있어서 집단보다 개인에 초점을 두고,[17] Herzberg는 생산목적보다 개인의 욕구에 더 초점을 두는 종업원 중심감독이 더 성공적이라[18]고 하였다(요인 6).

Ohio주립대학 경영연구부의 지도행위 차원인 과업중심(initiating structure)과 인화중심(consideration)과 Michigan Team의 구성원중심과 생산중심의 두 차원에서 장학이 과업중심과 생산중심을 두드러지게 강조한다

---

17) Chris Argyris. Personality and Organization: The Conflict be*tween System and The Individual(N. Y.: Harper, 1970).*
18) Frederick Herzberg, et. al., The Motivation to Work, 2nd. ed. (N. Y.: John Wiley & Sons, 1959), p.10.

면, 구성원인 교사는 목적달성을 위한 도구 또는 수단적 존재[19]로 전락되고 만다(요인 6).

또 Goal모델[20]에서 인적 요인(human factor; 태도, 사기, 동기, 집단 응집력 등)보다 업적(performance factor; 이익, 생산율, 판매 등)을 내세워 학력고사성적, 육성회비 징수성적, 폐품수집 성적 등으로 교사를 평가한다면 교사를 바르게 이해했다고 할 수 없을 것이다(요인 9).

준수규제이론[21]에 의하면 강제집단, 공리집단, 규범집단으로 집단을 나누어 보는데, 교육집단은 규범집단에 속한다. 따라서 교사는 스스로의 규범에 의하여 행동해야 한다는 것을 장학담당자는 이해해야 한다(요인 7).

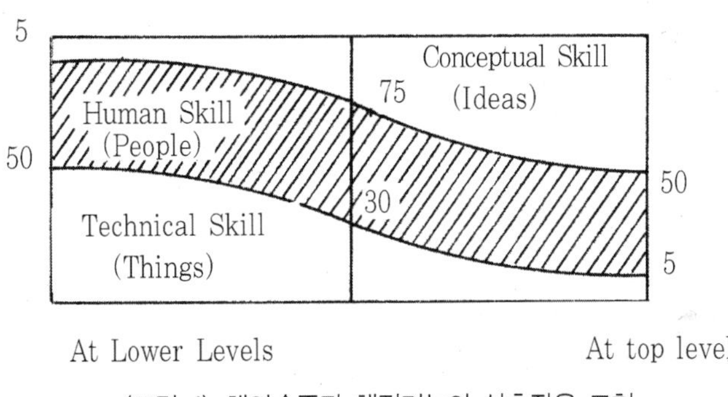

〈그림 4〉 책임수준과 행정기능의 상호작용 모형

삼기능접근(the three-skill approach)[22]에서 상위계층인 교육행정가나 장학담당자는 〈그림 4〉에서 보는 바와 같이 전체파악기능(50%)과 인간관

---

19) 김영식, “교육행정에 있어서 Getzels 유형과 그 영향”, 교육학연구, Vol.6, No.2, 서울: 배영사, 1960, p.88.

20) Robert G. Owens, Organizational Behauior in Schools(N. Y.: Prentice-Hall Inc., 1970), p.55.

21) Amitai Etzioni, A Comparative Analysis of Complex Organization(N. Y.: The Free Press, 1961).

22) Robert L. Katz, “Skill of Effective Administrator”, Harvard Business Review, Vol.33, No.1(Jan-Feb.), 1955, pp.33~42.

계기능(45%)이 많이 요구되고 기술적인 것은 불과 5% 정도이다. 인간에 대한 부분적인 관찰방법이 아무리 정확하다 하더라도 그것만으로 인간이해의 법칙성이 나올 리 없다[23]는 것을 알고 장학담당자는 전체파악과 인간이해에 노력을 기울여야 할 것이다(요인 4).

또한 X·Y-이론과 미숙-성숙이론에서 교사를 긍정적 인간관으로 보느냐, 부정적 인간관으로 보느냐에 따라 장학의 방법·태도는 많이 달라질 것이다(요인 5).

E. 장학에 있어서의 교사이해

이상의 이론적 고찰에 의하여 장학에 있어서 교사가 어떻게 바르게 이해되어야 하는지 그 요인이 다음과 같이 추출되었다.

(1) 교사 한 사람 한 사람은 존중되어야 한다(요인 1. 교사존중도).

인간이 존엄한 존재라면 교사도 존엄한 존재이며 장학지도 시에도 교사의 말, 행위, 인격은 존중되어야 한다고 본다.

(2) 교사 한 사람 한 사람의 개성은 고려되어야 한다(요인 2. 개성고려도).

인간이 특이성을 가지고 있다면 교사 개개인도 특이성을 가지고 있을 것이며, 따라서 그 개성은 고려되어야 할 것이다.

(3) 장학담당자는 공동체의식을 가지고 교사를 보아야 한다(요인 3. 공동체의식도).

인간이 사회적 존재라면 공동의식이 있어야 하고, 민주장학이 협동적이고 또 공동의 노력에 의하여 문제를 해결하려 한다면 공동체의식을 가지고 교사를 장학해야 할 것이다.

(4) 교사를 다차원적으로 이해해야 한다(요인 4. 다차원적 이해도).

인간이 단순한 생물적 존재가 아니라면 부분을 보고 전체를 파악하려 한다거나 겉만 보고 심층적인 면까지 본 것처럼 생각하고 교사를 평가해서는

---

23) 정순목, "교육학의 보편성과 특수성의 측면에서 문제-특수성의 측면에서-", 한국교육학회 학회세미나, 1975. 7. 12 유인물 p.4.

안 될 것이다.

(5) 긍정적 인간관을 가지고 교사를 보아야 한다(요인 5. 긍정적 인간관).

X-이론이나 성악설의 입장에서 교사를 본다면 항상 어두운 면만 보고 장학하게 되어 지시, 명령, 확인, 감독하는 장학을 하게 될 것이다.

(6) 교사를 목적추구 인간으로 이해해야 한다(요인 6. 목적추구 인간관).

학교조직의 목적달성을 위한 수단적 존재가 아니라 교사 개인도 목적과 욕구를 가지고 있다는 것을 장학담당자는 고려해야 한다.

(7) 장학담당자는 교사조직의 특성을 알아야 한다(요인 7. 조직특성 이해도).

교사집단은 군대나 회사집단과 다르다는 것을 알고, 교사로 하여금 조직의 규범에 스스로 따르도록 하고, 자율성과 책임성을 최대한 보장해 주어야 한다.

(8) 교사도 미래지향적 존재로 이해되어야 한다(요인 8. 미래지향성).

교사도 무한한 가능성과 창의성을 가지고 있으며 발전지향적이라는 것을 장학담당자는 염두에 두고 장학에 임해야 할 것이다.

(9) 교사의 내면적 가치성은 존중되어야 한다(요인 9. 내면적 가치성).

교육의 효과는 내면적이고 가장 재기 힘든 것인데도 장학 시에 겉에 드러난 외형적인 것만 보고서 판단하고 평가하려 해서는 안 될 것이다.

Ⅲ. 연구문제와 방법

A. 연구문제

교육의 인간화를 위해서는 먼저 교육의 주역을 담당하고 있는 교사를 지도장학하는 장학담당자가 교사를 바르게 이해하고 바르게 대해 줘야 한다. 즉, 장학에 있어서의 인간화가 이루어져야 한다. 그래서 장학담당자들이 교사들을 이해하고 있다고 교사들 자신이 지각하는지를 알아보려는 것이 이 연구의 주문제이다. 다시 말하면, 인간화 측면에서 장학에 대한 교사의 지각을 조사하려는 것이다. 좀더 구체적으로 제시하면 다음과 같다.

(1) 인간화 측면에서 교사들은 장학을 어떻게 지각하고 있는가?
(2) 남녀교사 간에 장학에 대한 지각에 차가 있는가?
(3) 교사의 연령수준에 따라 장학에 대한 지각에 차가 있는가?

B. 연구방법

1. 도 구

전술한 이론적 고찰에서 장학담당자가 인간화 측면에서 교사를 어떻게 보아야 하는가 하는 준거 또는 요인을 추출했는데, 그 9개의 요인 각각에 3문항씩 27개 문항을 가진 질문지를 작성하였다. 질문지는 각 요인의 내용을 잘 나타내주면서 응답자에게 직선적 질문이 되지 않는 속담, 격언을 가능한 한 이용하여 석사학위 소지 장학사의 검토를 받았다. 각 문항은 총합평정법 Likert식 척도에 의하여 장학에 대한 긍정적 지각에서부터 부정적 지각 쪽으로 차례대로 1~5점을 배정하는 임의적 비중방법(arbitary weighting method)을 썼다.〈그림 5〉

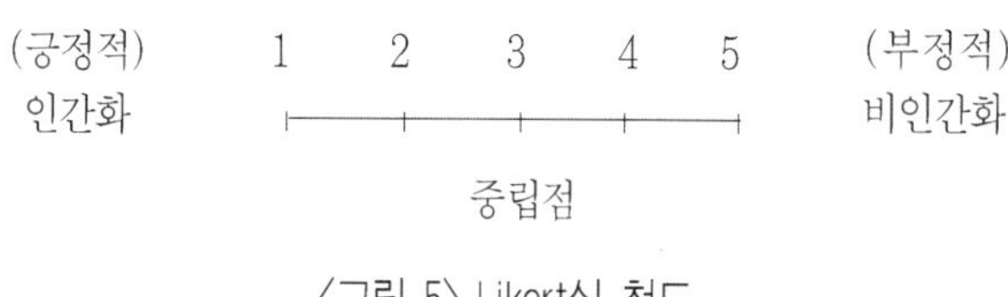

〈그림 5〉 Likert식 척도

2. 표 집

서울특별시 초등 255개교 중 130개교에서 대학원 출신 교사 135명에게 질문지를 자신분과 그 외 1명분의 2매를 우송(총 270매)한바 233매가 회송되었는데, 그중 3매가 무효로 처리되어 230매(회수율 86.29%)가 자료로 사용되었다. 표집분포상황은 〈표 1〉과 같다.

<표1> 표집분포상황

학교수	성별		연령별			학력별								직위별			연령	경력
	남	여	20대	30대	4·50대	고졸	초대	일반대	일반대학원	사범고	교대	사대	교대대학육원	교사	교감	교장		
	143	87	38	100	92	7	9	12	2	70	44	8	78	218	9	3	평균 37세6개월 중앙치 37세 6개월 범위 20~60세	평균 16년 중앙치 16년 6개월 범위 1년~40년
130	130		230			230								230				

3. 자료처리

　임의비중법에 의한 1~5점 사이에 반응한 점수의 평균치와 표준편차를 내어 중립점(3점)과의 차를 CR검증하여 교사들이 장학에 대하여 인간화(긍정적) 쪽으로 지각하는 경향인가 비인간화(부정적) 쪽으로 지각하는 경향인가를 알아냈다. 또 남녀별, 연령수준별 지각 차 비교는 평균치 간의 CR로 차의 의의도를 검증했다. 공식은

$$\sigma DM = \sqrt{\sigma M_1^2 + \sigma M_2^2} = \sqrt{\frac{\sigma_1^2}{N_1} + \frac{\sigma_2^2}{N_2}}, \ \ CR = \frac{|M_1 - M_2|}{\sigma DM} \ \text{였다.}$$

IV. 결　과

A. 장학에 대한 전체교사의 지각

1. 문항별 분석

　27개 문항 중 4개 문항에만 긍정적(인간화 쪽)으로 중립점과 의의 있는

<그림 6> 장학에 대한 교사의 지각반응 Profile

(N=230)

문항번호	질문내용	인간화(긍정적)	1 2 3 4 5	비인간화(부정적)	Mean	SD	CR
1	장학지도 시 교사의 의견은	존중된다.		무시된다.	2.77	.98	3.83**
2	장학담당자는 교사의 말. 의견. 행위를	소중히 여긴다.		가볍이 여긴다.	2.90	1.01	1.61
3	장학지도에서 인간성의 존중	인간성		비인간성	2.84	1.30	1.00
4	장학지도 시 교사 개개인의 특성은	고려된다.		고려되지 못한다.	3.57	1.08	8.14**
5	장학담당자의 밑에 깔린 생각은	"인간은 각기 다르다."		"인간은 대체로 비슷"	3.11	1.06	1.57
6	장학담당자의 교사 파악은	개별적으로 파악		집단적으로 파악	3.56	1.11	7.14**
7	장학담당자는	수평적 동료로 느낀다.		수직적 감독자로 느낀다.	3.97	.87	6.17**
8	장학담당자는 문제 해결에	협의적이다.		일방적이다.	3.34	1.16	4.15**
9	장학담당자는 장학지도 시	'우리'가 강조된다.		'나'가 강조된다.	2.87	1.05	1.86
10	교사 평가 태도는	"열을 봐야 하나를 알 수 있다."		"하나를 보면 열을 알 수 있다."	3.89	1.10	2.71**
11	장학담당자가 교원을 이해하는데	다각도에서 이해하려 한다.		부분적 측면에서 이해하려 한다.	3.41	.89	6.17**
12	장학담당자의 태도는	"열 길 물 속은 알아도 한 길 사람 속은 모른다."		"겉만 보면 알 수 있다."	3.28	1.15	4.00**
13	교사에게 자율과 재량을	많이 주려 한다.		주지 않으려 한다.	3.40	1.10	5.14**
14	장학담당자는 교사를	적극적. 독립적. 능동적 인간관으로 본다.		소극적. 의존적. 수동적 인간관으로 본다.	3.32	1.03	4.57**
15	장학담당자는 교사를	긍정적으로 보아 '자제' 강조		부정적으로 보아 '통제' 강조	3.23	1.06	3.42**
16	장학담당자는	교사 개인의 욕구를 중시		학교 조직목적을 중시	3.95	1.03	3.57**
17	장학담당자는 교사를	목적 추구 인간으로 본다.		수단적 존재로 본다.	3.20	.89	3.33**
18	장학담당자는 교사에게	인간성을 강조한다.		역할 수행을 강조한다.	3.28	1.32	4.22**
19	학교방문 또는 학급방문은	학교조직 특성에 알맞다.		군대 검열식이다.	3.57	1.08	8.14**
20	교사를 보는 눈의 위치는	수평선의 위치에서 본다.		교사의 위에서 내려다본다.	3.93	.99	3.29**
21	장학담당자는 장학지도 시	설득적이다.		압력적이다.	3.05	1.01	.71
22	장학담당자는	미래지향적이다.		과거지향적이다.	2.74	1.10	3.42**
23	장학담당자는	창의 발전적 교사를 좋아한다.		현상유지 추종적 교사를 좋아한다.	2.10	1.12	2.86**
24	장학담당자가 교사를 볼 때의 경향	무한한 가능성의 미완결형		고정적 완결형	2.82	.89	3.00**
25	장학담당자가 장학지도 시 주로 보는 면은	내면적(정신적)인 면		외면적(물질적)인 면	3.58	1.05	8.29**
26	장학담당자의 장학지도 시의 판단은	가치판단		사실판단	3.41	1.08	5.86**
27	장학담당자의 주요 관심은	목적과 가치적 측면		방법과 기술적 측면	3.45	1.06	6.43**

* 5% 수준에서 의의 있다.(P<.05)

** 1% 수준에서 의의 있다.(P<.01)

차로, 지각반응되었다. 그리고 18개 문항에는 의의 있는 차로 부정적(비인간화 쪽)으로 반응되고, 나머지 5문항은 의의 없는 것으로 나타났다. 결과의 전모를 알기 쉽게 나타내면 〈그림 6〉과 같다. 〈그림 6〉에서 보면 전체적으로 평균치가 부정적(비인간화 쪽)으로 기울어져 쉽게 알 수 있다.

2. 요인별 분석

9개 요인 중 1개 요인 '미래지향성'에만 긍정적으로 의의 있게 지각되었고, 7개 요인은 1% 수준으로 의의 있게 부정적으로 지각되었고, 나머지 1요인은 의의 없는 것으로 나타났다(표 2).

〈표 2〉 전체교사에 의한 요인별 평균치와 중립점과의 차의 의의도

문항번호	요　　인	N	Mean	SD	중립점	CR
1-3	1. 교사 존중도	230	2.84	1.70	3	1.45
4-6	2. 개성고려도		3.40	1.09		5.60**
7-9	3. 공동체 의식도		3.39	1.15		5.17**
10-12	4. 다차원적 이해도		3.53	1.11		7.28**
13-15	5. 긍정적 인간관		3.32	1.06		4.62**
16-18	6. 목적추구 인간관		3.51	1.15		6.76**
19-21	7. 조직특성 이해도		3.52	1.09		7.28**
22-24	8. 미래지향성		2.55	1.09		6.30**
25-27	9. 내면성 가치성		3.48	1.08		6.79**

* 5% 수준에서 의의 있다.(P<.05)
** 1% 수준에서 의의 있다.(P<.01)

B. 장학에 대한 남녀교사 간의 지각 차

장학에 대한 남녀교사 간의 지각의 차를 요인별로 보면 〈표 3〉과 같다. 9개의 요인 중 1개 요인, 즉 '개성고려도'에만 여교사가 더 부정적으로 반응하여 남녀 간에 5% 수준에서 의의 있는 차가 있었다. 다시 말하면, 여교사가 장학에 있어서 개성을 고려해 주지 않는다고 더 불만을 표시하는 이외에는

남녀교사 간에 큰 차가 없었다.

<표 3> 요인별 남녀교사 간 평균치 차의 의의도

문항요인	요 인	남 교 사				여 교 사			CR
		N	Mean	SD		N	Mean	SD	
1-3	교사 존중도	143	2.78	0.98		87	2.93	0.95	1.15
4-6	개성고려도		3.28	1.14			3.59	1.11	2.04*
7-9	공동체 의식도		3.38	1.18			3.38	1.17	0.00
10-12	다차원적 이해도		3.57	0.93			3.60	1.11	0.21
13-15	긍정적 인간관		3.40	1.02			3.19	1.11	1.44
16-18	목적추구 인간관		3.55	1.15			3.42	1.24	0.79
19-21	조직특성 이해도		3.51	1.12			3.51	1.12	0.00
22-24	미래지향성		2.59	1.11			2.50	1.01	0.63
25-27	내면적 가치성		3.50	1.03			3.59	0.83	0.73

* 5% 수준에서 의의 있다.(P<.05)
** 1% 수준에서 의의 있다.(P<.01)

<표 4> 요인별 20대 교사와 4, 50대 교사의 평균치 차의 의의도

문항번호	요 인	20대 교사			대소, 정부	4, 50대 교사			CR
		N	Mean	SD		N	Mean	SD	
1-3	교사 존중도	38	3.19	0.97		92	2.67	0.89	2.85**
4-6	개성고려도		3.78	1.09			3.03	1.07	3.59**
7-9	공동체 의식도		3.36	1.23			3.17	1.26	0.80
10-12	다차원적 이해도		3.73	1.17			3.30	1.06	1.96*
13-15	긍정적 인간관		3.44	1.12			3.13	0.99	1.48
16-18	목적추구 인간관		3.86	1.01			3.37	1.06	2.48*
19-21	조직특성 이해도		3.63	1.09			3.35	1.22	1.29
22-24	미래지향성		2.51	1.15			2.51	1.06	0.00
25-27	내면성 가치성		3.67	1.11			3.31	0.91	1.77

* 5% 수준에서 의의 있다.(P<.05)
** 1% 수준에서 의의 있다.(P<.01)

C. 교사의 연령수준별로 본 지각 차

표집 230명을 20대 교사 38명, 30대 교사 100명, 4, 50대 교사 92명의 3집단으로 나눈 중 중간집단인 30대 교사집단을 빼고 연령차가 큰 20대 교사집단과 4, 50대 교사집단 간의 장학에 대한 지각의 차를 요인별로 알아본 결과는 〈표 4〉와 같다.

20대 교사와 4, 50대 교사 간에 9개 요인 중 4개 요인 모두 20대 교사가 4, 50대 교사보다 더 장학에 대하여 부정적으로 지각한 결과이다.

V. 논 의

A. 인간화 측면에서의 장학에 대한 교사들의 부정적 반응

27개 문항 중 18개 문항, 9개 요인 중 7개 요인에 의의 있게 부정적으로 교사들은 반응하였다. 특히 장학에 있어서 교사 개개인의 개성이 고려되지 않는다고 교사들에 의하여 지각된 점은 하나의 문제점이다. 모든 개성들이 모여서 인류가 되고, 모든 개개인들을 통해서 인류는 늘 특이하게 스스로를 나타낸다. 그러므로 모든 개인의 특이한 개성들이 남김없이 존중되어야 하고, 교사 개개인의 개성이 모두 다르기 때문에 장학 시에도 가능한 한 개별적으로 파악되어야 한다고 본다.

또 하나의 문제는, 교사들이 장학담당자를 수직적 감독자로 지각하고 있다는 점이다. 이는 민주장학이란 관점에서 볼 때 큰 문제점이다. 지시, 명령, 감독, 통제가 많아서 '우리'라는 공동의식보다 감독자로 지각되는 장학에서는 인간적인 상호 관계를 맺기 어려울 뿐만 아니라, 교사들은 소극적, 피동적이기 쉽고, 자율성과 책임성, 창의성, 잠재 능력을 발휘하기 어렵게 된다. 경영에서도 명령과 복종의 시대는 지나고 납득과 협력에 따라 일을 추진하는 시대가 왔다고 하는데, 장학분야에서 아직도 지시·감독의 잔재가 남아서 교사에게 심각한 불만의 요인이 되고 있다면 문제가 된다.

그리고 교육현상과 인간의 본성은 복잡하고, 깊고, 오묘한데, 일부분을 그나마도 잠깐 보고 나서 평가하는 현실이라면, 결국 교사란 인간이 가벼이 여겨진 결과가 된다. 따라서 앞으로 장학담당자는 교사 학생을 모두 다차원적으로 이해하려고 노력해야 할 것이다.

성악설의 입장에서 교사를 믿지 못하여 교사를 부정적으로, 수단적 존재로 본다든지 하지 말고, 교사를 믿고, 긍정적으로 보고, 내면적 가치성이 존중될 때 장학에 있어서의 인간화가 이루어지리라 본다.

그러면 전체적인 경향이 교사들이 장학에 대하여 부정적으로 지각하는 원인은 무엇인가?

첫째, 이론과 현실 사이에 차가 큰 데 그 한 원인이 있다. 교사들은 이상적인 민주장학이론을 배웠는데, 자신들이 인간적으로 장학받고 있지 않다고 지각될 때 실제보다 더 심각하게 부정적일 가능성이 있다.

둘째, 우리나라 장학이 관리행정에 치우치고 있기 때문이다. 관리에 치우치다 보니까 수직적, 지시·명령적이기 쉬우며, 인간적 접촉보다 서류가 오가고, 목적달성을 위해서는 교사를 수단적 존재로 다루기 쉽다. 이것은 관료적 행정실태를 완전히 탈피하지 못한 데 원인이 있다고 보아, 75년도 문교관계 평가교수단은 관리 행정에 치우치지 말고 장학 본래의 사명을 다하라고 권고하였는데, 이 논문은 그 권고를 뒷받침해 주고 있다.

셋째, 장학담당자의 직무부담 과다에서 그 원인을 찾아볼 수 있다. 장학담당자의 수는 부족한데 부담은 많다 보니까 교사와 인간적 접촉을 할 수 없게 되는 것이다.

넷째, 장학담당자의 자질부족에도 그 한 원인이 있다. 장학담당자는 인간의 존엄성과 인간의 본성을 이해할 수 있는 철학적 소양과 인간관계기술에 관한 교육을 더 많이 받아야 할 것이다.

B. 남녀교사 간의 지각 차

Peck는 여교사가 더 직무에 적응하지 못한다 하고, Chase의 연구는 여

교사가 더 직무만족도가 높다고 보고하였는데, 이와 같이 직무만족도에 남녀 간에 차가 있다면 장학에 대한 지각에도 차가 있을 것이라는 가정하에 연구 문제의 하나로 삼았던 것이다.

그러나 결과는 남녀교사 간에 1요인 이외에는 큰 차 없이 모두 장학에 대하여 부정적 반응이었다. 다만 '개성고려도'에서만 여교사가 더 부정적이었다 (5% 수준). 이것은 남녀 간의 성격 차, 사회적 대우의 차, 여자가 더 독특한 자기만의 세계를 원하는 데 반하여 장학담당자는 이를 무시하고 모든 교사를 일률적, 집단적으로 보아 넘기는 데 대한 여교사의 불만의 표시로 해석된다. 앞으로 남교사보다도 여교사는 더 개개인의 개성을 고려해 줘야겠다는 시사를 받는다.

C. 교사의 연령수준별 지각 차

사람의 사고방식과 행동 양식은 성별, 연령, 지역 등에 따라 따르며, 근무 연한이 짧은 층보다 긴 층의 사기가 높은 경향이고, 또 첫 출발 시에 사기가 높다가 다음 수년 후에 떨어져 낮은 수준으로 있다가 20대 후반이나 30대 초에 다시 오르기 시작하여 계속 오른다는 보고에 따라 연구 문제의 하나로 삼았던 것이다. 사기가 오르면 인간화 측면의 장학에 대해서도 긍정적으로 지각할 것이라는 가정이었다. 결과에서 본 것처럼 20대 교사와 4, 50대 교사 간에는 많은 차가 나타났고, 특히 20대 교사가 장학에 대하여 매우 부정적이었다.

20대 교사는 모두 광복의 자유화 물결 이후 출생했고, 6·25 이후 교육을 받기 시작하여 4·19를 초·중등에서 맞고, 1970년대 인간화 물결과 함께 교육대학을 마쳤거나 교직을 시작한 집단이어서 더 부정적이었던 것 같다.

20대 젊은 교사는 패기에 넘쳐 교육에 전념해야 할 텐데 심한 갈등 속에 빠져 있다면 개인적으로나 국가적 차원에서 보나 참으로 불행한 일이다.

앞으로의 장학에서는 특히 교직에 첫발을 내딛는 초임교사의 선도에 대한 대책이 강구되어야 할 것이다.

Ⅵ. 요약 및 결론

1960년대 물량지상주의 시대가 지나고 1970년대 인간성 회복, 인간성 존중 시대를 맞아 교육의 인간화 문제가 고조되고 있는 이때, 교육의 인간화를 위해서는 먼저 장학의 인간화가 이루어져야겠다고 보았다. 이론적 고찰에 의하여 장학에 있어서 교사들은 (1) 인간적으로 존중되고, (2) 개개인의 특성이 고려되고, (3) 공동체의식을 가지고 보아지고, (4) 다차원적으로 이해되어야 하며, (5) 긍정적 인간관과, (6) 목적추구 인간으로 보아지고, (7) 미래지향적, (8) 가치추구인간으로 보아지고, (9) 장학담당자는 교직조직특성을 이해해야 한다는 것을 알아냈다. 다음에 이런 관점에서 교사들은 장학에 대하여 어떻게 지각하고 있는지를 알아내어 장학의 개선 방향을 모색해 보려는 것이었다.

이 연구에 흐르는 주요문제는 3가지였다. (1) 인간화 측면에서 교사들은 장학에 대하여 어떻게 지각하고 있는가? (2) 남녀교사 간에, (3) 연령 수준에 따라 지각 차가 있는가?

이런 문제에 대한 해답을 얻기 위하여 이론적 고찰에 의하여 작성한 질문지를 서울시 초등 270명 교사를 대상으로 조사하였다.

그 결과 (1) 전체 교사들은 장학에 대하여 부정적인 경향이었고, (2) 남녀교사 간에는 장학에 대한 지각에 차가 없는 경향이었고, (3) 20대 교사가 4, 50대 교사보다 훨씬 더 장학에 대하여 부정적이었다.

이런 결과를 바탕으로 다음과 같이 장학의 방향을 제의함으로써 결론을 맺고자 한다.

(1) 장학담당자는 교사를 인간화 측면에서 더욱 존중하고 이에 대하여 깊은 관심을 가지고 연구해야 할 것이다.

(2) 장학의 개별화에 힘쓰되, 그것이 현실적으로 어렵다면 우선 교사의 남녀별, 연령 수준별로라도 고려하는 장학이 되어야 할 것이다.

(3) 장학의 인간화 측면에서 젊은 교사(20대)에 대한 장학이론이 특별히

강구되어야 할 것이다.

(4) 우리나라 교육현실에서 요구되는 장학이론이 정립되어야 할 것이다.

(5) 장학담당자는 교사와의 인간적 접촉의 기회를 많이 가지도록 하여 인간관계개선에 더욱 노력해야겠다.

(6) 장학담당자는 바른 인간관과 바른 교사이해를 바탕으로 하는 장학이 이루어질 수 있도록 교육적 인간학에 대한 연수가 강화되어야 할 것이다.

(7) 장학행정이 관리행정에서 장학 본연의 임무를 수행할 수 있을 때에야 장학에 있어서의 인간화는 이루어질 수 있다고 본다.

참고문헌

강길수·김종철·김영식, 학교행정, 서울: 서울대출판부, 1973.

고영복·김해동, 인간관계론(Ⅰ), (Ⅱ), 서울: 서울대출판부, 1972.

금영식, "교육행정에 있어서의 Getzels 유형과 그 영향", 교육학연구, Vol.6, No.2, 서울: 배영사, 1960.

김종철, 교육행정의 이론과 실제, 서울: 교학사, 1965.

금태길, 인간회복서장, 서울: 삼성문화재단, 1973.

박용헌, 학교사회, 서울: 배영사, 1969.

백현기, 장학론 서울: 을유문화사, 1964.

백현기, 신고교육행정, 서울: 을유문화사, 1964.

윤정일, "게젤스의 사회과정유형에 관한 가설검증"(미출판의 석사학위논문, 서울대 교육대학원), 1970.

이규호, 인간의 사회화와 사회의 인간화, 서울: 배영사, 1974.

최영희, "인간회복의 역사적 고찰", 연구보고, 서울시 교육연구원, 1971, (2집)

최정훈, 지각심리학, 서울: 을유문화사, 1973.

서울시 교육연구원, "교육과정개정의 기본방향", 교원연수자료, 1973.

Argyris, Chris *Personality and Organization: the Conflict between system and the Individual,* N. Y.: Harper, 1970.

Etzioni, Amitai, *A Comparative Analysis of Complex Organization,* N. Y.: The Free Press, 1961.

Getzels, J. W. and Egon G. Guba, "Social Behavior as the Administrative Process", The School Review, LXV(Winter), 1957.

Herzberg, Frederick, et. al., *The Motivation to Work, 2nd. ed.,* N. Y.: John Wiley & Sons, 1959.

Herzberg, Frederick et. al., *Job Attitudes: Review of Research and Opinion,* Pittsburgh: Psychological Service of Pittsburgh, 1957.

Katz, R. L., "Skill of Effective Administrator", *Havard Business Review,* Vol.33, No.1(Jan-Feb), 1955.

McGregor, Douglas, *The Human Side of Enterprise,* N. Y.: McGraw Hill Book Co., 1960.

Owens, Robert G., *Organizational Behavior in Schools,* N. Y.: Prentice-Hall, Inc., 1970.

ABSTRACT

Teachers' Perception on Supervision in Aspect of the Humanization

Ⅰ. Introduction

The age of material-centered and of production-centered were disappeared, and then the age of restoration of humanity has come. At the same time the problem of humanization in education has appeared on the high tide. To achieve humanization in education, first of all, school teachers must be understood rightly by their supervisors.

The writer abstracted 9 factors of human views in supervision through theoretical review, and then were going to survey how did the teachers perceive about supervision in terms of those 9 aspects.

Nine factors were as following;

(1) Above all school teachers ought to be treated with respect in aspects of humanization by their supervisors(respect for teachers).

(2) School teachers' Individuality ought to be considered by their supervisors(consideration of individuality).

(3) Supervisors ought to supervise teachers with consciousness of common group(consciousness of common group).

(4) Supervisors ought to understand teachers by multi-dimensions(under-

standing by multi-dimensions).

(5) Supervisors ought to understand teachers with positive human views(positive human views).

(6) Supervisors ought to know teachers are the pursueing man of their own goal as well as of organizational goals(human view of puruseing goals).

(7) Supervisors ought to understand the characteristics of educational organization(understanding the characteristics of educational organization).

(8) Supervisors ought to understand teachers are the future oriented man(human views of future orientation).

(9) Supervisors ought to understand teachers are the man pursueing their own internal values rather than external materials(human views of pursueing internal values).

Ⅱ. Questions

Following were the major questions to know in this study.

(1) How do the teachers perceive about supervision in aspects of humanization?

(2) Are there any differences of the perceptions about supervision between male and female teachers?

(3) Are there any differences of the perceptions about supervision between 20's and 4, 50 aged subgroup teachers?

Ⅲ. Methods

The writer made questionnaire of 27 items through theoretical review and administered to 230 sampled primary school teachers in Seoul.

CR test method was used to testify the differences between mean points of respondents and 3 points of the five-point-scale, between mean of male and female teachers, and between mean of 20's aged and mean of 4, 50's aged subgroup teachers.

IV. Results

1. Followings were the results responded(perceived) by whole sample

factors	N	Mean	SD	CR
1. respect for teachers	230	2.84	1.70	1.45
2. consideration of individuality		3.40	1.09	5.60**
3. consciousness of common group		3.39	1.15	5.17**
4. understanding by multi-dimensions		3.53	1.11	7.28**
5. positive human views		3.32	1.06	4.62**
6. human views of pursueing goals		3.51	1.15	6.76**
7. understanding of characteristics of educational organization		3.52	1.09	7.28**
8. human views of future orientation		2.55	1.09	6.30**
9. human views of pursueing internal values		3.48	1.09	6.79**

** Difference between mean and 3 points is significant. Minimum $p<.01$.

2. Differences of the perception on supervision between male and female teachers were as following table.

factors	male			female			CR
	N	Mean	SD	N	Mean	SD	
1. respect for teachers	143	2.78	.98	87	2.93	.85	1.15
2. consideration of individuality		3.28	1.14		3.59	1.11	2.04*
3. consciousness of common group		3.38	1.18		3.38	1.17	.00

factors	male			female			CR
	N	Mean	SD	N	Mean	SD	
4. understanding by multi-dimensions		3.57	.93		3.60	1.11	.21
5. positive human views		3.40	1.02		3.19	1.11	1.44
6. human views of pursueing goals		3.55	1.15		3.42	1.24	.79
7. understanding of characteristics of educational organization		3.51	1.12		3.51	1.12	.00
8. human views of future orientation		2.59	1.11		2.50	1.01	.63
9. human views of pursueing internal values		3.50	1.03		3.59	.83	.73

* Difference between mean of male and female teachers is significant. Minimum P<.05.

3. Differences of the perception about supervision between 20's and 4, 50's aged teachers were as following table.

factors	20's aged			4, 50's aged			CR
	N	Mean	SD	N	Mean	SD	
1. respect for teachers	38	3.19	.97	92	2.67	.89	2.85**
2. consideration of Individuality		3.78	1.09		3.03	1.07	3.59**
3. consciousness of common group		3.36	1.23		3.17	1.26	.80
4. understanding by multi-dimensions		3.73	1.17		3.30	1.06	1.96*
5. positive human views		3.44	1.12		3.13	.99	1.48
6. human views of pursueing goals		3.86	1.01		3.37	1.06	2.48*

factors	20's aged			4, 50's aged			CR
	N	Mean	SD	N	Mean	SD	
7. understanding of characteristics of educational organization		3.63	1.09		3.35	1.22	1.29
8. human views of future orientation		2.51	1.15		2.51	1.06	.00
9. human views of pursueing internal values		3.67	1.11		3.31	.91	1.77**

* Difference between 20's and 4, 50's aged teachers is significant. Minimum p<.05.
** Minimum P<.01.

V. Conclusions

(1) Respondents tended to show negative perception about supervision.

(2) There were no significant differences of perceptions about supervision between male and female teachers.

(3) There were significant differences of the perceptions about supervision between 20's and 4, 50's aged teachers.

The writer is going to suggest several alternatives based on above conclusions to improve supervision.

(1) School teachers ought to be respected in human aspects and supervisors ought to study humanization problems steadily.

(2) Supervisors ought to effort to Individualize supervision, but if it is really difficult, first, ought to consider Individualities

of female teachers.

(3) Supervisors ought to study alternatives of helping or guiding 20's younger teachers.

(4) We all ought to effort to formulate supervisory theory based upon Korean realities.

(5) Supervisors ought to improve human relations with school teachers by making more opportunities of contact with them.

(6) Supervisors ought to study about humanity in order to have right human views and to understand teachers more correctly.

(7) Educational administration ought to be performed for rather supervisory administration than school management.

5. 임상장학의 적용 가능성[*]

교육의 핵심은 교수학습 활동이며, 이 교수학습의 성패는 교사의 교수능력
과 기술에 달려 있다고 본다. 교사의 교수능력과 기술은 주로 교대나 사대,
교육대학원에서의 직전교육(preservice education)과 흔히 우리나라에서
연수라고 하는 현직수육(inservice education)을 통하여 길러진다. 현직교
육에는 현장교사로 가지게 되는 모든 교수경험과 연구경험, 그리고 근무 중
에 받은 장학활동도 포함시켜 넓은 의미로 볼 수도 있다. 교사의 교수능력과
기술을 기르는 데 중요한 역할을 해야 할 것이 장학부분이다. 다음에 살펴보
게 되는 것처럼, 장학의 궁극적 목적이 바로 '교수학습의 개선'이기 때문이
다. 우리는 흔히 교대나 사대의 직전교육에서는 장학을 소홀히 한 감이 있
다. 그러나 장래의 교사로서 교수기술을 기르기 위한 장학(학생에 대한)은
현장교사에 대한 장학 못지않게 아주 중요한 부분이다. 특히 교수학습에 초
점을 맞춘 장학이 교대나 사대에서 강조되어야 할 것이다.

교육현장에서든 교대나 사대의 직전교육에서든 교수기술 향상에 중요한 역할
을 해야 할 (1) 장학력을 강화해야 한다는 점을 먼저 지적하고자 한다. 그 다

---

* 한국교육학회 제21회 연차학술발표대회, 1982. 10. 26, 서울대에서 발표되고 새교육
1983. 1月에 게재된 논문임.

음은 장학력을 강화하되, (2) 교수학습 개선에 초점을 맞춘 장학을 강화해야겠다는 점을 살펴보고, 그 방법으로써 (3) 임상장학(Clinical Supervision)을 소개한 다음, 그 (4) 적용가능성을 살펴보는 순서로 전개하고자 한다.

Ⅰ. 장학력의 강화 요청

교육의 현 실정으로 보아 장학력의 강화가 절실히 요청되고 있다. 이것을 간추려 보면 다음과 같다.

첫째, 교육의 양적 팽창에 따른 질의 보장을 위하여 장학력을 강화해야 한다.

많은 사람들이 교육의 가장 큰 문제점으로 과대학교, 과밀학급을 들고 있다. 모든 사람에게 교육의 기회가 확대되고, 상승적 기대에 의하여 교육인구가 폭발적으로 증대되는 만큼 교육재정이 뒷받침해 주지 못한 결과이다. 이런 때일수록 장학력을 강화하여 사람들이 많은 속에서도 교육의 질을 높여야 한다.

둘째, 교직유인체제가 약화되고 교사의 사회경제적 지위가 상대적으로 낮아져 사기가 저하되어 있는 이런 때일수록 질 높은 장학이 요청된다.

우수한 교사를 확보하고 높은 사기를 유지하는 일은 교육에 있어서 가장 중요한 일이다. 그러나 우리의 현실은 이와 반대되는 방향으로 나아가고 있다. 이러한 때 교사를 이끌어 주고 격려해 줄 수 있는 사람은 바로 장학담당자이며, 사기충천할 때보다도 사기가 저하되어 있을 때 보다 더 고도의 기술을 요하는 장학이 요구되는 것이다.

셋째, 교사의 이직률이 낮은 때일수록 장학이 필요하다.

교사의 이직률이 떨어지면 언뜻 보기에 교육에 있어서 좋은 현상 같지만 그만큼 불만 있는 많은 교사가 교직에 머물러 있다는 증거이므로(Sergio-vanni & Starratt, 1979, pp.2~3) 이들을 지도할 장학이 그만큼 더 요청된다. 교직에 불만을 가지고 있는 교사가 질 높은 교육을 할 리는 없다.

교직을 떠나야 할 사람은 한시라도 빨리 떠나야 교육을 위해서도 본인을 위해서도 좋다. 그러나 남아 있는 동안만이라도 어떻게 교육에 열중하게 하느냐에 장학의 어려움이 있다. 교직에 있는 동안은 결코 이들을 장학하는 데 포기할 수 없는 것이다.

넷째, 교사들이, 장학에 대하여 부정적인 태도를 가지고(주삼환, 1977, p.49; Acheson & Gall, 1980, p.7) 있을수록 장학은 필요하다.

많은 연구들(주삼환, 1977; Acheson & Gall, 1980; Blumberg, 1980; K. Wiles, 1967)이 장학에 대한 교사들의 부정적 태도를 보고하고 있는데, 그렇다고 장학 자체를 포기할 수는 없다. 부정적인 태도를 긍정적인 태도로 바꾸게 하는 장학이 필요한 것이다. 그리고 교사들이 장학에 대하여 부정적 태도를 가진다는 것은 실은 장학 자체를 부정하는 것이 아니라 장학의 방법적인 스타일에 대한 부정적 태도인 것이다(Acheson & Gall, 1980, p.6). 그러므로 장학 자체를 포기할 것이 아니라 장학의 스타일을 바꾸어 더욱 장학력을 강화해야 할 것이다. 그리고 교사의 필요성에 의하여 장학을 하는 것이 아니라, 장학사의 필요성에 의하여 장학이 이루어지기 때문에(Acheson & Gall, 1980, p.7) 장학에 대하여 부정적 태도를 가지게 되는 것이다. 앞으로 교사가 필요로 하는 부분에 대한 장학으로 바꾸어 장학할 필요가 있는 것이다.

다섯째, 교사교육 기간의 연장과 질의 향상으로 전문성이 높아짐에 따라 장학담당자의 전문화가 요청되고, 또 질 높은 장학이 요구되고 있다.

교사의 질이 높아졌다고 장학을 포기할 수는 없다. 교사의 질이 높아져도 더 높은 질의 교수학습을 위한 장학이 필요한데, 장학담당자의 질이 뒷받침해 주지 못하는 데 문제가 있다. 교수전문의 장학담당자를 양성하여 보다 수준 높은 장학은 여전히 강화되어야 한다.

여섯째, 교사들로 하여금 '가르치는 일'에서 만족과 행복을 찾을 수 있도록 장학은 강화되어야 한다.

교사들은 외적인 보수나 사회경제적 지위에서는 만족하지 못하고 있다. 아마 영원히 만족하게 되지 못할지도 모른다. 교사가 외적 조건에 관심을 많이 돌리면 돌릴수록 더욱 불만은 커지게 마련이다. 이 외적 조건을 개선하여 외적 불만을 줄이면서 동시에 '가르치는 일'에서 내적 만족을 얻도록 관심을 돌리는 일이 중요하다. 그러기 위해서는 우선 교수능력과 기술에 자신이 있어야 하고 '가르치는 일'에서 성공할 수 있어야 한다. 이것을 위해서 교수학습에 초점을 맞춘 질 높은 장학이 절실히 요청된다. 이 점에 대하여는 다음에 좀더 자세히 살펴보게 된다. 일에 동기유발된 교사는 외적 악조건도 잘 감내해 내고, 또 관심도 덜 두게 되고, 대신 일의 성취에 전념하게 된다. 장학은 교사의 내적 동기를 자극할 수 있어야 한다.

Ⅱ. 교수학습 개선에 초점을 둔 장학의 필요성

지금까지 교육의 질을 높이기 위해서 장학을 강화하고, 또 장학의 질을 높여야 한다고 강조하였다. 그리고 교육의 핵심은 교수학습이라고 하였는데, 그렇다면 장학은 교수학습을 잘하자고 하는 일이다. 많은 사람들이 "장학의 궁극적 목적은 교수학습의 개선에 있다"고 하는데, 이에 반대할 사람은 별로 없을 것이다.

여기서 문제가 되는 것이 '궁극적'이란 말이다. 이 말 속에는 '교수학습 개선'이란 목적을 달성하는 방법에 있어서 직접적인 방법으로 하느냐 간접적인 방법으로 하느냐의 문제가 내포되어 있음을 시사한다.

장학의 개념과 장학의 발달을 고찰하면서 교수학습에 초점을 맞춘 장학의 필요성을 뒷받침하고자 한다.

첫째, 장학의 개념을 살펴볼 때 교수학습에 초점을 맞춘 장학이 필요하다.

1955~1982년의 장학의 개념에 대한 정의를 고찰해 본 결과 다음과 같이 6측면으로 분류되었다.〈표 1〉

〈표 1〉 장학의 정의(1955~1982년)

초 점	저 자(연 도)
(1) 행 정	Eye, Netzer & Krey(1971), Harris & Bessent(1969), Burton & Brueckner(1955), 김종철(법규적 측면, 1982), 강영삼(장의 제목, 1982)
(2) 교육과정	Cogan(1973), Curtin(1964)
(3) 수 업	ASCD(1965), Marks, Stoops & King-Stoops(1978), 김종철(기능, 이념적 측면, 1982), 백현기(1964)
(4) 인간관계	K. Wiles(1967), K. Wiles & Lovell(1975), Sergiovanni & Starratt(1979), ASCD(1982), Blumberg(1980)
(5) 경 영	Alfonso, Firth & Neville(1981)
(6) 지 도 성	Mosher & Purpel(1972), J. Wiles & Bondi(1980), Dull (1981)

이것은 결국 교수학습 개선이란 장학의 궁극적 목적을 두고 얼마나 직접적으로 접근하느냐를 다음 〈그림 1〉과 같이 나타낼 수 있다.

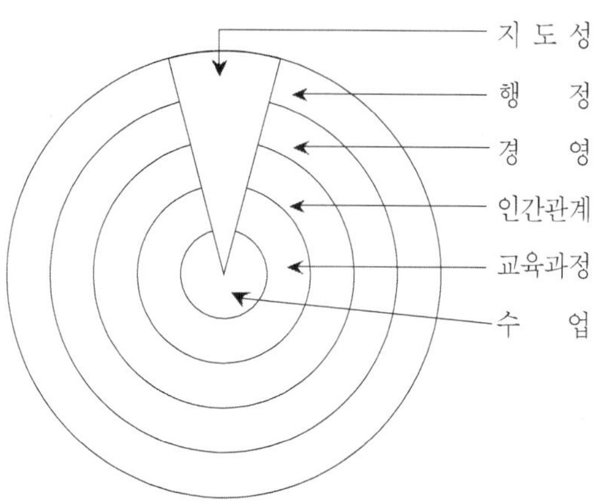

〈그림 1〉 장학의 개념 정의 접근

〈그림 1〉에서 장학을 '수업'에 초점을 두어 정의한 것을 핵으로 하여 '교육

과정', '인간관계', '경영', '행정'을 통하여 교수학습을 개선하려는 정의들이 주변을 맴돌고 있다. '지도성'은 모든 다섯 측면에서 지도성을 발휘하는 것을 장학이라고 보는 것이다. 물론 "교육과정을 제정, 개정하고 교수단원과 교수자료의 준비……"(Cogan, 1973, p.9)로 수업을 개선하고, "생산적인 직무관계성의 조성"(Blumberg, 1980, p.2)이란 '인간관계'를 통하여, 또는 "……조직의 일의 체제"(Alfonso, Firth & Neville, 1981, p.4)를 다루는 '경영'을 통하여, 또 장학을 "교육체제의 적정교수 기대달성에 주로 초점을 둔 학교행정의 국면"(Eye, Netzer & Krey, 1971, p.31)이라고 보는 '행정'을 통하여, "……교육과정, 수업, 조직형태 등에 있어서 전문적 지도성을 발휘하는 것"(Mosher & Purpel, 1972, p.4)이란 정의의 '지도성'을 통하여 핵에 접근하는 방법도 필요하지만, 핵에 직접적으로 접근하는 것이 필요하고 또 가능하다고 본다.

여기서 교수학습 개선에 가장 가까운 접근이 '지도성', '교육과정'이고 가장 먼 간접적인 것이 '행정적' 접근이라고 본다. 특히 1980년대에 들어서 장학을 모든 교육활동에서의 '지도성'으로 보는 경향에 주목해야 한다. 우리나라는 전통적으로 장학을 행정의 일부로 보아 왔다. 다시 말하면, 교수학습 개선이란 목적에 직접적으로 도전하는 데 많은 노력을 기울이지 못하고, 그 주변을 맴도는 데 많은 시간과 정력을 소비해 왔던 것이다. 물론, 여러 가지 여건이 직접적인 방법으로 수업개선하려는 데 알맞지 못했던 점도 있었겠으나, 관심을 덜 기울였던 탓도 있을 것이다. 앞으로의 장학은 지금처럼 행정을 통하여 간접적으로 수업개선에 접근하면서 동시에 직접적으로 수업개선에 초점을 맞춘 장학도 해야 한다.

둘째, 장학의 발달을 살펴볼 때 교수학습에 초점을 둔 장학은 필요하다.

미국에서의 장학의 발달역사를 잠깐 살펴볼 때 교수학생에 초점을 두고 강조했던 때도 있으나(표 2), 우리나라에서는 시학에서 민주장학의 길로 꾸준히 걸어왔다고는 하나 오히려 장학력의 침투가 약해지고 교수학생으로부터는 멀어지는 감이 있다.

〈표 2〉 장학 역할의 발달

미국의 장학	
1950~1910	시학과 강제
1910~1920	과학적 장학
1920~1930	관료적 장학
1930~1950	협동적 장학
1955~1960	교육과정 개발의 장학
1965~1970	임상(교수)장학
1970~1980	경영으로서의 장학
1980~	지도성으로서의 장학
우리나라의 장학	
(1) 일제	시 학
(2) 8·15 광복과 정초기	↓
(3) 6·25 사변과 재건기	
(4) 1960년대 개혁기	
(5) 1970년대 발전기	민주화

미국에서 1960년대 후반에 일어났던 여러 가지 상황과 이에 대한 1970년대 초의 행정적 반응의 결과는 장학에도 여러 가지로 영향을 주었다. 교육과정 개발에 열을 올리고 있을 때 학교의 수업측면에 초점을 맞추려는 노력도 일부에서 일어나고 있었다. 이러한 노력은 1970년대까지 지속되었다. 장학담당자는 비디오테이프를 사용하기도 하고, 교사·학생의 상호작용을 평가하고, 교수방법의 새로운 가능성을 개발하기 위하여 현장연구기법 사용이 뚜렷하였다.

우리는 미국 장학역사를 따라가자는 것이 아니라 장학 본래의 목적을 달성하기 위하여 미국에서 1960~1970년대에 교수학습에 초점을 맞췄던 것처럼, 교수학습에 직접적으로 접근하는 장학도 해야겠다고 본다. 그 방법으로는 다음에 다루게 될 임상장학의 방법을 제시한다.

셋째, 장학의 개별화, 인간화를 위해서도 수업장학은 필요하다.

교사들은 장학의 개별화를 요구하고 있다(주삼환, 1977). 그런데 우리의 장학은 교사 한 사람 한 사람에 맞추지 못하고 행정을 통하여 전체적으로 다루어 왔음을 부인할 수 없다. 학생들에게 교육의 인간화가 중요한 것과 꼭 마찬가지로 장학의 인간화(주삼환, 1977)가 필요하며, 학생들에게 개별화 수업(individualized instruction)이 강조되듯이 장학에 있어서도 "각각 다른 교사에게 각각 다른 장학환경으로 상호 작용하는 과정(McNergney & Harootunian, 1978, p.2)의 개별화 장학(individualized supervision)(Joo, 1981, p.145)을 시도하여야 한다. 모든 사람에게 맞는 하나의 유일한 최선의 장학 스타일(one-best-supervision style)은 존재할 수 없다. 그리고 교사에 대한 장학의 개별화나 인간화 없이 학생교육의 개별화나 인간화도 어렵다. 교수학습에 초점을 맞춘 장학은 교사 한 사람 한 사람, 수업 한 시간 한 시간에 초점을 맞추려는 것으로 장학의 개별화와 인간화에 기여할 수 있다고 본다. 장학의 개별화, 인간화를 위해서도 교수학습 장학은 필요하다.

넷째, 교사의 전문적 성장을 위해서 수업장학은 필요하다.

교사의 전문성은 교수에서 발휘된다. 교사를 긍정적으로 볼 때 그들 스스로 그들의 본업인 가르치는 일에서 전문적으로 성장하려는 의욕을 가지고 있으며, 또 성장할 때 교직의 보람을 느낀다. Human Resources Approach(Sergiovanni & Starratt, 1979)도 바로 이러한 가정하에 교사의 잠재 가능성을 최대한 발휘할 수 있도록 도와주려는 것이며, 이를 위해서는 특히 수업에서 자아 실현하도록 교수학습에 초점을 맞춘 장학을 해야 한다. 이렇게 될 때 교사는 외적 환경에 덜 관심을 가지게 되는 부차적 효과도 있을 수 있다.

지금까지 장학의 개념, 발달역사를 살펴보면서, 그리고 장학의 개별화 측면과 교사의 전문적 성장이란 측면에서 교수학습에 초점을 맞춘 장학의 필요성을 제시하였다. 그 한 대안으로서 1960년대 Harvard대의 Goldhammer, Cogan, Anderson 팀이 개발한 임상장학의 방법을 소개하고자 한다.

Ⅲ. 임상장학

임상장학은 지시적이기보다는 상호작용적이고, 권위적이기보다는 민주적이고, 장학담당자 중심적이기보다는 교사중심적인 장학의 대안적 모델로서 제시된 장학의 한 방법이다. 임상장학의 적용가능성을 따지기에 앞서 그 개념, 방법, 목적, 기본가정과 특징 등을 살펴보는 것이 순서일 것이다.

A. 개 념

여기서 '임상'이란 말은 교사의 실제 수업행동에 대하여 장학담당자와 교사의 face to face의 관계성을 다룬다는 뜻으로 빌려온 말이다. Goldhammer의 지적처럼 "세밀한 관찰, 그러한 관찰에 의하여 수집된 정확한 자료, 교사와 장학담당자 간의 face to face 상호작용, 친밀한 전문적 관계성에 의하여 장학담당자와 교사를 한데 묶는 데 초점과 강조점을 둔다면 '임상'이란 의미는 아주 적합할 것이다(1969, p.54)." 그러나 임상이란 말에는 병리적(Pathology)이란 의미가 내포되어 있어 교사가 가지고 있는 결점이나 불건강한 행위를 장학담당자가 치료하는 것으로 해석되기 쉬운데, 여기서는 이런 의미를 빼고 오히려 자기 스스로 성장하려는 건전한 교사가 자기의 교수기술을 향상시키려 할 때 도와주는 것이다.

종래 우리가 가지고 있던 장학의 개념을 '일반장학(General Supervision)'이라고 한다면, 이 임상장학은 교실 내의 교수활동과 교사로 범위를 좁힌 것이다. 즉, "합리적인 수정에 관심을 두고 (1) 수업계획(Planning), (2) 관찰(Observation), (3) 실제수업에 대한 집중적이고도 지성적인 분석(Analysis)이란 크게 3단계의 체계적 순환의 방법으로 교수 개선에 초점을 둔 장학"(Acheson & Gall, 1980, p.11)이라 정의된다. 우리나라에서는 최근 강영삼(1982, pp.363~364)에 의하여 처음으로 간단히 소개되었다. 교실 내 장학을 임상장학이라 한다면 교실 밖의 장학을 일반장학이라 구별할 수 있다(Sergiovanni & Starratt, 1979, p.285). 우리가 지금까지 강조했던 것처럼 일반장학은 효과적인 장학을 위한 중요하고도 필요한 요소이지만, 임상장학이 없이는 충분하지 못하다.

B. 임상장학의 단계

교사의 전문적 성장과 교수기술 개선에 초점을 두고 교사와 장학담당자가 함께 노력하고 결과에 대하여 함께 책임지는 장학의 방법으로 (1) 수업계획협의회, (2) 수업관찰, (3) Feedback 협의회의 단계로 진행된다. Cogan(1973)은 8단계로, Reavis(1978)는 5단계로, Acheson & Gall (1980)은 3단계로 묶어 설명하고 있다(그림 2).

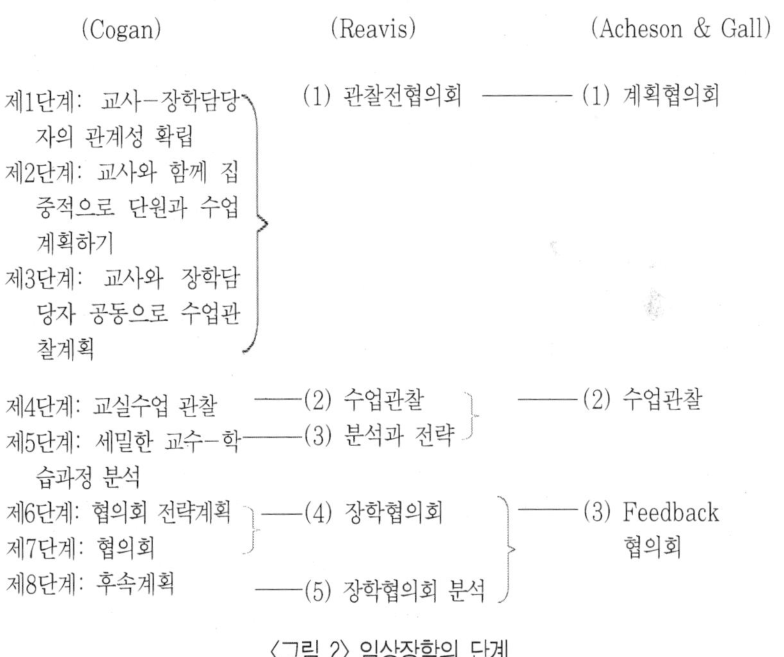

〈그림 2〉 임상장학의 단계

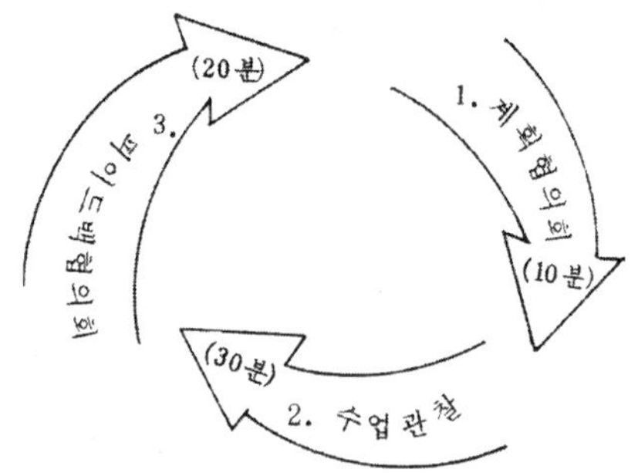

1. 계획협의회
　　① 교사가 학급과 학습과제 설명
　　② 교수목적 확인, 달성 방법 설명
　　③ 교사의 관심과 문제점 확인(T1)
　　④ 문제를 관찰가능한 행동용어로 바꾸기(T2)
　　⑤ 어떻게 무엇을 관찰할 것인가 계획
　　⑥ 관찰 중 수집할 자료의 형태, 도구에 대한 합의(선택)(T6)
　　⑦ 교사의 교수개선 절차 확인(T3)
　　⑧ 스스로 개선 목표 설정하도록 돕기(T4)
　　⑨ 기록될 수업장면의 명료화
　　⑩ 수업관찰 시간합의(T5)
2. 수업관찰
　　① 장학사는 분석될 자료수집(분석용지 사용)(약·축어 사용)
　　② 장학사는 교수 형태 확인
　　③ 교사의 질문, 반응, 지시, 진술 등 기록
　　④ 학생의 과업집중도(T11)
　　⑤ 언어적 흐름(Verbal flow)(T12)
　　⑥ 교사의 이동도(T13)
　　⑦ 일화기록(T14)
　　⑧ 녹화, 녹음(T15)
　　⑨ 시간의 흐름에 따른 분석(T21)
3. 피드백 협의회
　　① 교사와 장학사가 함께 수집된 자료분석
　　② 계획협의 시 합의사항 재확인
　　③ 교사의 전문적 목표 확인
　　④ 교사의 전문적 성장 목표 달성 방법 협의
　　⑤ 수집된 자료 피드백(T22)
　　⑥ 교사의 추리, 의견, 느낌, 듣기
　　⑦ 대안적 수업목표, 방법, 이유 모색하도록 격려(T24)
　　⑧ 실천과 비교를 위한 기회를 교사에게 제공(T25)

주: T는 Acheson(1980)에 제시된 Techique 번호 10분, 30분, 20분은
　　대체적인 시간 소요

<그림 3> 임상장학의 단계별 방법

여기서는 Acheson & Gall의 3단계에 의하여 각 단계에서 하는 일과 방법을 간단히 제시한다(그림 3). 〈그림 3〉에서 보는 것처럼 수업개선을 위한 끝없는 순환과 주기의 과정이다.

1. 계획협의회

과거의 일반장학과는 달리 교사와 장학담당자가 함께 교수계획을 확인하고, 교사가 특별히 교수기술을 개선시키려고 관심을 가지는 영역과 자기자신의 교수상의 문제점을 이야기하고 그것에만 협의회의 초점을 맞춘다. 교사의 필요에 의하여 스스로 교수기술을 개선시키려고 장학담당자를 찾아오는 것이기 때문에 둘이 다 적극적이다.

이 단계에서는 또 수업관찰에서 무엇을 어떻게 관찰하고 어떤 자료를 수집할 것인가에 대하여 합의를 본다. 과거에는 장학담당자가 수업관찰을 한다 하여도 전반적으로 보게 되고, 교사가 어떤 점에 주력하는지 모르고 반대로 교사도 관찰자가 어떤 관점에 의하여 어느 면을 관찰하고 있는지 모르고 막연히 평가 또는 감독당하고 있다는 사실만 알고 기분 나쁘게 생각하였던 것이다.

그러나 임상장학에서는 무엇을 어떻게 관찰할 것인가가 분명해졌으므로 만일 평가된다 하여도 교사가 불안해할 필요가 없다. 이 계획협의회에서는 약 10분간 허심탄회하게 진행되고 언제 수업에 참관할 것인가를 약속하는 것으로 끝난다.

2. 수업관찰

이 단계의 가장 중요한 목표는 계획협의회에서 합의를 본 객관적인 정확한 자료(data)를 수집하는 일이다. 대부분의 전문직에서는 직무수행을 나타내 주는 객관적인 자료를 가지고 있으며 그것을 존중한다. 예를 들면, 의학계, 기업계, 법조계 같은 전문직에서는 '구한 생명의 수', 의사나 변호사의 '수수료에 근거한 봉급액', '판매액'과 같은 직무수행의 질을 직접적으로 반영

해 주는 많은 지표에 접근할 수 있다(Acheson & Gall, 1980, pp.9~
10). 그러나 교직은 고독한 직업이다(Acheson & Gall, 1980, p.9). 교생
실습 때와 수업연구 등 특별한 경우 이외에는 교실 문을 닫고 나면 거의 수
업이 노출되지 않고 또 교수기술을 나타내 주는 자료나 지표도 없었다. 이제
우리도 직접 또는 간접적인 관찰에 의하여 얻은 위의 예에서와 비슷한 직무
수행 지표를 교사들에게 제공해 줄 필요가 있다. 모든 운동선수들은 정확한
객관적인 기록을 가지고 있을 뿐만 아니라, 비디오테이프를 계속 보면서 자
기 또는 상대방의 동작을 연구하는 자세를 우리는 배워야 한다. 그러한 피나
는 노력 없이 입으로만 전문직이라고 소리쳐 봐야 다른 사람들이 인정해 줄
리 없다.

여기서 얻은 자료는 교사와 장학담당자가 같이 분석하지만 어디까지나 임
상장학의 주체는 교사이므로 객관적인 자료를 수집분석하여 교사에게 제공
하는 데 주력한다. 수업의 전 과정을 관찰할 수도 있겠지만, Acheson은 30
분 정도를 제안하고 있다. 정확한 분석과 연구를 위하여 녹화 또는 녹음을
하는 것도 좋다.

자료수집의 몇 가지 예를 들고자 한다(Acheson & Gall, 1980에서).

a. 약어·축어의 사용: 교사의 질문, 지시, 진술 등을 빨리 기록하기 위하
여 정식 속기는 못 하더라도 자기 나름대로 약자, 약어 또는 줄인 말을 개발
하여 사용한다.

b. 학생의 과업집중: 학생의 좌석표에 학생들이 과업에 얼마만큼 집중하
는가를 매 2초마다 기록했다가 전체를 계산하여 객관적인 자료로 제공하는
것이다. 우리나라에서는 학급당 학생수가 많아서 전 학급을 기록하기는 어렵
고, 한두 분단을 뽑아 관찰하여야 할 것이다.

영	수	순	이	세	락
1F	5B	1D	5A	1D	5A
2D	6A	2D	6A	2D	6A
3B	7D	3D	7D	3D	7A
4B	8D	4F	8D	4A	8D

현	철
1D	5E
2D	6E
3E	7E
4E	8E

명	환
1F	5E
2C	6E
3E	7E
4E	8E

광	우
1D	5B
2A	6B
3A	7B
4A	8B

A=과업 중(혼자)
B=과업 중(교사와)
C=이석
D=잡담
E=공상
F=장난

1. 9:20
2. 9:22
3. 9:24
4. 9:26
5. 9:28
6. 9:30
7. 9:32
8. 9:34

생		락

〈그림 4〉 과업집중(예)

〈표 3〉 과업집중요약표

행동	9:20	9:22	9:24	9:26	9:28	9:30	9:32	9:34	합계	%
A. 과업 중(혼자)	4	1	2	2	2	4	2	0	17	18
B. 과업 중(교사와)	0	0	1	1	2	1	1	2	8	8
C. 이 석	1	1	1	2	0	0	0	1	6	6
D. 잡 담	5	8	2	0	0	2	2	3	22	23
E. 공 상	0	1	5	5	5	5	5	5	31	32
F. 장 난	2	1	1	2	3	0	2	1	12	13

C. 언어흐름: 언어적 소통을 역시 좌석표에 기호로 표시하여 언어적 흐름을 알 수 있게 한다. 방향을 →표로 표시하고, 같은 방향 같은 종류의 언어일 때는 ⫤⟶와 같이 표시한다.

→+   교사의 칭찬 또는 격려

→−   교사의 비판 또는 부정적 반응

→?   교사의 질문

→ | 학급 전체에 대한 질문 또는 말

←√   학생의 자발적인 적절하고 정확한 반응

←×   학생의 자발적인 부정확한 반응

← ?   학생질문

− | 학급 전체에 대한 발표

d. 교사, 학생의 이동: 교사와 학생의 움직임을 좌석표에 그려 객관적인 자료로 한다. 색연필로 표시해도 좋을 것이다.

〈× × × ×〉   지시에 의한 학생의 움직임

〈−−−−〉   유목적적 학생 움직임(교사의 지시 없이)

⟶   교사의 움직임(화살표로 방향 표시)

∘ ∘ ∘ ∘ ∘ ∘   목적 없는 학생 움직임

①   교사−학생 협의 수

e. Flanders의 언어상호작용분석: Flanders의 수업분석에 의하여, 지시적, 비지시적 행동을 매 3초마다 기록하여 객관적인 자료로 할 수 있다.

〈표 4〉 Flanders의 언어상호작용분석

		시간의 흐름						계	%
		1초	5	10	15	20			
1	(교사) 감정, 수용(반응)								
2	(교사) 칭찬, 격려(반응)								
3	(교사) 학생의 아이디어 수용, 이용(반응)								
9	(학생) 발표(주도)								
4	(교사) 질문								
8	(학생) 발표(반응)								
5	(교사) 강의(주도)								
6	(교사) 지시(주도)								
7	(교사) 비판, 권위 정당화(주도)								
0	침묵, 혼란								

3. 피드백 협의회

이 단계에서 수집된 자료를 놓고 반성, 발전정도 확인, 보다 나은 발전을 위한 전략을 협의한다. 비디오테이프를 보면서 잘된 점, 잘못된 점을 확인하고 다음 계획협의로 이어질 수도 있다. 시간은 약 20분을 잡는다.

C. 임상장학의 목적

임상장학의 목적은 교사의 전문적 성장과 교사의 교실수업 향상에 있다. Acheson과 Gall은 그 구체적 목표를 5가지로 요약하고 있다(1980, pp.12~14).

(1) 교사가 한 수업의 현 상태에 대한 객관적 feedback을 교사에게 제공한다.

교사가 수업 중에 실제로 무엇을 했는지 비춰주는 거울의 역할을 하는 것이 임상장학이다. 교사는 자기가 수업 중에 했을 것이라고 생각한 것과 거울에 비친 것과는 많은 차가 있다는 것을 발견할 것이다. 교사가 객관적인 자료를 가진다는 것은 자기향상 과정에 중요한 자극제가 될 것이다.

(2) 교수학습에 있어서의 문제를 진단하고 해결한다.

임상장학은 학생들의 학습에 있어서의 문제를 진단하고 처방하듯이, 교수

의 문제점을 진단하고 처방한다. 교사가 이상으로 생각하는 것과 실제수업과
의 차를 발견하고 그 차를 좁히기 위해 노력한다.

(3) 교사들이 수업전략을 수립하고 사용할 수 있도록 도와준다.

임상장학은 임시변통적이 아니고 지속적인 전략으로 지속적인 행동 양식
을 가지도록 교사들을 도와준다.

(4) 필요하다면 객관적인 교사평가를 할 수 있다.

지금과 같이 무엇을 어떤 관점에서 평가되는지 모르게 비밀리에 주관적으
로 평가되는 것보다는 교사와의 합의하에 합의된 내용에 대하여 평가하는
것이 나을 것이다. 그러나 임상장학을 처음 시도하려는 우리의 실정에서 평
가로부터 분리되는 게 좋을 것이다.

(5) 계속적인 전문적 성장에 대하여 긍정적인 태도를 가질 수 있도록 교
사를 도와준다.

임상장학의 주요 목표는 교사로 하여금 자격증 획득과 함께 교사의 모든
연수는 끝나는 게 아니라는 것을 알고, 자기개발에 부단히 노력하는 전문가
가 되게 하는 것이다.

D. 기본가정과 특징

임상장학은 교사가 이상으로 신봉하는 이론(espoused theory)과 현재
자기가 수업에서 사용하고 있는 이론(theory in use) 사이에 차가 있다고
보고(Sergiovanni & Starratt, 1979, p.315) 이상을 향해서 나아가고자
할 때 장학담당자가 도와주는 방법이다. 다시 말하면, "Actual 교수행위와
Ideal 교수행위의 차를 줄일 수 있도록 도와주는 과정"(Acheson & Gall,
1980, p.25)이란 장학의 정의와도 상통한다.

임상장학은 근본적으로 교사를 선하게 보고, 또 능력을 믿으며, 또 교사 스
스로도 자기직업의 가장 핵심인 교수기술을 향상시키고자 한다는 가정하에서
출발하는 것으로 McGregor의 Y-이론과 일치된다. 그리고 교사와 장학담당
자는 친밀한 동료의식(colleagueship)으로 협조한다는 것이 전제된다.

Sergiovanni와 Starratt(1979, pp.309~310)는 다음 8기본가정을 들고 있다.

(1) 학교 교육과정은 실제에 있어서 교사가 매일매일 하고 있는 일이다.

(2) 교육과정과 교수형태의 변화를 위해서는 교실수업에서 교사가 어떻게 행동하느냐에 달려 있다.

(3) 장학담당자는 교사의 교사가 아니다.

(4) 장학이란 교사와 장학담당자가 함께 투입하여 책임을 지는 과정이다.

(5) 장학의 초점은 교사의 강점에 있다.

(6) 좋은 조건이 주어진다면 교사들은 무엇인가 개선하고자 하고 또 개선할 능력이 있다.

(7) 교사들은 흔히 다 쓰지 못하고 잠재되어 있는 재능이 있다.

(8) 교사들은 일에 도전함으로써 만족을 얻는다.

이보다 더 기본적인 가정을 McNergney & Harootunian(1978, pp.15~16)은 3가지 제시하고 있다.

(1) 모든 교사를 모든 목적, 모든 목표에 맞게 장학할 수 있는 유일한 최선의 장학방법은 없다는 것이다.

(2) 다양한 목적, 다양한 교사에게 효과적이기 위해서 장학사는 가능하면 다양한 전략을 가지고 있어야 한다.

(3) 효과적인 장학은 피상적이고 즉흥적인 것이 아니라 전략적이다.

또 임상장학은 순차적, 주기적, 다원적, 체계적, 개별처방적, 호혜적, 실제 가치추구적이라고(McNergney & Harootunian, 1978) 요약할 수 있다.

이러한 기본가정 또는 기본전제가 우리의 현실과 합치될 때, 다음에 다루게 될 임상장학의 적용가능성은 높아진다.

Ⅳ. 적용가능성

아무리 좋은 이론과 방법이라 하더라도 현실에 적용하기에 어려움이 있다면 쓸모없는 것이다. 정작 좋은 이론이라면 사실(facts)에 바탕을 두기 때문에(Owens, 1970, p.41) 현실적으로도 적용 가능한 것이 당연하다. 그러나 이 임상장학은 1960년대 후반에 우리의 여건과 풍토가 다른 미국에서 개발되고 발전된 것으로, 우리나라에서 도입 적용하기에는 여러 가지 어려움이 있을 것으로 본다. 이러한 점을 부정적인 측면과 긍정적인 측면으로 살펴보고자 한다.

부정적인 측면을 다시 (1) 교사, (2) 장학담당자, (3) 장학환경의 셋으로 나누어 보고자 한다.

첫째, 우리의 교사들이 스스로 전문적으로 성장하기 위해 장학을 청할 수 있는 수준에 있느냐 하는 점이다. 이미 설명한 것처럼 임상장학은 교사가 주체가 되어 스스로 자기개발에 노력하고자 할 때 가능하다. 그리고 "교사들은 일에 도전함으로써 만족을 얻는다"고 가정하였다. 장학의 현 상황에서는 이러한 현상을 찾아보기 어려울지 모르나 장학의 관심을 교수 외적인 것에서 내적인 것으로 옮기고 또 장학담당자를 신뢰하게 된다면 가능해지리라 본다. 그리고 교사의 질이 높아지고 전문성이 높아짐에 따라 가능해질 것이다. 무엇보다 근본적인 것은 교사뿐만 아니라 인간은 누구나 성장의욕이 있다고 믿는 것이다. 다만 그럴 만한 상황을 만들어 주느냐 못 하느냐에 달려 있다고 본다.

둘째, 장학에 대한 거부반응, 부정적 태도의 문제이다. 교사들이 장학을 도피하는 상황에서는 임상장학뿐만 아니라 모든 장학이 실패이다. 그러나 이미 지적한 것처럼 교사들이 장학에 대하여 부정적인 것은 장학 자체에 대한 것이 아니고 장학의 스타일과 방법에 대해서라는 것이다. 바꾸어 말하면, 현재의 장학 스타일과 방법을 바꾸면 긍정적이고 적극적일 수 있다는 것이다. 그리고 장학사의 필요가 아니라 교사의 필요에 의하여 임상장학이 출발되는 것이므로, 긍정적인 태도를 가지고 있고 성장의욕을 가지고 있는 교사부터 시작하여 교사가 장학에 의하여 손해 볼 것이 없다는 것을 알게 되므로, 오히려 부정적 태도를 긍정적 태도로 바뀌게 할 수 있을 것이다.

셋째, 교사들이 수업의 공개를 꺼려한다는 점이다. 그러나 이것도 첫째, 둘째 문제가 해결되면 자연히 해결되고, 현재도 동료들에게는 잘 노출 안 되지만 교장, 교감, 장학사에게는 개방되고 있으며, 임상장학에서는 특정 측면에서만 관찰되고 자료가 수집되는 것이므로 전반적으로 노출되는 지금보다 낫다고 본다.

그러므로 교사변인에서는 큰 문제가 없고 다만 교사들로 하여금 교수기술 개선의 의욕을 불러일으키고 그렇게 됨으로써 유리해지도록 하는 장치가 있으면 더욱 좋을 것이다.

장학담당자 측면에서도 문제가 있을 것으로 본다. 첫째로 장학담당자의 수적 부족이다. 임상장학에서는 장학담당자와 교사가 1:1의 관계이다. 현재의 장학사의 숫자 가지고는 거의 불가능하다. 교장, 교감을 통한 교내장학으로는 좀더 가능하다. 그러나 과대학교에서는 어려움이 있을 것이다. 그러나 전 교사를 일시에 하려고 하지 않고 필요한 교사부터 천천히 실시해 나갈 수는 있을 것이다. 특히 현재도 실시 중에 있는 "수업연구"는 이 임상장학에 의한 접근이 아주 적합할 것이다. 또 연구주임이나 각 교과주임까지 장학담당자로 보고 또 동료장학에 의하여 1:1의 관계를 유지하려고 노력하면 장학사의 수적 부족에도 불구하고 임상장학을 실시할 수 있을 것이다. 물론, 이러한 경우 장학담당자의 임상장학 방법에 대한 사전 연수가 있어야 한다.

둘째로 장학담당자의 시간부족의 문제이다. 교장도 이상적으로는 교수활동에 많은 시간을 투입하고 싶어하지만 현실적으로 학교관리 등에 더 많은 시간을 보내지 않으면 안 되고 있다(Faber & Shearron, 1970). 임상장학의 3단계를 한 번 거치는 데 약 1시간이 걸린다. 그런데 한 교수기술을 발전시키기 위해서는 이러한 3단계 과정이 반복되어야 한다. 시간적으로 볼 때 현재의 장학사가 한 교사에 한 시간씩 보낼 만큼 여유가 없다. 시간적 측면에서 보아도 임상장학은 교내장학, 동료장학으로 넘어가고 현재의 장학사는 각 학교에 임상장학 방법을 연수시키고, 기술을 개발하고, 보급하는 역할밖에 할 시간이 없을 것이다. 그러나 최소한 교수학습 개선의 일만을 전담하고 연구하는 장학사나 연구사는 꼭 배치되어야 할 것이다.

셋째로 장학담당자의 질의 문제이다. 현재 우리나라에서는 우수교사 중에서 장학사나 교감을 발탁하고 있지만, 교사들이 가르치는 일에서 문제가 있을 때 상의하고자 하는 대상으로 장학사나 교장, 교감을 찾을 사람은 별로 없다(행정상 문제가 생겼을 때는 몰라도). 전반적으로 장학사나 교장, 교감의 질을 높여야 한다는 것은 그전부터 있었던 일이고 임상장학만을 위해서 주장되는 것은 아니다. 그러나 최소한 임상장학 방법에 대한 연구는 요구된다. Acheson과 Gall(1980)은 45시간 정도의 연수를 제안하고 있으나 사정에 따라 줄여서도 할 수 있을 것이다.

장학환경과 관련하여 볼 때도 문제가 있다. 무엇보다도 먼저 수업보다도 행정에 치우친 우리의 풍토이다. 장학사들이 하는 중요한 일들이 인사나 서류, 보고, 확인이었고 현장장학 시에도 서류, 장부 확인에 너무나 바빴고, 교장·교감도 교사들에게 교무분장이라 하여 수업과 관계가 먼 일들을 많이 맡겨 놓고 그것을 확인하기에 바빴다. 이러한 풍토에서 교수에 초점을 둔 임상장학에 관심을 돌리기란 대단히 어려울 것이다.

둘째로 동료관계 형성의 어려움이 예상된다. 임상장학은 교사가 주체가 되고, 비권위적·비지시적·동료적 협조관계라고 했는데, 이러한 장학환경을 조성하기란 대단히 어려울 것이다. 더구나 장학과 교사평가가 동일시되고 있는 현 상황에서 수평적 동료관계가 되기에는 어려움이 있다.

지금까지 임상장학의 적용에 있어서 부정적인 측면을 살펴보았으나 긍정적인 측면도 있다. 무엇보다도 먼저 어떠한 어려움이 있더라도 교수학습 개선에 장학적 노력이 있어야겠다는 당위성과 필연성은 임상장학에 대하여 눈을 돌리게 한다. 이 문제에 대해서는 이미 언급하였다.

둘째, 교육의 인간화 물결은 장학담당자와 교사의 face to face 관계를 강조하게 되고, 교사가 장학에 있어서 개별적으로 다루어져야겠다는 압력이다.

셋째, 교사의 전문성이 높아짐에 따라 전문적 성장의욕이 차차 높아질 것이고, 또 외적 불만에서 내적 성취와 내적 만족으로 관심을 돌리게 해야 할 필요가 있다.

넷째, Audio, Video 기재의 발달과 보급으로 객관적 자료수집이 가능해지고, 반복적 관찰이 가능하다.

다섯째, 교대나 사대의 직전교육에서 교수능력을 배양하고, 교수기술을 향상하기 위해서는 임상장학은 좋은 모델이 될 것이다. 특히 임상장학의 과정을 따르면서 5명 정도의 학생을 놓고 10~15분 정도 특정 교수기술만을 기르기 위한 소규모수업(Miscorrecting)(Acheson & Gall, 1980, p.127)은 실현 가능하다고 본다. 소규모수업을 녹화 또는 녹음하여 반복적으로 검토하면서 훈련하는 노력도 있을 만하다.

여섯째, 문교부나 교육위원회의 장학은 현상대로 간접적인 방법으로 교수개선에 접근한다 해도 교사와 직접 맞닿는 교육청이나 학교단위의 장학은 임상장학의 방법으로 직접적으로 교수학습에 초점을 맞출 수 있다고 본다. 장학사가 교사와 직접 1:1의 관계가 될 수 없는 현 실정에서 훈련받은 장학사가 교장, 교감, 연구주임, 각 교과주임을 연수시켜서 교내장학, 동료장학으로 접근할 수 있을 것이다.

일곱째, 최소한 현재 각급 학교에서 실시하고 있는 수업연구 시에는 임상장학의 방법이 적용 가능하다고 본다.

V. 결 론

지금까지 장학력의 강화가 요청되는데, 특히 교수학습에 초점을 맞춘 장학이 필요하다는 것을 말하고, 그 한 방법으로서 1960년대 후반 미국에서 개발 보급되었던 임상장학을 살펴보았다. 시대적으로 공간적으로 다른 우리나라에 적용하기에는 여러 가지 어려움이 있고, 또 적용할 수 있다 하더라도 꼭 그것을 들여와야 할 필요성이 있느냐는 문제가 있다. 그러나 우리의 장학 현실을 볼 때 교육의 핵심인 교수학습과 직접 관련을 맺지 못하여, 어떤 방법으로든 교수학습 개선을 위한 장학은 강구되어야 한다고 본다.

그리고 임상장학방법이 가장 적용 가능한 측면은 교사양성 기관에서의 장래교사의 교수기술 향상을 위한 훈련과정이며, 교육일선에서는 장학사에 의한 장학보다는 교장, 교감에 의한 장학, 동료교사에 의한 장학, 특히 수업연구 시에는 적용해 볼 만한 것으로 본다. 교수학습 개선을 위한 장학에 대한 논의가 활발해져 교사 자신들도 내적 만족을 얻을 수 있고 학생들에게도 도움이 되고, 교육의 효과를 거둘 수 있는 계기가 되었으면 한다.

참고문헌

강영삼, "장학행정" 현대교육행정학, 신중식 외, 서울: 교육출판사, 1982, pp.352~373.

김영식 · 주삼환 역, 신장학론, 서울: 교육출판사, 1979.

김종철, 교육행정의 이론과 실제, 3정, 서울: 교육과학사, 1982.

주삼환, "인간화 측면에서의 장에 대한 교사의 지각반응", 교육학연구, 15권 1호, 한국교육학회, 1977, pp.42~54(a)

주삼환, "장학에 있어서의 교사의 욕구", 교육학연구, 15권 2호, 한국교육학회, 1977, pp.83~95(b)

중앙대부설 한국교육문제연구소, 문교사, 서울: 한국교육문제연구소, 1974.

Acheson, Keith and Meredith Damien Gall, *Techniques in the Clinical Supervision of Teachers:* Preservice and Inservice Applications, N. Y.: Longman, 1980.

Alfonso, Robert J., Gerald R. Firth and Richard F. Neville, *Instructional Supervision: A Behavior system,* 2nd. ed., Boston: Allyn and Bacon, 1981.

Association for Supervision and Curriculum development, *Role of the Supervisor and Curriculum Director in a Climate of Change, 1965 Yearbook, Washington,* D. C.: Association for Supervision and Curriculum Development, 1965.

Association for Supervision and Curriculum development, 1982 Yearbook Committee, *Supervision*(draft).

Blumberg, Arthur, *Supervisors and Teachers: A Private Cold war,* 2nd. ed., Berkley, California: McCutchan Publishing, 1980.

Burton, William H. and Leo J. Brueckner, Supervision: *A Social Process,*

3rd. ed., N. Y.: Appleton-Century-Crofts, 1955.

Cogan, Morris, *Clinical Supervision,* N. Y.: Houghton Mifflin, 1973.

Curtin, James, *Supervision in Today's Elementary Schools,* N. Y.: Macmillan, 1964.

Dull, Lloyd W., *Supervision: School Leadership Handbook,* Columbus, Ohio: Charles E. Merrill Publishing, 1981.

Eye, Glen G., Lanore A Netzer and D. Krey, *Supervision of Instruction,* N. Y.: Harper & Row, 1971.

Faber, Charles F. and Gilbert F. Shearron, *Elementary School Administration; Theory and Practice,* N. Y.: Holt, Rinehart and Winston, 1970.

French, John R. P. and Bertram Raven, "The Bases of Social Power", *Studies in Social Power,* ed. Dorwin Cartwright, Ann Arbor: University of Michigan, 1959.

Goldhammer, Robert, *Clinical Supervision,* N. Y.: Holt, Rinehart and Winston, 1969.

Gorton, Richard A., *Conflict, Controversy and Crisis in School Administration and Supervision: Issues, Cases and Concepts for the '70s,* Dubuque, Iowa: WM. C. Brown Co., 1972.

Harris, Ben and Wailand Bessent, *In Service Education: A Guide to Better Practice,* Englewood Cliffs, N. J.: Prentice-Hall, 1969.

Joo, Sam Hwan, "Relationships of School Bureaucratization, Elementary School Teachers' Professional and Bureaucratic Orientation, Conflict, and Job Satisfaction in a Selected School District", University of Minnesota, doctoral dissertation, 1981.

Lucio, William H. and John O. McNeil, *Supervision: A Synthesis of Thought and Action,* N. Y.: McGraw-Hill Book Co., 1962.

McNergney, Robert F. and Berj Harootunian, "Toward a Differential Model of Clinical Supervision", Paper Presented to the First Congress on Education, Toronto, Canada, June 18, 1978.

Marks, James R., Emery Stoops and Joyce King-Stoops, *Handbook of Educational Supervision: A Guide for the Practitioner,* 2nd. ed., Boston: Allyn & Bacon, 1978.

Mosher, Ralph and David Purpel, Supervision: *The Reluctant Profession,* Boston: Houghton-Mifflin, 1972.

Reavis, Charles A., *Teacher Improvement Through Clinical Supervision,* Bloomington, Indian; Phi Delta Kappan, 1978.

Sergiovanni, Thomas J. and Robert J. Starratt, *Supervision: Human Perspectives,* 2nd. ed., N. Y.: McGraw-Hill Book Co., 1979.

Wiles, Kimball, *Supervision for Better Schools,* 3rd. ed., Englewood Cliffs, N. J.: Prentice-Hall, 1967.

Wiles, Kimball and John Lovell, *Supervision for Better Schools,* 4th. ed., Englewood Cliffs, N. J.: Prentice-Hall, 1975.

Wiles, John and Joseph Bondi, *Supervision: A Guide to Practice,* Columbus, Ohio: Charles E. Merrill Publishing, 1980.

Woodward, Joan, *Management and Technology,* London: Her Majesty's Stationary Office, 1958.

6. 장학에 있어서 교사의 욕구[*]

I. 서 론

A. 문제의 제기

장학은 장학담당자와 교사의 상호작용에 의하여 이루어진다. 그런데 그 상호작용에 있어서 많은 교사들이 장학의 과정이나 결과가 도움이 되지 않고, 오히려 위협적이고, 재미없는 것으로 보고 있다[1]는 데 문제가 있다. 그리고 많은 교사들이 장학에 대하여 불만을 가지고 있다는 것도 문제가 된다.[2] 만족하고 있는 노동자는 욕구불만에 빠져 있는 노동자보다 열심히 일한다[3]는 점을 고려한다면 교사를 교직에 만족하게 해줘야 할 텐데, 교사들이 장학활동에 있어서 만족하는 부분은 무엇인가? 또 불만으로 이끌게 하는 요인은 무엇인가? 이러한 질문에 대한 근거 있는 대답을 하기 어려운 현실이다.

---

[*] 교육학연구 15권 2호(1977년 10월), 한국교육학회, pp.83~95.
1) Arthur Blumberg, Supervisors and Teachers: a Private Cold War(California: Mc-Cutchan Publishing Co., 1974), p.5.
2) 주삼환, "Herzberg의 동기―위생이론에 관한 가설검증"(서울대교육대학원, 미출판의 석사학위논문), 1974, p.57의 표.
3) 고영복·김해동, 인간관계론(서울: 서울대출판부, 1972), p.65.

　지금까지 인간으로 하여금 보다 더 능률적이고 생산적인 직무를 수행하도록 동기를 부여하는 요인을 찾아내려는 시도는 많은 연구의 초점이 되어왔다.4) 그러나 교사로 하여금 능률적이고 생산적인 직무수행을 할 수 있도록 동기를 부여하는 일이 장학의 주요기능의 하나일 텐데, 장학 분야에서 교사의 동기나 욕구에는 관심을 많이 기울이지 못하고 하고 있으며, 이에 대한 연구도 별로 없었다.

B. 연구의 목적

　장학의 개념을 기능 면에서 "교사의 전문적 성장, 교육운영의 합리화 및 학생의 학습환경 개선을 위한 전문적·기술적 보조활동5)이라 정의하고, 이념 면에서 "교수(instruction), 즉 학습지도의 개선을 위하여 제공되는 지도조언"6)이라 규정한다면 이 보조활동이나 지도조언 중에서 무엇보다 중요한 것은 교사로 하여금 스스로 성장하려 노력하게 하고, 스스로 교육운영을 합리화하게 노력하게 하고, 또 스스로 학습환경 개선에 노력하게 하는 일이라고 본다. 즉, 교사에게 동기를 부여하는 것이 장학의 주요기능이라고 본다. 그래서 이 연구에서는 장학을 동기이론과 관련지어 장학에 있어서의 교사의 욕구를 알아보려는 것이다.

　동기는 곧 행동의 이유라고 할 수 있다. 동기는 인간의 활동을 일으켜 유지게 하고 행동의 방향을 결정짓게 한다. 인간행위의 진원은 바로 동기 또는 욕구라고 할 수 있다.7) 이에 따라 교사들이 장학이나 장학담당자와의 관계성에 있어서 어떤 욕구를 가지고 있으며, 어느 욕구에 어느 정도 충족하고 있는지를 밝히며, 교사의 장학에 대한 만족요인과 불만족요인을 밝혀 앞으로의 장학에서 교사의 욕구를 고려할 수 있도록 하려는 것이다.

　또 Herzberg8)는 종업원이 자기의 직무에 대하여 만족하여 즐겁게 일할

---

4) Blumburg, op. cit., p.71.
5) 김종철, 교육행정의 이론과 실제(서울: 교학사, 1965), p.156.
6) 상게서, p.258.
7) 김영식, "조직행위의 기초", 강길수·김종철·김영식, 학교행정(서울: 한국방송통신대학, 1975), p.48.

수 있도록 하는 요인과 불만족으로 이끄는 요인은 서로 구별되고 서로 독립적이라 하였다. 전자를 동기요인, 후자를 위생요인이라 하여 동기-위생이론을 정립하였는데, 장학에 있어서의 교사의 욕구나 동기도 이 두 분류로 나눠지는지 확인하고자 한다.

또 Blumberg[9]는 미국에서 Herzberg의 이론과 방법을 장학에 적용하여 교사의 욕구를 추출했는데, 장학의 질과 여건이 서로 다르기 때문에 미국과 한국 교사의 욕구요인도 서로 다른지 그 차를 밝히고자 한다.

이 연구의 목적을 요약하면 다음과 같다.

(1) 장학에 있어서의 교사의 만족요인과 불만족요인을 추출한다.

(2) 이들 요인이 Herzberg 동기-위생이론대로 구별되는지 확인한다.

(3) 이들 요인에 교사들은 어느 수준에서 만족 또는 불만족하는지 알아낸다.

(4) 미국 교사의 욕구와 한국 교사의 욕구 요인에는 차가 있는지 검증한다.

C. 제한점

이 연구에는 다음과 같은 제한점이 있다.

(1) 장학에 있어서의 교사의 욕구요인 추출을 위한 분석의 틀을 미국에서의 선행연구에 따랐기 때문에 우리의 상황에 정확히 맞지 않을 수도 있다.

(2) Herzgerg 이론의 검증은 정확한 통계적 방법을 쓰지 않고 대체적인 경향성만을 알아보았다.

(3) 자료분석은 삼차에 걸쳐 반복하여 신중하려 했으나 주관성을 완전히 배제하기 힘들다.

---

8) Frederick Herzberg et. al., The Motivation to Work(N. Y.: John Wiley & Sons, Inc., 1959).
9) Arthur Blumberg, op. cit., 151~166.

II. 이론적 배경

A. 장학이론 개관

장학의 개념에는 혼동이 있고10), 장학의 규범과 현실에도 많은 차11)가 있는 것은 사실이다. 그러나 여기서는 일단 김종철의 정의대로 기능 면에서 "교사의 전문적 성장, 교육운영의 합리화 및 학생의 학습환경 개선을 위한 전문적·기술적 보조활동", 이념 면에서는 "교수(instruction), 즉 학습지도의 개선을 위하여 제공되는 지도·조언"이라 규정한다. 다만, 이 보조활동이나 지도·조언에서 중요한 것은 교사에게 동기를 부여하는 것이라고 본다.

전제주의적 시학(inspection)에서는 지시, 명령, 감독, 권위에 의하여 교사로 하여금 일하도록 강제적 동기를 부여하였겠지만, 민주적 봉사활동으로 변한 오늘날의 장학에서는 행동과학의 발전을 토대로 하는 지도성, 의사소통, 인간관계, 집단역학12)의 연구로 교사에게 동기 부여한다고 본다.

장학의 방법은 다양하여 몇 가지로 정리하기가 어렵다. 그 이유는 장학의 개념이 명확하지 못하고, 어디까지를 장학담당자로 보느냐에 합의가 이루어지지 않고 있으며, 그에 따라 장학활동이 다양하기 때문이다. 그러나 중요한 것만 든다면 문교부의 장학목표, 장학의 방침제시와 확인장학, 시·도교위의 종합, 확인장학, 교장·교감의 교내장학으로 일선교사와 연결되고 있다. 그러나 최근 장학사의 지도기능보다는 교장·교감의 교내장학의 지도기능이 강조되고 있으며13), 더 중요한 것은 동료에 의하여 알게 모르게 이루어지는 동료장학(Colleague Supervision)14)인 것이다.

---

10) 김종철, <u>전게서</u>, pp.152~154.
11) 홍후식, "장학의 규범과 한국장학의 현실과의 차에 관한 연구",(연세대교육대학원 석사학위논문), 1973, p.73.
12) 김종철, <u>전게서</u>, p.159, communication을 '교신'으로 한 것을 '의사소통'으로 많이 사용하고 있어 바꾸었음.
13) 김휘열, "장학의 개념규정을 위한 장학활동분석"(미출판의 석사학위논문, 서울대대학원), 1976, p.58.
14) Blumberg, op. cit., p.151~166.

장학의 형태에 있어서 백현기는 (1) 집단 위에서 행하는 방식, (2) 집단을 위해서 일하는 방식, (3) 집단 속에서 일하는 방식15)을 제시하고 있는데, 첫 번째 방식 때문에 많은 교사들이 장학에 대하여 부정적 태도를 가지게 된다.16) 수직적 지시·감독은 일시적으로 동기화될지는 모르나 교사의 마음 밑바닥에서 우러나 일하게 하지는 못한다고 본다. 장학담당자가 수평적 동료로 의식되어 스스로 상담해 올 수 있는 장학형태라야 한다.

요약하면, 장학은 장학담당자와 교사와의 관계성과 상호작용에 의하여 이루어지는데, 결국 교사로 하여금 학생들을 더 잘 가르치고, 더 잘 일할 수 있도록 도와주는 활동이라고 할 수 있다. 도와주되 지시·명령·감독의 방법이 아니고 자기 스스로 마음속에서 우러나 일하게 하는 동기부여가 가장 중요한 도와주는 활동이라고 본다.

B. Herzberg의 동기-위생이론

사람을 만족으로 이끄는 만족요인과 불만족으로 이끄는 불만족요인은 따로 있을 것이라는 가정하에 1959년 미국 피츠버그 지역의 11개 업체에서 기사와 회계사 약 200여 명을 대상으로 면접 연구하여, 무엇이 만족 또는 즐겁지 못하게 하느냐를 알아내었다. 여기서 발견한 것이 종사원이 직무에 불만족할 때는 직무자체에 대하여 보다는 근무환경에 관한 것이며, 만족할 때는 직무자체와 관련되었다는 사실이다. 어떤 직무태도 요인이 충족되면 직무태도에 긍정적이고, 충족되지 않는다고 부정적이라면 Herzberg 연구는 무의미하다. 그러나 연구결과는, 어떤 요인은 긍정적인 방향으로만 영향을 주고, 어떤 요인은 부정적인 방향으로만 영향을 준다는 것이었다. Herzberg는 종업원을 불만족 방향으로 이끄는 요인들은 직무를 둘러싼 주변적인 환경에 관한 것이라 하여 위생요인이라 하였다. 의학에서 주변환경이 병을 직접 치료하는 적극적 기능

---

15) 백현기, 장학론(서울: 을유문화사, 1961), pp.140~151.
16) 주삼환·최영희, "교사의 지각에 의한 장학의 인간화 문제연구"(미출판의 유인물), 1975, p.27.

은 못하지만, 예방하는 기능인 위생에 해당되듯이 근무환경도 불만을 예방하는 기능밖에 못 한다는 데 비유하여 그렇게 불렀다.

종업원을 만족으로 이끄는 요인을 동기요인이라 하였는데, 직무에 만족하게 하여 보다 높은 업무수행을 자극하는 데 효과적인 동기가 되기 때문에 그렇게 불렀다.

그가 위생요인으로 든 것은 보수, 하급자와의 인간관계, 상사와의 인간관계, 감독, 회사방침과 행정, 근무조건, 개인생활, 신분, 안정성의 10개 요인인데, 이것들은 업무의 중핵적인 구성요인은 못 되고, 업무를 수행하는 여건에 관계되었다고 볼 수 있다.

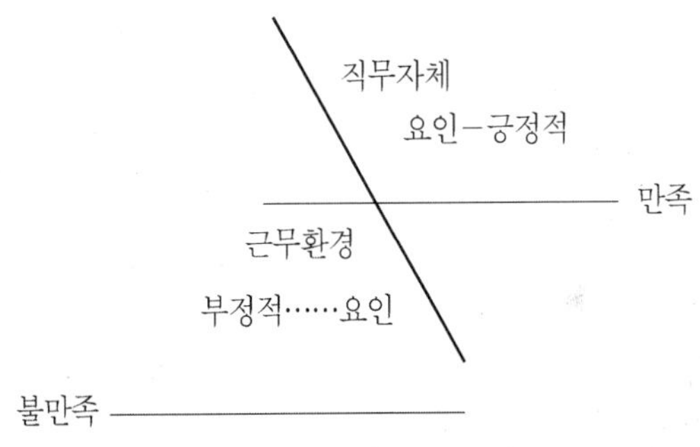

〈그림 1〉 만족요인과 불만족요인은 상호배타적이라는 가설

자료: Fred D. Carver & Thomas J. Sergiovanni, ed., Organizations and Human Behavior: Focus on Schools(N. Y. McGraw-Hill Book Co., 1969), p.250.

그가 밝힌 동기요인은 성취감, 인정감, 과업자체, 책임감, 승진의 5요인인데, 직무만족에 적극적인 영향을 주고 사회의 생산능력을 향상시키는 데 기여한다는 것이다. 종래의 개념적인 연속선(conceptual continuum)은 만족으로 이끄는 요인과 불만족으로 이끄는 요인은 같은 요인으로, 어떤 요인도 양쪽으로 다 작용한다는 것이었다. 그래서 불만으로 작용하던 요인을 제거하거나 줄이면 저절로 만족으로 작용하여 직무에 만족하게 된다는 것이었다. 그러나 위에서 설명한 것처럼 Herzberg 이론은 만족요인과 불만족요인은 상호배타적이라는 것이다. 이 것을 그림으로 나타내면 〈그림 1〉과 같다. 만족요인은 굵은 사선의 오른쪽에, 불 만족요인은 왼쪽에 자리잡으며, 서로 사선을 넘지 않는 경향이라는 것이다.

이 Herzberg 연구는 Maslow의 이론17)을 발전시킨 것이다. Maslow는 인간의 욕구에는 계층이 있다고 했는데, 낮은 수준에서부터 생리적 욕구, 안 정에의 욕구, 사회적 욕구(참여욕구), 존경에의 욕구, 자아실현에의 욕구의 순서이다. 상위욕구가 충족되면 그 욕구에는 동기화가 안 되고 보다 높은 수 준의 욕구에 동기가 되어 일하게 된다는 것이다. Maslow의 욕구계제와 Herzberg 이론과의 관계를 다음 〈그림 2〉와 같이 나타낼 수 있겠다.

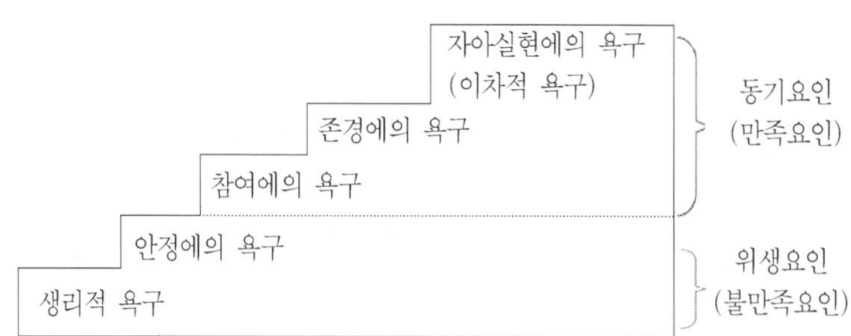

〈그림 2〉 Maslow의 욕구계제모형과 Herberg의 동기 - 위생요인과의 관계

C. 선행연구

Herzberg 이론은 흔히 생각해 온 전통적인 연속선 개념을 뒤엎는 새로운 이론 이어서, 미국 산업계의 각광을 받아온 만큼 그만큼 검증연구도 많았던 것 같다.

1965년 Halpern18)의 연구결과는 지지되는 경향이었는데, 동기요인으로 (1) 성취할 수 있는 기회, (2) 직무자체, (3) 직무책임성, (4) 승진인 것으

---

17) A. H. Maslow, "A Theory of Motivation" in Psychology Review (1943. 50). Motivation and Personality(N. Y.: Harper, 1954), pp.370~396.

18) G. Halpern, "Relative Contribution of Motivations & Hygiene Factors to Overall Job Satisfaction" Research Bulletin 65~34(N. Y.: Princeton. ETS, 1965).

로, 위생요인으로 (1) 회사방침, (2) 감독의 형태, (3) 인간관계, (4) 근무 조건의 4요인으로 나타났다.

Sergiovanni[19]는 1967년 미국의 교사를 대상으로 연구한 결과 Herzberg 이론은 긍정적이었는데, 교사의 동기요인으로 (1) 성취감, (2) 인정감, (3) 책 임감, 위생요인으로는 (1) 학생과의 인간관계, (2) 동료와의 인간관계, (3) 장 학기술, (4) 학교방침과 행정으로 나타났다.

주삼환[20]도 한국 교사를 대상으로 연구한 결과 동기요인으로 (1) 성취감, (2) 인정감, (3) 과업자체, (4) 책임감, 위생요인으로는 (1) 보수, (2) 상사와 의 인간관계, (3) 장학, (4) 학교방침과 행정, (5) 근무조건임을 밝혀냈다.

먼저 인용한 Blumberg의 연구도 Herzberg 이론을 지지하는 경향이었다.

D. 장학과 동기

Woodward[21]는 인간의 일을 (1) 단일 또는 소집단 작업(single unit or small batch Technology), (2) 대량생산 또는 조립작업(mass pro- duction or assembly line work), (3) 연속과정작업(continuous proc- ess Technology)의 세 형태로 분류하고, 교수하는 일은 첫째 형태에 속하 며, 교사는 혼자 또는 한 팀의 일원으로서 일의 시작에서부터 계획, 자료수 집, 의사결정, 평가까지 하기 때문에 교직은 일의 특성으로 보아 '감독 (supervision)'하기에 좋은 형태로 보고 있다. 대량생산의 조립공장이나 연 속과정의 정유공장에서는 한 사람이 하는 일은 너무나 단순하기 때문에 감독 할 일이 별로 없게 된다.

---

19) Thomas J. Sergiovanni, "Factors Which Affect Satisfaction and Dissatisfaction of Teachers", in Fred D. Carver & Thomas J. Sergiovanni, ed., Organizations and Human Behavior: Focus on Schools(N. Y.: McGraw-Hill Book Co., 1969), pp.249~260.
20) 주삼환, 전게문, 주3.
21) J. Woodward, Management and Technology(London: Her Majesty's Stationery Office, 1958).

교직은 일의 특성이나 형태로 보아서는 감독에 알맞은 직업이지만, 전문직이라는 관점에서 볼 때는 감독하기에 알맞지 못하다. 교사들은 자기들의 전문적 영역에 한해서는 무감독적 장학[22]을 원하기 때문에, 장학에의 감독적 측면에서 교사와 장학담당자는 갈등하게 된다. 다만 인간을 긍정적으로 보아 장학에서 동기유발에 더 노력을 기울여야 한다고 보게 된다.

기업에서의 작업집단에 관한 문헌연구에서 발견된 가장 중요한 사실은 일련의 3개념으로 집약될 수 있다.

첫째, Hawthorn 연구에서 시작된 "구성원중심감독(employee-Centered supervision)"으로 생산목적보다 개인의 욕구에 더 초점을 두는 데 감독자는 성공적이라는 것이다.

둘째, 이와 대조되는 것으로 감독자의 권능적 기술의 중요성을 강조하는[23] 것이다. 이런 견해는 집단역학연구센터(Research Center for Group Dynamics)와 미시간대학의 조사연구센터(Survey Research Center at the University of Michigan)[24]에서 시작되었다. Pfiffner의 연구[25]도 감독자에게 역할수행을 위하여 권위가 주어지고, 고도의 조직적 권능이 주어질 때보다 자유스럽고 보다 효과적인 집단이 된다는 것이다.

셋째, Argyris는 전연 다른 면에서 연구했는데, 이는 집단보다 개인에 초점을 두었는데 개인의 자기존중에 대한 욕구에 동기유발하는 것이다.[26] 이들 연구는 산업이나 기업에서의 연구이나 장학에 적용할 때 모두 중요한 의미를 준다.

---

22) 주삼환, "관료적, 학교조직에서의 전문지향 교사의 갈등", 교육학연구 14권 3호(서울: 한국교육학회, 1976), p.161.

23) Dorwin Cartwright and Alvin Zander, Group Dynamics: Research and Theory(Evanston, Ill: Row Peterson and Co., 1960).

24) D. Kats, N. Maccoby and Nancy, C. Norse. Productivity, Supervision, and Morale in An Office Situation(Detroit, Michigan: The Parel Press, Inc., 1950).

25) J. M. Pfiffner, "The Effective Supervision: an Organization Research Study", Personnel 1955, 31. pp.530~540.

26) C. Argyris, Personality and Organization: The Conflict between System and The Individual, N. Y.: Harper, 1957.

Argyris는 성숙한 인간의 독립, 변화, 도전의 욕구와 의존적이고 순종하는 종업원이 되기를 바라는 조직의 요구 사이에 갈등이 예상된다고 하는데, 장학에서 이 개인의 욕구를 충족시켜 주면서 동시에 교육의 목적을 달성할 수 있도록 적당히 조절하는 데 어려움이 있다. 도대체 인간은 일로부터 무엇을 얻고자 하는 것인가? 감독자 편에서 보면 임금, 직무안정, 승진, 노동조건 개선을 원한다고 생각하고, 노동자 편에서는 일을 충분히 인정해 주는 것, 개인문제를 공감을 가지고 이해해 줄 것을 요구하는데, 이들 모두 친화와 인정에 대한 동인과 관련되어 있다.27) 감독이나 지시에 의한 일은 일시적이며, 하기 싫어하는 이유로 해서 일의 질도 좋지 못하고, 지시나 감독이 사라질 때는 일이 중단될 가능성이 크다. 감독은 대체로 형식적인 복종과 실질적인 저항을 가져오게 된다. 반면, 교사 스스로 일하고자 하는 마음이 우러나도록 발동을 걸어 줄 때, 즉 동기유발될 때 시간적으로 지속적이며, 일의 질도 훨씬 좋아질 것이다. 다시 말하면, 교육경영에 Herzberg의 동기－위생이론을 적용28)하면, 특히 장학에 적용하면, 교육의 성과는 올라갈 것이다. 장학담당자는 교사가 무엇을 진실로 바라고 있는가를 정확히 알아냄으로써 교사와 협동으로 교육목표를 달성할 수 있는 것이다. 장학담당자가 제아무리 유능해도 자신들만의 힘으로 효과적인 교육목표 달성은 극히 어려울 것이다. 적절히 동기부여된 교사는 자기 자신의 목적도 달성하여 개인적으로도 행복하고 국가적으로도 발전을 가져올 것이다.

즉, 인간동기의 모델을 학교행정의 효과적인 실천을 위해서 발전시키는 지침으로 이용할 수가 있을 것이다.29)

---

27) Paul Hersey, Kenneth H. Blanchard, Management of Organizational Behavior, N. J.: Prentice-Hall Inc., 1969.
28) 주삼환, "교육경영에 Herzberg의 동기－위생이론의 적용", 새교육, 1975. 3. 서울: 대한교련, 1975, pp.20~25.
29) Robert G. Owens, Organizational Behavior in Schools(N. J.: Prentice-Hall Inc., 1970), p.33.

Ⅲ. 연구방법

A. 도 구

교사들이 장학담당자와의 관계에 있어서 가장 만족스러웠을 때와, 가장 불만족스러웠을 때에 교사의 어떤 욕구가 어느 정도 충족되었는지 알아보기 위하여 2페이지로 된 자유기술형식 질문지를 사용하였다. 장학에 있어서 가장 만족했을 때와 가장 불만족했던 때를 회상하여 써 주도록 요구하였다. 그리고 그때 어느 정도 만족 또는 불만족했었는지 -4~4점까지 배정된 척도 위에 표시하도록 하였다.

B. 표 집

이 연구는 교사의 전 교직경험을 통하여 장학에 있어서 가장 만족했던 때와 가장 불만족했던 때를 회상하여 응답해 주도록 요구하였기 때문에 지역별로 특별히 고려할 필요성은 적었다고 본다. 대상은 서울 시내 14개 초등학교에서 208명의 교사가 표집되었다. 질문지 300매를 배포하였으나 자유기술형식으로 쓰는 것이 많아서 응답에 응한 사람이 적어 238명 회수(회수율 79%), 그리고 그중 30매가 충분히 써 주지 않아서 결국 208명의 질문지가 자료로 분석되었다.

표준분포는 다음 〈표 1〉과 같다

〈표 1〉 표집분포상황

학 교			성 별			출 신 학 교					평균연령	평균경력
공립	사립	계	남	녀	계	사범	교대	사대	비사계	계	(년)	(년)
13	1	14	106	102	208	48	129	2	29	208	30.96	10.12

C. 분 석

Blumberg가 추출한 요인을 분석의 틀로 하여 자유기술형식 응답을 분석하였다. 가능한 한 이 분석의 틀 속에 분류하려고 한 결과 1개의 요인만이 첨가되었다. 일차분석 일주일 후에 이차분석을 하고, 일차와 이차가 달리 분석된 것만 골라 삼차에 의하여 결정하였다.

D. 자료처리

각 요인으로 분류된 빈도에 의하여 백분율을 내어 어떤 요인(욕구)이 만족 또는 불만족으로 작용하는지 알아내려 했다. 그 요인에 대하여 교사 개개인은 어느 정도 만족 또는 불만족하는지 -4~4점 척도 위에 표시한 것을 평균점수로 알아보았다.

미국 교사와 한국 교사와의 차를 알기 위하여 CR 검증을 하였다. 공식은 $G_{DP} = \dfrac{pq}{N_1} + \dfrac{pq}{N_2}$[30)]를 적용하였다.

Ⅳ. 결과 및 논의

교사들이 장학에 대하여 어떤 요인에 만족하고 또 어떤 요인에 불만을 가지게 되는지 알기 위하여 서울 시내 208명의 교사를 대상으로 자유기술형식 질문지로 조사 분석한 결과는 다음과 같다.

A. 만족요인과 불만족요인

1. 만족요인

교사의 교직경험 중 장학에 있어서 가장 만족스럽거나 가장 바람직했다고 기술했을 때 교사의 어떤 욕구가 충족되었기 때문인지 알기 위하여 분석한 결과를 표로 나타내면 〈표 2〉와 같다.

---

30) 김호권, 교사를 위한 통계적 기술(서울: 현대교육총서 출판사, 1966), p.191.

<표 2> 장학에서의 만족요인 – 충족된 욕구

요 인	백분율(%)
1. 교수성취에 대한 인정욕구	17*
2. 개인적, 전문적 능력에 대한 인정욕구	16*
3. 신분상, 공적인 인정을 받고자 하는 욕구	1
4. 진지한 평가와 도움을 받고자 하는 욕구	24*
5. 개인적 온정을 받고자 하는 욕구	22*
6. 조직을 통한 지지를 받고자 하는 욕구	5
7. 자유에 대한 욕구	1
8. 안정에 대한 욕구	4
9. 조직의 영향을 받고자 하는 욕구	3
10. 개방적이고, 신뢰를 받고자 하는 욕구	3
11. 익명으로 인정되지 않기를 바라는 욕구	1
12. 협조를 받고자 하는 욕구	2
13. 공정을 바라는 욕구	1

　교사의 만족요인으로 강하게 작용한 것은 요인 4 '진지한 평가와 도움을 받고자 하는 욕구(24%),' 요인 5 '개인적 온정을 받고자 하는 욕구(22%),' 요인 1 '교수성취에 대한 인정욕구(17%),' 요인 2 '개인적, 전문적 능력에 대한 인정욕구(16%)'로 나왔다. 교사들은 이들 4개 욕구가 충족되었을 때 가장 만족스러운 장학이라고 반응한 것이다.

　요인 4는 장학의 본질로서 장학의 직무자체라고 할 수 있다. 장학담당자들이 성실한 자세로 진지한 평가를 해 주기를 바라고 있으며, 진정으로 도와주기를 원하고 있는 것이다. 교사들이 장학자체에 대하여 무조건 부정적이며, 무조건 불평과 불만을 가지는 것만은 아니라는 증거가 된다. 교사들이 장학에 대하여 진지한 평가와 도움을 제일 강하게 바라고 있고, 또 이 점으로 인하여 가장 만족하게 된다는 것은 장학의 발전을 위해서 참으로 다행한 일이다. 왜냐하면, 장학 본연의 자세로 돌아가기만 하면 교사들도 만족하게 되고 장학의 성과도 올라갈 것이기 때문이다.

요인 5는 장학담당자가 개인적으로 따뜻하게 대해 주고 친절할 때 만족했다는 것이다. 이 요인은 Herzberg 이론에 의하면 위생요인으로 불만족요인에 해당되는데, 여기서는 만족요인으로 작용했다. 이 요인은 인간관계에 해당되는 것으로 장학담당자의 수가 부족한 우리나라의 장학실정에서는 기대하기 어려운 요인인데, 그런 속에서도 좋은 인간관계를 맺게 되었을 때 만족한 것으로 해석된다. 즉, 적은 수의 장학담당자에 많은 수의 교사이기 때문에 개인적 온정을 기대하기 어려운 처지에서 교사 자신에게만 온정을 베풀어 주었을 때 감사하고 또 만족해한 것이다. 그러나 이 요인은 22%라는 비중을 차지했지만 장학에 있어서는 기본적으로 갖추어져 있어야 할 위생요인이라는 잠정적 해석을 한다.

요인 1 "교수성취에 대한 인정욕구(17%)"는 주로 수업이나 수업연구의 성취에 대한 장학담당자의 인정을 바라는 욕구이다. 일을 성취했을 때의 만족감에다 장학담당자의 인정까지 겹쳤으니 더욱 보람을 느끼고 만족한다는 것은 아주 당연한 귀결이라고 본다.

요인 2 "개인적, 전문적 능력에 대한 인정(16%)"은 인간적 측면에서 훌륭한 교사라는 인정을 받거나, 전문적·기술적 측면에서 능력 있다는 인정을 받았을 때 만족한 것이다. 인간성을 알아주고, 실력을 인정해 주어 무거운 책임도 맡겨줄 때 교사들은 한없는 희열을 맛보는 것이다.

요인 3 신분에까지 변화를 주고 공적으로 인정해 주는 일은 우리나라 실정으로 보아 기회가 별로 없었던 것 같다. 신분에 변화를 주며 공적으로 인정해 줄 때, 교사들은 더욱 만족해할 가능성은 크다.

나머지 요인들은 Herzberg 이론에서도 위생요인이었고, 여기서도 만족요인으로 충분히 작용했다고는 볼 수 없다.

요약하면 인정에 대한 욕구가 요인 1과 요인 2를 합쳐 $\frac{1}{3}$에 해당되는 33%의 빈도를 나타냈고, 진지한 평가와 도움을 받고자 하는 욕구가 강하게 나타났으며, 개인적 온정을 받고자 하는 욕구도 우세하게 나타났다.

2 불만족요인

교사의 장학에 대한 불만족요인으로는 여러 요인이 고루 나타났다. 장학에 있어서의 불만족요인을 표로 나타내면 〈표 3〉과 같다.

〈표 3〉 장학에서의 불만족요인 – 충족되지 않은 욕구

요　　　　　　　　　　인	백분율(%)
1. 처벌도피 욕구	15☆
2. 공정을 바라는 욕구	11☆
3. 장학담당자를 신뢰할 수 있기를 바라는 욕구	6☆
4. 학생이나 학부모에 대한 결정에 지지를 받고자 하는 욕구	14☆
5. 개인고려를 바라는 욕구	10☆
6. 올바른 평가를 받고자 하는 욕구	8☆
7. 도움을 바라는 욕구	20☆
8. 성인으로 대해 주기를 바라는 욕구	15☆
9. 의사결정에의 참여를 바라는 욕구	1

요인 1 '처벌을 도피하고자 하는 욕구(15%)'가 강하게 작용하고 있다. 어른이나 어린이나 처벌받기를 원하는 사람은 없다는 증거이다. 그리고 처벌이 동기가 되어 교사 스스로 질 높은 직무수행을 한다는 보장이 없는 한 처벌을 장학의 수단으로 쓰기는 어렵다고 본다.

요인 2 '공정을 바라는 욕구(11%)'는 차별대우에 대한 불만족이라 하겠다. 비록 나쁜 장학이라 하더라도 다른 사람과 공정하게 대해 준다면 교사의 불만은 많이 줄어들 것이라는 시사를 받을 수 있다.

요인 3 '장학담당자를 신뢰할 수 있기를 바라는 욕구(6%)'는 장학담당자를 믿을 수 없다는 데 대한 불만의 표시라고 하겠다. 교사가 장학담당자를 기대했다가 실망을 가져왔을 때, 또 장학담당자의 말과 행동이 달라 배반당한 느낌을 받았을 때의 불만족 표시라 본다.

요인 4 '학생이나 학부모에 대한 결정에 지지를 받고자 하는 욕구(14%)'

는 교사의 결정과 장학담당자의 시정 지시와 차가 있고, 그 시정 지시에 만족하지 못할 때의 불만이다. 교사의 관할범위 안에서의 재량권 주장이라고 할 수 있다.

요인 5 '개인고려를 바라는 욕구(10%)'는 개인의 입장을 인정해 달라는 교사의 요구라고 할 수 있다. 교사는 한 기계의 부분품이 아니라는 교사의 주장이다.

요인 6 '올바른 평가를 받고자 하는 욕구(8%)'는 교사의 의도를 모르고 멋대로 평가해 버리는 데 대한 불만이 많았다. 이 요인은 Herzberg 이론에 의하면 직무자체와 관련된 만족요인인데, 여기서는 불만으로도 8%나 차지했다.

요인 7 '도움을 받고자 하는 욕구(20%)'는 장학이 형식적이고, 연예행사에 불과하며, 별로 교사에게 도움이 안 되고 있다는 내용이 많았다.

요인 8 '성인으로 대해 주기를 바라는 욕구(15%)'는 교사를 어린애 다루듯하고 자질구레한 것까지 지시하고 참견하는 데 대한 불만의 표시이다.

요인 9 '의사결정에 참여되기를 바라는 욕구(1%)'는 불만족요인으로 작용하지 못했다.

이상을 요약하면 만족요인을 4개 요인으로 집중되었으나 불만족요인은 8개 요인으로 퍼져 있다.

B. Herzberg 이론의 검증

Herzberg 이론에 의하면 사람들이 자기직무에 만족할 때는 직무자체와 관련된 요인에 동기가 되고, 불만족할 때는 근무환경과 관련된 요인에 불만을 가지고 있다는 것이다.

이 연구에서 교사들이 장학에 있어서 가장 만족했을 때 나타난 요인은 '교수성취에 대한 인정욕구,' '개인적, 전문적 능력에 대한 인정욕구,' '진지한 평가와 도움을 받고자 하는 욕구,' '개인적 온정을 받고자 하는 욕구'의 4요인인데, 대부분 장학직무자체와 관련되고 있어 만족요인은 대체로 Herzberg 이론이 긍정되는 경향이다.

불만족요인도 8개로 나타났는데, 요인 6과 7이 직무자체와 관련되었을 뿐 나머지 6요인은 근무환경과 관련되어 있어 이것도 대체로 긍정되고 있다. 결국 장학에 있어서 만족·불만족 요인은 정확한 통계적 방법을 쓰지는 않았으나 Herzberg 이론을 긍정해 주고 있다.

C. 교사들이 만족 또는 불만족하는 정도

교사들이 만족 또는 불만족할 때 어느 정도 만족 또는 불만족하는지 그 정도를 -4~4점 척도 위에 표시해 주도록 요구해서 나온 반응결과를 표로 나타내면 〈표 4〉, 〈표 5〉와 같다.

〈표 4〉 교사들이 각 요인에 만족하는 정도-욕구가 충족되는 정도

요 인	빈도백분율(%)	척도평균점수	척도평균점도
1. 교수성취에 대한 인정욕구	17☆	2.45	
2. 개인적, 전문적 능력에 대한 인정욕구	16☆	1.64	
3. 신분상. 공적으로 인정을 받고자 하는 욕구	1	4	
4. 진지한 평가와 도움을 받고자 하는 욕구	24☆	1.95	
5. 개인적 온정을 받고자 하는 욕구	22☆	1.79	
6. 조직적인 지지를 받고자 하는 욕구	5	2	
7. 자유에 대한 욕구	1	-0.3	
8. 안정에 대한 욕구	4	1.37	
9. 조직의 영향을 받고자 하는 욕구	3	2.66	
10. 개방적이고. 신뢰를 받고자 하는 욕구	3	3	
11. 익명으로 인식되지 않기를 바라는 욕구	1	1.5	
12. 협조를 받고자 하는 욕구	2	1.25	
13. 공정을 바라는 욕구	1	1	-4 -3 -2 -1 0 1 2 3 4

〈표 5〉 교사들이 각 요인에 불만족하는 정도-욕구가 충족되지 못하는 정도

요 인	빈도백분율(%)	척도평균점수	척도평균점도
1. 처벌도피 욕구	15	-1.81	불만족 ——— 만족
2. 공정을 바라는 욕구	11	-2.10	
3. 장학담당자를 신뢰할 수 있기를 바라는 욕구	6	-2.4	
4. 학생이나 학부모에 대한 결정에 지지를 받고자 하는 욕구	14	-2.11	
5. 개인고려를 바라는 욕구	10	-1.5	
6. 올바른 평가를 받고자 하는 욕구	8	-1.86	
7. 도움을 바라는 욕구	20	-1.28	
8. 성인으로 대해 주기를 바라는 욕구	15	-1.96	
9. 의사결정에의 참여를 바라는 욕구	1	-1.5	-4 -3 -2 -1 0 1 2 3 4

신분상, 공적으로 인정해 줄 때 아주 만족했다고 하나(4점, 100% 만족) 1% 빈도의 반응이었기 때문에 신뢰도가 약하고, 만족요인인 4개의 요인에는 대체로 중간 정도인 2점 내외로 충족의 정도를 나타내어 퍼센트로 생각해 본다면 50% 정도의 만족이라 할 수 있다. 요인1 '교수성취에 대하여 인정'해 줄 때 가장 욕구가 많이 충족되는(2.45점) 것으로 나타났다. 전체 평균점은 1.95점으로 48.73% 수준의 충족이다.

교사들이 장학에 대하여 불만족하게 되는 정도도 특이한 것은 없고 대체로 -2점 이내로서 100% 불만족의 상태가 있다면 대개 50% 정도의 불만족이라고 할 수 있다(전체 평균점-1.81, 45.22% 수준의 불만족).

D. 미국 교사의 욕구와의 비교

Herzberg의 이론과 방법을 적용하여 미국 교사 130명을 대상으로 Blumberg가 연구한 결과와 이 연구와의 차를 검증한 결과는 〈표 6〉, 〈표 7〉과 같다.

<표 6> 미국 교사의 만족요인과의 비교

요 인	한국교사(%)	미국교사(%)	CR	P
1. 교수성취에 대한 인정욕구	17	41	4.85	<.01
2. 개인적, 전문적 능력에 대한 인정욕구	16	17		
3. 신분상, 공적인 인정을 받고자 하는 욕구	1	13	5.11	<.01
4. 진지한 평가와 도움을 받고자 하는 욕구	24	9	10.58	<.01
5. 개인적 온정을 받고자 하는 욕구	22	6	3.74	
6. 조직적인 지지를 받고자 하는 욕구	5	3		
7. 자유에 대한 욕구	1	3		
8. 안정에 대한 욕구	4	2		
9. 조직의 영향을 받고자 하는 욕구	3	1	2.01	<.05
10. 개방적이고, 신뢰를 받고자 하는 욕구	3	1	2.01	<.05
11. 익명으로 인식되지 않기를 바라는 욕구	1	1		
12. 협조를 받고자 하는 욕구	2	0		
13. 공정을 바라는 욕구	1	0		

<표 7> 미국 교사의 불만족요인과의 비교

요 인	한국교사(%)	미국교사(%)	CR	P
1. 처벌도피 욕구	15	34	4.12	<.01
2. 공정을 바라는 욕구	11	26	6.36	<.01
3. 장학담당자를 신뢰할 수 있기를 바라는 욕구	6	12		
4. 학생이나 학부모에 대한 결정에 지지를 받고자 하는 욕구	14	10		
5. 개인고려를 바라는 욕구	10	8		
6. 올바른 평가를 받고자 하는 욕구	8	4		
7. 도움을 바라는 욕구	20	3	4.19	<.01
8. 성인으로 대해 주기를 바라는 욕구	15	2	3.61	<.01
9. 의사결정에의 참여를 바라는 욕구	1	1		

　　미국 교사의 41%나 요인 1 '교수성취에 대한 인정욕구'에 집중적으로 반응한 반면, 한국 교사는 4개의 요인에 고루 반응했다고 볼 수 있다. 요인 1은 성취욕구에 인정욕이 합쳐진 것으로 미국 교사의 성취동기가 높고 인정

욕이 강하다는 해석이 된다.

또 요인 3 '신분상 공적인 인정을 받고자 하는 욕구'에 미국이 13% 반응인 데 비하여, 한국은 불과 1%밖에 안 된다. 이는 미국에서는 신분상, 제도상으로 공적으로 인정받을 기회가 많기 때문인 이유도 있고, 또 그들이 명예욕이 강하다는 해석도 가능하다고 본다. 미국에서는 각종 전문위원으로 지명될 기회가 많은 것 같다.

요인 4 '진지한 평가와 도움을 받고자 하는 욕구'에 한국 교사가 강하게 반응한 것은 두 가지 해석이 있을 수 있다. 하나는 한국 장학은 진지한 평가와 도움을 주는 기회가 많다는 해석이고, 다른 해석은 반대의 상황으로 진지한 평가나 도움을 받지 못하다가 조금만 진지한 평가나 도움을 받게 되면 만족하여 많이 반응한 것으로 보는 것이다. 연구자는 후자의 입장이다. 장학담당자의 수가 교사 수에 비하여 많이 부족하여 현실적으로 진지한 평가나 도움을 주지 못한다고 보기 때문이다.

요인 5 '개인적 온정을 받고자 하는 욕구'도 요인 4와 비슷한 해석이 된다.

결국 만족요인으로 밝혀진 요인에는 큰 차가 없으나 그 빈도에는 차가 있다고 본다.

불만족요인에서 요인 1 '처벌도피 욕구'와 요인 2 '공정을 바라는 욕구'에 미국 교사가 의의 있는 차로 강한 반응을 보인 반면, 요인 7 '도움을 바라는 욕구'에 한국 교사가 더 불만족하게 되는 것으로 나타났다. 이것은 미국 교사가 조금만 꾸짖음을 받거나 공정하지 못할 때 한국 교사보다 더 참을 수 없는 불만을 가진다는 해석이 된다. 반면, 한국 교사는 도움이 안 되고, 성인 대접을 못 받을 때 가지는 불만이 많은 것이라고 본다.

미국 교사의 장학에 대한 욕구와 비교해 볼 때 4개의 만족요인 중 3요인이 빈도에 있어서 차가 있고, 8개의 불만족요인 중 4개의 요인에 차가 있으므로, 미국 교사의 욕구와는 차가 있다고 요약할 수 있다.

V. 요약 및 결론

A. 요 약

장학담당자와 교사와의 상호작용에 의하여 이루어지는 장학은 지시하고 감독하는 관리적 기능도 중요하지만, 교사를 도와주고 지도하는 지도적 기능도 이에 못지않게 중요하다. 그런데 장학에서 무엇보다 중요한 것은 교사로 하여금 일하고자 하고, 잘 가르치고자 노력하게 하고, 스스로 연구하고자 하도록 동기를 부여하는 일이 가장 근본적 처방이라 보아서 장학과 동기이론을 연결시켜 연구하게 된 것이다.

인간은 어떤 동기나 욕구에 의하여 일하게 되는데, 그 욕구에는 위계가 있어 낮은 수준의 욕구를 충족시키기 위하여 일한다는 것이 Maslow의 욕구계제이론이다.

이 이론을 발전시켜 Herzberg는 낮은 수준의 욕구들은 충족되지 않으면 불만족하게 되고, 충족된다고 해도 동기요인으로 작용하지 못하고 직무환경과 관련되고 있어 불만족요인 또는 위생요인이라 불렀다. 인간으로 하여금 질 높은 일을 하게 하는 동기요인은 Maslow의 높은 수준의 욕구에 해당하는 것으로, 직무자체와 관련되는 성취감, 인정감, 책임감, 직무자체, 발전성이라 하여 동기-위생이론을 정립하였다.

그러면 교사가 장학에서 만족하게 되는 요인과 불만족하게 되는 요인은 무엇이며, 교사들이 장학에서 채우고자 하는 욕구는 무엇인가?

장학에서도 Herzberg 이론은 긍정되는가?

교사들은 장학에서 어느 수준에서 만족하고, 또 어느 수준에서 불만족해하는가?

미국 교사들의 장학에 있어서의 욕구와는 차가 있는가?

이상의 네 질문에 대한 해답을 얻기 위하여 서울 시내 300명 교사에게 장학에서 가장 만족했을 때와 불만족스러웠을 때를 회상하여 자유기술형식으로 써 주도록 요청하여 나온 208명분의 자료를 분석한 결과 다음과 같았다.

(1) 교사가 장학에서 만족하게 되는 만족요인은 '교수성취에 대한 인정욕구(17%)', '개인적, 전문적 능력에 대한 인정욕구(16%)', '진지한 평가와 도움을 받고자 하는 욕구(24%)', '개인적 온정을 받고자 하는 욕구(22%)'의 4요인이었다.

불만족요인으로는 '처벌도피 욕구(15%), '공정을 바라는 욕구(11%)', '장학담당자를 신뢰할 수 있기를 바라는 욕구(6%)', '학생이나 학부모에 대한 결정에 지지를 받고자 하는 욕구(14%)', '개인고려를 바라는 욕구(10%),' '올바른 평가를 받고자 하는 욕구(8%),' '도움을 바라는 욕구(20%),' '성인으로 대해 주기를 바라는 욕구(15%)'의 8요인으로 나타났다.

(2) Herzberg 이론은 대체로 긍정되는 경향이다. 만족요인에 Herzberg의 불만족요인이 2개 나타났는데, 이들 3개 요인은 예외로 한다.

(3) 가장 만족 또는 불만족하는 상태를 100% 만족, 100% 불만이라고 가정한다면 이 연구에서는 평균 48.73%, -4~4점 척도에서, 1.95점 수준에서 만족하고 있으며, 45.22%의 불만족, -1.81점 수준에서 불만족하고 있었다.

(4) 미국 교사는 교수성취를 인정해 줄 때 만족하는 반면, 한국 교사는 진지한 평가와 도움을 줄 때와 개인적 온정을 받을 때 두드러진 차로 더 만족하고 있었으며, 미국 교사들이 처벌과 불공정에 더 불만을 가지는 반면, 한국 교사는 도움이 되지 못하는 데, 또 성인으로 대해 주지 않는 데 더 불만을 가지고 있었다.

B. 결 론

이상의 결과를 바탕으로 다음과 같은 결론을 얻을 수 있다.

첫째, 장학개선을 위하여 이 연구에 나타난 교사의 불만족요인의 제거에도 노력해야 하지만, 이와는 별도로 교사의 만족요인에 동기를 부여하도록 해야 한다. 그렇다고 장학에서 교사의 욕구만 채워 주자는 주장은 아니다. 교사의 욕구도 채워주기 위하여 노력하면서 동시에 교육의 목적도 달성할 수 있도록 하여야 하겠다.

둘째, Herzberg 이론이 장학에서도 대체로 긍정되는 경향이므로, 장학에 이를 적용시켜 효과를 얻을 수 있다고 본다. 즉, '교수성취에 대한 인정욕구,' '개인적, 전문적 능력에 대한 인정욕구,' '진지한 평가와 도움을 받고자 하는 욕구,' '개인적 온정을 받고자 하는 욕구'를 장학 시에 채워 줄 수 있도록 해야 할 것이다.

셋째, 교사들이 장학에서 가장 만족했다고 말한 내용을 분석한 것인데도 그들 욕구수준의 48.73%이므로, 앞으로 교사의 욕구를 고려하는 장학을 하여 더 만족할 수 있도록 끌어올려야겠다.

넷째, 미국 교사의 장학에 있어서의 욕구와 한국 교사의 욕구에는 차가 있으므로 너무나 이념적인 이상형 장학보다는 우리의 현실에 맞는 장학이론의 연구와 실천이 요망된다.

참고문헌

강길수·김종철·김영식, <u>학교행정</u>, 서울: 서울대출판부, 1975.

김종철, <u>교육행정의 이론과 실제</u>, 서울: 교학사, 1965.

김호권, 교사를 위한 통계적 기술, 서울: 현대교육총서 출판사, 1966.

김휘열, "장학의 개념규정을 위한 장학활동분석"(미출판의 서울대대학원 석사학위 논문), 1976.

백현기, <u>장학론</u>, 서울: 을유문화사, 1961.

주삼환, "Herzberg의 동기-위생이론에 관한 가설검증"(미출판의 서울대 교육대학원 석사학위논문), 1974.

주삼환, "교육경영에 Herzberg의 동기-위생이론의 적용", 새교육, 1975. 3월호, 서울: 대한교육연합회, 1975.

주삼환, "관료적 학교조직에서의 전문지향 교사의 갈등", <u>교육학연구</u> 14권 3호, 서울: 한국교육학회, 1976.

주삼환·최영희, "교사의 지각에 의한 장학의 인간화 문제연구"(미출판의 유인물), 1975.

홍후식, "장학의 규범과 한국장학의 현실과의 차에 관한 연구"(미출판의 연세대 교육대학원 석사학위논문), 1973.

Argyris, C, *Personality and Organization: The Conflict between System and The Individual,* N. Y.: Harper, 1957.

Blumberg, Arthur, *Supervisors and Teachers: a Private Cold War,* California: Mc-Cutchan Publishing Co., 1974.

Carver, Fred D. & Sergiovanni, Thomas J. ed., Organizations and Human *Behavior: Focus on School,* N. Y.: McGraw-Hill Book Co., 1959.

Cartwright, Dorwin & Zander, Alvin, *Group Dynamics: Research and*

Theory, Evanston, Ill.: Row Peterson and Co., 1960.

Halpern G., "Relative Contribution of Motivations & Hygiene Factors to Overall Job Satisfaction" in *Research Bulletin* 65-34, N. Y.: Princeton ETS, 1965.

Hersey, Paul & Blanchard, Kenneth H., *Management of Organizational Behavior,* N. J.: Prentice-Hall Inc., 1969.

Herzberg, Frederick, et. al., *The Motivation to Work,* N. Y.: John Wiley & Sons Inc., 1959.

Katz, D., Maccoby, N. & Norse, C. Nacy, *Productivity, Supervision and Morale in An Office Situation,* Michigan: The Parei Press Inc., 1950.

Maslow, A. H., "A Theory of Motivation" in *Psychology Review* 1943, 50.

Maslow, A. H., *Motivation and Personality,* N. Y.: Harper, 1954.

Owens, Robert G., *Organizational Behavior in Schools,* N. J.: Prentice-Hall Inc., 1970.

Pfiffner, J. M., "The Effective Supervision: an Organization Research Study" *Personnel,* 1955, 31.

ABSTRACT

Teachers' Needs in Supervision

I

Supervision in education which is performed by interaction between supervisors and teachers, is important more in its helping function than in its Management function. The writer think, it is most important that supervisors motivate teachers to aspire to work, to endeavour for teaching, and to study for themselves. So, the writer was going to study supervision in connection with motivation theory, particularly Herzberg's Motivation-Hygiene theory.

Man is motivated to work by his endless needs and Maslow has suggested need-hierarchy theory based on this human needs. By his theory, when the lowest order needs in the hierarchy is satisfied, a higher-order need appears, and since it has greater potency at the time, this higher-order need causes the individual to attempt to satisfy it. Herzberg has been able to conceptualize the difference between motivational and hygienic factors based on Maslow's pyramidal or hierarchical notions about Individual needs. He observed that job factors which resulted in satisfaction were directly related to the work itself and job factors which resulted in dissatisfaction tended to be related to the environment of work. His motivational factors were those favorable things happening in the course of work that spur men on to higher achievement. They were achievement, recognition, responsibility, growth, and advancement, His hygienic factors were un-favorable things. They were found as pay, benefits, and behavior of supe-rvisors. Those factors all were background factors. Therefore, they were called hygienic factors compared to the principles of medical hygiene.

II

Major questions in this parper were as follows.

1) What are the teacher's satisfaction and dissatisfaction factors in su-pervision?

2) Will Herzberg's theory be supported in supervision, too?

3) At which level will teachers be satisfied and dissatisfied in their needs?

4) Are there any differences between Korean teachers' needs and Ame-rican teachers' in supervision?

The writer asked 208 practicing teachers to write open-ended type questionaire on situation which they were satisfied or dissatisfied at the highest level in supervision through their whole teaching experiences.

III

The results from analysis data were as follows.

1) Satisfaction factors were

① need for teaching achievement to be recognized(17%),

② need to have personal and professional potential recognized(16%),

③ need for sincere appraisal and help(24%),

④ and need for interpersonal warmth(22%),

Dissatisfaction factors were

① need to avoid punishment(15%),

② need for fair play(11%),

③ need for trust(6%),

④ need for support in decision about students or parents(14%),

⑤ need for consideration(10%),

⑥ need to be appreciated(8%),

⑦ need for help(20%),

⑧ and need to be treated like an adult(15%).

2) Herzberg's theory tended to be supported.

3) Teachers were satisfied at 48.73% level and dissatisfied at 45.22% level in needs level, if there were 100% level satisfaction or dissatisfaction.

4) Korean teachers' needs in supervision were different from American teachers'.

IV

This study is concluded as next four.

First, to improve supervision, we must make an effort to eliminate dissatisfaction factors appeared in this study, and then at the same time we must motivate teachers by satisfaction factors abstracted here.

Second, we can apply Herzberg's theory to supervision in education because his theory was tend to be supported in this paper.

Third, even if when teachers were satisfied at the highest level of their needs in supervision, because they were satisfied at 48.73% level, we must satisfy their rest needs level.

Fourth, because differences between Korean teachers' needs and American teachers' were found, we, educational administration students, educational administrators and supervisors must research and develop the supervision theory based on Korean reality.

7. 교실 개혁과 수업장학*

I. 서 론

교육의 양적 팽창에 못지않게 질을 보장하기 위한 노력을 기울여야 한다는 소리가 높아지고 있다. 교육의 양적 팽창을 1945년도를 기준으로 1982년도까지 학생 수, 교원 수, 학교 수의 증가를 잠깐 살펴보면 초등학생 수는 4배, 중학생 수는 약 8.5배, 고등학생 수는 23배 증가했으며, 교원 수는 초등학교가 6배, 중학교가 8배 고등학교가 18배 증가하고, 학교 수는 초등학교가 2배, 중학교가 약 4배 고등학교는 약 9배 증가한 것으로 되어 있다(문교부, 1983(a)).

이외에도 교육의 양적 팽창에 대한 지표는 있으나 질의 향상을 나타내 주는 지표가 없어서 문제이다. 그래서 우리나라의 교육이 어느 방향으로 어떻게 움직여 가고 있는지 알 수 없어 교육의 질 개선에 대한 주장에 설득력이 약하다. 과거에 비하여 오늘의 교육의 질이 떨어졌을 리는 없지만 양적 팽창의 비율만큼 질적으로도 향상되었을 것인가에는 의심의 여지가 있다. 최근 "미국의 교육위기"(한국교육개발원 역, 1983)라는 보고서가 나왔는데 우리의 교육은 어느

---

* 이 논문은 1983. 10. 27-28 한국교육개발원 주최 '초·중등교육의 질 개선을 위한 세미나'에서 발표한 것임.

위치에 있는지 알 길 없이 질을 개선해야 한다고 주장할 수밖에 없다.

그동안 교육개혁에 의하여 교육 여건을 개선하여 왔는데 이제 구체적이고 핵심적인 교육의 질 개선에 노력을 집중해야겠다는 뜻에서 본 세미나도 열리는 것으로 이해된다. 세미나의 다른 세 분과가 초·중등 교육의 질 개선을 위한 주변적, 보조적인 과제라고 한다면 제4분과의 과제는 교육 활동의 가장 작은 단위의 하나이며 교사와 학생이 상호 작용하는 학급과 교실의 개혁을 어떻게 할 것인가를 모색하는 초·중등 교육의 질 개선을 위한 가장 핵심적인 과제라 할 수 있다.

필자에게 주어진 "교실 개혁과 수업 장학"을 주제로 설정한 주최 측의 의도 속에는 (1) "수업 장학을 통하여 어떻게 교실 개혁을 추진할 수 있을 것인가?" 또는 (2) "교실 개혁을 위해서 장학이 어떻게 개선되어야 할 것인가?" 아니면 (3) "교실 개혁도 수업 장학도 궁극적 목적은 '수업 개선(수업의 질 개선)'이므로 양자가 어떻게 목적을 달성할 수 있을 것인가?"라는 질문이 숨어 있을 것으로 풀이된다. 1980년 7월 30일 교육 개혁 이후, 보다 광범하고 큰 교육의 주변적인 제도적 개혁과, 풍토 조성, 여건 형성에 노력해 오다 1983년은 보다 좁고, 작고, 구체적이고, 핵심적인 "교실 개혁"으로 파고들어 가는 과정에서 장학이 교실 개혁을 위해서 어떻게 기여하고, 또 장학 자체가 어떻게 개선되어야 하며, 양자(교실 개혁과 수업 장학)가 어떻게 교육의 질 개선에 기여할 수 있을 것인가를 모색하여야 할 것 같다. 이것은 〈그림 1〉로 요약된다.

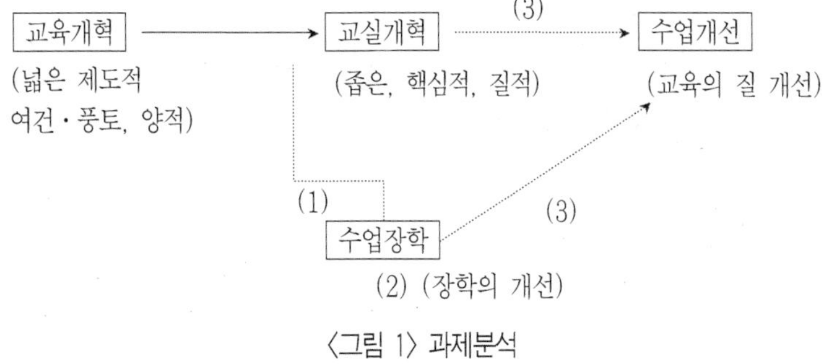

〈그림 1〉 과제분석

필자는 여기서 교실개혁에 대하여 잠깐 살펴보고, 다음에 수업개선과 관련이 깊다고 생각되는 수업장학과 임상장학을 간단히 소개하고 나서, 교실개혁과 수업개선을 위한 장학의 개선방향(위 과제분석의 (2))을 모색하는 순서로 논의를 전개하고자 한다.

Ⅱ. 교육개혁과 교실개혁

정부는 교육 개혁을 당면한 4대 국정지표의 하나로 설정하고 교육 풍토의 쇄신과 교육의 내실화를 위한 여러 가지 조치를 취해 나가고 있다[문교부, 1983(a)]. 그리고 그동안 교육 개혁을 전개해 온 항목을 보면 (1) 국민정신교육의 강화, (2) 교육과정의 개정 및 교과용 도서의 개편, (3) 초·중등교육의 내실화, (4) 과학·기술교육의 진흥, (5) 대학교육의 내실화, (6) 평생교육체제의 기반조성, (7) 교권확립 및 교원의 처우개선, (8) 국제교류 및 재외 국민교육의 강화, (9) 교육행정의 전문화, 자율화, (10) 안정교육재원의 확보[문교부, 1983(a)]이다. 이 중에서 본 세미나 주제와 관련이 깊다고 생각되는 (3) 초·중등교육의 내실화 항목에서의 개혁을 보니 ① 초등학교 교육 여건의 개선, ② 중학교 의무 교육 실시를 위한 기반 조성, ③ 고등학교의 평준화, ④ 영재 교육 및 특수 교육의 강화, ⑤ 진로 교육의 합리화[문교부, 1983(a)]가 제시되어 있다. 이들 항목에서 볼 수 있듯이 지금까지의 교육 개혁을 위한 노력은 제도적 개선, 교육 풍토 조성, 교육 여건 형성 등 기본적이고 근본적인 조건 정비에 노력을 기울여 온 것을 알 수 있다. 이제 이러한 여건하에서 학생과 교사가 한 시간 한 시간 상호 작용하는 교실 속으로 파고드는 교실 개혁이 1983년도부터 추진되고 있다. 결국 여건 조성이 급하고도 필요한 일이긴 하였으나 교실 내에서의 혁신이 이루어지지 않는다면 교육 개혁은 충분치도 못하고 아무 의미도 없게 되는 것이다.

그러면 교실개혁이란 무엇인가? 1982년부터 개정된 "새 교육 과정의 정신에 따라 교수-학습을 충실히 전개하자는 것이며, 새 교육 과정에서 의도하는 인간상, 즉 건전하고 유능한 인간을 육성하는 것"(정태수, 1983)이라 하고 있다. 결국 교실 개혁은 "교실 수업을 바꾸자는 것"인데 어떤 교실로 바꾸느냐 하면 "인격적인 교류를 바탕으로 자율적으로 탐구하는 수업의 장"(정태수, 1983)이라는 것이다. 이러한 장을 마련하기 위해서 학교 안으로는 (1) 교단 중심의 학교 경영, (2) 교사 자신들의 꾸준한 연수, (3) 교수-학습방법의 개선이 요구되며, 학교 밖으로는 (1) 교단 지원 체제의 확립 및 바른 교육관을 위한 학부모에 대한 홍보(정태수, 1983)를 해야 한다는 것이다. 여기서 우리는 교실개혁의 궁극적 목표는 "수업개선"이라는 것을 알 수 있다.

그러면 교실개혁과 수업개선은 누가 하는가? 교실개혁의 여건도 조성되고, 방향도 제시되고, 자료(새 교육과정)까지 주어졌다 해도 개혁을 실천하느냐 않느냐 하는 최종 결정자는 교사 자신이다. 교실 개혁과 수업 개선에 관한 한 최종 결재권자가 교사인 셈이다. 성공적인 교실 개혁을 위해서는 최종 결정권자인 교사의 행위를 변화시키는 일이 필요하다. 여기서 교사변인의 중요성이 다시 한번 강조된다.

교사로 하여금 변화하도록 조장하여 교실 개혁의 목표와 똑같은 수업 개선을 가져오려고 하는 분야의 하나가 다음에 논할 장학이다. 그래서 문교부의 "교실 개혁 운동 추진 방안"(1983. 7. 11)의 추진 내용 중의 하나로 "교내 장학기능의 강화"가 들어 있고, 구체적으로 ① 교과 협의회를 통한 자율 장학, ② 임상장학, ③ 타교와의 정보 교환에 의한 장학, ④ 교사 상담이 제시되고 있다.

여기서 교실 개혁의 궁극적 목표는 수업 개선이며 이는 장학의 목표와 같으며, 성공적인 교실 개혁을 위해서는 장학의 도움이 필요하다고 정리해 놓고 다음은 장학에 대하여 논하고자 한다.

Ⅲ. 수업장학과 임상장학

　장학이 무엇이냐에 학자들 간에 아직 완전한 합의를 보지 못하고 있다. 장학의 개념에 관한 문헌 연구 결과 대개 (1) 행정, (2) 경영, (3) 인간관계, (4) 교육 과정, (5) 수업, (6) 지도성의 정의로 분류되었다〔주삼환, 1982(a)〕. 이런 6개의 개념 정의 접근이 있었으나 장학의 궁극적 목적이 "수업개선"이라는 데는 의견이 거의 일치하는 것으로 나타나 있다. 다만 수업 개선을 위해서 얼마나 "직접적"으로 접근하느냐의 정도에 차가 있을 뿐이다(〈그림 2〉 참조). 우리나라에서도 지금까지 장학을 행정적 측면에서 접근해 온 경향이다. 장학론의 강의가 교육행정과에서만 다루어져 왔고, 장학담당자들이 하는 일이 행정적인 것이 많았고, 또 장학직과 행정직이 쉽게 교류되고 있다는 점이 이러한 경향을 뒷받침해 주고 있다. 그러나 장학의 목적인 수업개선을 위해서는 교육과정과 수업 측면에서도 강조되어야 할 것이다. 하여간 여러 교육 활동 중에서 장학은 교육의 3요소라 할 수 있는 교사, 학생, 교육내용과 밀접하게 관련된 분야의 하나이며 여기서 수업 장학의 필요성이 강조된다.

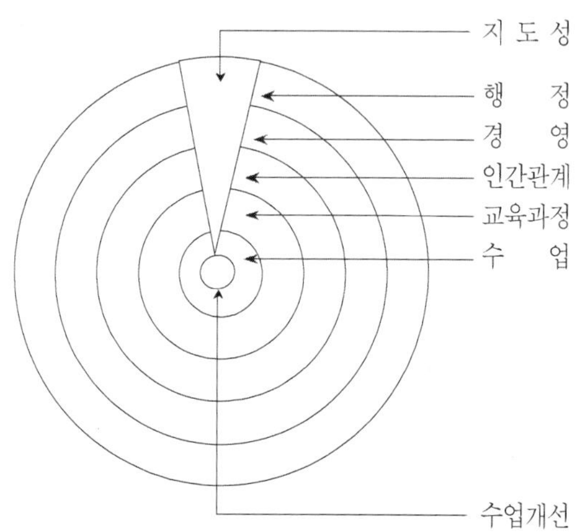

〈그림 2〉 장학의 개념 정의 접근

A. 수업장학

학자에 따라 다음에 말할 "Clinical Supervision"을 "Instructional Supervision"과 같은 수준으로 수업장학으로 옮겨 쓰고 있으나(변영계, 1983), 필자는 "Instructional Supervision"을 수업장학이라 하여 임상장학(Clinical Supervision)보다 넓은 의미로 구별하여 쓰고자 한다.

Alfonso와 Firth, Neville(1981)은 Lovell(1967)과 Wiles와 Lovell(1975)의 정의에 바탕을 두고 수업 장학을 "학생의 학습을 촉진하고 조직의 목적을 달성하기 위하여 교사행위에 직접적으로 영향을 주는 조직이 공식적으로 지정한 행위"라 정의하고 있다. 이 정의 속에는 세 개의 주요 요소가 있는데 첫째, "공식적으로 지정한"은 우연한, 무의도적인 활동이 아니고 조직적 요청과 공식적 권위를 의미한다는 점이다. 둘째, "교사행위에 직접적으로 영향"을 준다는 점이다. "행정"이나 "경영", "인간관계"를 통해서가 아니라 "직접적"으로 영향을 준다는 데 수업 장학의 강조점이 있다. 셋째, 이 정의는 학교 조직의 존재 이유인 "학생의 학습을 촉진"한다는 궁극적 목적을 밝히고 있다. 즉 "수업장학 행위"는 교사의 "수업행위"에 직접적으로 영향을 줘서 궁극적으로는 "학생행위"의 변화를 가져오자는 것이다〈그림 3〉.

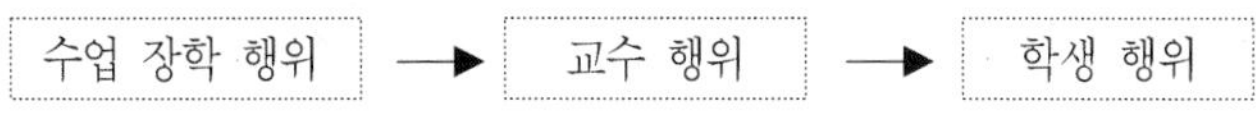

〈그림 3〉 수업 장학 행위 체제(Alfonso, Firth & Neville, 1981)

교실개혁이 혁신의 최종 채택자인 교사의 행위를 변화시켜 수업 개선을 가져와야 하듯이 수업 장학도 수업 개선에 초점을 맞추려는 것이다. 그러므로 교실 개혁을 위해서 장학이 수업 측면에서 접근해야 할 것을 강조한다. 그러나 구체적인 수업 장학의 방법에 있어서는 더 연구되어야 한다. 수업 개선을 위한 보다 더 구체적인 한 장학 방법이 다음에 소개할 임상장학이다.

B. 임상장학

1950년대 말과 1960년대 초에 걸쳐 미국 Harvard대의 Anderson, Cogan, Goldhammer팀이 개발한 것으로 우리나라에서도 최근에 소개되었다.

임상 장학 교실 내의 수업 기술 개선이란 목표 아래 교수 전문가인 교사와 장학전문가인 장학 담당자가 1:1의 친밀한 관계 속에서 수업 계획 협의회, 수업 관찰, 피드백 협의회 과정의 주기로 이어지는 수업 장학의 구체적인 한 대안적 장학 방법이라고 할 수 있다. 여기서 몇 가지 주목할 점이 있다.

첫째, 장학의 범위가 교육 현장인 교실과 교사의 행위로 좁혀졌다는 점이다.

둘째, 주요 목표는 교사의 수업 기술 개선이라는 점이다. 수업 내용이 아닌 수업 기술이며, 한꺼번에 많은 기술이 아닌 교사가 가장 관심을 갖는 한두 기술씩 개선하려 한다.

셋째, 교사를 교수 전문가로 인정하고, 더욱 전문적으로 성장하려 하며, 또 성장할 수 있는 잠재 가능성이 있다고 믿는다는 점이다. 교사가 장학의 주체이며 객관적 자료를 제공해 주고 조언해 주는 것이지 교사 대신 문제를 해결해 주는 것이 아니다.

다섯째, 1:1의 친밀한 관계라는 점이다. 교육 현장에서의 face to face의 인간적, 개인적 접촉이라는 데서 "임상"이란 말이 나온 것이다. 친밀성과 Rapport, 동료의식(Colleagueship)은 임상 장학의 요체이며 장학의 개별화(Individualized Supervision)와 인간화(humanized)에 도움이 될 수 있다. 그러나 많은 시간과 장학 인력이 요구된다는 점에 문제가 있다. 그렇지만 가치 있는 일에는 시간과 노력을 바쳐야 하며 한 교사에게 6분씩 10회 장학하는 것보다 1회 60분 장학하는 것이 수업 기술 개선에 도움이 될지도 모른다.

여섯째, 임상 장학의 과정을 요약하면 (1) 계획 협의회, (2) 수업 관찰, (3) 피드백 협의회의 주기이다. (1) 계획 협의회에서 교사와 장학 담당자가 같이 수업을 계획하고, 무엇을 관찰하고 무슨 자료를 수집할 것인가를 결정하며, (2) 수업 관찰에서는 관찰하기로 합의한 것만 관찰, 자료를 수집하여, (3) 피드백 협의회에서 객관적 자료를 제시하고 다음의 전략을 세우는 주기로 이어지는 것이다. 이 장학의 과정과 각 단계에서 하는 일을 요약하면 〈그림 4〉와 같다.

일곱째, 이 임상 장학은 수업 개선에 초점을 맞춘 구체적인 한 장학 형태이다. 최선의 방법도 아니고 만병통치약도 아니다. 앞에 언급한, 일반장학(General Supervision), 수업 장학과 함께 부분적으로 시도되어야 할 것이다.

임상 장학은 수업 장학보다 더 구체적인 수업 개선 방법을 제시하고 있으며 이것이 바로 교실 개혁에 도움이 된다고 생각하여 여기에 다시 소개된 것이다.

<table>
<tr><td>

1. 교사와 장학사가 함께 수집한 자료분석
2. 계획협의 시 합의사항 재확인
3. 교사의 전문적 목표 확인
4. 교사의 전문적 성장 목표 달성 방법 협의
5. 수집한 자료 피드백(T22)
6. 교사의 추리, 의견, 느낌, 듣기
7. 대안적 수업목표, 방법, 이유, 모색하도록 격려(T24)
8. 실천과 비교를 위한 기회를 교사에게 제공(T25)

</td><td>

1. 교사가 학급과 학습 과제 설명
2. 교수목적 확인, 달성 방법 설명
3. 교사의 관심과 문제점 확인(T1)
4. 문제를 관찰 가능한 행동용어로 바꾸기(T2)
5. 어떻게 무엇을 관찰할 것인가 계획
6. 관찰 중 수집할 자료의 형태, 도구에 대한 합의(선택)(T6)
7. 교사의 교수개선 절차 확인(T2)
8. 스스로 개선 목표 설정하도록 돕기(T4)
9. 기록될 수업장면의 명료화
10. 수업관찰 시간 합의(T_5)

</td></tr>
</table>

1. 장학사는 분석될 자료 수집(분석용지 사용)(약, 축에 사용)
2. 장학사는 교수 형태 확인
3. 교사의 질문, 반응, 지시, 진술 등 기록
4. 학생의 과업집중도(T11)
5. 언어적 흐름(verbal flow)(T12)
6. 교사의 이동도(T13)
7. 일화기록(T14)
8. 녹화, 녹음(T15)
9. 시간의 흐름에 따른 분석(T21)

주: T는 Acheson & Gall(1980)에 제시된 Technique 번호, 10분, 30분, 20분은 대체적인 시간 소요

〈그림 4〉 임상 장학의 단계별 방법[주삼환, 1983(b)]

Ⅳ. 교실개혁을 위한 장학의 개선

성공적인 교실 개혁과 수업 개선을 위해서는 장학의 방법도 개선되어야 하고, 동시에 장학도 교실 개혁을 추진하기 위한 지원 체제로 동원되어야 할 것이다. 따라서 본 장에서 현 장학의 문제점을 지적하고, 장학 개선을 위한 일반적 방향과 구체적인 방법을 제안해 보고자 한다.

A. 현 장학의 문제점

다소 주관성을 배제할 수는 없으나 현재의 장학의 문제점을 먼저 살펴보고자 한다.

첫째, 장학력이 약화되어 있다. 감독적 시학에서 민주적 장학으로 이행하는 과정에서 장학 담당자가 지위적 권위로 누르지도 못하고 그렇다고 전문적 권위로 설득하지도 못하여 결국 장학력이 약화되어 있는 상태이다.

둘째, 조직 자체가 장학지도 업무 중심 조직이라기보다는 행정업무중심의 조직으로 되어 있어(윤정일 외, 1982), 장학이 행정 일변도이며, 수업 장면의 방문도 조직적이지 못하고 수업 개선에 도움을 주지 못하고 있다. 상급 기관의 학교에 대한 장학도 계획성이 부족하고 시책 사업과 관리 위주, 확인 위주로 교육과정과 수업 개선에 기여하지 못하고 있다(윤정일 외, 1982).

셋째, 장학 권한의 과도한 중앙 집권화(윤정일 외, 1982)로 학교나 교사 개인 수준에서 스스로 전문성을 신장하려는 노력이 적고 상급자의 지시와 타율에 의하여 움직이는 경향이 있다.

넷째, 장학직의 수적 부족과 업무량 과다(윤정일 외, 1982)로 전문성 신장이 어려우며 사무적 업무처리에 바쁘다. 더구나 장학직 양성 프로그램도 없다.

다섯째, 교장, 교감은 수업 지도자(instructional leader)로서의 위치를 잃고 관리적 측면에 치우치고 있다.

이외에도 여러 측면에서 장학 현실을 분석할 수 있을 것이며, 이러한 문제점을 제거하는 것이 장학 개선에 우선해야 할 것이다. 이러한 문제점 제거와

중복되기도 하지만 장학개선의 일반적 방향의 몇 가지를 제시하면 다음과
같다.

B. 장학개선의 일반적 방향

첫째, 장학력을 강화시켜야 한다.

교사의 사기가 저하되어 있는 데다 교육과정은 바뀌고, 더구나 교실개혁이
라는 과업을 추진해야 하는 이때에 어떤 형태로든(장학 담당자의 전문성을
기르는 방안이든 교사 자신들끼리 상호 장학하게 하는 방안이든) 장학력을
강화해야 한다.

둘째, 교사양성기관의 학생장학부터 철저를 기해야 한다.

실습 기간을 늘리고, 수업 능력(competency)을 기르는 데 중점을 두어
양성되어야 한다. 교실 개혁이 일시적 유행으로 그치지 않고 장기적 전망을
갖고 추진된다면 교사 양성 기관에서부터 장학을 철저히 하는 것이 이익이
될 것이다.

셋째, 장학의 개별화에 노력해야 한다.

이 세상에 똑같은 교사가 없고, 똑같은 수업 기술 수준이나 문제점에 부딪
쳐 있는 교사는 드물다. 수업의 개별화(individualized instruction)와 인
간화가 필요하듯이 장학의 개별화(Individualized Supervision)와 인간화
가 요청된다.

넷째, 수업개선에 초점을 맞춘 장학이 요구되고 있다.

지금까지의 행정이나 경영에 의한 장학과 함께 수업 개선에 직접적으로
도전하는 장학을 시도해야 할 것이다. 현재와 같은 장학 방법을 일시에 바꿀
수는 없으므로 교육(구)청 수준이나 학교 수준에서 특히 수업 개선에 강조
를 두어야 한다.

다섯째, 교장, 교감 등 장학 담당자를 교실 개혁이나 수업 개선을 위한 변
화 촉진자(change agent)로 양성하여 혁신·보급하는 전략을 고려할 필요
가 있다. 지금까지 교실 개혁 용어만 제시되고 방향을 못 잡아 일선 학교에

서 방황 속에 시간을 보낸 일도 있다.

이와 같은 다섯 가지 장학 개선의 일반적 방향을 바탕으로 구체적인 개선 방법 세 가지를 제안해 보고자 한다.

C. 장학개선을 위한 구체적 제안

1. 교내장학의 강화(문교부, 1983. 7. 11; 윤정일 외, 1982)

우리나라에서 흔히 장학은 장학사나 장학관이란 직명이 붙은 사람에 의한 장학만을 생각하고 교사와 가장 밀접하게 또 손쉽게 맞닿을 수 있는 교장, 교감선생님에 의한 교내 장학이 등한시되어 왔다. 원래 교장이라는 "Principal" 은 "Principal Teacher"에서 줄어든 것으로(주삼환, 1983(a)) 수석교사를 의미하는데, 교장은 가르치는 일에서 제일이었으며, 그래서 지금도 잘 가르치는 교장은 수업을 해야 한다(Rosenberg, 1982)는 주장이 나오고 있는 것이다. 외국 교장들은 수업 지도자로서의 위치를 놓치면 교장으로서 설 자리가 없어지기 때문에 부단한 연수로 수업 지도자로서의 위치를 지키려 하고 있다. 교수 전문가인 교사에게 행정적, 잡무적, 서무적 사무 분장을 전부 분담시켜 놓고도 교장이나 교감에게 가장 중요한 수업 장학적 측면을 포기한다면 이는 일종의 직무 유기인 것이다. 교장의 수업 장학 기능의 수행이 어려우면 교감 중 1명이 연수의 과정을 거쳐 수업 장학을 전담하게 할 수도 있다. 그것도 어려우면 연구 주임을 연수시켜 수업 연구(개별 장학, 협동 장학), 직원 연수(직원 개발, 집단 장학) 등을 조직적으로 운영하게 하면 수업 개선에 실질적으로 기여할 수 있을 것이다.

2. 임상장학의 적용

임상 장학이 수업 기술 향상에 초점을 두었다는 것은 이미 말하였고 여기서는 그 적용을 위해서 몇 가지를 생각해 볼 수 있다.

(1) 먼저 시·도 교육청의 장학사, 교장, 교감을 대상으로 임상 장학에 대한 연수를 실시한다(변화 촉진자 양성).

(2) 교사로 하여금 임상 장학의 필요성을 느끼고, 호의적 태도를 갖고, 임

상 장학의 과정과 방법을 알 수 있도록 연수를 실시한다(교내에서라도).

(3) 임상 장학은 현재 각 학교에서 실시 중인 수업 연구자, 희망 교사, 전문적 성장 의욕이 강한 교사, 초임 교사부터 실시한다.

(4) 임상 장학으로 교사에게 이익이 되도록 해야 하며 수업 잘하는 교사가 최고의 대우를 받을 수 있어야 한다(예, 성과급증액).

(5) 교사양성기관의 교생 실습 시에도 적용되어야 한다.

(6) 임상 장학 기술(장학 협의회 기술, 수업 관찰과 분석 기술 등)을 계속 개발 보급해 주어야 한다.

(7) 수업 관찰 자료 수집을 위한 비디오테이프 등 필요한 장비를 갖추도록 한다.

(8) 임상 장학에서 가장 문제인 장학 담당자 수의 부족, 시간 부족을 보완하기 위하여 동료 장학(Peer Supervision, Collegial Supervision)을 적용시킬 수도 있다.

3. 동료장학 권장

동료장학이란 교사 상호간의 장학으로 교사를 향상시키기 위한 과정(K·Wiles & Lovell, 1975)으로 종래 장학의 상·하급 관계성에서 발생하는 위협감과 스트레스의 양을 감소시킬 수 있는 장점도 있다. 교수 기술을 향상시키고 증대시키고자 하는 6~7명의 교사가 한 집단이 되어 임상 장학을 하는(Pfeiffer & Dunlap, 1981) 방안도 생각할 수 있고 경험 있는 교사와 초임 교사를 한 짝(Buddy System)(Pfeiffer & Dunlap, 1981)으로 하는 동료 장학도 생각할 수 있다. 교과주임, 학년주임을 중심으로 하는 동료 장학도 고려할 수 있다. 수업에 대하여 가장 잘 아는 사람은 동료 교사이며 행정가에 의한 평가보다 전문 동료 교사에 의한 상호 평가를 보다 효과적인 것으로 생각하는 교사도 있다(김영식, 주삼환, 1979; Gorton, 1972)는 장점도 있다. 또 동료 교사가 갖고 있는 장점을 서로 나누어 가지려고 하는 교사 사회의 분위기도 조성될 것이다.

V. 결 론

지금까지 교육개혁과 교실개혁에 대하여 살펴보고, 수업장학과 임상장학을 간단히 소개하였으며, 현 장학의 문제점 몇 가지를 지적하고 장학개선을 위한 일반적 방향과 구체적 제안을 하였다.

결국 교실 개혁과 장학도 수업 개선에 초점을 맞춰야 하며, 모든 교육 활동 중에서 수업이 최우선되어야 하고, 그 수업을 직접 담당하는 교사가 최고의 대우를 받아야 하며, 그들의 전문성 신장에 주의가 집중돼야 한다는 결론에 이르게 된다. 교실 개혁에 앞서 교사 자신의 자기개혁이 필요하며 교사로 하여금 가르치는 일에서 성취감을 맛볼 수 있도록 되어야 한다.

지금까지 교육의 핵, 장학의 본질을 저 멀리 두고 그 주변만 맴돌거나 때로는 목적과 수단이 전도(goal displacement)되거나, 혹시 교육적 노력과 정열, 시간, 금전이 헛길로 새어나가지 않았는지 확인해 봐야 할 것이다. 교사의 정열을 수업에 쏟지 못하게 하고 오히려 행정이나 장학을 위해서 존재하도록 만들지는 않았었는지? 내버려 두면 오히려 더 잘 가르칠 것을 괜히 장학으로 도와준다고 하다가 교사를 괴롭히는 결과가 된 적은 없는지?

이제, 보이기 위한 형식과 겉바퀴만 돌게 하지 말고 수업이란 알맹이를 영글게 해야 할 것이다. 새로운 것이 시도될 때마다 교사에게 짐을 하나씩 덧붙여 준 과거의 전철을 밟지 않도록 여기서 논의된 교실 개혁과 장학 개선도 조심스럽게 시도되어야 할 것이다.

참고문헌

강영삼, "장학행정", 현대교육행정학, 신중식 외, 서울: 교육출판사, 1982.

김영식, 주삼환 역, 신장학론, 서울: 교육출판사, 1979, pp.193-216.

김종철, 교육행정의 이론과 실제, 3정, 서울: 교육과학사, 1982.

김홍원, "수업장학……," 교육개발 5권 2호, 3호, 4호, 한국교육개발원, 1983.

문교부, '80년대의 한국교육개혁, 1983(a), p.3, p.22, pp.73~92, pp.21~292, pp.298~303.

문교부, 교실개혁운동추진방안(회의자료), 1983(b)

백현기, 장학론, 서울: 을유문화사, 1964.

변영계, "수업개선과 수업장학", 교육개발, 5권 1호, 한국교육개발원, 1983, p.12

윤정일 외, 장학행정제도 개선연구, 한국교육개발원, 1982, p.74, p.76, pp.80~82, pp.90~93.

정태수, "교육개혁, 무엇을 할 것인가?," 교육자료, 1983. 9., pp.43~44.

조병효, 장학론, 서울: 배영사, 1981.

주삼환 역, 장학론(임상장학 방법), 서울: 학연사, 1983(a)

Keith Acheson and Meredith Damien Gall, *Techniques in the Clinical Supervision of Teachers: Preservice and Inservice Applications*, N. Y.: Longman, 1980의 번역.

주삼환, 장학론, 서울: 갑을출판사, 1983(b), p.74.

주삼환, 임상장학의 적용가능성, 한국교육학회 제21차 연차학술발표회 발표논문, 1982. 10. 26.(a), pp.7~9.

주삼환, "장학의 본질에 비추어 본 장학의 개선방향", 교육발전논총, Ⅳ권 1호, 충남대학교, 1982(b)

주삼환, "인간화 측면에서의 장학에 대한 교사의 지각반응", 교육학 연구, 15권 1호, 한국교육학회, 1977(a)

주삼환, "장학에 있어서의 교사의 욕구", *교육학 연구* 15권 2호, 한국 교육학회, 1977(b)

한국교육개발원 역, 미국의 교육위기, 1983.

Alfonso, Robert J., Gerald R. Firth and Richard F. Neville, *Instructional Supervision: A Behavior System,* 2nd. ed., Boston; Allyn and Bacon, 1981, p.43, p.45.

Blumberg, Arthur, *Supervisors and Teachers: A Private Cold War,* 2nd. ed., Berkley, California; McCutchan Publishing, 1980.

Cogan, Morris, *Clinical Supervision,* N. Y.: Houghton Mifflin, 1973.

Dull, Lloyd W., *Supervision: School Leadership Handbook,* Columbus, Ohio; Charles E. Merrill Publishing, 1981.

Goldhammer, Robert, Clinical Supervision, N. Y.: Holt, Rinehart and Winston, 1969.

Gorton Richard A., *Conflict, Controversy and Crisis in School Administration and Supervision: Issues, Cases and Concepts for the '70s,* Dubuque, Iowa: WM. C. Brown, Co., 1972, pp.92-93.

Houston, W. Robert and Robert B., *Competency-Based Teacher Education,* Chicago: Science Research Associates, Inc., 1972.

Krajewski, Robert J. "Clinical Supervision: A Conceptual Framework", *Journal of Research and Development in Education,* Vol.15, No.2, 1982.

Lovell, John, "A Perspective for Viewing Instructional Supervisory Behavior", *Supervision: Perspectives and Propositions, Washinton,* D. C.: Association for Supervision and Curriculum Development, 1967.

Lucio, William H. and John O. McNeil, *Supervision: A Synthesis of Thought and Action,* N. Y.; McGraw-Hill Book Co., 1962.

McNergney, Robert F. and Berj Harootunian, "Toward a Differential Model of Clinical Supervision", Paper Presented to the First

Congress on Education, Toronto, Canada, June 18, 1978.

Reavis, Charles A., *Teacher Improvement Through Clinical Supervision,* Bloomington, Indiana; Phi Delta Kappan, 1978.

Rosenberg, Max. "School Principals Should Teach", Phi Delta Kappan, Vol.63, No.9, May 1982, p.630.

Sergiovanni, Thomas J. and Robert J. *Starratt, Supervision: Human Perspectives,* 2nd ed., N. Y.; McGraw-Hill Book Co., 1979.

Wiles, Kimball, *Supervision for Better Schools,* 3rd ed., Englewood Cliffs, N. J.: Prentice-Hall, 1967.

Wiles, Kimball, and John Lovell, *Supervision for Better Schools,* 4th ed., Englewood Cliffs, N. J.: Prentice-Hall, 1975, p.184.

Wiles, Jon and Joseph Bondi, Supervision: *A Guide to Practice, Columbus,* Ohio; Charles E. Merrill Publishing, 1980.

8. 장학의 방향*

Ⅰ. 서 론

교육의 효과성을 높이려는 노력이 교육의 여러 측면에서 일어나고 있다. 교육혁신이나 개혁도 실은 교육의 효과성을 높이려는 것이며 최근의 교실개혁도 이러한 노력의 하나이다.

교육활동의 핵심은 교수—학습이라는 데 이의를 제기할 사람은 별로 없다. 그렇다면 교육의 효과성을 올리려는 노력은 바로 교수—학습의 효과성을 높이는 데 집중되어야 할 것이다. 교수—학습과 가장 밀접하게 관련된 분야의 하나가 장학이다. 장학이란 결국 장학담당자가 교사에게 영향을 주어(즉 교사로 하여금 교수를 잘하도록 도와주어) 학생으로 하여금 학습을 잘하도록 하려는 것이다. 장학의 중요성은 바로 여기에 있다. 이것은 〈그림 1〉과 같이 나타낼 수 있다.

---

* 이 논문은 김종철 박사 회갑논문집 간행위원회, 한국교육행정의 과제와 이론적 접근 (서울: 교육과학사, 1983)에 게재되었던 것임.

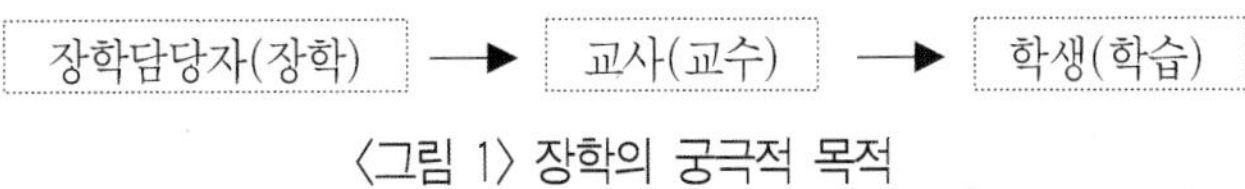

〈그림 1〉 장학의 궁극적 목적

이러한 장학의 궁극적 목적을 달성하기 위하여 장학은 여러 가지로 접근해 왔다. 이 논문의 서론에서는 "장학의 중요성", "장학의 개념 정의 접근"과 "발달" 과정을 간단히 훑어보면서 장학의 목적달성을 위한 여러 접근을 고찰하며, 본론에서 앞으로 우리나라의 장학이 나아갈 방향을 모색하고자 하는 것이다. 연구방법으로서는 최근 장학에 관한 문헌의 마지막 장이나 결론 부분의 "미래의 전망"이나 "방향"에 관한 부분을 주로 종합하여 가능한 공통점을 찾아 제시하려는 것이다.

그리고 좁은 지면으로 요약하여 이해를 돕기 위해서 그림을 많이 사용하게 될 것이다.

A. 장학의 중요성

교육에서 가장 중요한 변인인 교사, 학생, 내용과 가장 밀접하게 관련된 분야의 하나가 장학이다. 교사의 전문적 성장과 교수기술을 개선시켜(교사측면), 또 교육과정의 질적 관리(내용측면)로 교수－학습을 개선하려는(학생측면) 장학은 점점 더 그 중요성이 강조되고 있다. 특히 최근의 여러 경향으로 보아 장학의 강화가 절실히 요청되고 있다(주삼환, 1982, pp.3~6에서).

첫째, 교육의 양적 팽창과 학교교육의 거대화에 따른 질적 관리를 위해서 장학의 중요성이 강조되고 있다. 교육인구의 증가만큼 재정이 뒷받침해 주지 못하고 있으며, 학교가 거대화되고 또 더욱 관료화되고, 학생들은 최소능력에도 미달하고 있다는 이때에 장학에 의하여 질을 추구해야 한다는 요청이다.

둘째, 학교교육에 대한 사회의 요구가 증대됨에 따라(Parelius & Parelius, 1978, p.120) 장학의 중요성이 강조되고 있다. 글을 가르치는 것만으로 만족하지 않고 인간을 만들어 달라고 학교에 주문하며, 직업에서 쓸 수 있는 기술도 가르쳐 달라고 하는데 학생들의 질은 떨어졌다고 법석이며, 청소년 문제는 증가한다고 하는 이런 때에 장학은 무엇인가 해답을 주어야 한다.

셋째, 교사의 사기가 극히 저하되어 있는 이때에 장학은 절실히 요청되고 있다. 교직의 유인체제가 약화되고 교사의 사회경제적 지위가 상대적으로 약화되어 사기가 저하되어 있는 실정이며, 또 외부 경기가 좋을 때에는 교직에 불만이 있는 교사들이 이직할 수 있었으나, 최근에는 그렇지 못하여 불만이 있는 교사들이 교직에 머물러 있는 실정이다(Sergiovanni & Starratt, 1979, pp.2~3). 이런 때에 사기 저하된 교사와 불만 있는 교사들을 지도해야 할 수준 높은 장학이 요청되고 있다.

넷째, 교사들이 장학에 대하여 부정적인 태도를 갖고 있을수록 높은 수준의 장학을 필요로 한다. 지금까지 많은 연구들이 교사들의 장학에 대한 부정적인 태도를 보고하고 있다(주삼환, 1977; Acheson & Gall, 1980; Blumberg, 1980; K. Wiles, 1967). 교사들이 장학에 대하여 부정적이라고 하여 장학을 포기할 수는 없다. 오히려 질 높은 장학으로 교사의 태도를 바꾸어야 한다.

다섯째, 교사교육의 질이 높아지고 기간이 연장되어 교사의 전문성이 제고됨에 따라 장학의 전문성도 절실히 요청되고 있다. 교사의 질이 높아지고 가치관이 변화함에 따라 장학담당자가 과거처럼 지위로써 누르던 장학은 이미 설득력을 잃어버렸다. 고도의 전문적 권위(French & Raven, 1959)를 바탕으로 한 장학이 요구되고 있다.

여섯째, 교사로 하여금 교육활동의 핵심이라고 한 "가르치는 일"에서 만족과 행복감을 느낄 수 있도록 장학적 지도가 요청된다. 교사의 불만요인이 되는 "가르치는 일" 이외의 외적 조건도 개선하면서 동시에 장학은 주로 교사들이 "가르치는 일"에서의 성취감에 동기유발되도록 노력해야 하기 때문에 중요시되고 있다.

이러한 최근의 장학의 중요성에 대한 인식이나 강화요청은 결국 앞으로 장학의 방향을 설정하는 근거가 될 것이다.

B. 장학의 개념 정의 접근

장학이 무엇이냐에 대하여 학자들 간에 합의를 보고 있지 못하며 또 시대에 따라 변화하고 있다. 김종철(1982)은 장학을 다원적 접근방법을 채택하여 다음 세 가지로 접근하고 있다.

그의 법제 면에서의 접근법(legal appoach)으로는 "계선조직의 행정활동
에 대한 전문적·기술적 조언을 통한 참모활동 내지 막료활동(staff opera-
tions)"이라 정의하고 있으며, 기능 면에서의 접근방법(functional ap-
proach)으로는 "교사의 전문적 성장, 교육운영의 합리화 및 학생의 학습환경
개선을 위한 전문적·기술적 보조활동"이라 하고, 이념적 접근방법(ideological
approach)으로 "교수(instruction), 즉 학습지도의 개선을 위하여 제공되
는 지도·조언"이라 정의하고 있다(pp.235~238). 이 세 접근에서 공통적인
것은 "전문적·기술적" "조언"인데 이것이 행정에 대한 것(법적)이냐, 교사,
교육운영, 학습환경(기능적)에 대한 것이냐, 교수학습 개선에 관한 것이냐(이
념적)에 따라 접근이 달라질 뿐이다. 그리고 법적-기능적-이념적의 순으로
넓은 데에서 좁고, 구체적이며, 궁극적인 데로 접근한 것이라 할 수 있다.

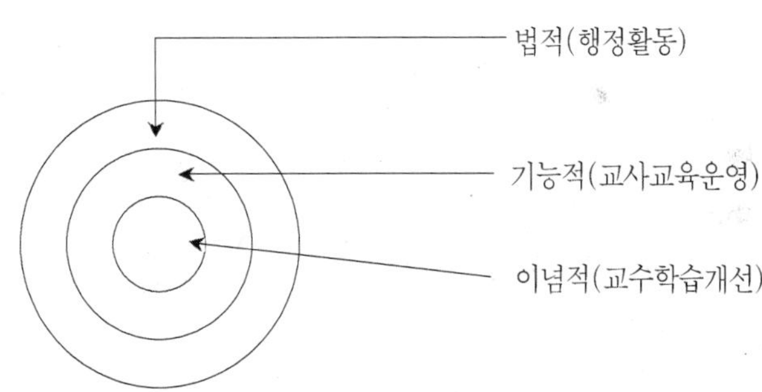

〈그림 2〉 김종철의 장학개념의 다원적 접근

외국의 장학에 관한 문헌을 고찰해 볼 때에도 다음 여섯 가지로 장학의
개념정의들이 분류될 수 있었다(주삼환, 1982(a), pp.2-6 참고).

1. 행정(administration)

장학은 대부분 교육행정의 연장으로서 발전해 왔다(J. Wiles, 1980, p.4).

그래서 행정과 장학의 한계가 명확하지 않다(김종철, 1982, p.234). Eye, Netzer와 Krey(1971)는 "교육체제의 적정 교수기대의 달성에 초점을 둔 학교행정의 국면"(p.31)으로, Harris와 Bessent(1969)는 "학교체제의 인원이 학교의 주요 교수목적 달성을 위해 직접적으로 영향을 주기 위하여 학교운영을 유지 또는 변화의 목적으로 '사람'과 '사물'을 다루는 것"(p.11)이라고 하여 장학을 행정활동으로 정의하고 있다. 그러나 Burton과 Bureckner(1955)는 "행정은 물자와 시설제공과 일반적 운영과 흔히 관련되는 반면 장학은 특별히 학습환경개선과 관련된다."(p.85)고 하여 행정과 장학을 구별하려 하고 있다. 그러나 행정과 장학은 기능적으로 분리될 수 없고 교육체제운영에 있어서 둘은 서로 조정하고, 상호 관련되며, 상보적이고, 기능적으로 서로 분담하는 데 불과한데, 유리한 학습조건을 제공하는 것이 행정과 장학의 공동목적이라 할 수 있다. Sergiovanni와 Starratt(1979. p.15)는 행정과 장학의 관계를 역할과 과정 사이의 딜레마라고 하며, 학교목적 달성을 위하여 사물과 아이디어를 동원하면 행정적 방법(administrative way)이고 사람을 통하여 학교목적을 달성하려 하면 장학적 방법(supervisory way)이라고 구별하고 있다. 관료적 학교조직에서는 행정적 방법을 동원하고 전문적 학교조직에서는 장학적 방법에 더 비중을 둔다는 것이다.

한국에서나 외국에서나 전통적으로 장학을 행정의 일부나 연장으로 보아 왔고 현재도 양자 사이에 명확한 선을 긋기 어려운 실정이나 최근 장학의 독자적인 책임영역을 획정하려 노력하고 있다.

2. 경영(management)

Alfonso, Firth와 Neville(1981)은 "장학담당자는 일의 과정을 지시하고 안내하는 책임이 있다. 결과적으로 기술적 생산체제(technical production system)이었든 인간봉사체제(human service system)이었든 조직의 일의 체제(organization's work system)는 장학담당자의 역할을 결정하는 가장 의미 있는 결정인자"(p.4)라고 하여 조직경영의 측면에서 장학을 다루려 하고 학교를 하나의 생산체제로 보고 있다. 특히 이들의 책은 수업장학행동체제에 초점을 두어 구성되었다. 그리고 미국의 학교체제가 점점 거대화되면서 경영 측면에서 장학을 정의하려는 경향이 나타나고 있다.

3. 인간관계(human relations)

K. Wiles(1967, p.10)는 장학담당자를 촉진자(expediter), 의사소통 조성자, 다른 사람과 접촉하게 하는 연락자, 직원을 자극하는 사람…… 등으로 보아 인간관계 측면을 강조하였다. Lovell도 K. Wiles 책을 개정하면서 "수업장학행위(instructional supervisory behavior) 체제를 학생을 위한 학습기회 제공과 실현을 유지, 변화, 개선하기 위한 방법으로 교수행위체제(teaching behavior system)와 상호작용(interacting)의 목적으로 조직이 공식적으로 제공하는 부가적 행위체제(additional behavior system)로 가정한다"(1975, pp.6과 8)고 정의하여 "상호작용"을 중심으로 하고 있다. Blumberg(1980)도 책 전체를 장학담당자와 교사의 상호작용, 인간관계에 초점을 두어 다루었다. Sergiovanni와 Starratt(1979)는 인간관계장학에서 한 발짝 더 나아가 인간자원장학(Human Resources Supervision)을 제의하면서 "개인의 욕구와 학교목적과 과업을 결합하는 데 강조"(p.13)를 두고 있다.

4. 교육과정(curriculum)

Cogan(1973)은 일반장학(general supervision)과 임상장학(clinical supervision)을 구별하여 "일반장학은 교육과정의 제정과 개정, 교수단원과 교수자료의 준비, 학부모에게 통지하는 과정과 도구의 개발, 전 교육프로그램의 평가 등 광범한 일을 뜻한다."(p.9)고 하여 교육과정으로 정의하고 있다. Curtin(1964)도 "장학은 교육과정에서 의미를 발견해야 한다."(p.162)고 하여 같은 입장을 취하고 있다.

5. 수업(instruction)

미국의 ASCD(1965)는 장학담당자를 "수업(teaching) 개선이나 교육과 정운영과 개발에 기여하는"(pp.2~3) 모든 사람을 의미한다고 하여 장학을 수업의 측면에서 보고 있다. Marks, stoops와 King-Stoops(1978)도 장학을 "교수와 프로그램 개선에 목적을 둔 행동과 실험"(p.25)으로, Dull(1981)은 "교수개선의 목적으로 행하는 전문교육자의 행동"(p.5)으로 보아 수업의 측면에서 정의하고 있다. 다른 많은 저자들도 장학의 궁극적 목적은 수업개선 (improvement of instruction)이라 하고 있다.

6. 지도성(leadership)

Mosher와 Purpel(1972)은 "장학의 과업은 교사에게 가르치는 방법을 가르치는 것"이라 하고 "교육과정, 수업, 조직형태 등에 있어서 전문적 지도성을 발휘하는 것"(p.4)이라 하여 지도성 기능으로 정의하고 있다. J. Wiles와 Bondi(1980)도 장학을 "행정, 교육과정, 교수를 연결하는 그리고 학습과 관련된 학교활동을 조정하는 지도성 기능"(p.11)으로 정의했으며, 많은 책들이 수업적 지도성(instructional leadership)을 강조하고 있다. 특히 80년대에 들어서 이 지도성이 더 강조되기 시작하고 있다.

이상의 장학의 개념적 접근을 요약하면 〈표 1〉과 같다.

〈표 1〉 장학의 정의(1955~1982)

초 점	저 자 (연도)
(1) 행 정	Eye, Netzer & Krey(1971), Harris & Bessent(1969), Burton & Brueckner(1955), 김종철(법규적 측면, 1982), 강영삼(장의 제목, 1982)
(2) 경 영	Alfonso, Firth & Neville(1981)
(3) 인간관계	K. Wiles(1967), K. Wiles & Lovell(1975), Sergiovanni & Starratt(1979), ASCD(1982), Blumberg(1980)
(4) 교육과정	Cogan(1973), Curtin(1964)
(5) 수 업	ASCD(1965), Marks, Stoops & King-Stoops(1978), 김종철(기능, 이념적 측면, 1982), 백현기(1964)
(6) 지 도 성	Mosher & Purpel(1972), J. Wiles & Bondi(1980), Dull (1981)

그리고 이것을 종합하여 볼 때 장학의 궁극적 목적인 "수업개선"을 핵으로 하여 가까운 것으로부터 주변적인 순서로 "수업", "교육과정", "인간관계", "경영", "행정"으로 접근한 것을 알 수 있고, "지도성"은 이들을 모두 연결시키는 것으로 보아 다음 〈그림 3〉과 같이 나타낼 수 있을 것이다.

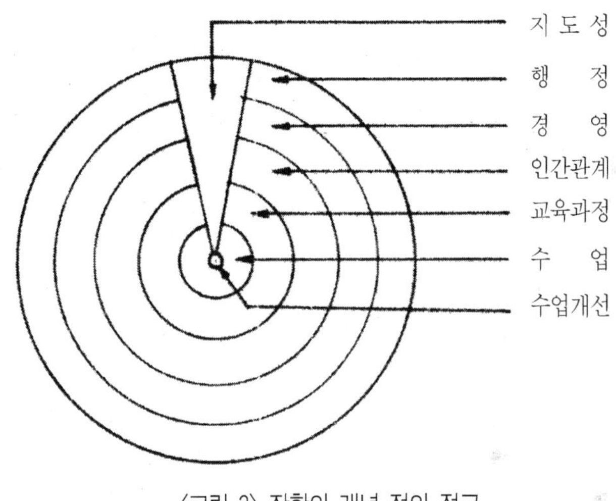

〈그림 3〉 장학의 개념 정의 접근

장학의 개념 정의 접근으로부터 앞으로의 장학은 수업장학, 수업개선에 직접적으로 접근하는 장학방법이 시도되어야겠다는 시사를 받을 수 있다.

이제 앞으로의 장학의 방향을 모색하기 위하여 장학의 발달역사를 외국을 중심으로 잠깐 살펴보고자 한다.

C. 장학의 발달

역사적인·관점이 현재의 문제를 해결해 주지는 못한다 하더라도 미래의 모양을 그리는 데 중요하다. 그래서 여기서는 미국에서의 장학의 역사를 간단히 살펴보아 앞으로의 장학의 방향을 모색으로 바탕으로 삼고자 한다.

18C~19C 대부분 미국에서의 장학은 비전문인(layperson)에 의하여

학교운영 전반을 시학하고 학교시설, 장비, 출석상황 등을 정기적으로 점검하고 통제하는 것으로 장학의 역사가 시작되었다. 19C 후반 시학관(supervisor)이 별도로 임명되고, 20C 초에는 계선(line)에서 참모적(staff) 기능을 발휘하게 되었다.

20C 초 미국교육이 과학적 관리(scientific management)의 영향을 심히 받아 장학의 실제에도 과학적 관리의 색채가 강하게 스며들었었다.

경제시대의 영향으로 관료적 장학(bureaucratic supervision)이 출현되어 능률지향성, 경제지향성에 의하여 분업, 기술적 전문화, 조직 내의 규율 업무의 상황에 따른 특수절차, 문서에 의한 의사소통 등이 강조되었다.

1930년대는 인간관계시대의 영향으로 장학에서 강제와 감독의 역할이 약화되고 교사와 협동하던 시기였다. 1940년대에서 1950년대 중반까지의 장학은 결과보다 과정을 중시하게 되고 협동적 집단노력이 극대화하고 민주적 상호작용이 실천되었다.

1957년 소련의 Sputnik I호가 떠오르자 미국 교육은 교육과정 개발에 모두가 바빴다. 장학사는 교육과정 개발자가 되고 교사의 현직교육에 많은 노력을 기울여야 했다.

1960년대 후반에는 장학이 학교의 수업적 측면에 초점을 맞추려는 노력이 일어나 교수·학습과정의 분석과 임상장학(clinical supervision)의 개념에 초점이 주어져 있는 것을 볼 수 있다. 이러한 움직임에서 장학사는 비디오테이프의 사용, 교사·학생의 상호작용 평가, 교수의 새로운 가능성의 개발을 위하여 "현장연구(action research)" 기법이 뚜렷하게 나타났다.

1970년대 후반에 학교체제에 대한 경제적, 정치적 압력이 증대되어 행정가들은 다시 산업지향으로 기울어지는 경향이었다. 학급수업 개선에 대한 연구와 노력으로부터 경영적 역할(managerial role)로 관심이 기울어지기 시작하였다. 장학에 관한 문헌은 경영과 관련된 행위체제, 조직이론에 대하여 많이 다루게 되었다.

1980년대에 들어서면서 장학의 역할은 아직 행정, 교육과정, 교수 사이를 맴돌고 있으나, 장학의 독특한 기능과 영역을 확보하려는 움직임과 특히 지도성을 강조하려는 경향이 나타나고 있다.

이상을 요약하면 〈표 2〉와 같다.

<표 2> 장학의 발달(주삼환, 1982(a) p.90)

기간	내용
1750~1910	시학과 강제
1910~1920	과학적 장학
1920~1930	관료적 장학
1930~1955	협동적 장학
1955~1965	교육과정개발의 장학
1965~1970	임상(수업)장학
1970~1980	경영으로서의 장학
1980~	지도성으로서의 장학

Sergiovanni와 Starratt(1979)는 과학적 관리 장학, 인간관계 장학, 신과학적 관리 장학, 인간자원 장학의 넷으로 나누어 장학의 역사를 설명하고 있는데, 인간화의 물결과 일치하며 McGregor의 Y이론의 교사관에 바탕을 두어 교사의 잠재능력을 최대한 발휘하게 하고 교사로 하여금 일에서 만족을 얻게 하자는 인간자원장학은 좋은 방향이라고 본다.

Lucio와 McNeil(1962, pp.3~20)은 (1) 1900년 이전의 행정적 시학(administrative inspection), (2) 20C 초의 전문가에 의한 장학(supervision by specialists), (3) 1920년대의 과학적 장학(scientific supervision), (4) 1930년대~1940년대의 민주적 장학(supervision as democratic human relations), 1950년대 이후의 이성과 실천적 지성의 장학(supervision through reason and practical intelligence)으로 나누고 있는데 모두 비슷한 분류이다.

이 장학의 역사를 살펴보면서도 우리나라에서 수업장학, 임상장학의 필요성을 생각해 볼 수 있고, 인간자원장학과 장학에 있어서의 지도성의 강조를 시사받을 수 있다.

지금까지 서론 부분에서 장학의 중요성, 개념, 발달과정을 간단히 살펴보았는데 이러한 기초 위에 앞으로 우리나라에서 장학의 방향을 모색하는 데 도움이 될 것이다.

II. 장학의 방향

이 본론 부분에서는 서론에서 시사한 것과 장학에 관한 문헌을 고찰하는 동안 앞으로 우리나라의 장학에서 강조되거나 도입되어야 할 것으로 고려되는 항목을 뽑아 전개하고자 한다.

이러한 항목들은 다분히 주관성에 의하여 선정되었으나 우리나라의 장학에서 등한시되었거나 도입되지 않았던 것들이다. (1) 수업장학, (2) 임상장학, (3) 인간자원장학, (4) 직원개발(staff development), (5) 장학적 지도성(supervisory leadership), (6) 장학의 책무성(supervision account-ability)의 순서로 제시하고자 한다.

A. 수업장학(instructional supervision)

서론의 장학의 개념정의 접근에서 여러 가지 접근이 있었으나 중핵과 궁극적 목적은 수업개선이라고 하였다. 그리고 미국에서의 장학의 발달역사를 살펴볼 때 수업장학의 시대가 있었고 수업개선에 초점을 맞춘 때가 있었다는 것을 알았다.

그러나 우리나라에서는 장학이 교육의 핵심이요 장학의 핵심인 수업개선에 직접적으로 접근했던 때도 없었고 현재도 수업개선과는 거리가 먼 장학활동으로 시간과 노력, 정력을 허비한 감이 있다. 앞으로는 수업개선을 위해서 간접적인 접근도 필요하지만 직접적으로 접근하는 수업장학이 강조되어야 할 것이다.

그러면 수업장학이란 무엇인가? 이미 인용했던 Lovell과 K. Wiles(1975)는 "수업장학행위체제를 학생을 위한 학습기회의 준비와 실현을 유지, 변화, 개선시키기 위한 방법으로 교수행위체제와 상호 작용할 목적으로 조직이 공식적으로 제공하는 부가적 행위체제라고 가정"(pp. 6과 8)하였다. Alfonso, Firth와 Neville(1981)도 "학생의 학습을 촉진하고 조직의 목적을 달성하기 위한 방법으로 교사행위에 직접적으로 영향을 주기 위하여 조직이 공식적으로 지정한 행위"(p.43)라고 비슷하게 정의하고 있다. 이 정의 속에는 세 개의 주요요소가 있다. 첫째 "공식적으로 지정한"은 우연한, 무의도적인 활동이 아니고 조직적 요청과 공식적 권위를 의미한다.

둘째 "교사행위에 직접적으로 영향"을 준다는 점이다. 교사행위에 직접적으로 영향을 주지 못하면 수업장학이 아니라고 할 수 있다. 셋째 이것은 학교의 존재이유인 "학생의 학습을 촉진"과 직접적으로 밀착된 궁극적 목적을 밝히고 있다.

또한 이 정의는 수업장학행위의 근원, 방향, 목적을 말해 주고 있는데 "조직의 목적"과 "교사의 요구"가 장학을 하게 되는 근본근원이 되고, "교사행위"에 직접적으로 영향을 주어서 "학생행위"에 영향을 주자는 것이 수업장학의 목적과 영향의 방향이다. 이것을 요약하면 〈그림 4〉와 〈그림 5〉와 같다.

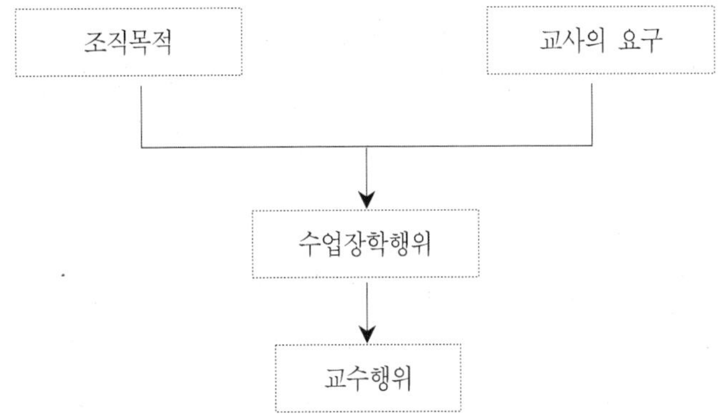

〈그림 4〉 장학행위의 근원(Alfonso, Firth & Neville, 1981, p.44)

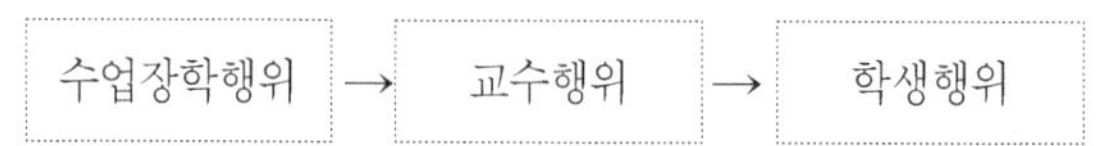

〈그림 5〉 수업장학행위체제(Alfonso, Firth & Neville, 1981, p.45)

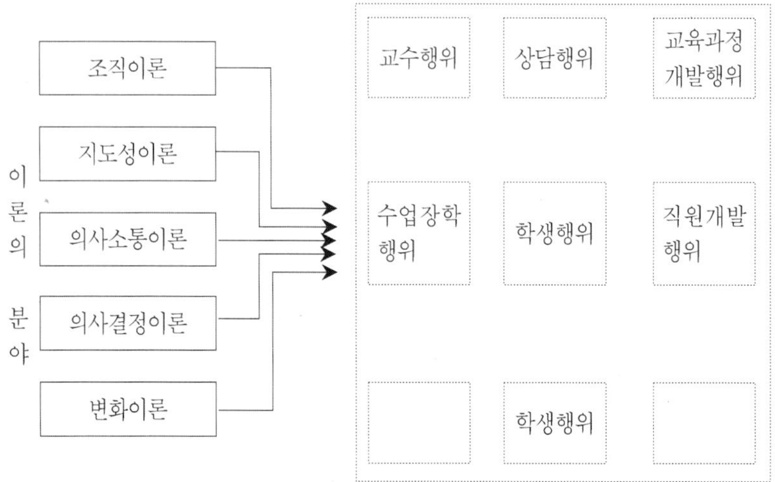

〈그림 6〉 교육조직행위체제와 수업장학에 필요한 이론분야(1981, p.46)

그리고 이들 Alfonso, Firth와 Neville은 위의 정의에 의하여 책의 골격으로 삼고 있는데 수업장학에 필요한 이론으로 조직이론(organizational theory), 지도성이론(leadership theory), 의사소통이론(communication theory), 의사결정이론(decision-making theory), 변화이론(change theory)이라 가정하여 〈그림 6〉과 같이 나타나고 있다.

이들은 또 수업장학행위의 과업영역을 (1) 교사, (2) 수업, (3) 조직적 측면으로 나누고 있는데 Katz의 3기능(three skills)에 근거를 두고 교사영역에는 인간적 기능(human skills), 수업영역에는 기술적 기능(technical skills), 조직적 영역에는 관리적 기능(managerial skills)이 필요하다는 것이다〈그림 7〉.

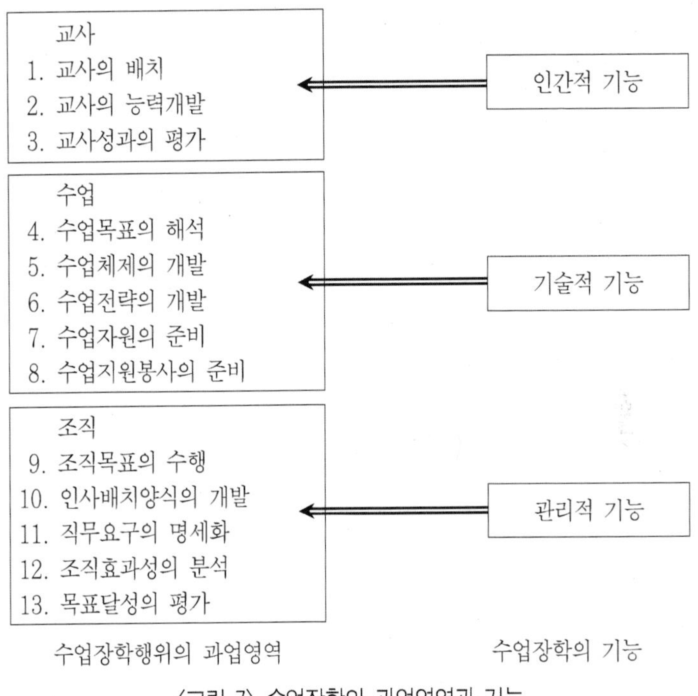

〈그림 7〉 수업장학의 과업영역과 기능

Alfonso, Firth와 Neville(1981)은 행정가, 수업장학자, 교사들의 이 세 기능의 비율을 〈그림 8〉과 같이 제시하고 있다.

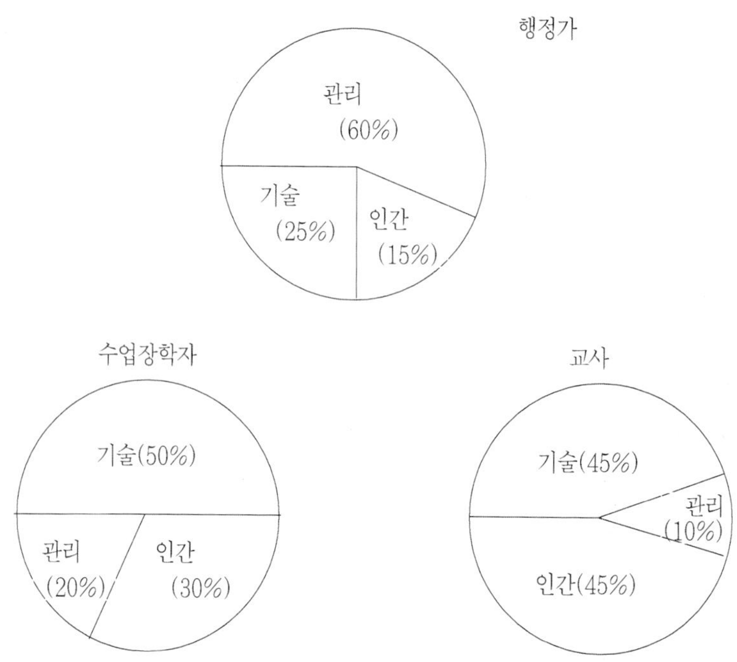

〈그림 8〉 행정가, 수업장학자, 교사의 3기능 비교(p.329에서 발췌)

특히 교장의 가장 중요한 책임의 하나는 수업적 측면에서 지도성을 발휘하는 것이라고 교장의 81%가 믿고 있다는 것이다(McDaniel, 1982, p.464).

앞으로 우리나라의 장학에서 이 수업장학은 강조되어야 할 것이다.

B. 임상장학(clinical supervision)

임상장학은 수업장학의 한 구체적인 방법이다. 한국에서 혹자는 이 clinical supervision을 "수업장학"이라 쓰고 있으나 전절에서 다룬 instructional supervision과 구별되며 처음 개발한 Harvard대의 Robert Anderson, Morris Cogan, Goldhammer 팀의 의도를 살려 필자는 그대로 "임상장학"이란 용어를 사용하고자 한다.

이 임상장학은 지시적이기보다는 상호작용적이고, 권위적이기보다는 민주적

이고 장학담당자 중심이기보다는 교사중심적이기 때문에 오히려 "교사중심장학
(teacher-centered supervision)"(Acheson & Gall, 1980, p.8)이라고 하는
게 적당할지도 모른다. 그러나 수업장학을 위한 현장중심적 접근(field-based
approach)(Sullivan, 1980, p.7)이며, 교실 내 장학의 뚜렷한 조작적이고 경험
적인 측면을 함축하고(Cogan, 1973, p.9) 있으며, 교사와 장학담당자 사이의
face to face 관계성과 교사의 교실 내 교수 실제행위에 초점을 둔다는 점에서
"임상"이란 말을 빌려 온 것이다. 그러나 임상이란 말에는 병리적(pathology)이
란 의미가 내포되어 있어(Acheson & Gall, 1980, p.8) 교사가 가지고 있는 결
점이나 불건강한 행위를 장학담당자가 치료하는 것으로 오해되기 쉬운데 여기서
는 병리적 의미는 빼고, 오히려 스스로 성장하려는 건전한 교사가 자기의 교수기
술을 향상시키려 할 때 장학담당자가 협동하려는 것이다(주삼환, 1982, p.13).

직전 또는 현직 교사의 전문적 개발(professional development)과 수
업개선(improvement of instruction)을 주요 목적으로 하는 임상장학
은 그 방법으로서 몇 개의 단계로 나누고 있는데 이 주요단계를 살펴보면
좀더 명확해질 것이다.

Cogan(1973)은 8단계, Reavis(1978)는 5단계, Acheson과 Gall(1980)
은 3단계의 순환적인 주기를 채택하고 있는데 이를 종합하면 〈그림 9〉와 같다.

        (Cogan)   (Raavis)   (Acheson & Gall)

제1단계: 교사-장학 담당자 관계성
　　　　　확립
제2단계: 교사와 함께 집중적으로 단
　　　　　원과 수업계획하기 　　　　　── (1) 관찰전협의회 ──(1) 계획협의회
제3단계: 교사와 장학담당자 공동으로
　　　　　수업관찰 계획

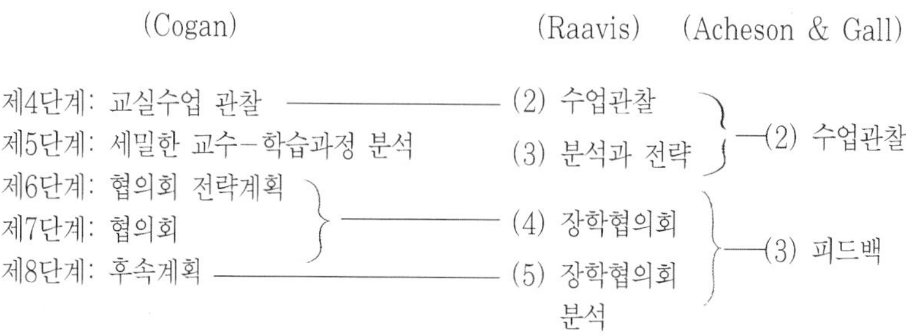

〈그림 9〉 임상장학의 단계(주삼환, 1982(b), 전게서, p.15)

여기서는 Acheson과 Gall의 3단계에 의하여 간단히 설명하고 요약하고자 한다. (1) 계획협의회(planning conference)에서는 교사와 장학담당자가 함께 수업계획을 확인하고, 교사가 특별히 교수기술을 개선하고자 하는 관심영역과 문제점을 듣고, 다음 단계인 수업관찰에서 어떻게 자료를 수집할 것인가를 합의한다. (2) 수업관찰(classroom observation)에서는 전단계인 계획협의회에서 합의를 본 관찰방법과 자료수집방법에 의하여 객관적이고 정확한 자료를 수집하는 것이다. 여기서 비디오테이프가 많이 사용된다. (3) 피드백 협의회(feedback conference)에서는 수집된 자료를 분석하여 반성, 발전정도 확인, 보다 나은 발전을 위한 전략을 협의한다. 녹화 또는 녹음을 보거나 들으면서 피드백을 주어 다음 계획협의회로 이어져 순환적인 과정을 밟은 것이다.

이것은 〈그림 10〉으로 요약할 수 있다.

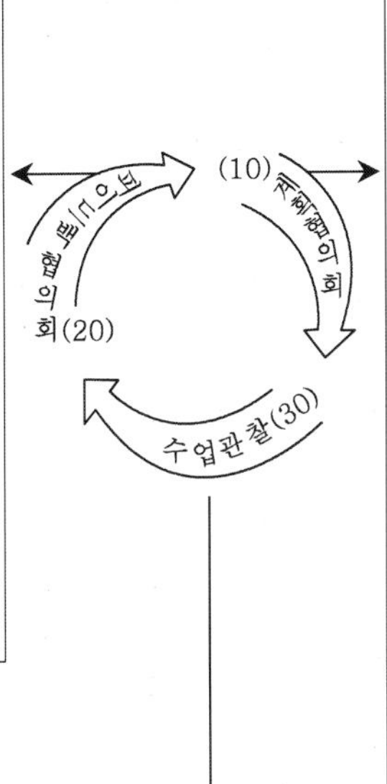

좌측 상자:

1. 교사와 장학사가 함께 수집된 자료분석
2. 계획협의 시 합의사항 재확인
3. 교사의 전문적 목표 확인
4. 교사의 전문적 성장 목표 달성 방법협의
5. 수집된 자료 피드백(T22)
6. 교사의 추리, 의견, 느낌, 듣기
7. 대안적 수업목표, 방법, 이유, 모색하도록 격려(T24)
8. 실천과 비교를 위한 기회를 교사에게 제공(T25)

우측 상자:

1. 교사가 학급과 학습과제 설명
2. 교수목적 확인, 달성방법 설명
3. 교사의 관심과 문제점 확인(T1)
4. 문제를 관찰 가능한 행동용어로 바꾸기(T2)
5. 어떻게 무엇을 관찰할 것인가 계획
6. 관찰 중 수집할 자료의 형태, 도구에 대한 합의(선택)(T6) /
7. 교사의 교수개선 절차 확인(T3) /
8. 스스로 개선 목표 설정하도록 돕기(T4) /
9. 기록될 수업장면의 명료화
10. 수업관찰 시간 합의(T5) /

하단 상자:

1. 장학사는 분석될 자료수집(분석용지 사용) (약·축어사용)
2. 장학사는 교수 형태 확인
3. 교사의 질문, 반응, 지시, 진술 등 기록
4. 학생의 과업집중도(T11)
5. 언어적 흐름(verbal flow)(T12) /
6. 교사의 이동도(T14) /
7. 일화기록(T14) /
8. 녹화, 녹음(T15) /
9. 시간의 흐름에 따른 분석(T22) /

주: T는 Acheson(1980)에 제시된 Technique 번호
　　10분, 20분, 30분은 대체적인 시간 소요.

〈그림 10〉 임상장학의 단계별 방법

임상장학에서는 교사가 이상으로 신봉하는 이론(espoused theory)과 자기가 실제 사용하고 있는 이론(theory in use) 사이에 차가 있다고 보고 (Sergiovanni & Starratt, p.315) 교사가 "Actual 교수행위와 Ideal 교수행위의 차를 줄이고자 할 때 도와주는 과정(Acheson & Gall, 1980, p.25)이라고 할 수 있다.

이 임상장학에 해당하는 가치(value)는 첫째, 개개 인간의 자율성에 대한 존경이다. 둘째, 특히 자기주도적이고 자제적일 때 탐구, 분석, 조사, 평가가 존중된다. 셋째, 인간 동정, 인내, 행동감에 대한 높은 가치를 믿는 것이다(Goldhammer, 1969). 이것은 교사가 잠재능력을 갖고 있으며, 그것을 개발하고자 하며, 개발할 수 있으며, 또 그렇게 하는 것이 교사 자신을 위해서도, 학생을 위해서도, 장학담당자를 위해서도 좋을 것이라는 인간주의적 믿음이다.

Sergiovanni와 Starratt(1979)는 이 임상장학을 제2세대(second generation)라 하여 앞으로 강조될 것을 시사하고 있으며, 이것은 수업장학에 직접적으로 접근하는 방법인 동시에 인간적 접근으로 앞으로 한국의 장학에서 강조되어야 할 것이다.

C. 인간자원장학

임상장학의 기본가정의 하나가 교사는 잠재가능성을 갖고 있으며 그것을 스스로 개발하려 하며 그렇게 함으로써 교사도, 학생도, 장학담당자도 행복하다는 것이었다. 이와 같은 철학을 갖고 있는 접근이 또 인간자원장학(human resources supervision)이다.

인간관계장학이 종종 인본적이란 말과 혼동되고 있는데 인간자원장학이 기반을 두고 있는 효능감, 참여, 성숙 등의 내적 만족에 대한 강조를 덜하고 있다.

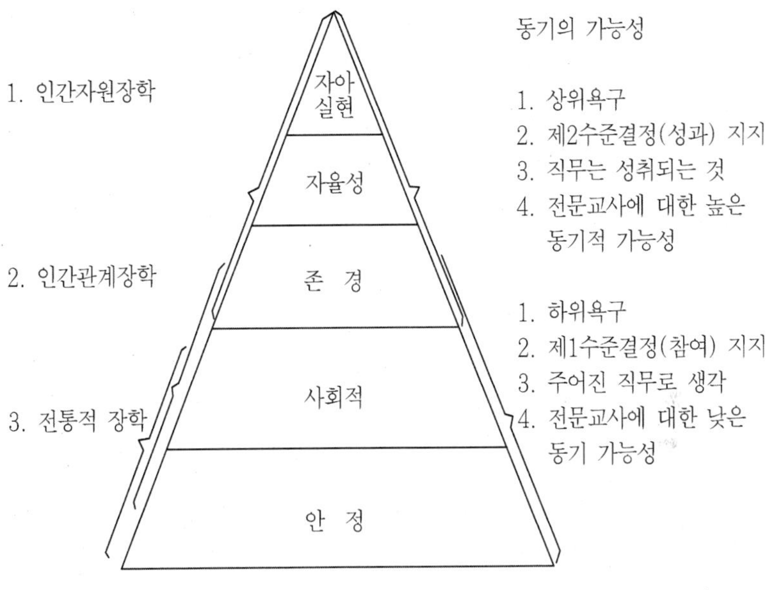

〈그림 11〉 욕구계제와 동기의 초점(Sergiovanni & starratt, 1979, 156)

둘 다 인간과 인간의 욕구와 관련된 것은 사실이지만 인간관계장학에서는 안정과 사회적 욕구에만 관심을 갖는 반면 인간자원장학에서는 내적 만족의 요인인 일에 대한 동기, 책임, 성공에 대한 열망과 가능성에 초점을 맞춘다. 각 장학이 초점을 두고 있는 동기와의 관계를 〈그림 11〉과 같이 나타낼 수 있다.

또 인간관계장학(human relations supervision)과 인간자원장학(human resources supervision)의 차를 Sergiovanni와 Starratt는 다음 〈그림 12〉와 같이 나타내고 있다.

인간관계장학에서나 인간자원장학에서나 교사를 의사결정에 참여시키고 그래서 교사의 만족감을 증대시킨다는 점에서는 마찬가지이다. 그러나 인간관계장학에서는 궁극적인 목적은 학교의 효과성 증대이고 교사의 만족감 증대는 하나의 수단이 된다. 이러한 입장에서 참여장학(participatory supervision), 허용장학(permissive supervision), 방임장학(laissez-fair supervision)이 한참 성행했었다. 이 인간관계장학의 초점은 교사의 기분을 맞춰줘서(winning friends) 학교조직목적을 달성하자는 것이었다.

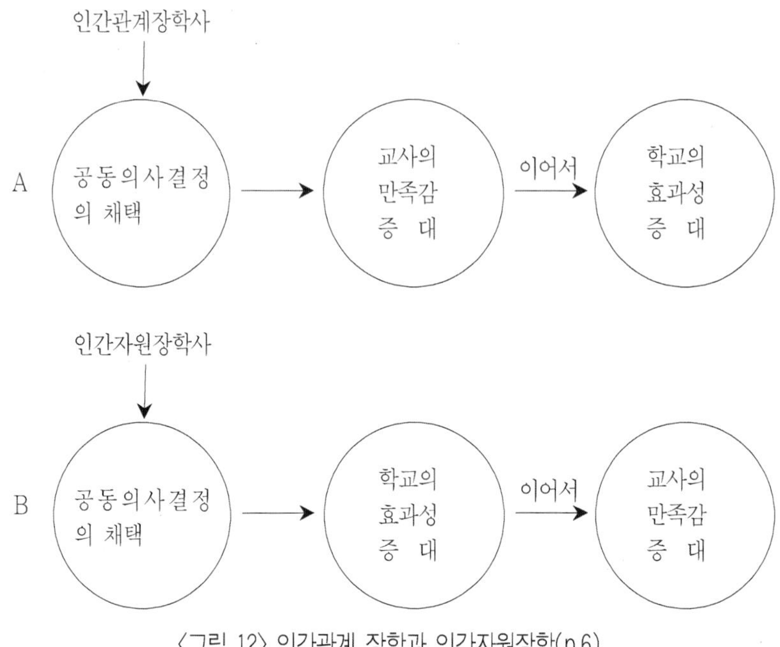

〈그림 12〉 인간관계 장학과 인간자원장학(p.6)

그러나 인간자원장학에서는 교사의 참여는 학교의 효과성 증대를 낳고 궁극적 목적은 교사의 행복과 만족을 증대시키자는 것이다. 이것은 인본주의철학에 바탕을 두고 있는 것이다.

Sergiovanni와 Starratt(1979)는 이 인간자원장학에 초점을 두어 책을 구성하고 있는데 서론의 개념정의에서 언급한 바 있는 행정적 방법과 장학적 방법의 비율과 관료지향 학교와 전문지향 학교의 관계에서 장학적 방법을 많이 쓰고, 전문지향 학교로 나아가고 사회과학에 바탕을 둔 인간자원 장학으로 나아가야 할 것을 위의 〈그림 13〉으로 설명하여 제시하고 있다.

이 인간자원장학은 인간적 접근에 바탕을 두고 있는 세계적인 물결이며 모든 학문분야에서의 흐름이다. 인간자원행정(human resources administration)(Rebore, 1982, pp.12~18), 인간자원경영(Hersey & Blanchard, 1977), 교육인사행정에서의 인간자원적 접근(Rebore, 1982; Castetter, 1981)과 함께 인간자원장학은 앞으로의 장학의 방향이 될 것이다.

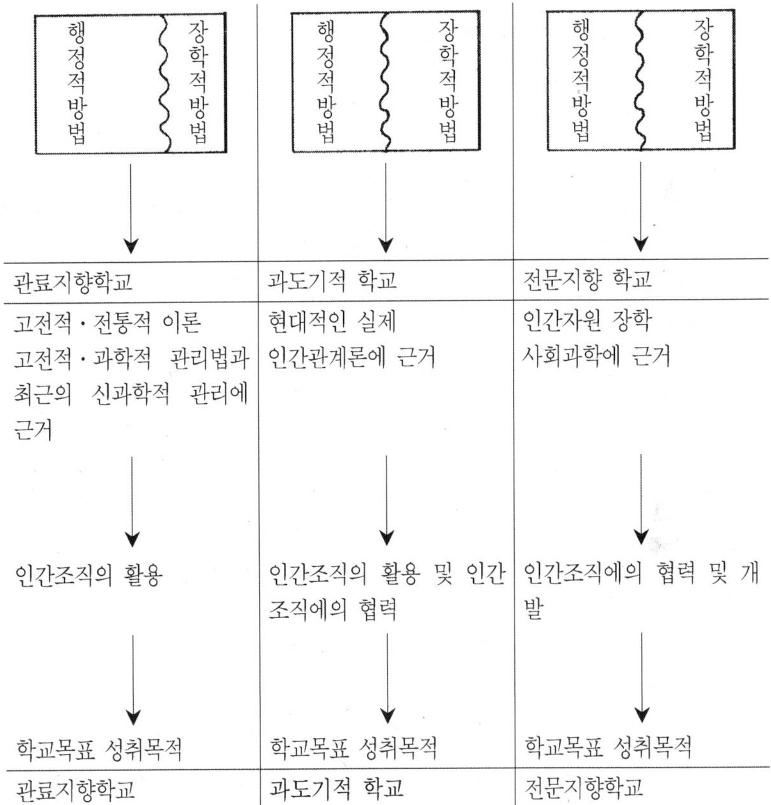

〈그림 13〉 행동유형과 조직성숙도와의 관계(1979, p.16)

D. 직원 능력개발(Staff development)

최근 외국의 장학에 관한 문헌을 보면 이 직원개발의 내용이 들어 있으며 앞으로 더욱 강조되고 발전될 부분으로 시사되고 있다. Dull(1981)은 최근이 직원개발이 점점 더 강조되고 있는 세 이유로 (1) 출생률 감소와 교사 이직률의 감소, (2) 학생의 학업성취에 대한 일반인의 불만, (3) 학교에 대한 전반적인 사회적 압력(p.111)을 들고 있다. 우리의 상황과는 다른 점이 있으나 교사의 이동이 좀 안정되고 교사수급에 여유가 있을 때 직원개발에 힘써야겠다는 것이며, 학교교육에 대한 대중의 불만과 사회적 압력으로 직원개발에 힘쓰지 않을 수 없다는 것이다. 어쨌든 우리나라에서도 앞으로 연구되고 강조되어야 할 것이다.

기관적 차원, 조직 측면에서 조직개발(Organizational Development)이 각광을 받고, 연구, 강조되듯이 개인적 측면에서는 이 직원개발(Staff Development, SD)이 발전될 것이다. 이것은 조직도 개인도 가능성을 갖고 있다는 신념에 바탕을 두고 있는 것이다. J. Wiles와 Bondi(1980)도 개인과 조직이 성장과 발전의 가능성(potential)을 가지고 있다고 인정하는 것이 장학담당자의 역할변화의 첫 출발이라(p.282)고 하며 "미래의 장학담당자의 역할"이란 마지막 장에서 "인간의 가능성(human potential)"과 "학교의 가능성(the potential of a school)"을 강조하고 있다. OD와 SD는 바로 이 조직과 개인의 가능성에 대한 믿음에서 출발한 것이다.

직원개발이 하나의 유행처럼 각광을 받고 있지만 분명히 개념정의하기에는 어려움이 있다. 현직교육(in-service education)과 동의어로 보는 사람(Dull, 1981, p.110)도 있고, 현직교육에 대한 하나의 단순한 유행어(more fashionable attire) 정도로 여기는 사람이 많은 반면(Alfonso, Firth & Neville, 1981, p.395), 이 둘을 구별하려고 하는 사람도 있다.

현직교육이 오랜 역사를 가지고 있지만 많은 단점을 갖고 있어 교사의 열망을 채우지 못한다(Rubin, 1975, p.34)는 데도 SD가 나오게 된 점이 있다. 현직교육은 너무 형식적이고 관료적이며 행정적 책임과 교사의 의무로 여겨지며, 심히 역기능적 행정계획과 스케줄로 너무 집권화된 이유 때문이라는 것이다(Sergiovanni & Starratt, 1979, p.290). 개념적으로 직원개발은 학교가 교사에게 무엇을 해주는 것이 아니고 교사가 교사 자신을 위해서 해주는 것이다(Sergiovanni & Starratt, 1979, p.290). 직원개발이 근본적으로 성장지향(growth-oriented)이라면 현직교육은 전형적으로 교사의 결손(dsficiency)을 가정하고 일련의 적절한 아이디어, 기술, 방법을 전제로 한다. 그리고 교사의 대안적 범위를 제한한다. 그러나 직원개발은 교사에게서 결손을 가정하는 대신 오히려 인간은 직무에서 성장과 개발의 욕구를 가지고 있다고 가정하며, 또 대안적 범위를 증대시킨다. 현직교육은 교사를 어떤 표준(standard)에 올려놓고 유지하고자 하는 반면 직원 개발은 계속적인 질적 향상(continual raising of quality)을 강조한다. 이런 개념적 차이가 있긴 하지만 양자가 다 필요하고 서로 연합될 때 더 효과적이다.

결국 직원개발은 광범(broad)하고, 장기적 전망(long-range)이며, 목표지향(goal-oriented)이고, 체계적(systematic)이며, 계속적(continuous)이고, 조직 내 모든 직원(all person)을 포함하며, 교육체제의 모든 수준에 해당되는 의미를 내포하고 있다. Dull은 SD를 "직원의 기술, 지식, 능력을 향상, 확대, 쇄신할 목적으로 계획된 모든 활동의 총체"(1981, p.110)라고 정의하고 있으나 상당히 넓은 개념이다.

Dull(1981)은 현직교육이란 용어와 서로 바꾸어 쓰면서 광범한 전략을 제시하고 있는데, 사례연구, 자문이용, 시범수업, 과제방법(project techniques), 현직교육 센터(in-service interest centers), 역할극, 상호방문, 비디오 피드백, 마이크로티칭, 모델 또는 모방학습, 전문보조원 이용, 연구와 실험, 워크숍, 직원회 등이다(pp.114-134). 특히 최근 미국에서 확대일로에 있는 교사센터(teachers' center)는 직원개발의 주요전략이 되고 있다.

Phi Delta Kappa에서는 지역단위에서의 7단계 직원개발 모델을 개발하였는데 (1) 과정의 확인, (2) 과정의 열거, (3) 가능한 과정선택, (4) 과정에의 개입, (5) 10단계의 계획과정, (6) 실천, (7) 평가의 순서이다(King, 1978, pp.18-21).

Sergiovanni와 Starratt(1979)는 직원개발을 설계하는데 5개의 주요요소로 (1) 의도, (2) 내용, (3) 능력의 영역, (4) 접근법, (5) 책임(p.291-298)

을 제시하고 있는데 간단히 설명하고자 한다.

"의도"에서는 교사에게 (1) 정보를 알리고(지식), (2) 이해시키고, (3) 적용시키며, (4) 가치·태도통합의 수준의 의도가 필요하다는 것이다. "내용"으로는 Rubin(1975)의 주요 4요소인 (1) 교사의 목적의식, (2) 학생에 대한 지각, (3) 교과에 대한 지식, (4) 기능의 정복(p.44)을 빌려 왔다. 교사의 주요 "능력영역"으로는 직무에 대한 (1) 방법(knows-how) (2) 능력(can-do), (3) 의지(will-do), (4) 성장의욕(will-grow)으로 나누어 보고 있다. 직원개발의 접근법과 책임으로는 (1) 전통적 접근에는 행정적 책임이 강조되는 것이고, (2) 비공식적 접근에는 교사의 책임이 강조되며, (3) 중도적 접근에는 장학적 책임이 중시되는데 마지막 중도적 접근에 장학적 책임을 장학적 측면에서 중시하고 있다. 직원개발의 설계에 대한 설명을 다음 〈그림 14〉로 요약된다.

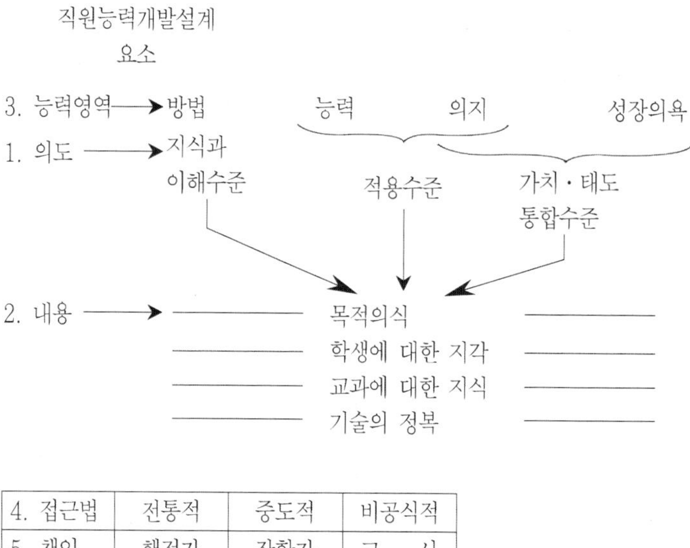

| 4. 접근법 | 전통적 | 중도적 | 비공식적 |
| 5. 책임 | 행정가 | 장학자 | 교　사 |

〈그림 14〉 직원능력개발 설계(Sergiovanni & Starratt, 1979, p.294에 덧붙임)

Wilsey와 Killion(1982, p.36)은 성공적인 직원개발 프로그램은 성인학습이론, 효과적인 수업의 측면, 임상장학에 대한 지식으로 이루어져야 한다고 〈그림 15〉와 같이 나타내고 있는데 우리나라에서 직원개발프로그램을 개발하고자 할 때 참고가 될 것이다.

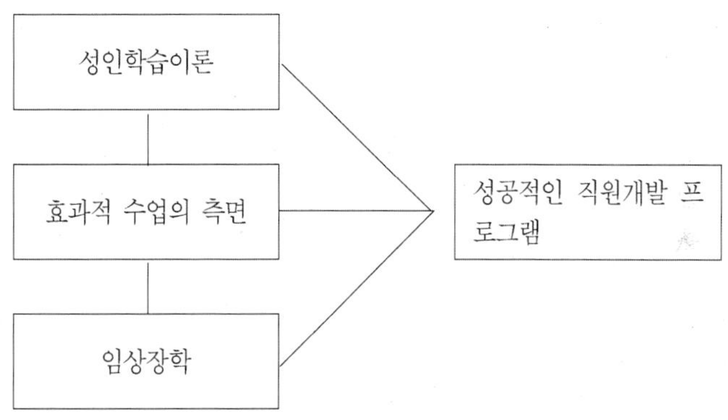

〈그림 15〉 직원능력개발훈련을 위한 개념적 틀

그러면 직원개발과 장학과의 관계는 무엇인가? 직원개발은 이미 살펴본 것처럼 광범하고, 장기적이며, 전문적으로 자신을 향상시키기 위하여 체계적이고 계속적인 학습을 위한 책임으로 보인다. 그러나 수업장학은 교수학습을 개선하기 위하여 매일 매일의 일에 책임을 지는 것이다.

최근 직원개발은 독립된 분야로 발돋움하려 하고 있으며, 더 구체적으로는 교사개발(Teacher Development)(McNergnet & Carrier, 1981)이란 용어와 단행본 책이 나오고 있는 실정이나 직원개발에 대한 장학적 책임이란 측면에서 계속 장학의 한 분야로 연구, 강조되어야 할 것이다. 이 SD도 교사 스스로 전문적으로 성장하고자 한다는 점에서 인간자원장학, 임상장학과 그 근본철학에 있어서는 "인간적" 접근이란 점에서 맥을 같이하고 있다.

E. 장학적 지도성

장학의 개념정의에서 장학담당자를 수업개선, 교육과정, 행정에서의 지도자로 보고 또 1980년대에 들어서 지도성을 강조하려는 경향이 있다고 이미 언급하였다. 많은 사람이 행정이나 장학에서 지도성을 강조하지만 특히 J. Wiles와 Bondi(1980)는 학교상황에서의 장학은 지도성 역할이며, 장학적 지도성은 교수와 학습의 개선과 관련된 일련의 행동으로 구성된다(p.25)고 하며 책 전체를 통하여 지도성을 강조하여 꾸미고 있다. Sergiovanni와 Starratt(1979)의 책도 3부 중 2개 부를 지도성과 관련하여 꾸미고 있으며, Dull(1981)도 책 이름을 "Supervision: School Leadership Handbook"이라 하여 지도성을 강조하고 있다.

ASCD에서 발행하는 저널, "Educational Leadership"이라는 제목 자체가 장학을 지도성으로 보아 강조하는 것이다. 미국 교장들이 많은 역할 중에서 수업에 있어서의 지도성을 제일 중요한 것으로 여기어 여기에 제일 많은 시간을 사용하고 싶어한다는 것만 봐도 장학적 지도성의 중요성을 알 수 있다.

앞으로 우리나라의 장학에서 이 방면의 연구를 강조해야 할 것이다.

F. 장학의 책무성(accountability)

최근 학생의 학업성취(achievement)나 행동(performance)에 대하여 교사나, 행정가, 학교가 책임을 져야 한다는 소리가 높다는 것은 우리가 잘 알고 있는 사실이다. 장학에 있어서 장학담당자도 수행기준(performance criteria)에 의하여 평가되어야 할 것(Alfonso, Firth & Neville, 1980, p.413)이라 하여 책임성을 요구하고 있다.

장학의 목적이 교사의 전문적 성장이나 교수-학습의 개선이라 한다면 교사가 전문적으로 성장하고, 교수가 개선되었으며, 학생들이 학습을 잘했다는 증거를 보여줄 수 있어야 한다는 것이다. 만일 교사가 수업의 결과에 대하여 책임을 져야 한다면 장학담당자 또한 교사의 행위에 대하여 지적으로, 간접적으로, 그리고 효과적으로 영향을 주었는지에 대하여 책임을 져야 할 것이다(Alfonso, Firth & Neville, 1980, p.414).

J. Wiles와 Bondi(1980)도 역시 그들의 책 마지막 장 "장학담당자의 미래의 역할"에서 장학의 책임성을 제시하고 있는데 앞으로 우리나라의 장학에서 장학담당자들도 무엇인가 교사의 행위변화, 궁극적으로는 학생의 행동변화에 무엇을 얼마만큼 기여했는가를 설명해 줄 수 있어야 할 것이다.

지금까지 앞으로 우리나라에서의 장학의 방향으로 (1) 수업장학의 강조, 그 구체적인 방법으로, (2) 임상장학의 도입, 그리고 장학에 있어서 인간적 접근에 바탕을 둔, (3) 인간자원장학, 종합적 전문성 개발에 강조를 둔, (4) 직원개발, 또, (5) 장학적 지도성과 (6) 장학의 책임성을 제시하면서 간단히 설명하려고 하였다. 그러나 짧은 지면에 새로운 내용을 함축하려다 보니 비약된 부분이 있고 설명도 충분치 못한 점도 있다.

Ⅲ. 결 론

서론에서 (1) 장학의 중요성, (2) 개념정의접근, (3) 발달과정을 살펴보고, 본론에서 장학에 관련된 문헌을 고찰하여 장학의 방향을 모색하려고 하였다. 장학의 방향이나 앞으로 강조되어야 할 점으로 (1) 수업장학, (2) 임상장학, (3) 인간자원장학, (4) 직원개발, (5) 장학적 지도성, (6) 장학의 책임성을 제시하였다. 이것 이외에도 더 많은 항목이 열거될 수 있을 것이나 장학의 문헌에 나타난 중요한 것만 우선 뽑았던 것이다.

이러한 여섯 개의 방향을 다시 종합하여 공통점을 뽑아 결론으로 삼고자 한다.

첫째, 수업개선에의 강조이다.

수업장학과 임상장학이 모두 수업개선을 위하며, 지적으로, 직접적으로, 효과적으로 영향을 주려는 노력이다. 행정이나 경영, 인간관계를 통하여 간접적으로, 우회적으로 교수-학습에 영향을 주려는 노력 이상으로 수업개선에 직접적으로 도전하는 장학이 필요한 것이다.

둘째, 인간의 가능성의 인정에 바탕을 둔 인간적 접근이 강조되어야 한다.

임상장학이나 인간자원장학, 직원개발은 모두 교사나 학교가 잠재가능성(potential)을 갖고 있다는 데 바탕을 두고, McGregor의 Y이론, Maslow의 상위욕구, Herzberg의 동기이론에 근거를 두고 인간적 접근을 함으로써 조직구성원인 교사도 행복하고 조직효과도 높일 수 있다는 점에서 공통점을 갖고 있다.

셋째, 장학담당자의 능력개발(competency development)이 시급하다.

장학의 지도성이나 책임성을 위해서는 장학담당자에게서 높은 수준의 전문성이 요구된다. 직원개발의 "직원" 속에는 물론 장학담당자도 포함된다.

앞에 언급한 첫째, 둘째를 위해서도 결국 장학담당자의 전문적 능력이 우선되어야 한다. 이 논문 전체는 〈그림 16〉으로 요약된다.

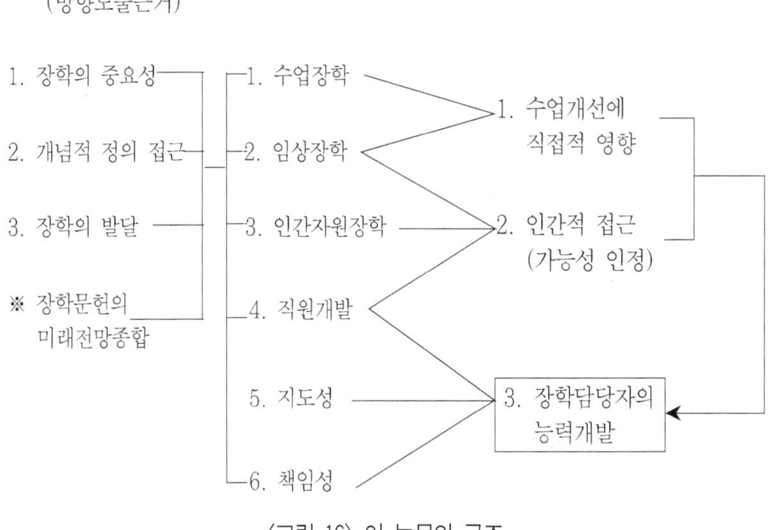

〈그림 16〉 이 논문의 구조

결국 이 논문에서 제시된 앞으로의 장학의 방향을 추진하기 위해서는 시급하면서도 중요한 것이 우리나라의 장학담당자의 능력을 개발해야 하는 일인데 그 능력개발의 방안을 위해서는 다른 연구를 기대해야 할 것이다.

참고문헌

강영삼, "장학행정" 현대교육행정학, 신중식 외, 서울: 교육출판사, 1982, pp.352-373.

김영식, 주삼환 역, 신장학론, 서울: 교육출판사, 1979.

김종철, 교육행정의 이론과 실제, 3정, 서울: 교육과학사, 1982.

백현기, 장학론, 서울: 을유문화사, 1964.

주삼환, "인간화 측면에서의 장학에 대한 교사의 지각반응", 교육연구, 15권 1호, 한국교육학회, 1977, pp.42-54(a).

주삼환, "장학에 있어서의 교사의 욕구", 교육학연구 15권 2호, 한국교육학회, 1977, pp.83-95(b).

주삼환, "장학의 본질에 비추어 본 장학개선의 방향" 교육발전논총 제IV권 제1호 충남대교육발전연구소, 1982(a).

주삼환, "임상장학의 적용가능성", 한국교육학회 21회 학술발표논문, 1982(b).

Acheson, Keith and Meredith Damien Gall, *Techniques in the Clinical Supervision of Teachers: Preservice and Inservice Applications,* N. Y.: Longman, 1980.

Alfonso, Robert J., Gerald R. Firth and Richard F. Neville, *Instructional Supervision: A Behavior system,* 2nd ed., Boston: Allyn and Bacon, 1981.

Association for Supervision and Curriculum Development, *Role of the Supervisor and Curriculum Director in a Climate of Change,* 1965 Yearbook, Washington, D. C.: Association for Supervision and Curriculum Development, 1965.

Association for Supervision and Curriculum Development, 1982 Yearbook Committee, *Supervision*(draft).

Blumberg, Arthur, *Supervisors and Teachers: A Private Cold War* 2nd ed., Berkley, California: McCutchan Publishing, 1980.

Castetter, William, *The Personnel Function in Educational Administration,* N. Y.: Macmillan Publishing Co., 1981.

Cogan, Morris, *Clinical Supervision,* N. Y.: Houghton Mifflin, 1973.

Curtin, James, *Supervision in Today's Elementary Schools,* N. Y.: Macmillan, 1964.

Dull, Lloyd W., *Supervision: School Leadership Handbook,* Columbus, Ohio Charles E. Merrill Publishing, 1981.

Eye, Glen G, Lanore A Netzer and D. Krey, *Supervision of Instruction,* N. Y.: Harper & Row, 1971.

French, J. R. P., and B. Raven, "The Bases of Social Power," In 'Studies in Social power'(ed.) by D. Cartwright, pp.150-67, Ann Arbor, Mich: U. of Mich. Institute for Social Research, 1959.

Goldhammer, Robert, Clinical Supervision, N. Y.: Holt, Rinehart and Winston, 1969.

Goldstein, William, *Supervision Made Simple,* Bloomington, Indiana: The Phi Delta Kappan Educational Foundation, 1982.

Gorton, Richard A., *Conflict, Controversy and Crisis in School Administration and Supervision: Issues, Cases and Concepts for the '70s,* Dubuque, Iowa: W. M. C. Brown Co., 1972.

Harris, Ben and Wailand Bessent, *In-Service Education: A Guide to Better Practice,* Englewood Cliffs, N. J.: Prentice-Hall, 1969.

Hersey, P. and K. Blanchard, *Management of Organizational Behavior,* Englewood Cliff., N. J.: Prentice-Hall, 1977.

King, James C. "Improving Staff Development: using a Model." Ohio Association for Supervision and Curriculum Development News letter 1, Winter 1978.

Krajewski, Robert J. "Clinical Supervision: A Conceptual Framework",

Journal of Research and Development in Education. Vol.15, No.2, 1982.

Lucio, William H. and John D. McNeil, *Supervision: A Synthesis of Thought and Action,* N. Y.: McGraw-Hill Book Co., 1962.

McDaniel, Thomas R. "What's Your Principalship Quotient?" *Phi Delta Kappan,* March 1982.

McNergney, Robert F. and Berj Harootunian, "Toward a Differential Model of Clinical Supervision", Paper Presented to the First Congress on Education, Toronto, Canada, June 18, 1978.

McNergney, and Carol A. Carrier, *Teacher Development,* N. Y.: Macmillan Publishing, 1981.

Marks, James R., Emery Stoops, and Joyce King-Stoops, *Handbook of Educational Supervision: A Guide for the Practitioner,* 2nd ed., Boston: Allyn & Bacon, 1978.

Mosher, Ralph and David Purpel, *Supervision: The Reluctant Profession,* Boston: Houghton-Mifflin, 1972.

Reavis, Charles A., *Teacher Improvement Through Clinical Supervision,* Bloomington, Indiana: Phi Delta Kappan, 1978.

Rebore, Ronald, *Personnel Administration in Education,* London: Prentice-Hall, International, 1982.

Parelius, A. P. and R. J. Parelius, *The Sociology of Education,* H. J. Prentice-Hall, 1978.

Rubin, Louis J. "The Case for Staff Development", In Thomas J. Sergiovanni(ed). *Professional Supervision for Professional Teachers,* Washington, D. C. ASCD, 1975.

Sergiovanni, Thomas J. and Robert J. Starratt, *Supervision: Human Perspectives,* 2nd ed., N. Y.: McGraw-Hill Book Co., 1979.

Sullivan, Cheryl Granade, *Clinical Supervision: A State of the Aart Review,* Alexandria, Virginia: ASCD, 1980.

Wiles, Kimball, *Supervision for Better Schools,* 3rd ed., Englewood Cliffs, N. Y.: Prentice-Hall, 1967.

Wiles, Kimball and John Lovell, *Supervision for Better Schools,* 4th ed., Englewood Cliffs, N. J.: Prentice Hall, 1975.

Wiles, Jon and Joseph Bondi, *Supervision: A Guide to Practice,* Columbus, Ohio: Charles E. Merrill Publishing, 1980.

Wilsey, Cathy and Joellen Killion, "Making Staff development Program Works," *Educational Leadership,* October 1982.

9. 장학지도방법과 절차의 합리화*

I. 서 론

최근 교실의 수업개선에 초점을 맞춘 장학에 대하여 정부 수준, 문교부, 교육위원회, 교육청, 일선학교에서 많은 관심과 좋은 반응을 보이고 있으며, 또 점진적으로 그런 방향으로 나아가려고 정책적으로도 노력하며 연수도 실시하는 것을 볼 때, 이를 강력히 주장해 온 한 사람으로서〔주삼환, 1982(a)(b), 1983(b)(c), 1984(a)〕 기쁘게 생각한다. 또 실천 면에서 뿐만 아니라 연구 면에서도 현장연구에 적용하려는 노력이 여기저기서 나타나고 있음은 대단히 고무적이다. 더구나 본 교육행정학연구회가 '장학제도의 발전과제'를 연차대회 주제로 채택하여 이 분야에 관심과 주의를 집중시키게 된 것은 시의에 맞으며, 학회가 현장에 기여할 만큼 성숙했다는 증거도 된다.

최근 기관차원의 장학에 관한 연구로는 대한교연의 연구(서정화 외, 1983)와 한국교육개발원의 연구(윤정일 외, 1982; 고영희 외, 1983)가 있었는데, 이 세미나와 함께 주요 기관이 최근 3년간 주요 주제로 다루고

---

* 이 논문은 1984. 12. 교육행정학연구회 연차학술대회에서 발표 교육행정학연구 2권 1호(1984)에 게재된 것임.

있는 셈이며, 개인수준에서도 꾸준히 이 분야에서 많은 석사학위논문들이 있었다. 어쨌든 이러한 관심과 연구들이 유행처럼 흘러가지 않고 장학의 질을 높일 수 있는 계기가 되어 우리나라의 장학이 올바른 방향을 확고히 하고 교육개선, 수업개선, 궁극적으로는 학생의 학업효과를 높일 수 있기를 기대한다.

이 논문은 주로 수업개선과 교사의 전문적 성장과 많이 관련되는 장학방법에 초점을 두어 살펴보고자 한다. 또 주어진 제목이 '장학지도방법과 절차의 합리화'로 되어 있으나 '방법'과 '절차'를 따로 구분하지 않고 묶어서 '장학방법'으로 다루고자 한다.

(1) 먼저, 현재 우리나라에서의 장학의 문제점을 나름대로 살펴보고, (2) 앞으로 장학이 나아가야 할 장학의 기본방향을 제시하고, (3) 그 방향에서 구체적인 장학의 방법을 제안, 설명, 논의하고, (4) 거기서부터 어떤 결론을 맺는 순서로 이 글을 전개하고자 한다.

Ⅱ. 장학에 있어서의 주요문제

현재 우리나라에서 실시되고 있는 장학의 문제점은 여러 사람이 여러 각도에서 지적하여 왔고, 또 현장에서 직접 장학을 담당하고 있는 사람이나 장학을 받고 있는 교사들로부터도 많은 지적이 있었다. 이 많은 문제점을 다 열거할 수도 없을 뿐만 아니라 문제점을 제시하는 것이 이 논문의 주요 목적은 아니므로, 평소에 생각하던 중요한 몇 가지만을 제시한다.

첫째, 대체적으로 장학력이 약화되었다는 점이다〔주삼환, 1983(b)〕.

이것은 상당히 주관적인 표현이지만 사실임에 틀림없다. 권위적 시학에서 민주적 장학으로 넘어가는 과정에서 전자도 아니요 후자도 아닌 상태라고 할 수 있을 것이다. 전통적인 장학은 장학사라는 지위에서 나오는 강력한 힘이 있었고, 이 힘이 각 교사에게 미칠 수 있었다. 교육규모, 즉 학교 수, 교사 수, 학생 수가 적었기 때문에 장학사와 교장의 장학력은 교사에게 미쳐서 학생에게 옮겨 갈 수 있었다. 다시 말하면, 역기능이었든 순기능이었든 힘이 있었다고 할 수 있다. 무서워서라도 움직였다는 것이다.

그러나 교육 규모가 커지고 또 민주장학을 한다고 하다 보니 그 강력하던 힘만 사라지고 그것을 대신해 줄 장학의 전문적 힘은 나타나지 못했다. 다시 말하면, 완전 민주장학의 방법과 형태가 시학, 감독의 형태를 대신하지 못하는 데서 결과적으로 장학력만 약화된 것이다.

교사는 처벌받지 않을 정도의 최저 수준을 잘 알고 있으며, 적당히 장학사의 위신만 세워 주고 잠시 참으면 모든 일이 잘되어 간다는 사실을 잘 알고 있다. 장학사도 자신의 위치와 교사들의 입장을 너무나 잘 알기 때문에, 자신을 건드리지 않는 한 듣기 싫은 소리를 하려 하지 않는다. 해 보아도 별수 없고, 또 자신이 장학 전문가라는 신념도 없기 때문이다. 제3자인 학생들까지도 자기들의 선생님을 불리하게 하지 않는 방법들을 너무나 잘 알고 있어서 자발적으로 쇼에 참여하게 되어 장학사, 교사, 학생의 3자가 심리적 묵계(금영식·주삼환, 1979, p.220~222)하에 큰소리 나지 않고 민주장학이라는 것은 굴러가게 된다. 그래서 다른 일로 처벌, 징계받는 교사는 가끔 있었어도 교사의 주업인 수업을 잘못해서 쫓겨나는 일은 별로 없었다. 모든 선생님이 수업을 잘해서인지 아니면 민주장학을 잘해서인지 모른다. 옛날처럼 장학시찰을 두려워하지도 않고, 또 재시찰을 받는 일도 별로 없다. 교사의 비위를 거슬러서 이로울 것이 별로 없다는 것을 잘 아는 교장은 교실 창가를 기웃거리려 하지도 않고, 또 그런 교장을 명교장이라고 한다.

결국 수업개선이라는 측면에서는 장학적 방임 상태이며, 교사 스스로 성장하고자 하는 데에 기대하는 수밖에 없다.

둘째, 장학에 관한 특별한 이론이나 기술, 방법이 없었다는 점이다.

많은 교육자들이 장학직, 교감, 교장직을 거쳐 갔어도, 또 최근 많은 교육대학원생들이 배출되었어도 장학에 관한 책도 별로 없었고, 이론이 없었으며, 특별한 기술이나 방법이 개발되거나 적용된 적도 별로 없다. 새 교육이 도입된 이래 교육에서도 유행처럼 여러 가지 학습방법, 수업, 형태, 수업체제들이 나타났다가는 사라지고 했으나, 장학의 특별한 이론이나 기술, 방법들이 나타났다고 떠들어댄 적은 없는 것 같다. 그저 골고루 잘 알고, 모나지 않고, 강평 한마디쯤 잘한다거나 훌륭한 교사이었거나, 연구해서 논문을 좀 써 보았으면 장학직에 발탁될 수 있었을는지도 모른다.

그 많은 유행 중에서도 그동안 장학이론, 기술, 방법에 유행과 같은 것이 없었다는 것은 그만큼 이 분야에 관심이 적었다는 증거이고, 또 전문직이면서도 전문성이 없었다는 증거이다. Art적인 측면은 관심을 가졌을는지 몰라도 Science로서의 장학(Lucio & McNeil, 1962, pp.8~10)에 대한 관심은 적었던 것 같다(Art와 Science에 관해서는 Sergiovanni & Carver, 1980 참고).

최근 우리나라에서 모처럼 수업장학과 임상장학에 관한 관심이 일고 있는데, 이것이 관의 힘에 의하여 일시에 펴졌다가 관의 힘이라는 건전지가 닳으면 사그라지는 사례가 되지 않기를 바란다. 좋고 필요하다고 생각하는 사람들이 스스로 연구, 개발, 실천해야 할 것이다. 그리고 현장교사는 물론 교사가 되기 전의 학생의 장학에서부터 수업장학을 해야 할 것이다. 대개 1개월간의 교육실습이 있으나 이를 장학의 측면에서 접근한 사람은 별로 없는 것 같다.

앞으로 장학의 Art적 측면은 그대로 계속 발전시키는 동시에 이론, 기술, 방법적인 면에서 과학성에 더욱 관심을 가지고 발전시켜야 할 것이다.

셋째, 장학에 대한 교사의 전통적인 부정적 태도가 문제이다.

장학이라고 하면 우리나라에서나〔주삼환, 1977(a), pp.46~49〕 외국에서나(K. Wiles & Lovel, 1975; Cogan, 1976; Blumberg, 1980) 많은 교사들이 부정적 태도, 거부감을 가진다. 특히, Blumberg는 장학사와 교사와의 관계를 '냉전(A Private Cold War)'이라고 책 이름의 부제로까지 표현하고 있다. 장학사는 "도와주겠다 하고 줄 것이 있다"고 하는데, 교사는 도움이 필요 없고, 또 도와주지도 못할 것이라고 생각한다(K. Wiles연구의 겨우

1.5%만이 장학사에게서 새로운 아이디어를 얻었다고 보고하고 있다). 주고 받는 관계는 줄 사람이 주려고도 해야 하겠지만 받을 사람이 열심히 받고자 하여야 이루어질 수 있을 것인데, 받을 사람인 교사가 받고자 하지 않는 데 문제가 있다. 열심히 받고자 하고 배우고자 해도 교육기술의 향상, 수업개선은 어려운 것인데 받을 자의 거부반응, 부정적 태도는 장학의 어려움을 가중시키고 있다. 교수－학습에서 교사와 학생의 관계성 확립과 상호작용이 중요한 것처럼 장학의 출발은 장학사와 교사의 관계성 확립과 상호작용에서부터 이루어져야 할 것이다(Blumberg, 1980; Acheson & Gall, 1980).

부정적 태도를 가지게 하는 원인 중의 하나는 장학이 "도와준다"는 측면과 "교사를 평가한다"는 이중성 때문이다. 세상에 평가받기를 좋아하는 사람은 별로 없으며, 어차피 평가받게 된다면 잘 받고자 하는 것이 인간의 상정일 것이다. 가능한 한 평가라는 장학을 피하게 되니 부정적이게 되고, 또 기왕 평가받아야 한다면 잘 보여야 하니 겉바퀴 도는 쇼를 연출하게 되는 것이다. 이는 장학기능과 행정기능, 특히 인사행정기능과의 이중성과도 관계된다. 장학사는 Jekyll 박사와 Hyde 씨가 되어야 하는 데 문제가 있다.

그래서 교사의 장학에 대한 부정적 이미지를 지우고 전문적으로 성장하도록 동기유발하는 것이 가장 중요하다. 고도로 동기유발된 교사는 장학 이외의 다른 통로를 통해서라도 배우고 성장하게 될 것이기 때문이다.

넷째, 장학의 획일성의 문제가 있다.

이것은 비단 장학에만 국한된 것이 아니라 교육의 구석구석에 스며든 문제이다. 지방이나 지역 간의 교육이나 장학에 어떤 특색을 찾기도 힘들고, 문교부, 교육위원회, 교육(구)청의 장학방법이나 강조점에서 어떤 차를 발견하기 어려우며, 중앙의 것을 전달하는 데 그치는 감이 있고 융통성이나 다양성, 자율성을 찾아보기 힘들다. 학교마다 교사구성원이 다르고 지역 사정이 다른데도 거의 비슷한 형태의 장학을 하고 있는 실정이다. 교사마다 전문적 수준과 가지고 있는 문제점이 다를 텐데도 모든 교사에게 획일적인 장학이 적용되고 있다.

또, 장학하면 으레 장학사나 장학관이라는 직위를 가진 사람만의 장학, 문교부나 교육위원회, 교육(구)청의 장학만을 생각하는 경향이 있다. 근래에 교내장학, 동료장학이란 말이 쓰이고 있으나 실제로는 상부의 장학으로 이미지가 굳어져 있다. 그러다 보니 더욱 장학담당자의 수적 부족과 시간부족, 잡무, 재정부족 등을 논하게 된다. 장학이 장학사만의 장학, 교육(구)청만의 장학에 의존하려 할 때 장학사의 수적, 시간적, 재정적 부족은 더욱 느끼게 되고 잡무는 더욱 늘어나게 된다.

장학방법이 다양해지고 인근 학교끼리의 지역장학협력회에 위임되고, 학교장 주도의 장학, 교사끼리의 장학, 교사 개인의 자기개발(self-directed development; Glatthorn, 1984, pp.46~58) 등이 제도화된다면 부족한 속에서도 장학력은 발휘될 것으로 본다. 사실은 교장도 시간 부족을 느끼고 있다.

그래서 오늘날의 교장은 위기관리(crisis management)와 일반적 운영(general operation; McDaniel, 1982, p.465)에 거의 대부분의 시간을 보내게 된다고 하나 그래도 교사와 교실과 수업에 접근이 보다 용이하고, 또 장학사와 동등한 자질을 가지고 있다고 볼 수 있어 교장에 의한 교내장학이 활기를 띠어야 할 것이다.

지금까지 장학의 문제점을 (1) 장학력의 약화, (2) 장학이론·기술·방법의 미약, (3) 교사의 부정적 태도, 마지막으로 (4) 획일성의 넷으로 압축하여 지적하면서 약간씩 장학의 기본방향을 시사하였다. 이제 이러한 문제점을 넘어서서 시도되어야 할 장학의 기본방향을 역시 네 가지로 제시하고자 한다.

Ⅲ. 장학방법의 기본방향

앞에서 언급한 여러 가지 장학의 문제점을 극복하여 앞으로 우리나라의 장학이 나아가야 할 방향으로 (1) 장학의 개별화, 인간화, 민주화, (2) 능력개발과 전문화, (3) 수업개선에의 초점, (4) 장학방법의 다양화의 넷을 제시하고 간단히 논의하고자 한다. 이 네 방향은 결국 다음에 나오는 'Ⅳ. 장학방법의 합리화'가 추출되어 나오는 근거가 될 것이다. 그리고 이들 네 가지는 서로 관련되고 중복되기도 한다.

첫째, 장학의 개별화, 인간화, 민주화의 방향이다.

스피커에서 항상 큰소리로 여러 사람을 향하여 흘러나오는 것에는 누구도 귀를 잘 기울이지 않는다(Pfeiffer & Dunlap, 1982, p.4). 모두 자기에게 해당되지 않는 소리라고 생각하기 때문이다. 해당되는 교사나 해당되지 않는 교사에게나 일률적으로 지시하거나 명령하거나 장학이라고 하여 적용하는 것은 해당되는 사람에게만 적용하는 것보다 훨씬 비능률적이고, 비효과적이다.

학생들이 각각 다른 발달단계, 욕구, 흥미, 독특성을 가지고 있어서 개별학습(individualized instruction)이 강조되듯이 교사도 각각 다른 발달단계, 각각 다른 전문적 성장 수준과 독특한 강점(strength)과 흥미, 교수 스타일, 교수상의 문제점을 가지고 있어 개별장학(individualized supervision)이 요구되는 것이다. 민주교육을 받아보지 못한 사람이 민주주의를 실천하기 어렵듯이 개별장학을 받아보지 못한 교사가 개별학습을 실천하기도 어렵다.

1:1의 장학은 결국 인간적(humanistic) 접근이 될 수 있고, 또 참다운 민주장학이 될 수 있다. 자유방임이나 장학력의 공백 상태가 민주장학일 수는 없다. 모든 사람에 맞는 구두는 모든 사람에게 잘 맞지 않는 구두가 되듯이 모든 교사에게 맞는 장학적 처방은 없다.

그러므로 다양한 장학적 레퍼토리, 다양한 장학적 식단을 마련해 놓고 각각 다른 교사의 입맛에 맞추어야 할 것이다. 교사의 수는 많고 장학사의 수는 적은데 어떻게 개별장학, 다양한 장학을 할 수 있느냐고 반문할지 모르나, 교사의 수가 많을수록 다양한 장학방법이 적용되어야 하고, 다양한 방법이 있어야 장학의 개별화는 가능하다. 그래서 교내장학, 동료장학, 자기장학(self-directed development, self analysis)으로까지 장학의 개념이 확대되어야 수적 부족, 시간적 부족을 메워 줄 수 있을 것이다. 획일화된 생각을 가지고 장학에 접근하면 할수록 장학의 포기, 무방비 상태에 이르게 된다. 1:1의 장학이 어려우면 비슷한 위치와 입장, 비슷한 문제를 가지고 있는 교사들을 작은 집단(small group)으로 하여 집단별 장학이라도 해야 한다고 주장한 바 있는데〔주삼환, 1977(a)〕, 그 주장은 옳았다고 생각하며 아직도 그 신념에는 변함이 없다.

미국 쪽에서는 원래 1:1의 장학이었었는데, 이제 줄어드는 재정난으로 집단장학(group supervision, 우리나라의 집단장학의 개념과는 다름, 우리나라에서는 장학사가 집단적으로 장학에 임할 때 집단장학이지만, 외국에서는 교사를 집단으로 하여 장학하게 될 때 집단장학이라 함)의 방향으로 나아가야 한다고 하는데, 여기서 장학의 개별화를 주장하는 것은 우리나라의 장학이 너무나 획일화되어 있기 때문이다. 최근 연구, 적용되기 시작하는 임상장학도 결국 개별화, 인간화, 민주화의 한 방법이다.

둘째, 능력개발과 전문화의 방향이다.

사람을 무능한 존재로 볼 것이냐는 교육에 있어서 중요한 철학의 문제이다. X이론의 장학관을 가지고 장학이 출발된다면 장학은 끝장이다. 그 많은 교사를, 그 많은 시간을, 그 넓은 교육공간을 다 감독하고, 지시하고, 명령하고, 확인할 수 없기 때문이다. 교사를 무능한 존재로 본다면 아무리 철저한 감독을 한다 해도 최저 수준의 능력 이상은 발휘되지 못하게 된다.

교사는 능력동기(competence motives)—완성욕(the desire for mastery)—와 성취동기(achievement motives)—성공욕(the desire for success)—를 가지고 있는데, 이 둘을 전문적 동기(professional motives)라 하고 있다〔Sergiovanni & Starratt, 1979, pp.157~159; 주삼환, 신익현, 1984(b), pp.201~203〕. 이러한 전문적 동기가 있다고 믿고 그 동기를 자극하는 장학을 인간자원장학(Human Resources Supervision)이라 하는데, 교사의 상위 수준의 동기, Y이론으로 접근해야 한다.

J. Wiles & Bondi(1980)도 개인과 조직이 성장과 개발의 잠재 가능성을 가지고 있다고 인정하는 것이 장학사의 역할을 변화시키는 데 있어서의

가장 중요한 첫 출발이라(p.282) 하고 있는데, 임상장학이나 동료장학, 교내장학(조직의 성장 가능성의 인정), 직원개발(staff development), 교사센터(teacher center), 능력중심장학(competency-based supervision) 등은 모두 이러한 기본가정과 장학관으로부터 출발한 것이다.

교사의 능력을 인정하는 것과 꼭 마찬가지로 장학사의 능력도 인정해야 한다. 결국 양쪽의 전문적 성장을 인정하는 데서 장학은 출발하게 되는데, 이것이 또한 교사의 교수전문화이고 장학사의 장학전문화인 것이다.

'능력(competence)'은 흔히 '과업에의 적절성(adequacy for a task)' 또는 '요구되는 지식, 기술, 능력(abilities)의 소유'로 정의된다(Houston & Howsam, 1972, p.3).

1975년 연구에 의하면 미국에서 228개의 교사교육기관에서(52%) 능력중심교사교육(Competency-Based Teacher Education, CBTE) 프로그램을 운영하고 있었다고 하는데(Ornstein & Levine, 1981, p.40), CBTE는 교사가 갖추어야 할 능력, 기술, 지식 등을 예를 들면, 2,700개의 구성요소(components, modules)로 확인하고 하나하나의 소유 여부를 체크하여 능력을 갖추어 교사자격증을 주고 교사로 내보내며, 또 기성교사도 마이크로티칭, 미니코스 등을 통하여 이러한 전문적 능력을 기르려는 것이 능력중심장학이라 할 수 있다. 우리의 교사양성교육은 주로 교육이론 과목으로 많은 시간을 보내고 약 1개월의 거친 실습 후에 졸업하여 한번 채용되면 큰 사고 없는 한 평생 고용되고 나면 형식적인 장학만 되풀이하면서 사명감을 가지고 사표가 되라고만 요구한다면 얼마나 거친 교육인가를 가히 짐작할 수 있다.

우리는 여기서 교사들의 전문적 성장가능성을 인정하고, 또 교사양성기관에서의 학생장학과 기성교사에 대한 장학을 통해서 그 능력 하나하나를 길러주어 일의 완성과 성공에서 오는 만족감과 행복감을 가지도록 해 주어야 할 것이다.

셋째, 수업개선에 초점을 둔 장학의 방향이다.

　이것은 여러 번 여기저기서 주장한 것이고〔주삼환, 1982(b), (a), 1983(b), (c), 1984(a)〕, 또 차차 현장에서도 그런 방향으로의 움직임이 있다는 것을 서론에서 이미 말한 바 있다. 행정, 경영, 인간관계, 교육과정, 지도성을 통하여(J. Wiles & Bondi, 1980) 간접적으로 수업개선에 접근하는 노력도 지금과 같이 기울여야 하겠지만, 앞으로 수업개선에 직접적으로 접근하는 장학방법을 계속 추진해야 할 것이다.

　넷째, 장학방법의 다양화의 방향이다.

　첫째 방향을 말하면서 어느 정도 지적한 것이지만, 좀더 강조하기 위해서 항목을 달리하였다.

　획일적인 한 장학방법이 실패하면 장학에 참여한 전원이 실패한다. 신참교사와 경험 있는 교사를 똑같은 방법으로 장학해서는 둘 다 실패할 것이며, 스스로 성장하고자 하는 교사와 동기 유발이 덜 된 교사를 똑같은 장학방법으로 접근할 수는 없다. 또, 성인의 학습원리에 의하여 장학이 이루어져야 한다. 직업에는 어떤 주기가 있다. 예를 들면, Burk, Christensen & Fessler(1984)는 교사직의 주기(career cycle)를 (1) 직전교육기간(pre-service), (2) 취임기(induction), (3) 능력형성기(competency building), (4) 열성과 성장기(enthusiastic and growing), (5) 직업적 좌절기(career frustration), (6) 안정과 정체기(stable but stagnant), (7) 퇴직기(career wind-down), (8) 퇴직(cureer exit)으로 나누고 있는데, 각 단계에 맞는 장학을 하여야 하고 그러기 위해서는 다양한 장학방법이 있어야 할 것이다.

　그리고 장학조직의 수준별로 강조점과 장학방법이 달라야 할 것이다. 예를 들면, 교육위원회의 장학이 문교부의 것을 교육청에 전달하는 역할로 그쳐서는 안 되고, 교육위원회가 현재 우리나라 교육자치제의 단위이므로, 장학의 주도권을 가지고 있어야 할 것이다. 그럴 때 장학의 지역화에 의하여 장학은 다양해지고 장학력은 강화될 것이다.

　이상 네 가지 기본 방향을 제시했으나 그 이외에도 더 있을 수 있으며, 또

이 넷은 서로 중복 연결되고 있으며, 다음에 제시할 장학방법의 기반이 된다.

Ⅳ. 장학방법의 합리화

여기서는 수업개선에 초점을 맞춘 장학방법으로 개별장학, 또는 소집단별 장학이 될 수 있고, 또 교사의 능력개발 가능성을 믿는 데서 출발하는 여러 가지 대안적 장학방법을 제시하려 한다. (1) 먼저, 장학조직 수준에 따른 장학의 전문화에 대하여 말하고, (2) 학교수준 또는 교육청 수준의 선택적 장학방법에 대하여 논하고자 한다. (3) 그리고 그 외의 대안적 장학방법 몇 가지를 첨가하게 된다.

A. 장학조직 수준별 전문화

이것은 장학조직의 수준별로 강조점을 달리하여 각각 다른 방법으로 교사의 수업개선을 위하여 접근해야 한다는 것이다. 그 이유와 근거(rationale)를 몇 가지로 생각해 볼 수 있는데, 첫째, 문교부, 교육위원회, 교육(구)청, 학교, 교사양성기관별로 강조점을 달리하고 다른 접근을 하면 장학이 전문화될 수 있다는 점이다.

특히, 교육위원회나 교육(구)청의 장학이 중간역할을 하던 데서 주도적 역할을 해야 한다는 것이다. 현재로서는 교육(구)청의 장학사나 교육위원회, 문교부의 장학사가 전문화되어 있지 않고 특성도 없다.

둘째, 교사양성기관의 장학의 역할을 강조하고 타 기관과 협조하며 이론, 연구, 기술적 뒷받침을 한다. 직전교육 중의 학생장학과 기성교사의 장학을 체계적으로 연결시킬 수 있다.

셋째, 교내장학을 공식적 장학으로 인정하고 강화한다. 교장의 능력이나 교사의 구성으로 보아 교내장학에 일임할 수 있는 학교는(또는 그 년도는) 교육(구)청이나 교육위원회의 장학에서 제외하고 그 힘을 다른 학교, 다른 교사에게 집중하는 방안도 생각해 볼 수 있다. 그런 역량을 갖춘 학교를 차차 늘려간다든지 돌려가면서 그런 교내 자율장학의 학교를 정한다면 장학력이 집중될 수도 있을 것이다.

넷째, 여러 측면에서 다양한 접근에 의하여 교사에게 미치는 장학력은 증가될 것으로 본다.

그러면 장학조직 수준별로 장학방법과 강조점, 또 약간의 새로운 아이디어를 제시하고자 한다.

1. 문교부의 장학

문교부장학은 장학방침설정, 교육과정개발 및 질관리, 장학평가 교사양성기관과 중앙교육연수원과 협조하여 장학사 양성에 집중한다. 교내장학연구학교, 장학연구교육청을 정하여 장학방법의 연구를 시도할 필요가 있다.

2. 교사양성대학(교)의 장학

교사양성기관에서는 학생장학(교생), 능력중심장학(CBS), 임상장학, 마이크로티칭, 직원개발(Staff Development) 프로그램 개발, 문교부와 협조하여 장학사 양성과 연수에 집중하고, 교위와 협조하여 교사 센터, 자료 센터를 운영하여 봉사할 수 있어야 한다. 또, 전문가에 의한 카운슬링을 하기도 해야 할 것이다. 그리고 이론과 방법적인 면에서 현장을 뒷받침해 주어야 할 것이다.

3. 교육위원회의 장학

지방자치의 단위로서 장학의 지역화에 주도적 역할을 해야 한다. 연구원과 협조하여 장학기술을 개발하고, 특수분야의 장학(예, 특수교육장학, 유아교육장학, 실과교육장학 등), 전문교과장학, 직원개발 프로그램, 대학, 교육청과 협조하여 교사 센터를 운영하고, 교사의 카운슬링과 교육청장학사와 학교장의 상담과 자문을 담당한다.

4. 교육(구)청의 장학

수업·임상장학에 집중한다. 교사연수회, 강연회, 교사의 카운슬링을 담당한다. 유능한 교장을 중심으로 3, 4개교를 묶어 지역장학협력기구를 만들어 장학을 위임하고 재정, 기술적 지원을 하는 방법을 시도할 수도 있다. 과거에도 이런 시도가 있었으나 제도적으로 재정과 책임을 주고 담당교장에게 인센티브도 주어야 성공할 수 있을 것이다. 장학사가 학교 방문하듯이 유능한 교장으로 하여금 인근학교를 방문하여 장학지도를 하게 할 수도 있고, 2개교씩 짝을 지어 상호 방문 지도할 수도 있을 것이다. 청 내의 유능한 교사를 자원교사(resource teacher; 현행 증치교사를 활용할 수도 있음)로 하여 인근학교의 교사를 돕도록 하는 방안도 생각해 볼 수 있다.

5. 학교의 장학

물론 교장 주도하에 수업·임상장학에 집중하되, 과, 학년, 3, 4명의 소집단이나 팀, 경력교사와 신참교사를 짝으로 하는(Buddy System) 동료장학을 활발히 한다. 또, 능력 있고 의욕 있는 교사에게는 개인적인 자기장학을 선택할 수 있는 기회를 준다. 학교가 대형화하여 임상장학이나 마이크로티칭에 의한 장학은 전원에게 적용하기 어려우므로, 교사들로 하여금 임상장학, 마이크로티칭, 동료장학, 행정적 감독(전통적 장학), 자기장학 중에서 선택하게 한다. 이 점에 대해서는 다음에 소개할 선택적 장학에서 자세히 다루게 된다.

지금까지 장학조직별로 설명한 장학의 강조점을 그림으로 요약하면 〈그림 1〉과 같다.

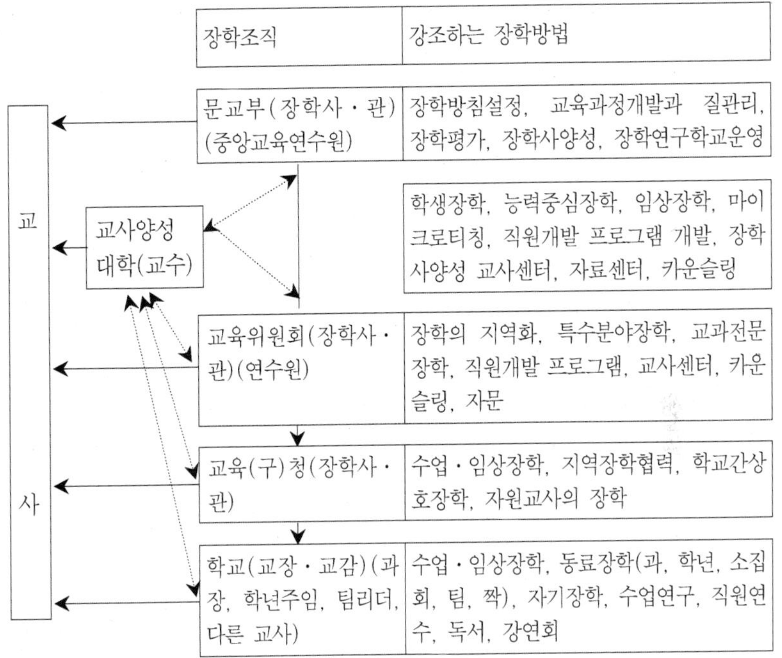

장학조직	강조하는 장학방법
문교부(장학사·관) (중앙교육연수원)	장학방침설정, 교육과정개발과 질관리, 장학평가, 장학사양성, 장학연구학교운영
교사양성 대학(교수)	학생장학, 능력중심장학, 임상장학, 마이크로티칭, 직원개발 프로그램 개발, 장학사양성 교사센터, 자료센터, 카운슬링
교육위원회(장학사·관)(연수원)	장학의 지역화, 특수분야장학, 교과전문장학, 직원개발 프로그램, 교사센터, 카운슬링, 자문
교육(구)청(장학사·관)	수업·임상장학, 지역장학협력, 학교간상호장학, 자원교사의 장학
학교(교장·교감)(과장, 학년주임, 팀리더, 다른 교사)	수업·임상장학, 동료장학(과, 학년, 소집회, 팀, 짝), 자기장학, 수업연구, 직원연수, 독서, 강연회

B. 학교 또는 교육(구)청에서의 선택적 장학

우리나라의 장학현장에 임상장학방법이 소개되면서 어떤 곳에서는 획일적으로, 또 전면적으로 공문 한 장이나 회합 한 번으로 실시·적용을 지시하는 경우가 있다. 이 임상장학 방법은 1:1의 민주장학이고 교사중심장학이며, 수업개선에 강력한 힘을 가지고 있는 방법이지만, 이렇게 한 장의 공문이나 회합에 의한 간단한 소개로 모든 교사에게 획일적으로 적용될 수 없고, 또 적용할 필요도 없는 것이기에 이 방법을 소개한 한 사람으로서[주삼환, 1982(b), 1983(a)] 우려를 하면서 이 선택적 장학(differentiated supervision, eclectic supervision을 이렇게 부르기로 함)을 제시한다. 우리나라 교육에서 유행으로 사라진 많은 실패가 새로운 교육이론의 무비판적 적용과 관의 힘을 빈 획일성이었다고 보아 이를 경계한다.

우선 임상장학 방법은 이 방법에 대하여 잘 알고, 기술을 익히고, 좋다고 생각하는 사람이 필요한 사람에게 적용해야 한다. 교사로 하여금 스스로 전문적으로 성장하고자 하게 하고 교수기술을 향상시키고자 스스로 임상장학 방법을 적용하고자 하는 의욕부터 길러주어야 한다. 교사들이 임상장학으로 인하여 불리하지 않게 하고 유리하게 해 주어야 할 것이다.

여기서 선택적 장학이란, 교사로 하여금 몇 가지 장학적 대안 중에서 자기에게 필요한 것을 선택할 수 있게 하고, 행정가도 각 교사에게 알맞은 방법을 선택적으로 차등을 두어(differentiated), 또 절충적으로(eclective) 적용하는 방법을 말한다. 여기서 중요한 것은 모든 교사가 다 임상장학을 필요로 하지도 않고, 또 다 효과적인 것이 아니기 때문에 경험 있고 능력 있는 교사에게는 학교와 교육청이 가지고 있는 자원과 사정에 따라 선택의 기회를 주도록 하는 것이다. 이것은 임상장학의 정신이 원래 각각 다른 장학을 적용한 데서 출발하였던 것이며, 또 차등장학(differentiuted supervision)은 이미 McNergney(1978), Glatthorn(1984) 등이 제안한 바 있는데, 이런 아이디어를 보완하고 강조하는 것이다.

학교단위나 교육(구)청 단위의 장학행정가는 교사로 하여금 (1) 임상장학(마이크로티칭), (2) 동료장학, (3) 자기장학(self-directed supervision), (4) 행정적 감독(administrative monitoring, 현행 전통적 장학)의 네 대안 중에서 선택하게 하여 자기 필요에 의하여 장학을 받고, 또 선택의 기회를 줌으로써 참여의식을 주고 장학에 긍정적 태도를 가지게 한다는 데 그 근거를 두고 있다. Glatthorn(1984, pp.2~4)은 이 장학체제가 필요한 이유로, 첫째, 행정가와 장학자의 어떤 표준적 장학은 대개 부적절하고 비효과적이었고, 둘째, 모든 교사에게 임상장학을 적용하기란 불가능할 뿐만 아니라, 또 그럴 필요도 없으며, 셋째, 교사들은 각각 다른 성장을 위한 필요성과 학습 스타일을 가지고 있기 때문이라고 하는데 합리적인 생각이라고 본다. 또 하나 중요한 근거는 교사의 경력적 주기(career cycle)에 맞는 장학방법을 택해야 하는데, 예를 들면 Katz 2(1972)는 (1) 생존기(Survival Stage), (2) 정착기(Consolidation Stage), 3, 4년 후 (3) 갱신기(Renewal

Stage), 한 5년 후, 마지막 단계인 (4) 성숙기(Maturity Stage)를 들고 있는데, 제1기는 임상장학, 제2기는 동료장학, 제3기는 전문적 모임, 교실 방문, 전문학술지, 교사 센터, 비디오에 의한 자기분석 등을 자극하고, 제5기는 대학원 수강, 자기장학에 의한 선택적 장학이 좋을 것이다. Glatthorn(1984) 은 50명의 교사로 구성된 학교라면 5명은 임상장학, 10명은 동료장학, 5명 은 자기장학(self-directed), 30명은 종래의 전통적 장학인 행정적 감독을 예시하고 있는데, 장학력의 확보와 개인에 맞는 장학을 위하여 좋은 시사가 된다. 그러면 이 네 가지 방법에 대해서 간단히 소개한다.

1. 임상장학(Clinical Supervision)

이에 대해서는 이미 여러 차례 소개되었기(주삼환, 1982(b), 1983(a), 1983(b), 1984(b); 강영삼, 1983; 윤정일 외, 1982; 서정화 외, 1983; 고영희 외, 1983; 장이권, 1983 등) 때문에 구체적인 방법은 생략하고, 요약하면 교사의 수업계획에 대하여 계획협의회를 하고, 수업을 관찰분석하고, 분석한 자료를 바탕으로 하여 피드백 협의회를 하는 주기를 반복함으로써 수업개선을 하려는 하나의 집중적인 과정이라 할 수 있다. 성공적인 임상장학을 위해서는 훈련받은 장학사나 행정가가 실시해야 하고 교사가 자발적으로 참여하고자 해야 한다는 점이다. 이러한 준비 없이 획일적으로 실시를 강요하는 것은 낙하산을 체크해 보지도 않고 비행기 밖으로 내모는 격이다.

이 임상장학은 특히 기본 교수기술을 습득하고자 하는 신참교사와 수업상 심각한 문제점을 가지고 있는 경력교사에게 우선적으로 적용해야 할 것이다. Pfeiffer와 Dunlap(1982, p.55)은 교직 첫 3년 동안과 그 후 매 3년마다, 또 경력교사에게는 매 3년마다 적용할 것을 예시하고 과단위, Study Group을 통해서 학년단위활동으로 활용 가능하다고 한다. 어쨌든 교사와 장학사가 기꺼이 시간과 노력을 바치고자 하지 않으면 안 된다. 이 임상장학 은 우리나라에서도 이미 실험, 적용하여 성공을 거둔 것으로 나타났다(고영 희 외, 1983).

이 임상장학에 몇 가지 주요 대안이 개발되고 있다. 첫째, 과학적 장학(Scientific Supervision)인데, Hunter 모델(Russell & Hunter, 1980)로 알려진 것으로 다음 9개의 구체적 요소로 된 교수 모델에 따른 장학이다.

(1) 진단(Diagnosis): 일반목표를 확인하고 그 목표에 따라 학생의 현 상태를 평가한다.

(2) 구체적 목표: 진단에 의하여 그날 학습의 구체적 목표를 설정한다.

(3) 예상(Anticipatory set): 주의에 초점, 전 학습검토, 다가올 학습에 대한 준비성 개발

(4) 지각된 목적(Perceived purpose): 학생의 목표 명료화, 그 중요성 설명, 전시학습에 관련짓기

(5) 학습기회(Learning opportunities): 학습자가 목표 달성하도록 도와주는 학습기회의 선택

(6) 모델(Modeling): 무엇을 학습할 것인가의 언어적, 시각적 보기의 제시

(7) 이해의 확인(Check for understanding): 학생들이 목표 달성한 정도의 평가

(8) 지도연습(Guided practice): 학생의 학습연습을 안내하고, 학생이 얼마나 성공적으로 수행하는지 확인한다.

(9) 개인적 연습(Independent practice): 학생자신이 새로운 기술을 연습할 기회를 제공한다.

둘째, 책임장학(Accountable Supervision)이 있다. 이 책임장학은 교사의 교수행동에 관심을 가지는 것이 아니라 학생의 학습행동에 관심을 가지는 장학이다. 이것은 주어진 수업기간 중 강조할 학습 목표를 교사가 결정하도록 도와주고, 그 목표를 어떻게 평가할 것인가 장학협의회에서 정하고, 학생의 목표 달성에 의하여 평가하는 장학방법으로 학생의 목표 달성에 교사와 장학사가 책임진다는(accountable) 뜻에서 나온 것이고, 수업장학행위→교수행위→학습행위(Alfonso, Firth & Neville, 1981, p.45)에 의하여 장학의 결과는 학생의 학습결과로 나온다는 데 그 근거가 있다.

셋째, 대안은 예술적 장학(Artistic Supervision)이다. 임상장학이 과학적인 자료의 객관적인 분석에 의하여 수업기술의 개선을 시도하는 것이라면 예술적 장학은 "수업 중에 일어나는 의미 있는 묘한 것을 감상하는 하나의 방법으로서 장학사의 민감성, 지각, 지식에 의존하는 장학적 접근이며, 또 학교에서 진행되는 것, 즉 관찰된 것에 영향을 주는 것을 교사나 다른 사람에게 전하려는 언어의 은유적, 표현적, 시적 가능성을 개발하는 장학적 접근"(Eisner, 1982, p.59)을 말한다. 수업관찰자료의 과학적 분석과 함께 이 예술적 접근이 사용된다면 더 좋을 수도 있다. 마치 수많은 종류의 맥주를 한 모금씩 맛보고 평을 하는 감식가와 영화비평가나 음악비평가와 같은 장학사를 연상해 보는 것이다. 발표자 개인적으로는 이런 식의 수업평가나 관찰을 더 좋아하지만, 우리나라에서 수업개선에 너무나 주먹구구식 접근이었기에 임상장학을 강조하였으나 이러한 과학적 방법과 함께 수업을 보는 감식안과 심미안도 길러 상호 보완해야 할 것이다.

임상장학에 마이크로티칭(Brown, 1975; 이정근, 1983; 고영희, 1983, Pfeiffer & Dunlap, 1982)을 적용할 수도 있고 따로 독립시켜 이 방법으로 수업개선에 집중하도록 하나의 선택적 대안으로 제시할 수도 있는데, 이는 특히 교사양성 방법으로도 좋다. 이것은 1963년 Stanford에서 기원한 것으로, 실제수업에 들어가기 전에 시간, 학생 수, 교수기술을 축소한 소규모 수업으로 4~20분간, 3~10명의 소집단을 대상으로 하나의 특정교수기술에 초점을 두어(Pfeiffer & Dunlap, 1982, p.15) 수업을 하는 동안 녹화, 녹음 등을 하여 즉시 feedback을 하고 다시 가르치고, 또 다시 마지막 협의회를 하는 교수(teach)─비평(critique)─재교수(reteach)─비평(critique)의 시퀀스로 이어지는 것이다. 이것도 이미 우리나라에서 실험 적용하여 그 효과가 검증되었다(이정근, 1983; 고영희 외, 1983).

2. 동료장학(Peer Supervision, Cooperative Supervision)

소집단의 교사가 자신들의 전문적 성장을 위하여 함께 협동하는 동료적

과정(collegial process)이라 할 수 있다. 서로 간에 수업을 관찰하고, 서로 관찰에 대하여 feedbac하고, 공통적인 전문적 관심에 대하여 토의하는 방법이다. 만일 원한다면 다른 수업활동에 대해서도 협동할 수도 있는데, 엄격한 장학적 훈련도 안 받고, 긴 시간을 사용하지도 않고, 엄격한 협의회를 생략할 수 있고 하여 임상장학보다는 덜 집중적이고, 또 덜 체계적으로 운영하게 할 수 있다. 만일, 교사들이 임상장학방법의 훈련을 받았다면 임상장학방법을 그대로 상호 적용하게 할 수도 있다. 이 방법은 동료의식에 높은 가치를 매기는 경험 있고 능력 있는 교사들에게 가장 유용하다.

중·고등학교에서는 과 단위, 초등학교에서는 학년 단위로 리더를 중심으로 상호 장학하게 할 수 있을 것이다. 또, 경험 있는 한 교사가 초임교사 한 명씩 맡아 장학하게 하는 'Buddy system'(Pfeiffer, 1982)도 한 아이디어이다.

Blumberg(1980)도 이 동료장학은 가능하다 했고, Gorton(1972, pp.92~93)도 전문가는 행정가보다 동료의 도움과 평가가 가치 있다는 것을 강조하고 있으며, Glatthorn(1984)은 일반적으로 장학에 거부감을 가지므로 장학이라는 말을 빼고 '협동적 전문성개발'(Cooperative Professional Development)이라는 용어를 사용할 것을 강조하고 있다. 그러나 장학의 한 방법으로 인식하고, 또 제도화하기 위해서 장학이란 이름을 그대로 사용하고자 하며, 우리나라에서 이미 이런 용어가 사용되고 있었다. 장학인력이 부족한 우리나라에서 앞으로 이 동료장학은 권장, 개발되어야 할 것이다.

3. 자기장학(Self-directed Supervision)

이것은 개인교사로 하여금 전문적 성장에 관하여 독립적으로 일할 수 있게 하는 것이다. 장학사나 행정가가 하나의 자원으로 봉사해 주고 개인교사가 자신의 개인 계획에 의하여 개발하고 실천하게 하는 것이다. 이것은 혼자 일하기를 좋아하는 경험 있고 능력 있는 교사들에게 가장 적합하고 유용한 방법이다.

자신의 수업을 녹음, 녹화하여 계속 되돌려 보고 들으면서 수업개선을 위해 노력할 수도 있고 학생들의 feedback을 분석자료로 하여 혼자 수업개선을 위해서 노력할 수도 있다. 또, 혼자 전문서적을 읽거나 알맞은 전문가를 찾아가 협의할 수도 있다. 결국 수업은 '고독한 일'이라고 볼 때 스스로 성장하고자 한다면 가능하리라 본다. 이러한 능력 있는 교사들을 장학의 집중노력에서 제외시킬 수 있다면 그 대신 필요한 사람에게 돌아가는 장학력은 많이 증가될 것이다.

4. 행정적 감독(Administrative Monitoring) 또는 전통적 장학(Traditional Supervision)

이것은 교사가 부과된 과제와 책임을 전문적인 방법으로 수행하고 있는지 확인하기 위해서 예고 없이 잠깐 방문하여 감독하는 과정이다(Glatthorn, 1984, p.5). 여기서, 감독이란 말이 마땅치 않으나 교사들은 지금까지 어차피 행정적 감독을 받아왔으며, 많은 교과서에서 예고 없이 잠깐 교실에 들르거나 창가에 기웃거리는 형태의 장학을 비웃고 있으나 현재도 실제로 이러한 현상은 동·서양을 막론하고 현저하게 쓰이고 있으며, 이론이야 어쨌든 상황이 그럴 수밖에 없도록 만들었거나 아니면 그 나름대로 어떤 강점이 있거나 쉬운 방법이기 때문일지도 모른다. 특히, 민감하고 신뢰로운 지도자가 이 방법을 쓸 때에는 이러한 감독으로부터 모든 교사들이 이익을 얻을 수 있다고까지 한다(Glatthorn, 1984, p.5).

교사가 임상장학도, 동료장학도, 자기장학도 싫다고 한다면, 이 마지막 행정감독(또는 전통적 장학)을 받으라고 할 수도 있고, 또 모든 교사는 행정적 감독을 받고 거기에 더하여 앞의 셋 중에서 하나를 택하라고 할 수도 있다. 그러나 잠깐 교실을 방문했어도 짤막한 평이나 느낌을 긍정적인 측면과 함께 개선점을 간단히 적어 수업자에게 보내 주는 것이 좋을 것이다.

지금까지 네 가지 선택적 장학방법을 제안하였으나 학교나 교육청의 사정에 따라 다른 대안, 예를 들면 통신장학, 대학원 수강에 의한 대치 등을 첨가할 수도 있고, 또 이들을 절충하여 사용할 수도 있을 것이다. 이 네 가지 선택적 장학 방법을 교사직의 주기와 관련시켜 표로 요약하면 다음과 같다.

〈표 1〉 선택적 장학과 그 대상

선택적 장학방법*	(비율)	장학대상교사 (희망에 따르지만 적절한 대상의 암시)
1. 임상장학	(5)	초임교사(생존기) (첫 3년 계속, 그 후 매 3년마다) 경력교사(갱신기)(매 3년마다)
2. 동료장학	(10)	높은 동료의식을 가지고 있는 경험 있고 능력 있는 교사(정착기)
3. 자기장학	(5)	혼자 일하기를 좋아하는 경험 있고 유능한 교사(성숙기)
4. 행정적 감독 또는 전통적 장학	(30)	모든 교사 또는 1, 2, 3을 선택하지 않는 교사(모든 단계의 교사)

* 선택 대안을 학교 형편에 따라 더 늘릴 수 있음.

C. 기타 장학의 대안들

그 외에도 교사의 사적 문제를 다루는 카운슬링, 가치명료화(value clarification) (Pfeiff & Dunlap, 1982, pp.104~107), 전문적 독서(professional reading; pp.108~109), 강연회, 협의회(conference), 직원개발(staff development), 수업분석(analysis of teaching), 능력중심장학(competency-based supervision), 교사 센터 등도 수업개선을 위해서 다양하게 활용해야 하나, 앞에서 약간 언급된 것도 있어 여기서는 생략한다.

V. 요약 및 결론

이 논문에서는 (1) 우리나라 장학의 문제를 살펴보고, (2) 앞으로의 장학의 기본방향을 제시하고, (3) 그러한 방향에서 (4) 장학방법의 합리화 방안을 생각해 보았다.

장학의 문제점으로는 (1) 전반적으로 장학력이 약화되었다는 점, (2) 장학의 이론, 방법, 기술이 개발되지 못했다는 점, (3) 장학에 대한 일반적인 부정적 태도, (4) 장학적 접근의 획일성을 들었고, 앞으로 장학이 나아가야 할 기본방향으로는 (1) 장학의 개별화, 인간화, 민주화와 (2) 교사의 능력의 인정과 개발, 그리고 장학과 교수의 전문화, (3) 수업개선에 초점을 맞춘 장학, 그리고 (4) 장학방법의 다양화를 제시하였다.

이러한 방향에서 합리적이고 구체적인 방법으로 (1) 장학조직의 수준, 즉 문교부, 교사양성기관, 교육위원회, 교육청, 학교에 따라 장학을 전문화하는 방안을 제시했고, 또 (2) 학교나 교육청 수준에서는 임상장학, 동료장학, 자기장학, 행정적 감독 중에 교사가 자기에게 맞는 장학방법을 선택하게 하여 개인에게도 맞고 장학력도 높일 수 있는 선택적 장학방법을 제시하였다.

물론 이러한 장학방법도 모든 병을 한꺼번에 치료할 수 있는 만병통치약은 아니며, 또 그런 약이 있을 수도 없다. 여기서 제시된 방법도 장기간을 두고 서서히, 그러나 꾸준히 연구, 개발, 실험, 적용, 평가해야 할 것이다.

이제 지금까지 여기서 다룬 것을 바탕으로 하여 몇 가지로 정리하고자 한다.

첫째, 다양한 수업장학방법에 의하여 교사에게 선택의 기회를 줌으로써 개인의 필요에 맞추고 장학력을 높일 수 있다는 것이다. 장학이 더 이상 행정을 위한 장학, 장학을 위한 장학의 거대한 체제로 현상유지의 수준에 머물러 있지 말고 적극적으로 고객이요 파트너인 교사의 기호에 맞추어야 할 것이다. 언뜻 보기에 다양한 장학방법은 더 많은 장학인력과 경비를 요구하는 것 같고 복잡해 보이지만, 있는 자원을 최대한 활용하고 고객을 여러 그룹으로 분산시킴으로써 필요한 사람에게 집중적으로 장학력을 투입시킬 수 있고 그 부분에서 전문성이 더욱 길러질 수 있는 것이다.

둘째, 교사의 전문적 성장욕구에 동기유발시키는 것이 무엇보다 중요하다. 아무리 다양한 음식을 마련해 놓고 개인의 입맛에 맞추려 해도 고객이 시장기를 느끼지 않으면 아무 소용없다. 전문적 지식에 굶주리고 수업기술에 갈

증을 느끼면 음식을 차려 놓지 않아도 찾아 먹을 것이며, 먹을 것이 없으면 만들어 먹고자 할 것이다. 이때야말로 장학에서 교사가 고객인 손님이 되지 않고 장학의 주인이 되고 이름 그대로 교사중심장학이 되는 것이다. 이 동기 유발문제는 또 하나의 연구와 발표가 되어야 할 것이다.

셋째, 하루빨리 장학이 전문화되어야 한다. 장학조직 수준별로도 전문화되고 장학사의 기능이 전문화되어야 한다. 환자가 의사의 기술과 능력을 믿고 찾아와야 병을 고칠 것이 아닌가? 자의였든 타의였든 장학직에 앉아 있는 이상은 전문적 자신감과 신념을 갖고 일할 수 있어야 한다. 그러기 위해서는 장학사도 별도의 장학사 양성 프로그램을 거치고, 별도의 자격증을 부여하고, 행정직으로 옮아가는 데 인센티브를 줄 것이 아니라 장학하는 일에서 보람을 느끼고 계속 전문적으로 성장하고자 하게 되어야 한다.

넷째, 장학이론, 방법, 기술의 개발과 장학사 양성을 위해서 본 학회가 더욱 노력하여야 할 것이다. 현장 장학사들은 너무나 바쁘기 때문에 아이디어만 주지 말고 금방 사용할 수 있는 완제품을 만들어 달라고 요구하고 있다. 이러한 요구를 들어줄 수 있어야 한다. 그리고 행정을 연구하거나 실천하는 사람은 수업과 교육과정에까지 관심을 기울여야 할 것이다. 행정가는 수업과 교육과정에서 지도성을 발휘해야 하기 때문이다. 그래서 이 기회에 장학에 관심을 가지는 교수들과 일선 장학사와 교장·교감 등을 중심으로 하여 미국의 ASCD 같은 장학연구협의회 같은 것을 구성할 것을 제의한다. 교육행정연구회 소속으로 하여 발전시키는 것이 좋을 것으로 생각된다.

참고문헌

강영삼, '장학행정', <u>현대교육행정학</u>, 신중식 외, 서울: 교육출판사, 1982, pp.35
    2~373.

고영희 외, '수업장학모형개발 및 현장적용가능성탐색연구', 한국교육개발원, 연구
    보고 RR83-6, 1983. 12.

금영식, 주삼환 역, <u>신장학론</u> 서울: 교육출판사, 1979.

서정화 외, "장학지도개선에 관한 연구', 대한교육연합회, 정책연구 제38집, 1983.
    12.

윤정일 외, 장학행정제도개선연구, 한국교육개발원, 연구보고 RR82-22, 1982. 12.

이정근, '마이크로티칭의 도입에 관한 탐색적 연구' <u>교육연구</u> 9집, 공주사대교육학
    회, 1983.

장이권, '임상장학을 통한 교사의 수업개선', <u>교육행정학연구</u>, 교육행정연구회, 1983.

주삼환, '인간화 측면에서의 장학에 대한 교사의 지각반응', <u>교육학연구</u> 15권 1호,
    한국교육학회, 1977, pp.42-54(a)

주삼환, '장학에 있어서의 교사 욕구', <u>교육학연구</u> 15권 2호, 한국교육학회, 1977,
    pp.83~95(b).

주삼환, '장학의 본질에 비추어 본 장학개선의 방향', <u>교육발전논총</u> 제Ⅳ권 제1호,
    충남대교육발전연구소, 1982(a).

주삼환, '임상장학의 적용가능성', 한국교육학회 21회 학술발표논문, 1982(b).

주삼환, <u>장학론: 임상장학방법</u>, 서울: 학연사, 1983(a).

주삼환, 교실개혁과 수업장학, 초·중등교육의 질 개선을 위한 세미나, 한국교육개
    발원, 1983. 10(b).

주삼환, '장학의 방향', 김종철 박사 회갑기념논문집, <u>한국교육행정의 과제와 이론
    적 접근</u>, 서울: 교육과학사, 1983(c).

주삼환, '교육의 자율성과 장학지도', 문교행정, 1984. 9(a).

주삼환, 신익현 역, 장학론: 인간자원론적 접근, 서울: 학문사, 1984(b).

Acheson, Keith and Meredith Damien Gail, *Techniques in the Clinical Supervision of Teachers: Preservice and Inservice Applications.* N. Y.: Longman, 1980.

Alfonso, Robert J., Gerald R. Firth and Richard F. Neville, *Instructional Supervision: A Behavior System.* 2nd ed., Boston: Allyn and Bacon, 1981.

Blumberg, Arthur, *Supervisors and Teachers: A Private Cold Ward* 2nd ed., Berkley, California: McCutchan Publishing, 1980.

Brown, George, *Microteaching,* London: Methuen & Co., 1981.

Burk, Peter J., Christensen, Judith C. & Fessler, Ralph, *Teacher Career States: Implications for Staff Development,* Bloomington, Indiana: The Phi Delta Kappa Educational Foundation, 1984.

Cogan, Morris, *Clinical Supervision,* N. Y.: Houghton Mifflin, 1973.

Cogan, Morris, "Rationale for Clinical Supervision", *Journal of Research and Development in Education,* 9(No.2, Winter 1976): 3-19.

Eisner, Elliot W. *The Educational Imagination,* New York: MacMillan Publishing Co., Inc., 1979.

Eisner, Elliot W. "An Artistic Approach to Supervision", In *Supervision of Teaching,* pp.53-66. Edited by T. J. Sergiovanni. Alexandria, Va.: ASCD, 1982.

Glatthorn, Allan A., Differentiated Supervision, ASCD, 1984.

Gorton, Richard A., *Conflict, Controversy and Crisis in School Administration and Supervision: Issues, Cases and Concepts for the '70s,* Dubuque, Iowa; W. M. C. Brown Co., 1972.

Houston, W. Robert and Howsam, Robert B., *Competency-Based Teacher Education,* Chicago: Science Research Association, 1972.

Katz, L. "Developmental Stages of Preschool Teachers", *Elementary*

School Journal 73(October 1972): 50-54.

Lucio, William H. and John D. McNeil, *Supervision: A Synthesis of Thought and Action,* N. Y.: McGrawHill Book Co., 1962.

McDaniel, Thomas R. "What's Your Principalship Quotient?" *Phi Delta Kappan,* March, 1982.

McNergney, Robert F. and Berj Harootunian, "Toward a Differential Model of Clinical Supervision", Paper Presented to the First Congress on Education, Toronto, Canada, June 18, 1978.

Ornstein, Allan C. and Levine, Daniel U., *Foundations of Education,* 2nd ed., Boston: Houghton Mifflin Co., 1981.

Peiffer, Isobel L. and Dunlap, Jane B., *Supervision of Teachers: A Guide to Improving Instruction,* Oryx Press, 1982.

Russell, D. and Hunter, M., *Planing for Effective Instruction,* Los Angeles: University Elementary School, 1980.

Sergiovanni, Thomas J. and Robert J. Starratt, *Supervision: Human Perspectives,* 2nd ed., N. Y.: McGraw-Hill Book Co., 1979.

Sergiovanni, Thomas J. and Carver, Fred D., *The New School Executive: A Theory of Administration,* 2nd ed., New York: Harper & Row Publishers, 1980.

Wiles, Kimball and John Lovell, *Supervision for Better Schools,* 4th ed., Englewood Cliffs, N. J.: Prentice Hall, 1975.

Wiles, Jon and Joseph Bondi, *Supervision: A Guide to Practice,* Columbus, Ohio: Charles E. Merrill Publishing, 1980.

ABSTRACT

Several Suggestions for the Improvement of Supervision

The purposes of this paper were (1) to identify the problems from current supervision in Korea, (2) to explore new major directions of supervision from which some specific suggestions for the improvement of supervision come out.

The writer identified four major problems in this paper; (1) decrease of supervisory power to teachers at the present time when traditional supervision is replaced by the democratic supervision, (2) underdevelopment of useful supervisory theories, methods and techniques, (3) teachers' negative attitudes to supervision in general, and (4) unilateral and unified approach to supervision.

Four major new directions suggested here were (1) individualization, humanization and democratization of supervision, and (2) recognition and development of teachers, competence, and professionalization of teaching, (3) focus of supervision on the improvement of instruction, and (4) various approaches to teacher supervision rather than unilateral and unified one.

The writer proposed two major specific suggestions for the rational supervisory methods. The first suggestion was that supervisory organizations should be professionalized for each level as follow <Table 1>.

〈Table 1〉 Supervisory Organizations and Suggested Emphasis Areas

Supervisory Organizations	Emphasis Areas Suggested
The Ministry of Education	Setting the Supervision Policies; Development of National Curriculum; Evaluation of Supervision; Training of Supervisors; Operation of Experimental Schools or Districts for the Study of Supervision.
Teacher Education Institutes	Student Supervision; Competency-Based Supervision; Clinical Supervision; Microteaching; Staff Development; Supervisor Training; Operation of Teacher Center; Resource; Center; Counseling.
The Board of Education	Localization of Supervision; Special Area Supervision; Subject Matter Supervision; Staff Development; Teacher Center; Counseling and Consultant.
School Districts	Instructional and Clinical Supervision; Area Supervisory Cooperation; Exchange School-visit by Neighbor Principal; Resource Teacher.
Schools	Instructional and Clinical Supervision; Peer Supervision; Peer Supervision; Self-directed Supervision; Demonstration Teaching; Conference; Professional Reading.

Second, differentiated or eclectic supervision from Glatthorn and McNergney was strongly recommended. Usually, teachers are not given a choice, but treated the same, even though they have very different needs, growth level and teaching style. In this proposed system teachers can choose one prefered for themselves among Clinical Supervision, Peer Supervision, Self-directed Supervision, Traditional Supervision and other alternatives appropriate for school or district situations as following summarized <Table 2>.

<Table 2> Differentiated Supervision and Appropriate Subject Teachers

Supervisory Alternatives	Subject Teachers
Clinical Supervision	Beginning Teachers(first 3 years and every 3 year after that) (Survival Stage) Experienced Teachers(every 3 year)(Renewal Stage)
Peer Supervision	Experienced, Competent Teachers(who value collegiality) (Consolidation Stage)
Self-directed Supervision	Experienced, Competent Teachers(who prefer to work along) (Maturity Stage)
Administrative Monitoring	All Teachers(All Stages)

In conclusions, (1) supervisory power can be increased by applying variety of instructional supervision and by giving a choice for teachers to choose their prefered supervision alternatives, (2) first of all importance is to motivate teachers to grow in profession for themselves, (3) supervisors should be trained and professionalized as early as possible for their competence to help teachers, and (4) the Korean Society for the Study of Educational Administration members do their best to develop supervisory theories, methods and techniques, and to support supervisors' education.

10. 학교장의 수업지도성과 수업장학대안[*]

I. 서 론

장학이 무엇이냐에 대하여 아직 완전한 합의를 보지 못하고 있어 (1) 행정 (administration), (2) 교육과정(curriculum), (3) 수업(instruction), (4) 인간관계(human relation), (5) 경영(management), (6) 지도성 (leadership)[1] 등 여러 측면에서 다양하게 정의되고 있다. 그러나 장학의 궁극적 목적이 "수업개선"이라는 데는 이의가 없다. 다른 모든 교육활동도 결국은 학교의 수업을 위해서 존재하는 것이지만 그중에서도 특히 장학활동은 수업과 더욱 밀접하게 관련되어 있다. 정범모[2]와 이영덕[3]은 둘 다 수업의 중요한 변인으로 (1) 학생, (2) 교수, (3) 교육과정(이들은 내용이라 했음), (4) 학습환경(이들은 소환경(학교), 대환경(사회)으로 모형화했음)을 들고 있는데 〈그림 1〉 장학은 이들 변인에 직접적인 영향을 주는 것이다. 이

---

[*] 정봉 조용진 박사 회갑기념논문집, 1985에 게재.

1) 주삼환, "장학의 본질에 비추어 본 장학개선의 방향," 교육발전논총 제IV권 제1호(충남대학교 교육발전연구소, 1982), pp.82~87.

2) 정범모, 교육과 교육학(서울: 배영사, 1976).

3) 이영덕, 교육의 과정(서울: 배영사, 1976).

중에서도 교사는 학생학습에 영향을 주는 가장 중요한 수업변인인데 장학은
교사변인과 가장 밀접한 관련을 갖는다.

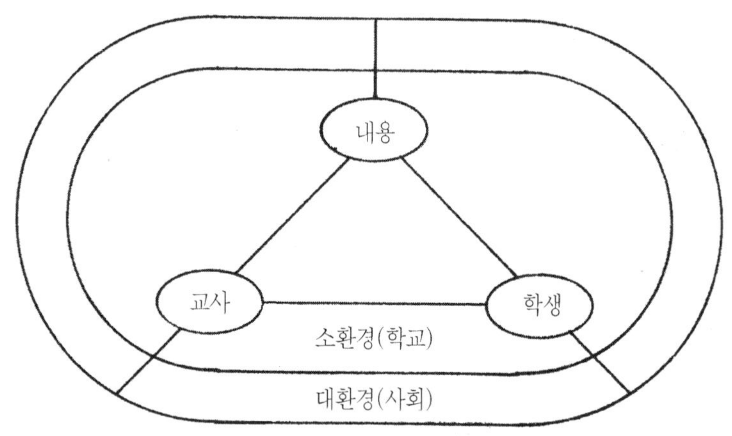

〈그림 1〉 정범모의 교육상황 모형

즉 Alfonso와 Firth, Neville[4]은 장학사의 수업장학 행위는 교사의 교수
행위에 영향을 줘서 궁극적으로는 학생행위에 영향을 주자는 것이라고 했는
데 장학은 "교사" 변인과 "학생" 변인에 직접 관련되며〈그림 2〉, Pfeiffer와
Dunlap[5]은 (1) 교사행위변화와, (2) 교육과정수정, (3) 학습환경의 재구
조와 같은 절차에 의하여 (4) 학생의 학습향상의 결과를 가져오는 것이 장
학이라고 하였는데, 이것도 정범모의 교육상황의 주요변인과 직접관련을 갖
는다. 이를 종합하면 장학을 〈그림 3〉과 같이 나타낼 수 있다.

---

4) Robert. J. Alfonso, Geral R. Firth and Richard F. Neville, *Instructional
   Supervision: Behavior System*, 2nd ed.(Boston: Allyn and Bacon, 1981),
   p.45.
5) Isobel L. Pfeiffer and Jane B. Dunlap, Supervision of Teachers: *A Guide
   to Improving Instruction*(Phoenix, AZ: Oryx Press, 1982), *pp.5~6*.

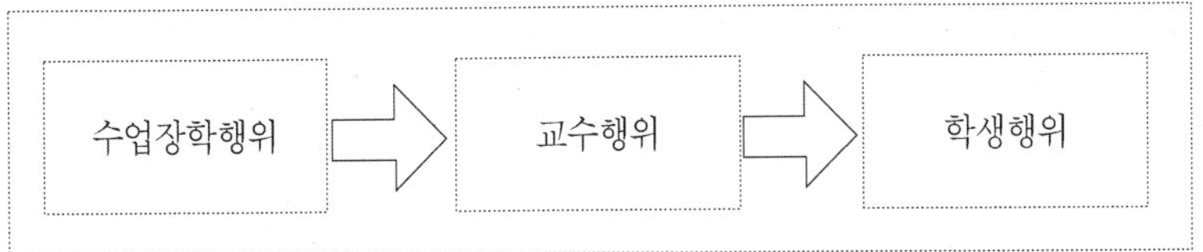

〈그림 2〉 Alfonso, Firth & Neville의 수업장학행위의 영향체제

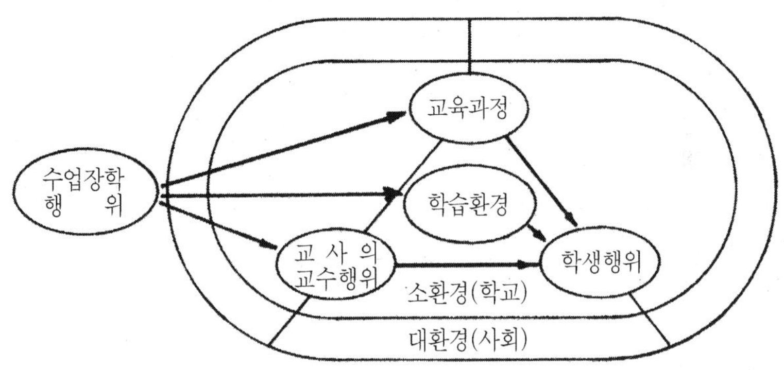

〈그림 3〉 장학의 궁극적 목적: 학습향상

그런데 우리나라에서는 지금까지 장학을 통해서 수업을 개선하려는 데에 노력을 집중하지 못한 감이 있다. 그러나 최근 교육의 양적 팽창에 따른 질을 보장해야 한다는 외침이 높아지고 있는데 이는 곧 수업장학의 중요성과 강화요청으로 귀착된다.

또 지금까지 우리나라에서의 장학은 주로 상부의 감독적 의미를 많이 내포하고 있었던 것 같다. 그래서 장학이라고 하면 으레 문교부의 장학, 교육위원회의 장학, 교육(구)청의 장학사(관)에 의한 장학만을 연상하게 된다. 그러나 수업사태와 가장 가깝고 직접적인 관련을 갖는 곳은 학교수준이며 그중에서도 학교장의 수업지도성(instructional leadership)은 가장 중요한 것인데 그동안 학교장의 수업지도성은 장학의 관심에서 멀리 떨어져 있었다.

그래서 여기서는 장학의 여러 접근들 중에서 수업개선을 위한 수업장학

(instructional supervision)에 초점을 맞춰 (1) 학교장의 수업지도성 (instructional leadership)에 대하여 논의하고, (2) 학교를 중심으로 한 수업 장학의 여러 대안(alternatives)을 살펴보고, 이로부터 (3) 어떤 잠정적인 결론을 얻고자 한다.

II. 학교장의 수업지도성

현재까지 우리나라에서는 학교장의 직무와 역할, 기능을 명백하게 구체적으로 제시해 놓은 곳이 별로 없다. 아직 교장론(Principalship)에 관한 연구와 강의가 활발하지 못하며 현장에서도 직무기술(job description)로라도 밝혀 놓은 것이 없고, 있다 해도 많은 사람이 합의를 할 만한 처지에 있지 못하다. 교장의 임무에 해당하는 유일한 근거는 교육법 제75조 1항에 있는 "교장은 교무를 통할하고 소속직원을 감독하며 학생을 교육한다"라는 것이다. 금영돈은 이 중에서 "교무통할"을 행정관리 면(administration)의 책임자임을 밝힌 것이라 보고 "소속직원을 감독하며 학생을 교육한다"를 장학(supervision)의 책임자임을 밝힌 것6)이라 보고 있다. 우리나라에서는 교장의 장학적 지위에 대하여 이의를 제기하거나 부정하는 사람은 거의 없었다. 그러나 실제로 교사들은 교장이 수업에 관여하는 것을 싫어하고, 교장이 수업에 도움을 주리라 믿지도 않으려 하며, 오히려 수업에 관여하지 않는 교장을 대교장, 명교장이라고 치켜세우기까지 하는 현실이다.

그러나 외국에서는 교장의 수업지도성을 놓고 행정가들과 교사들 간에 갈등상태에 있는 실정이다. 학교행정가의 수업지도자로서의 역할은 대체로, 특히 행정가 조직에 지지받고 있으나7) 행정가의 수업지도성의 수혜자인 교사

---

6) 김영돈, <u>학교경영의 이론과 실제</u>(서울: 익문사, 1978), p.94.

7) Owen Kiernan, Senate Select Committee on Equal Education Opportunity, 1974에서의 증언, 또 "Principals Can Be Leaders If They Learn to Take

는 교장을 학교의 수업지도자로 항상 인정하지는 않는다는 증거들이 표면화 하고 있다.8) 그러나 교장은 수업지도자가 되어야 하고 또 될 수 있다는 증 거들도 또한 있으며, 이 논문도 이것을 전제로 하고 있다. 그러나 교장의 수 업지도성에 관한 엇갈린 주장과 연구결과를 살펴볼 필요는 충분히 있다고 본다. 먼저 교장의 수업지도성에 대한 부정적 반응을 살펴보기로 한다.

미국의 교사들은 다음과 같이 주장한다.

교사는 더 이상 행정가에 의하여 관찰(observation)을 받고, 장학을 받 고, 평가를 받을 수 없다. 수업과 교육과정 개선을 위해서 교실을 방문하고, 교사와 함께 일하는 모든 장학은 중·고교 수준에서는 각 교과주임이, 초등 학교 수준에서는 그 목적에 맞는 주임교사에 의하여 이루어져야 한다. 모든 교사의 평가는 교사 중에서 교사에 의하여 선출된 교사평가특별위원회가 해 야 한다…….

대부분의 행정가는 교사를 장학하거나 평가할 만한 능력을 갖고 있다고 교사들은 믿지 않는다. 과거에 교사교육이 제대로 안 되고, 교수법과 교육과 정이 단순하고 표준화되어 있었을 때는 아마 행정가들이 교사를 효과적으로 장학하고 평가할 수 있었을 것이다. 그러나 이제 교수법과 교육과정이 점점 다양해지고 또 매우 전문화되어 있다. 오늘날의 교사들은 자기들의 전문분야 에서 보다 잘 교육받았으며, 또 행정가들이 자기들의 교수법과 교육과정을 개선시킬 만큼 충분한 배경을 갖고 있거나 훈련을 받았다고 교사들은 느끼 지 않는다…….

다른 전문직에서도 평가는 동료들에 의해서 행해지고 있다. 예를 들면 의학

Charge," Education U. S. A.(April 28, 1980), pp.265, 269.
8) Richard A Gorton, School Administration And Supervision: *Leadership Challenges and Opportunities(Dubuque, IA: WM. C. Brown Co. Publishers, 1983), p.20.*

계에서 병원 행정가는 의사들을 평가하지 못하며 동료의사들에 의하여 상호 평가한다. 교육계에서도 교사 자신의 동료가 교사를 장학하고 평가할 수 있는 자격을 가장 잘 갖춘 적격자이다.(비교수직에 있는 행정가가 아니다!)9)

Campbell도 "교육행정가는 행정가들보다 교수와 학습에 대하여 더 잘 알고 있다고 생각하고 있는 전문가들과 함께 일하고 있다"10)고 주장했으며, Erickson도 "동료, 교과전문가, 장학사, 대학교수 같은 사람들이 많아짐에 따라 수업문제를 가지고 교장의 도움을 요청하지 않는 경향이 있다"11)고 지적한 바 있다. 그리고 최근에 "어떤 행정가도 교실에서 무엇이 진행되고 있는지 교사 자신들이 이해하는 만큼 이해할 수 없으며, 교사가 가르치는 학급의 특성집단의 학생에게 가장 알맞은 교수방법이 어떤 것인지 교사보다 더 잘 판단할 수 있는 행정가는 없다고 많은 교사들이 생각한다"12)는 점을 발견하였다.

그리고 행정가가 수업지도자로서 기능을 할 수 있는지에 대하여 의문을 제기한 많은 연구들도 있다. 예를 들면 Croft는 교사들이 중요한 전문적 문제에 관하여 행정가들보다는 동료들로부터 더 도움을 받고자 한다는 것을 발견하였고,13) Deal과 Celotti도 "학교와 교육청 수준에서 학급수업 방법

---

9) Richard A. Gorton, Conflict, Controversy and Crisis in School Administration and Supervision: Issues, Cases and Concepts for the '70s(Dubuque, IA: WM. C. Brown Co. Publishers, 1972), pp.92~93.

10) Roald F. Campbell, "What Peculiarities in Educational Administration Make It a Special Case," in Administrative Behavior in Education, ed. Andrew Halpin(Chicago: Midwest Administration Center, University of Chicago 1956), p.172.

11) Donabl Erickson, "Changse in the Principalship," National Elementary Principal(April 1956).

12) Anneka E. Bredo, "Teacher Legitimation of Principal Control as a Situational Contingency in Principal-Teacher Influence Relations"(Paper presened at the annual meeting of the American Educational Research Association, San Francisco, California, April 1979), p.2.

13) John C. Croft, "The Principal as Supervisor: Some Descriptive Findings and Important Questions," Educational Administration Abstracts(Spring 1969).

은 사실상 조직요인이나 행정적 요인의 영향을 안 받는다"14)는 것을 발견했으며, Corwin,15) Sharma,16) Bredo17) 등도 많은 교사들이 수업지도자로서의 행정가의 역할을 받아들이지 않는다고 지적하고 있다.

하여간 교사들은 행정가들보다 교과와 교수방법에 대하여 더 많은 준비교육을 받고 더 잘 알고 있다고 생각하며, 그래서 전문적 자율성을 주장하고 있다. 이제 교장은 수업지도자의 전문성과 능력이 있다는 것을 증명하여 교사를 수긍하게 하지 못한다면 중대한 도전을 받게 될 것이며 행정가의 넓은 영토를 내주고 설자리를 잃게 되면 행정잡무나 처리하는 낮은 수준으로 떨어져 주저앉게 된다. 현재로서는 교사들이 교장을 수업지도자로 계속 인정하느냐 않느냐를 결정하게 될 중대시기에 놓여 있다는 것을 교장들은 알고 이에 대처해야 한다.

교장이 수업지도성을 발휘하는 데는 상황에 따라 각각 다른 제약과 장애가 있지만 Conklyn18)은 다음 몇 가지를 장애요인으로 들고 있다.

(1) 수업지도성 이외의 다른 임무의 압박을 들 수 있다.

교장은 수업장학에 많은 시간을 보내고 싶어도 다른 일들이 많은 시간과 노력을 뺏고 있기 때문에 장애가 된다는 것이다. 미국 초등교장을 대상으로 한 한 연구에 의하면 "장학"에 주간 40%의 시간을 쓰는 것이 "이상"적이라고 생각하나 "실제"로는 다른 일 때문에 30%밖에 쓰지 못하고 있다는 것이다(표 1).

---

14) Terrence E. Deal and Lynn D. Celotti, "How Much Influence Do(and Can) Educational Administrators Have on Classrooms?" The Kappan(March 1980), p.471.

15) R. G. Corwin, "Teacher Militancy in the United States: Reflections on the Sources and Prospects," Theory in to Practice (April 1968), pp.96~102.

16) G. L. Sharma, "Who Should Make What Decisions?" Administrator's Notebook(April 1955).

17) Bred, op. Cit., pp.7~21.

18) Elizabeth D. Conklyn, "Role Definitions by the Principal: Effect and Determents,"(Paper presented at the annual meeting of the American Educational Research Association, April 1976)

〈표 1〉 미국 초등교장의 주장 시간 배분의 실제와 이상

교장의 기능	실 제	이 상
수 업	4%	4%
서기적인일	14	4
행 정	30	24
장 학	30	40
교육과정개발	8	13
지역사회관계	7	7
자기발전활동	6	9
계*	99	101

* 100%가 안 되는 것은 소수점 처리 때문
자료: The Elementary School Principalship in 1968, Department of Elementary School Principals, National Education Association.

(2) 상황의 성격상 수업지도성을 요구하지 않을 경우도 있다.

다른 사람보다도 행정가의 수업지도성을 절실히 필요로 하는 수업문제의 상황도 있지만 훌륭한 수업프로그램과 훌륭한 교사들로 조직되어 있는 경우는 수업지도성의 필요나 기회는 줄어들게 된다.

(3) 제한된 자원의 제약을 받을 수도 있다.

인적, 물적, 재정적 자원부족 때문에 교사들이 교장의 수업지도성을 요구해도 실천하기 어렵게 되는 것이다.

(4) 유인가의 부족도 이유가 될 수 있다.

교장이 수업지도자의 역할을 수행해도 상급자로부터 별로 격려나 보상이 따르지 않고 오히려 다른 일에 유인가가 더 많다는 점이다.

(5) 행정가의 개인적 자질이 문제가 된다.

교장 자신의 인성, 비전, 참여 정도, 인간관계기술 등이 효과적인 수업 지도성 발휘에 제약이 되기도 한다.

그러나 모든 교장이 다 이러한 제약과 장애물에 부닥친 것은 아니다. 또 이런 장애를 전연 제거할 수 없는 것도 아니다. 그리고 앞에서도 잠깐 언급

한 것처럼 행정가가 수업지도자로서 충분히 기능할 수 있다는 증거들이 얼마든지 있다. 교장의 수업지도성에 관한 긍정적 측면을 살펴보기로 한다.

예를 들면 Clark는 도시학교에 관한 1,200개의 연구를 고찰한 후 "성공적인 학교에서는 학교장 또는 프로그램 지도자의 행동이 학교성패의 가장 중요한 요인이라"19)는 결론을 내렸다. Edmonds20)도 효과적인 학교로 만드는 요인이 무엇인가 조사한 연구에서 그것은 바로 강력한 행정적 지도성이라고 밝히고 있다. 미국 California 주의회연구에서도 "학생들의 학업성취가 높은 학교에서는 교장이 강력한 지도성과 지원을 제공"하더라는 것을 발견하였다. 이외에도 많은 연구가 행정가는 수업지도자가 될 수 있으며 학교의 성공을 위해서는 이러한 지도성이 필요하다는 것을 강력히 시사하고 있다.21)

그리고 외국의 많은 교장론22) 책에서는 교장의 기능·역할·책임·과업 영역에서 첫 번째로 수업 또는 교육프로그램, 또는 수업지도성을 꼽고 있어 수업지도성은 바로 교장의 존재이유가 되고 있다. 아무리 교사들이 교장의 수업지도성을 인정하려 하지 않는다 하더라도 교장으로서는 포기할 수 없는 제일의 임무인 것이다. 그렇다고 교장의 지도성이 교사의 영역을 침범해도 좋다는 뜻은 아니다. 교사의 전문영역과 자율성을 인정해 주면서 교육의 효과를 거둘 수 있는 지도성 발휘가 요구되는 것이다. 다만 교장이 이 부문에 전문적 능력과 지도적 능력을 갖고 있을 때 교장의 수업지도성을 인정 않으

---

19) David L. Clark et al., "What Aids Success in Llrban Elementary Schools?" The Kappan(March 1980), p.467.
20) Ronald Edmonds, "Effective Schools for the Urban Poor," *Educational Leadership(October 1979), pp.16~17.*
21) Richard Gorton, School Administration and Supervision Op. Cit, p.265.
22) Op. Cit.; Stephen P. Hencley, Lloyd E. McCleary and J. H. McGrath, The Elementary School Principalship(N. Y. Dedd, Mead & Co., 1970), p.670; H. J. Otto & D. C. Sanders, Elementary School Organization and Administration(N. Y.: Appleton-Century-Crofts, 1964), p.310; Charles F. Faber and Gilbert F. Shearron, Elementary School Administration(N. Y.: Holt, Rinehart and Winston, Inc., 1970); Southern States Cooperative Program in Educational Administration, Better Teaching in School Administration(Nashville: George Peabody College for Teachers, 1965) 등.

려 하거나 의문을 제기하던 교사들도 기꺼이 수용하는 태도로 바뀔 수 있으리라 가정 된다.

그러면 지도자가 갖추어야 할 개인적 특성은 무엇인가? 이것도 지도성에 관한 문헌에서는 여러 가지로 자세히 제시하고 있으나 여기서도 기본적인 몇 가지만 들기로 한다.[23)]

효과적인 수업지도성에 필요한 첫 번째 중요한 개인적 자질은 개선의 필요가 있는 수업문제나 영역의 존재현실을 정확히 지각하는 것이다.[24)] 지도성은 문제인식으로부터 자극을 받는다. 문제가 있는데도 그것을 무시하거나 방어적 자세가 되어서는 안 될 것이다. 그리고 정기적으로 학생, 교사, 학부모로부터 피드백을 받고자 노력해야 한다. 그러기 위해서는 교장실에서 많은 시간을 보낼 게 아니라 교실과 복도, 수업현장에서 많은 시간을 보내야 한다.

둘째, 행정가는 교육적 비전(educational vision)을 가져야 한다. 행정가는 당장 당장의 문제해결에 만족하지 말고 먼눈으로 보고 근본적인 변화를 계획해야 할 것이다. 이러한 비전은 계속적인 전문적 성장을 통해서 개발될 수 있다.

셋째로는 수업과 교육과정 프로그램의 여러 측면에 대한 지식과 프로그램과 교사를 변화시키는 기술은 효과적인 수업지도자가 되고자 하는 행정가에게 필요한 전문성의 주요요소이다. 행정가가 교사들을 도와줄 수 있을 만큼 교장은 전문성을 가져야 한다는 것은 이미 지적한 바 있다.

넷째 요인은 행정가의 강한 의욕과 욕구이다. 문제해결, 인간관계 개선, 목표 달성에 대한 강한 욕구는 수업지도성에도 중요한 요인이 된다.

다섯째, 수업개선에 대한 강력한 관여의식을 생각할 수 있다. 다른 해야 할 일이 많더라도 또 어떤 장애가 있더라도 수업개선을 최우선 순위에 두고 깊이 참여하고자 하면 어느 정도 해결될 것이다.

---

23) Gorton, School Administration And Supervision Op. Cit, pp.265~269에
    서 항목을 인용함.
24) Andrew Halpin, "A Paradigm for Research on Administrative Behavior,"
    Administrative Behavior in Education, ed. Roald F. Campbell and
    Russell T. Gregg(N. Y.: Harper & Row, 1957), pp.166~67.

여섯째, 수업지도자가 되고자 하는 교장은 정력가이어야 한다. 여기에 시간도 많이 투입해야 하고 전문서적도 많이 읽어야 한다. 남보다 더 일해야 한다. 목적 설정을 하고, 직무수행 기준도 세워야 하고, 생산적 근무환경도 만들어야 하고 다른 사람의 지지도 받아야 한다.

일곱째, 지도성을 발휘하고자 하는 사람은 기꺼이 모험을 감행하고자 해야 한다. 지도자는 현상유지자가 아니라 "현상파괴자"25)이다. 목이 두려워 목을 밖에 내놓지 못하는 거북이는 앞으로 전진할 수 없다.

마지막으로 지도자가 갖추어야 할 필수적인 것은 사람과 함께 일하는 능력이다. 인간관계 기술의 중요성은 아무리 강조해도 오히려 부족하다.

이외에도 수업지도자로서 갖추어야 할 많은 자질이 있겠으나 이들을 여기서 일일이 열거할 수는 없고 다만 행정가가 충분한 전문적, 개인적 능력을 가지고 있을 때만 수업지도자로서 가능하다는 점을 한 번 더 강조한다.

이제 행정가가 수업장학을 해야 한다면 어떤 수업장학 과정으로 해야 하는가를 Dewey의 반성적 사고(reflective thinking)에 기초를 둔 문제해결 과정으로 접근하고자 한다. 문제해결의 과정은 〈그림 4〉와 같다.

1단계: 개선의 필요 또는 문제의 확인
2단계: 문제 또는 필요의 성격 진단
3단계: 상황 개선을 위한 대안 고려
4단계: 최선안의 선택
5단계: 시행
6단계: 접근의 효과성 평가

〈그림 4〉 수업장학에의 문제해결적 접근26)

---

25) James M. Lipham, "Leadership and Administration," in Behavioral Science and Educational Administration, ed. Daniel Griffith, Sixtythird Yearbook of the National Society for the Study of Education(Chicago: University of Chicago Press, 1964), p.122.

26) Gorton, School Administration and Supervision Op, p.271.

수업장학의 궁극적 목표는 학생의 학습개선이지만 보다 가까운 목표는 수업프로그램 개선이다. 이를 위해서는 첫째로 개선의 필요성 또는 문제를 확인해야 한다. 문제는 (1) 관련된 사람, (2) 전문적 기준과 권고, (3) 그 지역에 관한 연구를 통해서 확인할 수 있다.

둘째 단계는 개선의 필요를 진단하는 일이다. 이것은 우리가 병원에 가면 치료에 앞서 여러 가지 검사에 의하여 진단하는 것과 같은 단계이다.

셋째 단계는 수업의 문제를 정확히 밝히고 진단했다면 개선을 위한 여러 가능한 대안들을 고려하는 것이다. 이 대안을 고찰하는 것이 이 논문의 두 번째 주요 목적이었으므로 다음에 자세히 살펴보기로 한다.

넷째 단계는 상황에 맞는 최선안을 선정하여, 다섯째 그 안을 실행하고, 여섯째 그 장학의 효과성을 평가하는 단계로 이어지는데 여기서는 자세한 것을 줄인다.

지금까지 교장이 수업지도자가 될 수 있는지에 대하여 부정적인 주장과 부정적인 연구결과를 살펴보고 수업지도성 발휘의 장애요인을 살펴보고 난 다음 긍정적 당위적 측면을 고찰하면서 수업지도자에게 요구되는 개인적 특성을 열거하였다. 결국 교장은 수업지도자가 되어야 하고 또 될 수 있는데 그러기 위해서는 그에 알맞은 전문적·개인적 자질을 갖추어야 한다는 잠정적 결론에 이르렀다. 이어서 교장이 수업지도라는 전제 아래 수업장학의 과정으로 문제해결적 접근의 6단계를 제시하고 이제 이 논문의 두 번째 목적이면서 문제해결적 접근의 제3단계에 해당되었던 수업장학방법의 여러 대안들을 좀더 자세히 살펴보고자 한다.

Ⅲ. 수업장학방법의 여러 대안

수업장학은 (1) 수업상의 문제를 정확히 확인하고 (2) 진단하였다면 장학자는 이제 수업개선을 위한 (3) 가능한 여러 장학적 대안을 검토하여 상황에 맞는 (4) 최선안을 선택하여 그것을 (5) 시행하고 그 (6) 효과성을 평가하는 문제해결 과정을 적용하게 된다고 하였다. 여기서는 이 과정 중 세 번째 단계인 수업장학의 여러 대안을 살펴보는 것인데 이것은 다시 (1) 개별장학방법과 (2) 집단별 장학방법, (3) 종합적 방법으로 나누어서 살펴보고자 한다.

A. 개별장학방법

여기서 개별장학(individualized supervision)은 우리나라에서 종래에 흔히 부르던 '개별장학'과 달리 교사 한 사람 한 사람을 대상으로 하는 1:1의 장학을 의미하는 것이다. 마치 개별학습(individualized instruction)에 비유하는 장학형태이다.

1. 임상장학(Clinical Supervision)

임상장학은 이미 필자에 의하여 여러 번 소개도 되고[27] 또 번역서로 출판도 되었으므로[28] 여기서는 간단히 설명하기로 한다. 임상장학은 수업개선에 초점을 두고 (1) 계획협의회, (2) 수업관찰, (3) 피드백협의회의 순환적 과정으로 이루어지는 1:1의 협동적 장학방법이다. 각 단계별 목적과 방법 또는 하는 일을 요약하면 〈그림 5〉와 같다.

이 임상장학은 교실방문과 사전, 사후협의회를 주요 요소로 한다. 전통적인 장학에서도 교실방문과 관찰은 흔히 있었다. 그러나 그에 따른 사후 피드백협의회가 제대로 이루어지지 않았었다. 더더구나 사전협의회는 거의 없었다. 교사의 의도나 계획, 학급과 아동의 상황도 모르고 방문자가 일방적으로 판단하여 오판을 하고 또 수업개선에 별로 도움을 주지 못했었다. 그러나 이 임상장학방법은 교사가 주체가 되어 밀접한 상호작용과 협동에 의하여 하나

---

27) 주삼환, "임상장학의 적용가능성," 미출판의 한국교육학회 제21회 연차학술발표대회 발표논문(1982. 10. 26)과 새교육 대한교련, 1983. 1월호.
28) 주삼환, 장학론: 임상장학방법(서울: 학연사), 1983; 주삼환, 신익현 역, 장학론: 인간자원론적 접근(서울: 학문사, 1984).

씩 하나씩 수업개선과 교사의 전문적 성장을 도와주는 것이다.

이 임상장학은 1:1의 장학이기 때문에 장점도 있지만 많은 시간을 필요로 한다(한 순환주기에 약 1시간 정도 필요함)는 실시상의 어려움이 있다. 그러나 수업개선과 양질의 교사로 발전시키기 위해서는 이만한 시간쯤은 기꺼이 투자하여야 할 것이며 아깝거나 어렵다면 임상장학을 필요로 하는 소수의 교사만 정하여(신임교사, 수업연구교사, 수업에 문제 있는 교사, 스스로 임상장학을 받고자 요청하는 교사 등) 이들에게만 실시해도 좋을 것이다. 교장 혼자서 전 교사에게 적용하기는 어려운 것이므로 교장, 교감, 주임교사 등이 분담하여 절실히 필요한 교사에게만 실시할 수도 있고, 동료교사끼리 소집단을 만들어 상호관찰·협의하는 방법도 생각할 수 있으며, 경험이 많은 교사와 경험이 적은 교사를 짝을 지어 이 임상장학 방법을 적용할 수도 있을 것이다.

［목 적］
1. 래포의 형성
2. 수업관찰의 목적과 기능 설정
3. 수업관찰할 측면에 대한 합의
4. 관찰 중 사용할 절차 개발
5. 관찰 중 장학자와 교사가 수행할 역할확인
6. 피드백 협의회의 목적과 성격을 결정
7. 수업관찰과 피드백 협의회에 대한 교사의 질문에 대답

［방 법］
1. 수업에 대한 교사의 관심 확인
2. 교사의 관심을 관찰가능한 행동으로 바꾸기
3. 교사의 수업개선을 위한 절차확인
4. 교사로 하여금 자기개선의 목표를 설정하도록 돕기
5. 수업관찰의 시간결정
6. 기록할 관찰도구와 관찰행동을 선정하기
7. 자료기록을 위한 수업장면을 명료화하기

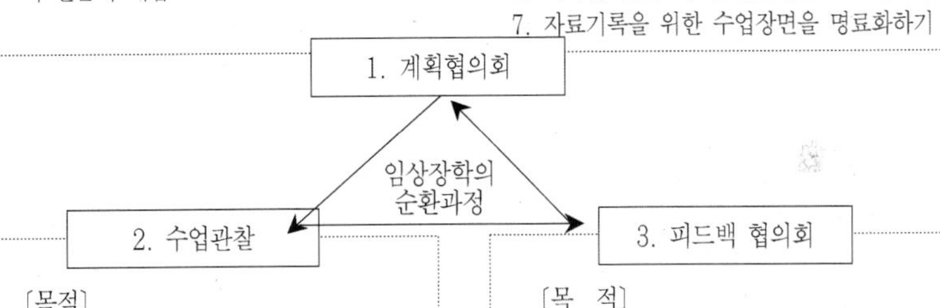

［목적］
1. 교사의 강점과 개선필요 영역을 확인 진단
2. 학생학습을 손상시키는 상황을 관찰
3. 수업에 관한 객관적 자료의 수집
［방 법］
A. 부분적인 정확한 기록방법
　　1. 교사의 발문
　　2. 교사의 피드백 방법
　　3. 교사의 지시와 구조적 진술
B. 좌석표에의 관찰기록
　　1. 과업집중
　　2. 언어흐름
　　3. 이동양식
C. 광각렌즈 방법
　　1. 일화기록
　　2. 녹음・녹화기록
D. 체크리스트
　　1. 교사 이미지 질문지
　　2. 학생관찰조사
　　3. 교사스타일에 대한 학생의 지각
　　4. 문답식 수업
　　5. 강의－설명식 수업
　　6. 시간선에 따른 기록

［목 적］
1. 수업상황에 대한 지각과 그 이유에 대한 이해
2. 수업문제에 대한 가능한 해결책 탐색
3. 수업개선의 행동계획의 설계와 합의
4. 교사의 수업개선 시의 진전 상황 검토
［방 법］
1. 객관적 관찰자료에 의해 교사에게 피드백
2. 교사의 추측과 의견, 느낌을 끌어내기
3. 대안적 수업목적, 방법, 이유를 고려하도록 교사를 격려하기
4. 교사에게 연습과 비교의 기회를 제공하기
※ 비지시적 교사중심 협의회방법
1. 많이 경청하고 덜 말하기
2. 교사가 말하는 것을 인정, 의역, 사용하기
3. 명료화하는 질문
4. 교사의 성과와 성장에 대해 구체적 칭찬
5. 직접적 조언을 피하기
6. 언어적 지지를 하기
7. 교사가 느끼고 있는 것을 인정하고 사용하기

〈그림 5〉 임상장학의 순환과정과 단계별 목적과 방법

2. 마이크로티칭(Microteaching)

마이크로티칭은 짧은 수업시간(4-20분) 동안 소집단의 학생(3-10명)에게 특정교수 기술향상에 초점을 두어[29] 가르치는 축소된 수업이다. 이렇게 축소된 수업을 하는 동안 비디오테이프로 녹화하였다가 즉각 피드백을 제공한다. 장학자와 함께 이 비디오테이프를 보고 또 분석하고 이것을 바탕으로 다른 집단의 학생에게 다시 가르치고 다시 비디오테이프를 보면서 변화를 평가하기 위해 간단한 협의회의 과정으로 계속되어 특정 수업기술을 향상시키는 개별장학 방법이다. 다시 말하면 계획(Plan)-교수(Teach)-관찰(Observe)-비평(Critique)-재계획(Replan)-재교수(Reteach)-재관찰(Reobserve)[30]의 시퀀스로 이어지는 동안 특정 교수기술, 즉 수업의 시작과 끝맺음 기술, 효과적인 발문법, 학생 강화방법, 학생 참여방법 등과 같은 기술을 향상시키는 것이다.

이것은 1963년 Stanford에서 실제 교실수업책임을 맡기기 전에 교사교육을 받고 있는 학생들에게 현실적이고 기능적인 경험을 주면서 하나씩 수업기술을 향상시키기 위하여 개발되었다. 1968년의 한 연구에 의하면 미국 교사교육 프로그램의 44%의 대학에서 이 소규모 수업방법을 사용하고 있으며[31] 현직교육과 장학에서도 보편화되었다. 한국에서도 이정근[32]과 고영희 외[33]에 의하여 이미 적용되어 그 성과가 검증된 바 있다.

이 방법은 수업자의 강점과 약점을 금방 발견할 수 있고, 즉각 피드백을

---

29) Isobel L. Pfeiffer and Jane B. Dunlap, Supervision of Teachers: A Guide to Improving Instruction(Phoenix, AZ: Oryx Pres, 1982), p.15.
30) George Brown, Microteaching: A Programme of Teaching Skills (London: Methuen, 1981), p.15.
31) D. Allen, J. M. Cooper and L. Poliakoff, Microteaching, No.17 in the Series of PREP Reports(Washington, DC:US Department of Health, Education and Welfare, 1972).
32) 이정근, "마이크로티칭의 도입에 관한 탐색적 연구," 교육연구9집, 1983. 2. 공주사범대학 교육학회.
33) 고영희 외, 수업장학 모형연구 및 현장적용 가능성 탐색연구(한국교육개발원, 1983).

줄 수 있고, 새로운 교수자료와 기술을 시험 적용하는 데 사용될 수도 있으며, 경험 있는 교사가 경험이 적은 교사를 지도하는 동료장학에서 사용하기 좋으며, 교사 혼자서 자기분석(self-analysis)하기에도 좋으며, 장학사 자신의 장학기술 향상 방법으로도 사용할 수 있는 이점을 가지고 있다.

우리나라에서도 비디오테이프 기재들이 널리 보급되고 있으며 교수기술을 정교하게 다듬어야 할 입장에 있으므로 앞으로 널리 보급될 가능성이 있다. 특히 교사양성 기관에서는 학생들을 현장에 직접 내보내기 전에 이러한 소규모 수업을 꼭 거쳐야 할 것이며 교육실습 중에도 실제로 학생들을 가르치게 하기 전에 소규모 수업으로 충분한 장학을 받은 후 실제 교단에 서게 하여야 할 것이다.

앞으로 학교의 모든 사람들이 비디오 기재와 카메라를 다루는 기술을 익혀야 할 것이며 이러한 기재를 활용하여 스스로 전문적으로 성장하고자 노력해야 할 것이다.

3. 수업연구와 상호방문

이것은 거의 모든 학교에서 실시하고 있는 것으로 수업을 잘하는 우수한 교사나 새로이 교사가 된 신임교사를 지정하여 특별히 연구하여 수업을 하도록 하고 많은 교사로 하여금 수업관찰을 하도록 한다.

이 수업연구에 의한 장학방법에서 몇 가지 생각해야 할 점이 있다. 첫째 기왕에 실시하고 있는 이 제도를 임상장학 과정에 의하여 이루어질 수 있도록 하면 더욱 수업기술향상에 기여할 수 있다는 점이다. 다시 말하면 종래와 달리 사전에 수업자와 수업관찰자가 함께 계획협의회를 하여 수업의 문제점, 향상시키고자 하는 수업기술이 무엇인지 서로 알 수 있도록 하고, 무엇을 관찰할 것인가를 미리 합의를 보는 것이다. 그리고 수업연구자나 수업관찰자 모두 정해진 한두 측면에 초점을 두어 수업을 하고 또 관찰도 그 점을 중심으로 하여야 하는 것이다. 관찰 후 협의회도 그 강조점에 초점을 두고 이루어져야 강도 높은 수업연구가 될 것이다.

둘째로 종래에는 수업공개로 모든 일이 끝나는 감이 있었는데 객관적인 방법에 의하여 철저한 자료수집을 하고 그것에 의하여 사후협의회를 하여야 한다.

셋째로 한 번의 수업연구로 만족할 만한 해결을 보지 못했을 때는 동일인 또는 다른 교사에 의한 제2의 수업연구의 과정을 계속하여야 할 것이다.

시범수업은 수업연구와 구별하여 장학의 좋은 방법이 될 수 있다. 어떤 우수한 수업기술을 가진 교사로 하여금 시범수업을 하게 하고 다른 교사로 하여금 그 기술을 배우게 하는 것이다. 수업기술은 말로써 가르치는 것보다 실지로 보여주는 것이 더 효과적이다.

어떤 특정 수업기술향상에 좋은 모범수업 장면을 비디오로 녹화하여 이것을 반복하여 보게 하는 것도 좋은 방법이 된다.

이러한 시범수업이 아니더라도 교내의 우수한 수업기술을 가진 교사의 교실을 방문하게 하여 수업기술을 향상시킬 수 있다. 예를 들면 발문을 잘하여 문답식 수업을 잘하는 교사, 토의를 잘 이끄는 교사, 학생 자율에 의한 질서정연한 수업을 잘하는 교사, 평가기술이 뛰어난 교사가 교내외에 있을 때 다른 교사로 하여금 이들을 방문하도록 하는 장학계획을 세우는 방법도 있다. 이때에 다른 학급이나 다른 학교를 방문하게 할 때 증치 교사로 하여금 방문교사의 수업을 대신하게 한다.

어쨌든 우리 주위에는 미숙한 교사에게 도움을 줄 수 있는 유능한 자원교사가 있을 것이므로 이들을 방문관찰하게 하여 수업기술을 향상시키는 것이 말로써 수업기술을 가르치는 것보다 더 효과적이다.

다른 학교를 서로 방문할 수 있도록 인근학교끼리 지역적 협동체제를 만들어 자원교사의 이름, 특기, 수업방문 가능한 시간 등의 목록을 만들어 나누어 가지면 좋을 것이다.

4. 전문적 독서

교사로 하여금 수업에 관한 전문서적을 읽거나 여러 가지 인쇄매체나 비디오테이프 등을 보도록 계획하는 것도 좋은 수업장학의 대안이 될 수 있다.

교사들은 독서로부터 많은 것을 배울 수 있다. 그런데 가장 많이 책을 읽어야 할 교사들이 책을 별로 안 읽는다는 것이 정평이다. 많은 교수 부담과 잡무에 시달리는 원인도 있을 수 있고, 또 책을 읽고 수업기술을 향상시키고자 하는 동기유발이 안 되어 있기 때문일 수도 있다.

이런 경우 학교장이 먼저 읽고 새로 나온 논문과 전문서적에 관한 정보 목록 또는 그 요약물을 만들어 배포하여 정보를 제공해 주고 독서의욕을 자극해 주는 방법도 생각할 수 있다. 연구원의 도서실이나 교육청 단위의 자료실도 앉아서 손님을 기다릴 게 아니라 이동차를 가지고 적극적으로 학교의 교무실과 교사휴게실까지 방문하여 봉사하는 체제를 갖추어야 할 것이다. 인근학교끼리 가지고 있는 도서자료의 목록을 교환하여 서로 빌려 볼 수 있도록 협동체제도 갖추어야 할 것이다. 대학 특히 사범계 대학의 도서관이나 교수자료도 이용 가능하도록 협동체제가 될 수 있어야 한다. 교육은 여러 사람이 각각 다른 악기로 같은 곡을 연주하는 오케스트라와 같은 협동체제가 돼야 한다.

5. 자기장학

이것은 전문독서와 마찬가지로 교사 혼자서 일정한 목표를 세워놓고 그 목표를 향해서 혼자서 독립적으로 노력하는 것이다. 원래 교사는 고독한 직업이다. 현대 대부분의 직업이 여러 사람과 어울려 일을 하게 되어 있으나 교직은 아직도 혼자 계획하고 수업하고 평가하는 외로운 직업이다. 팀티칭과 협동수업방법이 있으나 아직 우리나라에서는 보편화되지 못하고 있다.

자기장학의 한 방법을 예로 들면 미국 New York의 Hyde Park 교육구에서 1972년 이래 계속 MBO(management-by-objective) 체제에 의하여 실시하고 있는 자기평가체제(self-appraisal system)[34]이다. 이를 간단히 요약하면 그해 교육구, 학교교육목표에 의하여 개인 교사의 목표와, 직무수행 목표와, 그 성취도달 방법, 필요한 자원, 도달평가 방법을 제시하여

---

34) Allan A. Glatthorn, Differentiated Supervision(Alexandria, VA: ASCD, 1984), p.51.

계약을 맺고, 정기적으로 그 진전상황을 협의하고, 최종적으로 총괄평가 협의하는 과정으로 이어지는 교사의 자기평가방법이다.

자기장학의 또 다른 한 방법은 자기 수업을 비디오테이프나 학생반응 조사 등에 의하여 자기 스스로 자기의 수업을 분석하는 자기분석 방법이다. 비디오도 한쪽은 학생 장면, 다른 한쪽은 교사의 장면을 녹화하는 이분법(splitscreen technique)에 의하여 녹화하며, 분석할 때도 처음에는 Audio(소리)를 끄고 비언어적 행동(nonverbal behavior)만을 집중적으로 분석하고 이어서 Video(화면)을 끄고 언어적 행동을 집중적으로 분석하고 나서 전체를 분석하는 식으로 되풀이하여 분석하면 많은 것을 발견할 수 있을 것이다. 이 방법은 미국 Ohio의 Maumee 교육구에서 개발하여 사용하고 있다.35) 또 이것을 적용한 이 교육구의 교사들은 전통적 평가나 장학보다 이 비디오 테이프에 의한 자기평가를 더 좋아하는 것으로 나타났다.

이제 우리나라도 많은 가정에서 비디오를 갖기 시작하고 있는데 수천 명의 학생을 수용하고 교육하는 학교에서 비디오를 갖추지 못한다면 모순이며 자원의 낭비라는 점을 지적하고 싶다. 또 교사들 자신도 이러한 장비를 활용하여 적극적으로 자기의 전문적 개발에 힘써야 한다는 점을 지적하고 싶다. 비디오가 없더라도 카세트 녹음기를 가지고도 자기수업분석에 많이 활용할 수 있을 것인데 그렇게 흔해 빠진 녹음기를 수업분석에 교사들이 얼마나 활용하였었는지 의심이 간다.

또 중·고등학교나 초등학교 상급학년에서는 분석목적에 따라 학생들의 반응이나 피드백에 의한 자기장학으로 수업개선에 노력할 수도 있을 것이다. 교사가 전문가라면 스스로 발전하고자 노력하는 것이 가장 좋은 방법이다.

6. 카운슬링

임상장학이 학습(lesson) 문제를 다루는 장학자와 교사의 관계성이라면 카운슬링(ego counseling)은 현실문제, 예를 들면 전문적 기대와 학업성취 간

---

35) Ibid. p.52.

의 차와 같은 문제에 대하여 협의하는 것이다. Mosher와 Purpel[36]은 장학사들이 유용하다는 것을 알게 되는 1:1의 관계성이라고 하며 카운슬링을 권장하였다. 이것은 자기평가(self-appraisal), 목적과 행동의 관계성, 장애물의 고려, 교사로서 생각하고 행동하는 새로운 방법의 개발 등에 초점을 둔다.

한 초등학교 교사를 예로 들어본다. 지난해는 아주 협동적이고 성공적인 학급을 지도했었는데 금년엔 공부에는 흥미가 없고 잘 빗나가는 4학년 학급을 맡아 고전하고 있다. 왜 이 애들은 학업이 부진할까? 어떻게 이들을 동기유발시킬 것인가? 왜 학습문제가 아닌 행동문제에 많은 시간을 보내야 하나? 지난해는 다른 사람을 존경하고 예의바르게 행동해야 한다는 등의 이야기는 별로 한 적이 없었다. 마침내 이 교사는 새로운 벌주는 방법을 생각해 내야겠다는 결심을 하고 있다. 일년 사이에 이 교사의 교수 기술에 어떤 변화가 생긴 것일까? 아니면 이 교사가 지쳐 나자빠진 것일까? 이제 벌써 틀에 빠진 생활을 하는 것일까? 다른 직장을 찾아봐야 할 것인가? 이 교사의 철학에 변화가 생긴 것일까? 바로 이런 때 카운슬링이 필요한 것이다. 이 교사가 성공적인 훌륭한 교사였다는 것을 잘 아는 교장(장학자)은 이 교사의 기대와 현실 사이의 차를 줄이는 데 도움이 될 수 있다. 문제 분석의 결과 이 학생들의 독특한 성취수준, 적성, 흥미에 바탕을 둔, 이들 학생에 알맞은 목적을 재구성하는 데 도달하게 될 수 있다. 아울러 개개 학생의 학습양식(learning style)을 검토하고 이에 맞게 교수방법을 적응시키면 보다 효과적인 결과를 가져올 것이다. 목표를 수정하고, 보다 나은 교수-학습상황을 만들면 이 교사의 현실과 이상의 차는 줄어들 것이다. 이 교사는 자기 자신과 자기 기술에 대하여 더 잘 이해하게 되고 자기의 전문적 철학을 수정하게 될 것이다.

이런 경우 교장은 카운슬링을 할 수 있는 자질을 갖추고 있을 수 있지만 그렇지 못할 수도 있다. 후자의 경우라면 이 교사에 알맞은 전문 카운슬러를 소개해 주는 것이 좋다.

---

36) R. L. Mosher and D. E. Purpel, *Supervision: The Reluctant Profession*(Boston: *Houghton Mifflin Co., 1972).*

이 카운슬링에서 하나 주의할 점은 카운슬링의 내용을 전문적 문제의 분야로 제한하라는 점이다. 어떤 교사는 부인과의 이혼문제로 그의 교수행위에 영향을 받을 수도 있다. 이런 경우도 교사의 전문적 활동에 영향을 주는 부분만을 카운슬링에서 다루어야 한다. 교사의 사적인 문제에까지 카운슬링을 하면 비장학적 활동에 과도한 시간을 보내게 된다. 수업장학에 초점을 둔 카운슬링에서는 "Ego Counseling"이어야 하므로 "Personal Counseling"과 선을 그어야 한다.37)

또 하나 조심해야 할 점은 사적 문제에의 개입으로 전문적 관계성을 파괴할 가능성이 있다는 점이다.

말할 것도 없이 카운슬링에서 교장의 경청하는 태도는 중요하다. 카운슬링을 받고 있는 교사가 문제를 언어로 표현해야 할 때 교장은 경청하고, 때로는 명백히 하는 질문도 하고, 의역하기도 하고, 요약하기도 하여 지지적 분위기를 조성해야 한다. 전문적 문제에 경청하는 것은 모든 장학자가 해야 할 하나의 봉사에 해당된다.

7. 전통적 장학

여기서 전통적 장학이라 함은 학교장이나 교감이 잠깐(5~10분) 비공식적으로 교실에 들러 수업을 관찰하는 방법을 말한다. 이것이 전통적 장학의 전부는 아니지만 여기서는 그렇게 이름을 붙였다. 모든 교사를 다 임상장학을 할 수도 없고 또 할 필요도 없기 때문에 많은 교사들은 이러한 전통적 장학을 받을 수밖에 없다.

행정가가 잠깐 비공식으로 교실에 들러 보고 교사의 행위를 바꾸기는 어렵다. 관찰 전에 사전계획이 있었던 것도 아니고 관찰 후에 협의회가 뒤따르는 것도 아니다. 그러나 많은 학교행정가들이 오랫동안 이 방법을 써왔다. 경험 많은 교장은 수업을 잠깐 둘러보아도 무엇을 하는지, 어떻게 진행되고 있는지 알 수 있다는 것이다. 어떤 느낌도 받을 수 있는 것이다.

그런데 잠깐 들르는 것으로 끝나서는 안 된다. 어떤 충고나 느낌을 간단히 적

---

37) Pfeiffer and Dunlap, Op. Cit., p.104.

어 교사에게 피드백을 주는 것을 잊지 말아야 한다. 그렇지 않으면 수업을 하나 않나 감독하러 들른 것밖에 안 되고 또 교사를 평가하기 위한 것밖에 안 된다.

또 하나 첨가할 것은 아무 학급이나 무작위로 방문하지 말고 체계적으로 스케줄과 계획에 의하여 방문할 것을 권고하고 싶다. 학교가 시작하는 첫 시간, 점심시간, 또는 일과가 끝나는 시간, 학년별로 또는 과목별로 차례로 방문하는 것이 여러 면으로 이롭다.

셋째로 권고할 것은 비록 짧은 동안의 관찰이지만 학습 측면에 집중하라는 것이다. 교수-학습 모델, 학생의 학습집중도, 학습목표 의식정도, 학생에게 주는 교사의 피드백 등 학습에 초점을 두어 관찰하라는 것이다.

지금까지 수업에 초점을 둔 개별장학 방법으로 (1) 임상장학, (2) 소규모 수업, (3) 수업연구와 상호방문, (4) 전문적 독서, (5) 자기장학, (6) 카운슬링, (7) 전통적 장학의 대안들을 간단히 소개하면서 그 방법에 대하여 살펴보았는데 우리나라의 장학에서 비교적 개별적 접근이 소홀했다는 점을 알 수 있다. 물론 수많은 교사를 1:1로 장학하기는 어려운 일이지만 일부분의 교사에게라도 이러한 개별장학을 실시해야 효과를 거둘 수 있는 것이다.

모든 교사의 얼굴이 다 다르듯이 그들이 부닥친 문제와 도움의 필요정도, 전문적 발달 수준은 모두 다르다. 학생에게 개별학습이 필요하듯이 교사에게도 개별장학이 필요하다. 개별장학을 받아보지 못한 사람이 자기 학생에게 개별학습을 시키기는 어려울 것이다.

이제 교사집단별 장학의 대안들을 살펴보기로 한다.

B. 집단별 장학방법

수업개선을 위한 집단별 장학을 포괄하는 말은 직원개발(Staff Development) 또는 현직교육(In-service Education)이라고 할 수 있다. 그래서 여기서는 직원개발에 대하여 잠깐 살펴보고 구체적 방법을 각각 살펴보고자 한다.

외국에서는 직원개발에 대한 관심이 고조되고 있다. 교사의 이직률이 줄어들어 한번 교사가 되면 30~40년을 같은 교직에 안정하여 머물게 되리라는 예측을 할 수 있게 되어 직원개발의 중요성이 강조되고, 또 다른 한편으로도 Y이론, 인간주의, 인간자원론의 고조로 교사의 능력을 최대한 발휘할 수 있도록, 즉 자아실현을 할 수 있도록 도와주자는 생각에서 직원개발이 강조되고 있다. 조직개발(Organizational Development)이 조직은 더 성장 발전할 수 있는 가능성이 있다는 것을 전제로 하듯이 직원개발도 교사들이 다 쓰지 않고 남겨 둔 잠재가능성이 있다는 믿음에서 출발한 것이다. 또 교사들은 기꺼이 자기들이 가지고 있는 능력을 개발하고자 한다는 가정이 전제되고 있다.

직원개발과 현직교육을 엄격히 구별하여 정의하기는 어려우나 종래의 현직교육이 너무 형식적이고, 관료적이고, 행정적으로 이루어져 교사들은 하나의 의무로 생각하여 피동적으로 참여하게 되는 역기능 때문에 이와 다른 새로운 이미지의 새로운 직원개발이라는 용어가 나온 것 같다. 그러나 많은 사람이 현직교육과 동의어로 사용하고 있는 실정이다.

직원개발의 방향과 현직교육의 방향 간의 차이점은 무엇인가? 개념적으로는 직원개발은 학교가 교사에게 행하는 그런 것이 아니라 교사가 자신을 위해 행하는 어떤 것을 의미한다. 직원개발이 근본적으로 성장지향적이라면, 현직교육은 전형적으로 교사의 결함을 의식하고 이의 개선에 필요한 적절한 아이디어나 기술 또는 방법들을 미리 가정해 보는 것이다. 이들 아이디어나 기술 또는 방법에 강조점을 둘 때 현직교육은 교사의 대안선택의 범위를 줄여 일체감을 가져올 수 있다. 교사개발은 교사들의 결손을 예측하는 것이 아니라 인간의 성장욕구나 일을 추진하려는 욕구를 상정하게 된다. 교사개발은 대안선택의 폭을 줄이기보다 이 범위를 확대시키게 된다.38)

Harris는 "직원(staff)이 학교운영의 심장이다. 돈, 자료, 시간, 장소, 시설, 교육과정, 이 모든 것도 또한 중요하다. 그러나 일의 시초, 과정에서, 궁극적으로 일을 수행하는 직원의 능력은 가장 중요하다."39)고 하여 학교목

---

38) 주삼환, 신익현 공역, 장학론: 인간자원론적 접근(서울: 학문사, 1984), pp.374~375.

적달성에 직원의 능력을 중시하고 있다. 그중에서도 그는 "수업개선이 직원개발의 근본적인 초점"40)이라고 믿고 있다.

우리나라 각 학교에서의 직원연수도 장학과 연결시켜 계획되어야 할 것이며 특히 수업개선에 초점을 두어 효과적이고 실질적으로 이루어지도록 개선되어야 한다.

또 직원개발 계획 시에 교사의 욕구를 조사하여(Needs Assessment) 교사들이 필요로 하는 내용을 포함하도록 해야 할 것이며, 먼 데 외부에서 어려운 강사를 모셔 오려고 하기 전에 먼저 학교 내, 지역사회 내 가까운 곳에서 활용할 수 있는 재능을 찾아볼 것을 권하고 싶으며, 비디오테이프, 영화, TV 등을 시청하고 서로 토의하는 식의 직원개발 프로그램도 고려해 볼 필요가 있다.

그리고 직원개발 프로그램에 있어서도 반드시 형성평가, 총괄평가가 따라야 하며 다음 계획에 피드백이 되어야 한다는 점을 지적하고 싶다.

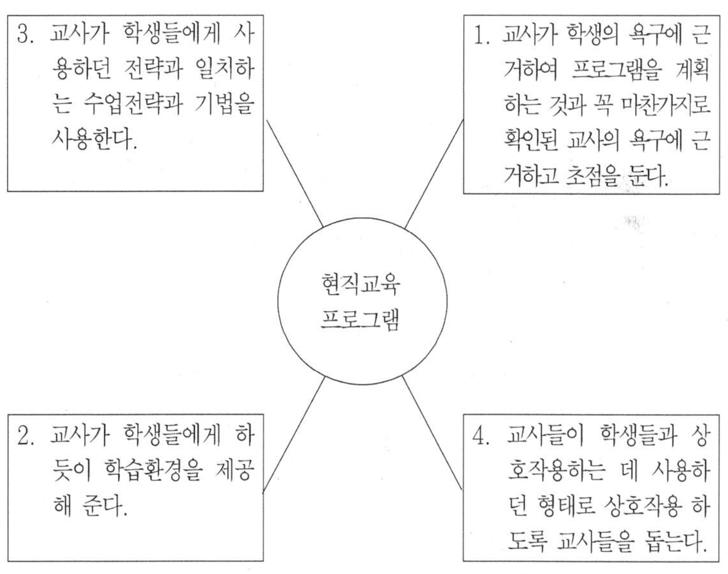

〈그림 6〉 현직교육 프로그램 모델

39) Ben Harris, *Improving Staff Performance through In-Service Education.* (*Boston: Allyn & Bacon, 1980), p.13.*
40) Ibid., p.15.

마지막으로 전문적 성장을 위한 긍정적인 풍토조성을 강조하고 싶다. 피동적 청취보다는 적극적 참여자가 되는 분위기를 조성해야 한다. Wallace와 Smith가 개발한 현직교육 프로그램 모형 〈그림 6〉41)은 교사를 학습자로 강조하고 있다. (1) 욕구의 확인, (2) 적절한 학습환경 제공, (3) 수업전략의 사용, (4) 상호작용의 증진은 좋은 수업을 위한 가장 중요한 측면이다. 여기에 첨가하여 학급풍토의 분석은 현직교육 프로그램의 지침이 될 것이다.42)

이제 수업장학의 집단별 장학의 대안들을 간단히 살펴보기로 한다.

1. 교과 또는 학년회의

대개의 학교에서 정기적으로 실시하고 있는 교과별 협의회나 초등에서의 동학년회는 집단별 장학의 좋은 기회이다. 그런데 지금까지는 대개 사무적인 연락사항 전달이나 친목을 위한 것이 주가 되고 기껏해야 학습진도를 조정하는 정도였다.

교장은 교과주임이나 학년주임교사로 하여금 수업개선과 문제해결을 위한 강력한 지도성을 발휘할 수 있도록 장학적 입장에서 계획하면 효과를 거둘 수 있을 것이다. 그래서 교장은 지도자의 지도자(leader of leaders)가 되어야 한다. 이 모임이야말로 전문적 성장을 위한 최소단위의 전문가회의가 되는 것이다.

Gorton은 과 또는 학년회에서 다룰 수업개선을 위한 주제를 예로 들고 있는데 다음과 같다.

(1) 학교 교육목표와 학년목표와 일치하는 교과 또는 단원목표 검토.
(2) 목표달성의 정도에 관한 자료를 얻기 위한 프로그램 평가에 대한 고려.
(3) 수업자료센터로부터 얻을 수 있는 가능한 보조자료의 제시와 시범.
(4) 교과 또는 학년의 일정한 성적평가 또는 숙제 방침의 개발.43)

---

41) D. K. Wallace and E. Smith, In Breakaway to Multidimensional Approaches: Integrating Curriculum Development and Inservice Education(Washington, DC: Association of Teacher Educators, 1978), p.123을 수정.
42) Pfeiffer and Dunlap, Op. Cit., p.41.

이것은 하나의 예시에 불과한 것이고 얼마든지 발전적으로 수업장학의 입장에서 과 또는 학년회의를 활용할 수 있을 것이다. 그런데 여기서 고려할 점은 하루 종일 수업을 하고 지친 시간에 과 또는 학년회의가 열리면 소기의 목적을 달성할 수 없다는 것이다. 연수일을 정하여 어느 주는 직원회, 어느 주는 강연, 또 다른 주는 이런 과 또는 학년회의로 사용하는 것도 한 방법이 될 것이다. 또 교과주임교사와 학년주임교사는 지도성 훈련을 받아야 할 것이며, 필요에 따라 교장, 교감도 회의에 참여해야 할 것이다. 어쨌든 회의 내용을 수업개선에 초점을 두도록 해야 한다.

3. 직원회의

이 직원회를 어떻게 효과적으로 운영하느냐가 많은 관심의 대상이 되고 있다. 수업장학적 입장보다는 전달, 지시의 시간으로 많이 활용되어 온 게 사실이다. 교사의 적극적 참여보다는 교장이 지배하고 교사는 그저 자리나 지키는 식이었다.

직원회의는 교사 수가 많고, 장소, 시간, 분위기 등으로 보아 과 또는 학년회의와는 달리 많은 제한점을 갖고 있다. 그래서 전체 직원회의에서는 문제를 확인하는 일, 의사결정을 하는 일을 주로 하고 구체적인 문제의 조사와 문제해결의 대안탐색은 소위원회(subcommittee)에 맡겨야 한다.

만일 직원회의를 보다 효과적으로 생산적으로 장학에 활용하기 위해서는 몇 가지 단순하면서도 중요한 원칙에 따라야 한다.44)

(1) 회의는 가능하다면 충분한 시간을 가질 수 있도록 일과 중에 열려야 한다.

---

43) Gorton, School Administration And Supervision, Op. Cit., p.284.
44) Anthony P. Williams, "Management for More Effective Staff Meetings," Personnel Journal(August 1979), pp.547~550을 인용한 Gorton, Ibid., pp.285~286.

(2) 회의 안건 선정에 교사들이 참여하고 기여할 수 있는 방안을 모색해야 한다. 직원회 계획위원회에서 교사들이 어떤 주제를 다루고자 하는가를 적극 탐색해야 한다.

(3) 모든 일정과 자료를 최소한 회의 2일 전에는 배포하여 검토할 수 있는 시간을 주어야 한다.

(4) 교장은 가능한 한 집단 지도성 기술을 적용해야 한다.

(5) 회의 중 중요한 점, 미해결의 제기된 문제, 결정사항 등을 회의록에 기록 유지해야 한다.

(6) 회의록을 전 직원과 관련자에게 배포하여 피드백을 받아야 한다.

(7) 직원회의 결정사항이나 문제에 대하여는 사후처리활동이 뒤따라야 한다. 회의로 끝나버리고 말면 다음부터는 회의를 중요시하지 않는다.

지금까지 직원회의를 집단장학과 관련시켜 활용하지 못하였던 것을 앞으로는 효과적인 장학의 기회로 삼도록 계속 연구해야 할 것이다.

3. 위원회

어떤 방면에 좀더 관심이 있고 능력이 있는 사람으로 조직된 각종 위원회(Committee)는 수업개선을 위한 적절한 문제해결 절차이며 또 직원개발을 위한 좋은 집단활동이 된다. 이 위원회에 알맞은 일의 예를 들자면 (1) 있을 법한 수업문제의 조사, (2) 가능한 해결방안들의 확인, (3) 직원회에서 대강의 방향을 정해 주고 위임한 사항 등이 될 것이다. 우리나라에서는 비교적 위원회를 많이 활용하지 않고 있으나 앞으로 일이 점점 더 복잡해지고 전문화되면서 그 필요성이 증대될 것이다.

여기에도 많은 곤란과 어려움이 있으나 다음의 절차를 밟으면 어느 정도 문제점은 줄어들 것이다.

(1) 위원회의 목적, 기능, 범위, 권위에 대하여 미리 정의하고 충분히 알

려야 한다.

(2) 회의 전, 도중, 후에 이 위원회에서 무엇을 만들어 내려고 하는 것인가를 위원들에게 충분히 알려야 한다.

(3) 위원들의 개인적 관심과 재능을 최대한 활용한다.

(4) 기회 있을 때마다 위원 개인 또는 전체의 공헌에 대하여 보상을 한다.[45]

앞으로 각종 위원회제도는 학교에서 수업개선과 직원개발에 활용가능성이 높으므로 교장은 이에 대한 연구를 해야 할 것이다.

4. 연수회

연수회는 학교 단위, 교육위원회 단위로 활발히 이루어지고 있다. 여기에 투입되는 재정과 시간, 노력도 엄청날 것으로 예상된다. 다만 그 많은 연수회가 얼마나 효과적이고 유용했느냐에는 의심의 여지가 있다. 여기서는 학교 단위에서의 직원연수로 축소하여 생각하고자 한다. 많은 학교에서 연수일을 정하여 정기적으로 직원의 전문적 성장을 위한 연수를 실시하고 있는데 이것은 고무적인 일이나 수업개선, 장학과 결부시키는 일이 부족하였던 것 같다. 또 대개의 경우 그 계획에서 치밀성이 부족한 점이 많았다.

앞에서 잠깐 언급했던 것처럼 교사의 요구조사(needs assessment)를 먼저 하고, 또 교사들로 직원연수 위원회를 구성하여 계획, 시행, 평가의 일을 하게 하면 좋을 것이다. 그리고 계획과 조직에서도 좀더 세부적인 단계를 거치는 것이 바람직하다. Gorton이 예시한 것을 보면 10개의 과정을 거치게 되는데 다음과 같다. (1) 성취목적을 명세화한다. (2) 목적이 분명한지, 달성가능한지, 시간과 자원의 제한의 정도 등을 분석한다. (3) 목표달성에 알맞은 적절한 연수형태와 활동을 확인·평가한다. (4) 적절하고 이용 가능한 자원의 확인, (5) 성공적인 연수실시의 기회를 해칠 수 있는 문제와 장애물

---

45) Gorton, Ibid., pp.287~288.

을 확인하고 평가한다. (6) 주어진 자원과 예상되는 문제와 장애물에도 가장 효과적인 연수형태와 활동에 대한 결정을 한다. (7) 연수실시에 필요한 인원을 확인하고 배정한다. (8) 언제, 어디서, 얼마 동안 실시한 것인지에 관한 상세한 전체계획을 수립한다. (9) 실시 전에 활동평가의 기준과 방법을 결정한다. (10) 모든 일이 예상보다 복잡하고 길어진다는 Murphy의 법칙을 검토하고 앞의 아홉 단계를 모두 재검토 한다.46)

이러한 절차는 좀 복잡해 보이지만 그만큼 사전계획을 충분히 해야 교사들에게 유용하고 효과적인 연수가 될 수 있는 것이다.

직원연수에서 또 하나 강조하고 싶은 것은 연수 도중, 또 끝난 후 반드시 평가가 따라야 하며 이에 의하여 계획에 수정을 가하고, 또 다음 계획에 평가 결과를 반영하여야 한다는 점이다.

5. 동료장학

학교는 대형화하고 장학인원은 줄어드는 데다 교사들이 행정가에 의한 장학을 싫어하고 오히려 동료전문가의 도움을 필요로 한다는 점을 감안하면 동료교사에 의한 상호장학은 좋은 방법이 될 것이다.47) 더구나 교사들의 발달수준은 각각 다르기 때문에 동료장학에 의한 수업개선은 충분히 가능하다.

같은 학교 내에 있는 동료는 쉽게 만날 수 있고 행정계층에서 오는 위화감 없이 오히려 친근감을 갖는 분위기에서 도와줄 수 있으며 같은 처지이기 때문에 부닥치는 사정과 상황을 잘 이해할 수 있다는 강점을 가지고 있다.

동료장학에 있어서 무조건 집단만 만들어 맡겨버리는 것이 아니라 장학방법에 대하여 연수를 실시하여 장학사나 교장을 대신하여 장학할 수 있는 능력을 길러주고 실시해야 효과를 거둘 수 있다. 동료교사들끼리 팀을 만들어 앞에서 설명한 임상장학 방법을 적용하는 방안도 가능하고, 교과단위, 학년

---

46) Ibid., p.290.
47) 김영식, 주삼환 공역, 신장학론(서울: 교육출판사, 1979), pp.193~216에서도 동료장학이 효과 있다는 것을 여러 가지로 밝히고 있다.

단위의 동료장학도 가능하다. 새로운 교수전략, 새로운 교수자료, 새로운 수업구조 등을 모색하고 새로운 아이디어와 경험을 나누어 가질 수 있다. 다만 교사들의 전문적 성장에 대한 동기유발과 의욕을 고취시키는 일이 중요하다.

비슷한 입장에 있는 6, 7명의 자발적 집단을 구성하여 같이 수업계획을 하고, 관찰·분석하는 임상장학도 바람직하다.

경험 있는 유능한 교사를 초임교사에게 짝을 지어주어 동료장학을 하게 하는 "Buddy System"48)도 자연스럽게 동료로부터 배우고 사회화하는 방법이 될 수 있다. 물론 이러한 경우도 교장이 지도성을 발휘하고 치밀한 계획하에서만 효과적일 수 있는 것이지 모든 것을 맡기고 방치하는 속에서는 아무리 좋은 방안이라도 성공적일 수 없다.

지금까지 집단별 장학의 대안들을 직원개발이라는 범주 속에서 (1) 과 또는 학년회의, (2) 위원회, (4) 연수회, (5) 동료장학으로 나누어 살펴보았다.

이러한 방법들은 전연 새로운 것이 아니라 우리나라에서 과거부터 내려오는 일이지만 다만 장학적 관점에서 다루지 않았을 뿐이다. 앞으로 장학의 대안으로 보고 더욱 발전시키면 효과를 거둘 것으로 본다.

이제 개별장학과 집단별 장학을 종합한 대안을 제시하고자 한다.

C. 종합적 접근

앞에서 살펴본 개별장학과 집단별 장학을 모두 포함하는 것으로 선택적 장학을 들 수 있다. 이와 유사한 것으로 "발전장학"이 있는데 이들을 간단히 소개하고자 한다.

1. 선택적 장학

이 선택적 장학은 Glatthorn의 "Differentiated Supervision"49)을 이

---

48) Pfeiffer and Dunlap. Op. Cit., p.108.
49) Allan A. Glatthorn, Differentiated Supervision(Alexandria, VA: ASCD, 1984).

렇게 이름 붙인 것이다. 이것은 이미 필자에 의하여 소개된 바 있으므로[50] 여기서는 요점만 안내하기로 한다.

장학의 대상인 교사의 발달수준과 장학적 필요는 다 다르기 때문에 앞에서 소개한 장학의 여러 대안 중 어떤 한 방법만 가지고 한 학교의 모든 교사를 장학하려 한다면 몇 사람 이외 모든 교사에게 다 맞지 않는 비효과적인 장학이 된다는 결론이 나온다. 그래서 이 장학방법을 처음으로 고안한 Glatthorn은 교사에 따라 장학에 차등을 두어야 한다고 하여 차등장학(differtiated supervision)이라고 하였으나 필자는 교사와 교장이 필요와 사정에 의하여 여러 장학적 대안 중에서 그 교사에게 맞는 것을 합의 선택하여 그것을 적용한다는 의미를 강조하기 위하여 "선택적 장학"이라 이름을 붙였다. 또 여러 장학적 대안을 종합하여 섞어서 쓴다고 하여 절충적 장학(eclectic supervision)이라고 해도 좋다.

예를 들면 교사의 경력적 주기(career cycle)를 Katz는 (1) 생존기(Survival Stage), (2) 정착기(Consolidation), 3, 4년 후의 (3) 갱신기(Renewal Stage), 5년 후 마지막 단계에 (4) 성숙기(Maturity Stage)[51]로 나누고 있는데, 제1기에 있는 교사에게는 임상장학, 제2기는 동료장학, 제3기는 전문학회 참가, 교실방문, 전문학술지 구독, 교사센터 이용, 비디오에 의한 자기분석 등으로 수업개선을 자극하고, 제5기는 대학원 수강, 자기장학에 의한 선택적 장학이 좋을 것이다.[52] Glatthorn은 50명의 교사로 구성된 학교라면 5명은 임상장학, 10명은 동료장학, 5명은 자기장학, 30명은 전통적 장학을 예시하고 있는데 교사 개인에게 맞는 장학을 위하여 좋은 시사가 된다. 이를 간단히 요약하면 〈표 2〉와 같다.

---

50) 주삼환, "장학지도 방법과 절차의 합리화", 교육행정학연구 제2권 제1호(교육행정학연구회, 1984).

51) L. Katz, "Developmental Stages of Preschool Teachers," Elementary School Journal 73 (October 1972), pp.50~54.

52) 주삼환, "장학지도 방법과 절차의 합리화," 전게문, p.91.

<표 2> 선택적 장학 그 대상[53]

선택적 장학 대안* (비율)	대상교사(교사의 희망에 따르지만 적절한 대상 선정기준)
1. 임상장학(5)	초임교사(생존기) (첫 3년 계속, 그 후 매 3년마다), 경력교사(갱신기) 매 3년마다.
2. 동료장학(10)	높은 동료의식을 가지고 있는 경험 있고 유능한 교사 (안착기)
3. 자기장학(5)	혼자 일하기를 좋아하는 경험 있고 유능한 교사(성숙기)
4. 전통적 장학(30)	모든 교사 또는 1, 2, 3을 선택하지 않는 교사(모든 단계의 교사)

* 선택대안은 학교 형편에 따라 더 늘릴 수 있음.

2. 발전장학(Developmental Supervision)

이것은 Glickman[54]이 개발한 것으로 교사의 발전정도와 장학방법을 맞추는 것이다. 근본정신은 선택적 장학과 마찬가지이다.

인간주의 심리학자(Humanistic Psychologists)들은 학습을 "세상에서 합리성과 질서를 발견하기 위한 개인의 호기심의 결과"라고 보는 데 비하여, 인지심리학자(Cognitive Psychologists)들은 학습을 "외부환경에 대하여 행동하는 개인과 개인에 작용하는 생물적 무생물적 외부 환경 사이의 상호교환의 결과"라 보고, 행동주의 심리학자(Behavioral Psychologists)들은 학습을 "외부환경에 의한 개인의 흔적(imprinting) 또는 조건화(conditioning)"[55]라 보고 있다. 이러한 세 관점을 표로 요약하면 <표 3>과 같다.

<표 3> 학습의 세 관점[56]

학생의 책임:	고	중 간	저
교사의 책임:	저	중 간	고
학습의 심리학적 관점:	인간주의자	인지론자	행동주의
학습방법:	자기—발견	실 험	조 건 화

---

53) 상게문, p.94.
54) Carl D. Glickman, Developmental Supervision: Alternative Practices for Helping Teachers Improve Instruction(Alexandria, VA: ASCD, 1981).
55) Ibid., p.3.

이와 마찬가지로 장학도 비지시적(Nondirective), 협동적(Collabora-
tive), 지시적(Directive) 지향으로 구분되는데 〈표 4〉와 같이 요약된다.

〈표 4〉 장학의 세 관점[57]

교사의 책임:	고	중 간	저
장학사의 책임:	저	중 간	고
장학의 지향:	비지시적	협 동 적	지 시 적
주요방법:	자기평가	상호계약	구체적 기준

이 장학의 세 관점과 교사의 수업을 변화시키도록 영향을 주는 장학행위
를 연결시켜 보면 〈그림 7〉과 같다.[58]

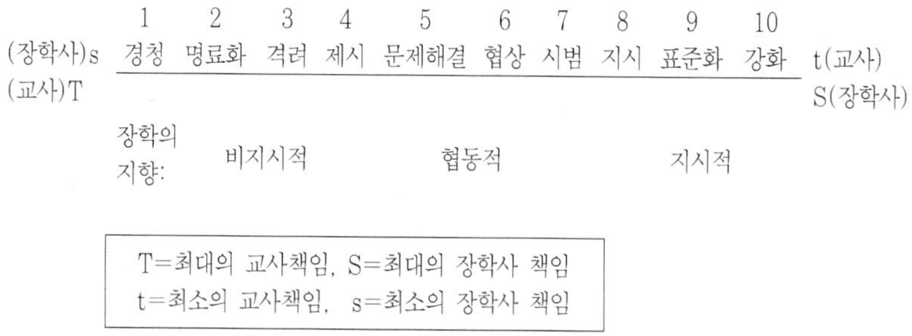

〈그림 7〉 장학행위 연속선(The Supervisory Behavior Continuum)[58]

지시적, 협동적, 비지시적, 장학방법을 교사의 발전정도에 맞게 적용하여
교사를 최상의 발전상태로 변화시키자는 것이다. 그러기 위해서는 교사의 발
전정도를 발견해야 하는데 먼저 발전의 기준이 있어야 한다.
  교사의 발전 정도를 찾아내는 첫째 기준은 참여수준(level of commit-
ment)이다. 교사는 참여가 낮은 수준에서 높은 수준으로 참여연속선 〈그림

---

56) Ibid., p.4.
57) Ibid., p.5.
58) Ibid., p.10.

8)에 따라 발전한다고 볼 수 있다.59)

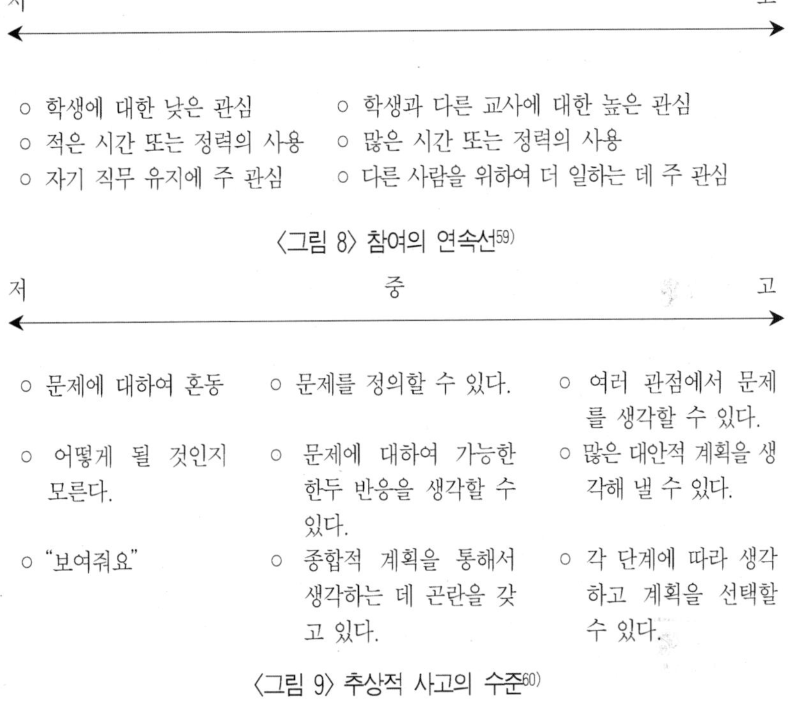

〈그림 8〉 참여의 연속선59)

〈그림 9〉 추상적 사고의 수준60)

발전의 두 번째 기준은 추상적 사고의 수준이다. 장학사는 교사가 추상적
사고의 연속선〈그림 9〉을 따라서 발전한다고 생각한다.60)

이 두 기준을 결합하면 (1) 탈락교사(Teacher Dropouts), (2) 분석적
관찰자(Analytical Observers), (3) 무초점교사(Unfocused Workers),
(4) 전문가(Professionals)로 〈그림 10〉과 같이 분류될 수 있다.61)

---

59) Ibid., p.43.
60) Ibid., p.46.
61) Ibid., p.48.

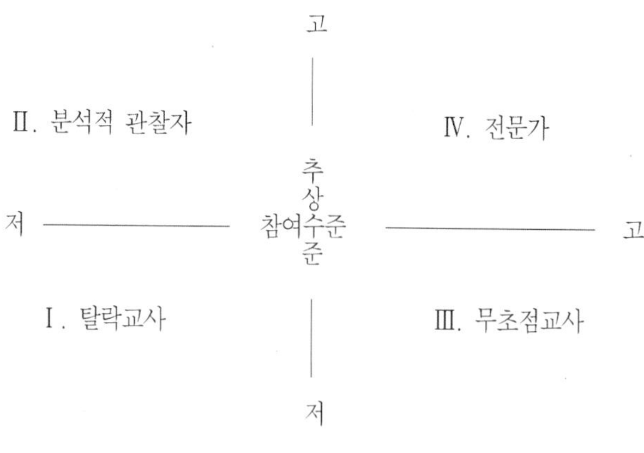

〈그림 10〉 교사의 분류61)

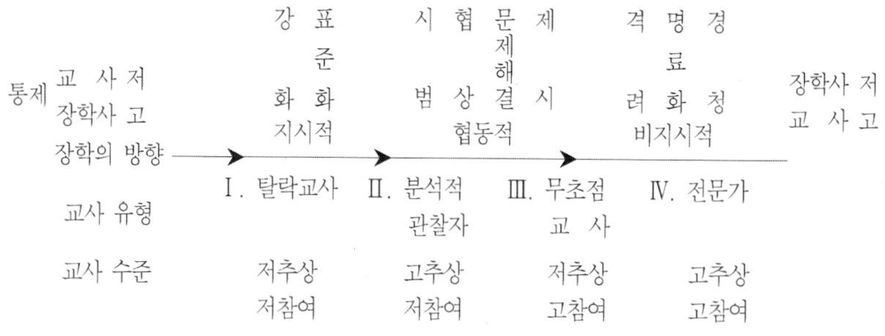

〈그림 11〉 장학행위 연속선상의 발전방향62)

이제 교사의 분류에 따른 장학방법과 장학의 발전방향을 제시하면 〈그림 11〉로 요약된다.62)

이 발전장학은 교사의 발전정도에 따라 알맞은 장학방법을 결정한다는 데 '발전'이란 말이 의미가 있으며 또 그렇게 해서 교사를 이상을 향해서 발전시킨다는 데 '발전'이란 말은 의미가 있다.

각 교사에게 알맞은 장학을 한다는 의도는 좋으나 여기에도 문제가 있다.

---

62) Ibid., p.49.

첫째, 복잡한 교사들을 발전정도에 따라 이렇게 분류하기가 그렇게 쉽지 않다는 점이다. 아마 정확하게 분류하자면 장학보다는 분류에 더 시간을 많이 보내야 할지도 모른다.

둘째, 바쁜 장학사나 교장이 각 교사를 평가하고 각 교사에 독특하게 반응을 줄 수 있을 만큼 충분한 시간과 정력을 가질 것이라 기대하기는 현실적으로 어렵다.

그래도 특이한 각 교사에 알맞은 장학을 시도하였다는 것은 큰 공헌이라 아니할 수 없다.

앞에서 살펴본 선택적 장학과 발전적 장학 둘 다 특이한 교사의 수준과 필요에 맞추려고 하였다는 공통적인 강점을 갖고 있다. 특히 선택적 장학은 여러 대안들을 동시에 활용하는 다양성과 선택의 기회를 교사들에게 주는 융통성을 갖고 있는 좋은 장학대안이다.

지금까지 모두 14개의 장학대안들을 간단 간단히 살펴보았는데 이외에도 더 많은 대안들을 생각할 수 있다. 이렇게 많은 대안들을 살펴본 이유는 우리나라의 장학이 너무나 획일적이고 개인교사와 상황을 고려하지 않고 있기 때문에 한 학교에서도 다양한 대안으로 접근하여 수업개선이라는 장학의 궁극적 목적을 달성하도록 해야 한다는 암시를 주기 위함이었다.

교장이 수업지도자가 될 수 있느냐에 대한 고찰과 장학대안의 고찰이 이 논문의 주요목적이었는데 이를 바탕으로 간단히 정리할 차례가 되었다.

Ⅳ. 결 론

장학은 궁극적으로 수업개선을 위한 것이라고 하면서도 행정활동과 거의 동일시해 왔다. 그런 결과 수업개선에 초점을 맞춘 학교장을 중심으로 한 교내장학을 등한시하였다. 그래서 이 논문에서는 학교에서의 수업장학에 초점을 맞춰 (1) 학교장의 수업지도성에 대하여 살펴보고, 이어서 (2) 수업장학의 여러 대안들을 고찰하였다.

교장의 수업지도성을 인정하지 않으려는 교사도 있고, 또 이를 뒷받침하는 연구결과도 있으며, 교장의 수업지도성을 방해하는 많은 장애물도 있지만 교장은 수업지도자이어야 한다는 당위성과 함께 많은 긍정적 연구결과가 있어 결국 교장은 수업지도자이어야 하고 수업지도자일 수 있다는 결론에 이르렀다. 다만 수업지도자가 되기 위해서는 개인적, 전문적 자질을 갖추어야 한다는 조건을 붙이게 되었다.

수업장학의 과정으로 문제해결과정을 적용하여 (1) 수업문제의 확인, (2) 진단, (3) 장학대안 검토, (4) 최선안의 선택, (5) 시행, (6) 평가의 과정을 택했는데 여기서의 주요 관심은 세 번째 단계인 학교에서의 수업장학의 여러 대안을 검토하는 것이었다.

장학대안은 (1) 개별장학, (2) 집단별장학, (3) 종합적 접근으로 나누어 14개의 대안들을 살펴보았다. 개별장학 대안으로는 (1) 임상장학, (2) 소규모수업, (3) 수업연구와 상호방문, (4) 전문적 독서, (5) 자기장학, (6) 카운슬링, (7) 전통적 장학의 일곱 가지를 검토해 보고, 집단별 장학방법은 크게 보면 직원개발이란 말로 포괄할 수 있는데 (1) 과 또는 학년회의, (2) 직원회의, (3) 위원회, (4) 연수회, (5) 동료장학의 다섯으로 나누어 살펴보고, 개별장학과 집단장학을 다 활용하는 종합적 방법으로 (1) 선택적 장학과 (2) 발전장학을 검토하였다. 선택적 장학은 앞에서 열거한 여러 대안 중에서 교사에게 맞는 것을 선택하게 하여 적용하는 것으로 다양성과 융통성을 갖고 있는 좋은 방법이었다. 발전장학도 각 교사의 발전수준을 발견하여 그에 알맞은 방법으로 개별적 임상장학을 실시하여 최상의 수준으로 발전시키자는 것이어서 개별장학에서 다룰 수도 있으나 선택장학과 비슷한 성질을 갖고 있어 마지막에서 다루었다.

이 대안들을 검토하는 과정에서 몇 가지 발견하게 되었는데 첫째 개인교사에게 맞지 않는 장학은 의미가 없다는 사실이다. 어려운 일이긴 하지만 우리나라의 장학이 교사 개인에게 맞추는 개별장학(individualized supervision)의 방향으로 나아가야 한다는 시사를 받았다.

둘째, 개별장학을 위해서는 한 학교 안에서도 다양한 장학방법을 융통성, 신축성 있게 적용하여야겠다는 점이다. 따라서 장학담당자는 다양한 장학적 레퍼토리를 갖추어야 한다.

셋째, 집단별 장학의 대안으로 여기에 제시된 여러 방법들은 지금까지 여러 학교에서 많이 실시하고 있었으나 수업장학의 차원에서 주의를 기울이지 못했었다. 시간적으로, 또 노력과 재정부족으로 1:1의 장학이 어렵다면 비슷한 수준, 비슷한 장학적 필요를 갖고 있는 교사들을 소집단으로 구성하여 수업기술 개선과 전문적 성장을 돕는 데 장학적 노력을 집중하여야 할 것이다.

넷째, 여기 제시된 여러 장학대안을 검토하여 각개 교사에게 맞는 장학을 교사 스스로 선택하게 하여 적용하는 선택적 장학은 가장 바람직한 것으로 시사되는바 이를 시험 적용하고 그 성과를 검증하는 연구가 필요하다.

다섯째, 발전장학도 교사를 발전 정도에 따라 분류하는 데 곤란이 있으나 개개 교사에게 맞는 장학을 하여 교사를 최상의 수준으로 발전시키려 한다는 데 큰 의의가 있다.

거대한 장학체제를 형식적으로 운영하지 말고 교육의 질 개선에 적극 활용해야 할 시점에 이르렀다. 특히 학교장은 일선교육행정가로서 강력한 수업지도성을 발휘하여 여러 장학대안을 검토·연구한 다음 각 교사와 상황에 맞는 장학방법을 적용하여 장학의 궁극적 목적인 수업개선으로 교육의 질 개선에 노력해야 한다. 그러기 위해서는 우선 학교장의 개인적, 전문적 능력을 길러야 한다. 우리나라의 교육이 여러 가지 어려운 여건에 부닥쳐 있지만 학교장이 강력한 지도성을 발휘한다면 현재보다 더 나은 교육을 할 수 있다는 것이 이 글의 기조이다.

참고문헌

고영희 외, 수업장학모형개발 및 그 현장적용 가능성탐색연구, 한국교육개발원, 1983.

김영돈, 학교경영의 이론과 실제, 서울: 익문사, 1978.

김영식, 주삼환 공역, 신장학론, 서울: 교육출판사, 1979.

이영덕, 교육의 과정, 서울: 배영사, 1976.

이정근, "마이크로티칭의 도입에 관한 탐색적 연구", 교육연구 9집, 공주사범대학 교육학회, 1983. 2.

정범모, 교육과 교육학, 서울: 배영사, 1976.

주삼환, "장학의 본질에 비추어 본 장학개선의 방향", 교육발전논총 제IV권 제1호 충남대학교 교육발전연구소, 1982.

주삼환, "임상장학의 적용가능성," 미출판의 한국교육학회 제21회 연차학술발표대회 발표논문, 1982. 10. 26.

주삼환, 장학론: 임상장학방법, 서울: 학연사, 1983.

주삼환, 신익현 공역, 장학론: 인간자원론적 접근, 서울: 학문사, 1984.

주삼환, "장학지도방법과 절차의 합리화," 교육행정학연구 제2권 제1호, 교육행정학연구회, 1984.

Alfonso, Robert J., Firth, R. Gerald and Neville, Richard F., *Instructional Supervision: Behavior System*, 2nd ed., Boston: Allyn and Bacon, 1981.

Allen, D., Cooper, J. M. and Poliakoff, L., *Microteaching*, No.17 in the Series of PREP Reports, Washington, DC: US Department of Health, Education and Welfare, 1972.

Bredo, Anneka E., "Teacher Legitimation of Principal Control as a Situational Contingency in Principal-Teacher Influence Relations,"

Paper presented at the annual meeting of the American Educational Research Association, San Francisco, California, April 1979.

Brown, George, *Microteaching: A Programme of Teaching Skills,* London: Methnen, 1981.

Campbell, Roald F., "What Peculiarities in Educational Administration Make It a Special Case," in *Administrative Behavior in Education,* ed. Andreaw Halpin, Chicago: Midwest Administration Center, University of Chicago.

Clark, David, *et al.,* "What Aids Success in Urban Elementary Schools?" *The Kappan,* March 1980.

Conklyn, Elizabeth D., "Role Definitions by the Principal: Effect and Determents," Paper presented at the annual meeting of the American Educational Research Association, April 1976.

Corwin, R. G., "Teacher Militancy in the United States: Reflections on the Sources and Prospects," *Theory into* Practice, April 1968.

Deal, Terrence and Celotti, Lynn D., "How Much Influence Do (and Can) Educational Administrators Have on Classrooms?" *The Kappan,* March 1980.

Edmonds, Ronald, "Effective Schools for the Urban Poor," *Educational Leadership,* October 1979.

Erickson, Donald, "Changes in the Principalship," *National Elementary Principal,* April 1965.

Faber, Charles and Shearron, Gilbert, *Elementary School Administration,* N. Y.: Holt, Rinehart and Winston, Inc., 1970.

Glatthorn, Allan A., *Differentiated Supervision,* Alexandria, VA: ASCD, 1984.

Glickman, Carl D., *Developmental Supervision: Alternative Practices for Helping Teachers Improve Instruction,* Alexandria, VA: ASCD, 1981.

Gorton, Richard A., *School Administration And Supervision: Leadership*

Challenges and Opportunities, Dubuque, IA: WMC, Brown Co. Publishers, 1983.

Gorton, Richard A., *Controversy and Crisis in School Administration and Supervision: Issues, Cases and Concepts for the '70s,* Dubuque, IA: W. M. C. Brown Co. Publishers, 1972.

Halpin, Andrew, "A Paradigm for Research on Administrative Behavior," *Administrative Behavior in Education,* ed. Roald F. Campbell and Russell T. Gregg, N. Y.: Harper & Row, 1957.

Harris, Ben, *Improving Staff Performance through In-Service Education,* Boston: Ally & Bacon, 1980.

Hencley, Stephen P., M. Cleary, Lloyd E. and McGrath, J. H., *The Elementary School Principalship,* N. Y. Dodd, Mead & Co., 1970.

Katz, L., "Developmental Stages of Preschool Teachers," Elementary *School Journal* 73, October, 1972.

Kiernan, Owen, Senate Select Committee on Equal Education Opportunity, 1974에서의 증언 "Principals Can Be Leaders If They Learn to Take Charge," *Education U. S. A.* April 28, 1980.

Lipham, James, "Leadership and Administration," in *Behavioral Science and Educational Administration,* ed Daniel Griffith, Sixty-third Yearbook of the National Society for the Study of Education, Chicago: University of Chicago Press, 1964.

Mosher, R. L. and Purpel, D. E., *Supervision: The Reluctant Profession,* Boston: Houghton Mifflin Co., 1972.

Otto, H. J. and Sanders, D. C., *Elementary School Organization and Administration,* N. Y.: Appleton-Century-Crofts, 1964.

Pfeiffer, Isobel L. and Dunlap, Jane B., *Supervision of Teachers: A Guide to Improving Instruction,* Phoenix, AZ: Oryx Press, 1982.

Sharma, G. L., "Who Should Make What Decisions?" *Administrator's Notebook,* April, 1955.

Southern States Cooperative Program in Educational Administration, *Better Teaching in School Administration,* Nashville: George Peabody College for Teachers, 1965.

Wallace, D. K. and Smith, E., *In Breakway to Multidimensional Approaches: Integrating Curriculum Development and Inservice Education,* Washington, DC: Association of Teacher Educations, 1978.

Williams, Anthony P., "Management fo r More Effective Staff Meetings," *Personnel Journal,* August 1979.

11. 교육의 자율성과 장학*

Ⅰ. 장학에 대한 이미지

교사가 되고자 대학에서 교직 과정을 밟고 있는 학생과 교육학과 4학년 학생들에게 장학에 대하여 알고 있는 바를 말해 보도록 요청하였을 때, 그들은 초·중·고등학교 시절을 회상하여 대답하였다.

제일 많은 반응은 '장학, 학교를 청소하는 것' 그 다음은 '장학사님, 높은 분' '괘도를 걸어 놓고, 발표도 하고……' 등이었다. 또, 교실 앞에서 벌 받고 있다가도 장학사가 나오셨다니까 선생님께서는 얼른 자리로 들어가라고 하시며, 당황해 하시더라고 말하는 학생도 있었다. 또, 학생들도 선생님 입장을 난처하지 않게 하기 위하여 평소 수업에서 하지 않던 짓을 많이 하였다는 기억을 말하고 있었다.

이것이 선생님이 되기 직전의 사범대 학생들에게 비친 장학에 대한 이미지였다. 그 후에 장학에 대한 강의를 듣고 나서는 장학이 그렇게 변질될 수 있을까 하고 어떤 회의를 느끼는 것 같았다. 아마도 이들이 선생님이 되어

---

* 문교행정(1984. 9) 문교부, pp.36-40에 게재.

나갔을 때 또한 똑같은 행동을 하지 않으면 안 될 상황이 될 것이다. 언제까지나 이런 쳇바퀴를 돌아야 할 것인가?

현직 선생님들의 장학에 대한 이미지도 위의 학생들이 가지고 있는 것과 별로 다를 게 없다. '장학, 긴장하는 날, 아무 소리 않고 경청하는 체하면 신나게 떠들다 가면 끝나는 날, 그러면 무사히 한 학기는 넘기는 것……' 정도로 생각하고 있다.

장학사 자신들도 이것을 인정하고 들어간다. 왜냐하면 자기들의 학생 시절에도 그랬고, 교사 시절에도 그랬고, 또 장학사가 돼 보니 어쩔 수 없다는 것 때문이다. 여기에 플러스된 이미지가 있다면 '잡무가 많아서……, 내가 장학산가? 서기지……' 하는 정도이다.

장학, 이것은 학생·교사·장학사가 서로 무언의 묵계하에 만들어 내는 허구와 같은 이미지를 갖고 있다. 장학의 본질을 몰라서 그런 수도 있고 알면서도 여건이 어쩔 수 없어서 그런 수도 있다.

이런 허구에 참여했던 학생들이 철이 들어서는 자기 선생님과 장학에 대하여 회의를 느끼고, 또 자기가 선생님이 되고 장학사가 되어서는 비슷한 일을 다시 연출하는 이런 것을 몇 마당을 되풀이하여야 장학은 제자리에 돌아올 것인가?

Ⅱ. 장학의 두 측면과 궁극적 목적

그러면, 장학은 정말 무용지물인가? 장학을 몇몇 학생과 교사, 장학사의 장학에 대한 이미지만 갖고 평가할 수 있을 것인가? 그것은 그렇지 않다. 우리나라 교육의 방향을 정하여 밀고 나가고, 연수도 시키고, 교과서도 만들고 하여 뒤지지 않은 오늘의 한국 교육을 이루어 놓은 것이다. 이것이 다 장학의 힘이다. 그동안 장학을 담당했고 현재도 장학을 담당하고 있는 분들이 이루어 놓은 공적이라 아니할 수 없다.

그런데 이분들이 학교, 교실 현장에 나타났을 때는 위와 같은 부정적인 반응을 일으킨다. 이것이 문제이다. 이것을 바로잡아야겠다는 의도에서 아픈 곳을 건드리지 않을 수 없다.

학교가 존재하는 이유는 학생을 가르치자는 것인데 이 가르치는 일을 잘하게 하기 위해서 장학이 존재하는 것이다. 결국 장학의 존재 이유도 교사로 하여금 학생을 잘 가르치게 하고 학생으로 하여금 잘 배울 수 있도록 하자는 것이다. 즉 장학 담당자의 장학 행위가 교사의 교수 행위에 영향을 주어 궁극적으로는 학생의 학습 행위에 변화를 주자는 것이다.

장학행위(장학자) → 교수행위(교사) → 학습행위(학생)

그런데 교사의 교수 행위에 영향을 주는 데 관리적 측면과 장학적 측면이 있을 수 있다. 이 둘 사이에 선을 명확하게 긋기란 어렵고 또 같은 사람이 이 둘을 다 맡고 있기 때문에 문제가 되는 것 같다. 다시 말하면 관리적 방식으로 장학을 하기 때문에, 또 관리적 방식으로 장학을 받아들이고 있기 때문에 앞에서 말한 무의미한 모습이 연출되는 것이다.

또, 관리적 측면의 일이 폭주하기 때문에, 또 그것은 쉽게 겉에 잘 드러나기 때문에 장학과 관리를 동시에 맡고 있는 장학사들이 장학에 많은 비중을 두지 못하는 데서 문제가 되고 있다. 관리와 장학의 두 측면은 관료화의 두 측면으로 뚜렷이 나타나고 있다.

오늘날 교육 조직이 점점 더 거대화되고 복잡화되면서 관료화의 경향이 짙게 나타나고 있어 관료적 일이 많아지고 있다. 이것은 주로 교육의 관리적 측면이다. 또 한편에서는 교직이 전문직으로 성숙해 가고 있으며 가르치는 일과 교사는 전문화의 경향으로 나아가고 있다.

이 두 개의 뚜렷한 조류, 즉 관료화와 전문화의 경향 속에서 장학은 분명히 전문화 쪽으로 기울어져야 할 텐데 관료화에 눌려 압도당하고 침해당하고 있으므로 형식적인 과정만 되풀이되고 있는 것이다. 그런데 분명한 것은 관료화만으로 교육의 질을 개선하기는 어렵다는 것이다.

장학은 교육이라는 열쇠를 쥐고 있는 교사와 학생과 가장 밀접하게 관련되어 있는 분야이고 또, 그들 사이에서 오고 가는 교육 내용인 교육 과정과도 매우 밀접하게 관련되어 있기 때문에 교육의 질 개선을 위한 열쇠는 장학이라는 데 숨겨져 있고, 또 그 열쇠를 찾는 데 투자할 만한 가치가 있다. 그 투자가 바로 관료화의 압도로부터 벗어나 관료화와 전문화가 공존 또는 전문화가 관료화를 압도하는 장학의 전문화를 위한 투자인 것이다.

교사의 교수 전문성을 인정하면서 장학사의 장학 전문성을 기르는 것이 교육의 질을 개선하는 길이다. 그런데 이 전문성, 전문화의 가장 중요한 특성 중의 하나가 자율성인 것이다.

자율성 없는 전문화는 생각하기 어렵다. 그래서 다음은 본고의 제목에 해당되는 교육의 자율성과 장학의 방향을 연결시켜 살펴보고자 한다.

Ⅲ. 교육의 자율성과 장학

교직이 전문직이냐 아니냐에 대하여 아직 논란이 있으나 점점 더 전문직으로 부상하고 있다는 데는 이의가 없다. 전문직의 특성의 기준으로 (1) 사회적 봉사, (2) 지적 기술, (3) 장기간의 전문교육, (4) 광범한 자율성, (5) 자기의 행동과 판단에 대한 책임성, (6) 개인의 강조, (7) 자치 조직, (8) 윤리 강령 등을 들고 있는데 이 중에 하나가 자율성이며 자율성에는 으레 책임성이 따르게 마련이다.

교육은 다른 직업과 달리 고도의 자율성이 요구되며 교사들은 강력한 자율성의 욕구와 존경에의 욕구 결핍을 갖고 있다. 장학에서는 이러한 교사의 욕구를 충족시켜야 한다.

최근 교육의 구석구석에서 자율성이 강조되고 있는 것은 반가운 일이나 관료화의 거대한 물결 때문에 까딱하면 말뿐인 것으로 되기 쉽다. 그렇게 되면 서두에서 말한 장학의 이미지처럼 겉바퀴 돌기 쉽다.

다음은 교사의 성장 욕구와 장학의 문제를 생각해 볼 수 있다. 교사들이 스스로 성장하고자 하는 존재로 보느냐 아니면 적당히 현상 유지나 하면서 봉급이나 받으며 생활하고 행복은 직장 밖에서 찾고자 하는 존재로 보느냐에 따라 장학의 형태는 완전히 달라진다.

종래의 장학은 후자의 존재로 보아 왔는지 모른다. 그래서 지시와 감독, 확인을 장학의 주무기로 삼고 교사는 이에 대비하는 숨바꼭질의 현상이 벌어졌던 것이다. 교육에 있어서 우리의 기본적 가정은 인간의 무한한 잠재 가능성을 믿는 것이다.

우리는 어린이의 잠재 가능성을 믿기 때문에 교육을 하는 것이며, 이와 마찬가지로 교사의 잠재 가능성을 믿기 때문에 그 가능성을 개발할 수 있도록 돕기 위하여 장학은 출발하는 것이다. 교사는 스스로 성장하고자 하며 그들이 가지고 있는 능력을 최대한 발휘할 때 삶의 보람과 교직의 희열을 느끼게 된다는 것을 믿고 장학은 출발해야 한다.

이것이 최근 인간 자원 장학과 직원 개발, 교사 개발, 교사 센터 등으로 나타나고 있다. 여기서 이것을 자세히 설명할 지면은 없으나 그 골자는 교사들이 가지고 있는 능력과 자원을 최대한 개발하고 발휘하게 하여 내적 만족과 질 높은 행복을 누리게 하자는 것이고, 또 교사들 스스로 센터를 만들어 놓고, 전문적 성장을 위해서 스스로 노력하고 있는 것이다.

교사의 능력을 낮은 수준으로 묶어 두지 말고 환경적인 주변적인 여건에만 관심을 쏟게 하지 말고, 또 교사들이 갖고 있는 무한한 자원을 사장시켜 교사 개인도 불행하고 국가적으로도 막대한 손해를 보는 낮은 수준의 숨바꼭질 장학만을 하고 있을 수는 없다.

결국 교사의 전문적 성장은 수업에서 이루어져야 한다. 뭐니뭐니해도 교사는 수업 전문가이어야 한다. 수업을 잘하는 사람이 최고의 대접을 받아야 하고, 수업 잘하는 사람은 교감이나 교장, 장학사가 되어 교실을 떠나게 대접해 주는 것이 아니라 교실에 계속 머물러 있을 수 있도록 대접해 줘야 한다.

그리고 장학의 본질이 수업 개선이라고 한다면 앞으로의 장학은 수업에 집중되는 수업 장학의 방향으로 나아가야 할 것이다. 수업에서 자기의 전문성을 개선하고자 할 때 도와주는 구체적인 한 방법이 임상 장학이라는 것이다.

전문적으로 성장하고자 하는 수업 전문가인 교사가 주인이 되고 장학 전문가인 장학사가 보조자가 되어 동료 의식에서 같이 (1) 수업 계획을 협의하고, (2) 수업 관찰을 통하여 객관적 자료를 수집하고, (3) 그 자료를 분석하고, (4) 장학 협의를 통하여 피드백을 주고 다음 수업 전략을 수립하는 주기로 이어지는 임상 장학이 강조되어야 할 것이다.

교사로 하여금 수업에서 스스로 전문성 개발을 시도할 수 있도록 하기 위해서는 장학은 학교 수준, 학급 수준에서 강조되어야 한다. 즉, 교내장학과 동료장학을 권장해야 할 것이다. 앞에서 언급한 관료화 경향 때문에 장학사에 의한 수업 장학은 한계에 다다랐다고 본다.

중앙과 지방에서의 장학사에 의한 장학은 기본 방향과 정책, 방침, 전략을 수립해 주어, 즉 거름을 주고 물을 주는 데 그치고 장학의 꽃은 마지막 가지인 학교와 교실에서 교사와 교장 스스로가 피어나게 할 수 있도록 해야 할 것이다.

거름을 잘 주고 물을 잘 주는 원예가가 되기 위해서는 장학 담당자의 전문성 신장과 지도성 개발과 책임성이 강조되어야 할 것이다. 교사들이 스스로 전문적 성장을 계속 하는데 장학이 전문성을 확보하지 못하고 교사와 행정가의 영역 사이를 들락날락해서는 장학력이 먹혀 들어가지 못하게 된다.

교사에게 존경받고 행정가가 그 권위를 인정해 주도록 고유의 전문 영역을 빨리 확보해야 한다. 그러기 위해서는 중앙교육연수원이 선구적으로 시도해 온 '전문직 보수과정'과 같은 장학사 양성 코스와 연수 프로그램이 있어야 한다. 1년에 한두 번 1, 2일 전문직 연수 가지고는 전문가로 인정해 줄 사람은 아무도 없다.

교사 또는 교장 교감 시절에 아무리 유능했다고 하더라도 그것과 서로 다른 장학의 역할에서 유능하리라는 보장은 없다. 관료적인 일로 바쁘다는 것을 자타가 인정하기 때문에 1년에 한두 번 형식적 장학 지도를 반복하는 것으로 만족하게 되는 것이다.

또, 장학사의 전문성을 높이기 위해서는 장학사에게 보조원 1, 2명씩을 짝지어 줘야 한다. 비싼 장학사라는 전문 인력을 사무적인 일에 써먹는 것은 경제적으로도 막대한 손해이다. 이는 빨리 시정되어야 할 것이다.

Ⅳ. 교육의 파트너십

지금까지 장학의 현실에 대한 잘못된 이미지를 지적하고, 교육에 있어서 관리와 장학, 관료화 경향과 전문화 경향의 2중성 중에서 관리적 측면과 관료화의 압도로 이러한 잘못된 이미지를 갖게 되었다고 보았다.

그러나 장학의 궁극적 목적은 교수 개선, 수업 개선이다. 이것이 교육의 전문화와 장학의 전문화이다. 전문화를 위해서 자율성이 강조되어야 한다는 것을 지적하고 교사의 자율성을 신장해 주는 방향에서 장학의 방향을 말하려 하였다.

장학은 교육에서 가장 중요한 수업과 교사, 학생, 교육 과정과 가장 밀접하게 관련되어 있는 분야이다. 이러한 요소들이 교육의 질을 결정하는 가장 중요한 요소라는 점을 생각하면 장학에 대한 투자 가치가 높다고 할 수 있다.

교육은 여러 사람의 결합된 노력에 의하여 이루어진다. 마치 각각 다른 수많은 악기로 같은 곡을 연주하는 오케스트라와 같이 학생, 교사, 학부모, 행정가, 정치가, 기업체, 매스컴, 사회 모든 사람이 각각 다른 소리를 내는 각각 다른 악기를 가지고 연주하는 교육 오케스트라가 될 때 올바른 교육이 이루어진다.

장학도 이러한 오케스트라에 의하여 이루어질 뿐만 아니라, 특히 교사와 장학사가 손을 마주 잡고 이 음악에 맞추어 춤을 추는 파트너라는 파트너십을 가지고 있을 때 좋은 음악에 맞춰 좋은 춤을 출 수 있게 되는 것이다.

상대방을 존경하고 관심을 갖고 호흡을 같이 할 때 상대방의 발등을 밟을
리도 없고 억지로 춤을 추게 하지도 않을 것이며 스스로 즐겁게 춤을 추고
자 할 것이다.

제3부
교육계획·제도·혁신

12. 학교경영계획의 과학화*

I. 서 론

학교는 역시 학생들로 가득차야 활기가 있다. 지루한 긴 겨울방학 동안 눈에 덮인 조용한 학교는 쓸쓸하기 그지없었다.

잠시 개학이 되어 학년말을 정리하고 신학기를 맞는 그 흥분은 이루 말로 표현하기 어렵다. 새 학년, 새 선생님, 새 교실, 새 책, 새 공책을 대하는 학생들의 흥분, 자식에 대한 새로운 기대, 새 선생님, 새로운 학교운영에 대한 학부모의 기대와 흥분, 새 학생들과 새로운 학급경영과 교과운영을 계획하고 결심하는 선생님들……. 우리나라의 새 학기는 새 봄과 함께 어떤 면에서는 1월 1일 설날보다도 더 들뜨고 가슴 부푸는 철일지도 모른다.

이렇게 모든 사람들, 학생, 학부모, 선생님들, 심지어는 문방구, 책방 주인들까지 흥분하고 들뜰 때 차분히 교장, 교감과 함께 1년간의 학교경영계획을 세우고 또 다듬어야 할 자리는 교무주임이다. 학년 초부터 어떤 차질이 생기기 시작하면 많은 사람들의 희망과 기대, 흥분, 결심과 각오는 금방 실

---

* 이 논문은 주임강좌(1983. 4) 교육연구사, pp.39~42에 게재되었던 것임.

망과 좌절, 무기력으로 변하기 때문에 학교 경영의 교무적 측면에서 교장을 뒷받침해 주는 교무주임의 위치는 중요하다. 학교경영계획을 어떻게 잘 세우느냐에 따라 학년 초의 활력을 그대로 1년간 잘 밀고 나갈 수 있느냐 또 반대로 무기력과 적당주의로 끌고 나갈 수 있느냐가 달려 있다.

사실은 하루의 계획은 새벽에 세우고 1년의 계획은 정초나 봄에 세운다는 시대는 이미 지나갔다고 본다. 내일의 계획은 이미 오늘 저녁의 반성과 함께 잠자리에 들기 전에 세워져 있어야 내일 새벽에 일어나자마자 행동으로 옮길 수 있는 것이다. 1년의 계획도 작년 말에 이미 이루어져 있어야 한다. 필자가 현직교사로 있을 때 보면 희망찬 첫날 첫 주일이 중요한 시기인데도 계획 없이 무의미하게 지나가는 예를 많이 보았다. 그래서 1년간의 학교경영계획도 이미 2월 중에 세워졌어야 하고, 다만 인사이동이나 조직의 변화에 따라 학년 초에 속히 약간 수정, 보완되는 정도에 그쳐야 할 것이다.

본고에서는 계획을 세우는데, 또는 수정 보완에 관련되는 일반적인 면을 제한된 범위 내에서 언급하고자 한다. 주제로 봐서 "학교경영", "계획", "과학화"라는 세 개의 중요한 개념을 다루어야 하나 그럴 만한 여유가 없고 흔히 학년 초에 학교에서 세우는 "학교운영계획" 또는 "학교경영계획", "학교교육계획"을 좀더 잘해 보자는 면에서 다루고자 한다. 그리고 결론 부분에서는 현장에서의 실제 느낌을 중심으로 마무리짓고자 한다.

Ⅱ. 교육행정의 효과성

학교경영계획도 교육행정의 한 부분으로 볼 때 교육행정의 효과성이 적용될 수 있다.

행정에는 과학적 차원이 있다. 본제에서도 "과학화"가 강조되고 있고 교육학과 교육행정학도 하나의 과학이기 때문에 우리는 교육이론과 행정이론을 배운다. 교육계획이론에 바탕을 둔 학교경영계획이 필요하다는 논리가 여기서 나온다. 주먹구구식 계획으론 성공적인 학교경영이 될 수 없다. 앞으로 학교행정가나 또는 보좌하는 참모인 교무주임도 이론적인 바탕을 다지기 위해 노력해야 할 것이다. 경험적 연구, 과학적 차원이다.

과학적 차원만 가지고는 훌륭한 행정가가 될 수 없다. 직관적 차원이 또 필요하다. 가르치는 것은 하나의 예술(Teaching is an art.)이라는 말이 있다. 행정에도 똑같이 직관적인 측면 예술적인 측면이 있고, 계획도 하나의 예술이라고 한다. 똑같은 교육학 이론이나 행정 이론을 갖고 있어도 그 사람의 경험, 지혜, 상식, 관찰력, 지역, 학교의 변인에 따라 행정행위는 달라지게 마련이다. 같은 교육계획이론을 배웠어도 그 사람이 과거에 교무주임으로서 교장을 도와서 학교경영계획을 작성, 실천해 보았느냐 안 했느냐에 따라 이론을 소화하는 힘은 대단히 다를 것이다. 과학적 차원과 직관적 차원은 교육에 있어서, 교육행정에 있어서, 더 구체적으론 학교경영계획에 있어서 가장 중요한 양대 산맥이라고 할 수 있다.

그런데 이 과학적 차원과 직관적이 서로 상호작용해야만 양자가 동시에 성장할 수 있고 또 확장할 수 있는 것이다. 각각 독립적일 때는 절름발이가 되기 쉽고 맨 아래에 있는 교육행정에 별로 기여도 못하게 되는 것이다. 우리는 흔히 이론적으로는 좋으나 현실적으로는 맞지 않는다는 소리를 자주 듣는데 이것은 모두 과학적 차원에서만 치우쳤고 오른 쪽의 직관적 차원과 상호작용을 못하고 예술적으로 기술적으로 소화하지 못했기 때문이다. 해방 후 외국의 많은 학설이나 이론이 뿌리를 내리지 못했던 것도 모두 이 상호작용을 제대로 못했기 때문이다. 교육계획에서도 교육대학원이나 책에서 배운 PPBS나 Zero-Based Budgeting(영근거예산)이나, MBO(목적관리), System Analysis(체제분석), Need Assessment(필요분석), Delphi 기법, MIS(관리정보체제), Forecasting, PERT, OR, 체크리스트 등도 예술적인 측면과 상호작용하여 적용될 때 훌륭한 이론이 되는 것이다.

현장에서 이론적 바탕 없이 오랫동안의 경험에 의하여 학교운영계획을 준비하는 교무주임도 많이 볼 수 있다. 이것도 역시 절름발이이다. 학교경영이 점점 복잡해지고 과학화되고 있고 외국에서는 박사교장이 맡아서 해도 어렵다고 하는 시대인데 작년에 한 일을 경험에 의하여 반복하고 있을 수는 없는 것이다.

과학적 차원과 직관적 차원이 직접 교육행정의 행동으로 옮겨지는 것은 위험하다. 아무리 좋은 교육이론과 과학지식과 경험이라도 평가적 망에 의해서 걸러져야 한다. 교육목적과 목표에 한번 비추어 봐야 한다. 크게는 우리나라 교육목적이나 장학방침, 학교의 교육목표와 철학에 의하여 걸러내야 한다. 행정가의 신념체제, 가치관에 의한 판단의 단계를 거쳐야 한다. 교육행정에 있어서 이 철학적 차원은 아주 중요한 것으로 학교경영 계획도 반드시 이 과정에서 많은 것을 걸러내야 한다. 이러한 철학이나 신념이 약하고 교육목적과 목표에 비추어 보지 못하는 교장, 교사는 학교경영, 학급경영이 엉망이 되는 예를 많이 보아 왔다. 현대에는 학교에 대한 외부의 주문이 점점 많아지고 있다. 교육위원회, 문교부의 주문은 말할 것도 없고, 행정구청, 동회, 소방서, 경찰서, 지역사회 학부모의 주문을 이 평가적 망을 거치지 않고 무작정 받아들여 학교경영이 엉망이 되는 경우를 많이 보았다. 이 외부의 주문을 무작정 받아들이다 보니 미술시간에는 자주 무슨 강조주간 표어나 그리게 하고, 글짓기 시간에도 맨날 무슨 강조주간에 맞는 것을 써야 하고, 잦은 행사에만 참여해야 했다. 어느 학교 졸업식에 보니 무슨 동장상, 파출소장상, 우체국장상, ○○은행장상, ○○교회목사상……, 상장인지 휴지조각인지 모를 난장판도 있다. 이것이 모두 철학과 신념, 가치관이 없거나 약한 결과의 산물이다.

교육계획에서도 과학적 차원과 직관적 차원을 평가적 망을 통과함으로써 좋은 계획이 나오고 실천이 나올 수 있는 것이다. 다시 말하면 교육행정은 응용과학이라고 할 수 있으며, 행동중심의 의사결정, 조정, 의사소통, 변화, 집단과정, 지도성 등과 함께 학교경영계획을 세우는 사람은 과학적 차원과 직관적 차원을 조화시키고 이것을 평가적 망으로 걸러낼 수 있는 힘을 갖추도록 노력해야 할 것이다.

Ⅲ. 교육계획의 특성과 과정

소용돌이 치고 있는 사회에서 학교는 계획 없이 그냥 머물러 있을 수가 없다.

더구나 조여드는 자원과 재정은 계획 없이 살다간 파탄으로 몰아넣게 만든다. 그래서 Steller는 건전한 계획을 갖지 못한 학교직원은 게임 없는 축구팀과 같다고 한다. 어쨌든 현대는 계획 없이 살 수 없는 계획의 시대이다.

그러면 계획이란 무엇인가? 엄격히는 "기획"과 "계획"을 구별하여 쓰지만 여기서는 그냥 혼용해서 쓰고자 한다. 계획을 여러 가지로 정의하고 있으나 두 가지만 소개하면, 먼저 Waterston은 "기획이란 특정한 목표를 달성하기 위하여 최선의 이용 가능한 방법과 절차를 선택하기 위한 의식적 · 계속적인 시도"라 한다. Steller는 보다 실제적으로 "계획은 현 상태를 명료화하고, 어디를 향하여 가고자 하는 것을 결정하고, 다음에 어떻게 거기에 다다를 것인가를 결정하는 것"이라고 정의하고 있다. 어쨌든 건전한 계획은 목적, 자원, 규칙의 세 주요 요소가 있는데 목적이 특수하고, 자원이 부족하고, 규칙이 복잡할 때일수록 계획은 더욱 중요하고 또 계획은 더욱 어렵게 되는 것이다.

우리가 지금 교육계획에 대하여 논하고 있는 것도 좋은 학교경영계획을 세우기 위해서인데 좋은 교육계획은 어떠한 특성을 가지고 있는지 살펴볼 필요가 있다. 첫째, 변화와 개선을 북돋을 수 있어야 한다. 둘째, 결정된 구체적 행동의 코스와 일치하려는 데 초점을 맞춰 체제의 여러 부분을 통합하도록 촉진한다. 교내 전 직원이 결정된 방향으로 나아갈 수 있도록 각 부서를 통합할 수 있다면 좋은 계획이라 할 수 있을 것이다. 셋째, 참여하는 모든 사람들이 그 조직과, 목적과, 조직운영에 대하여 보다 많은 지식을 갖게 해주는 교육적 도구가 된다. 학교운영계획을 보고 전 직원이 자기네 학교에 대해서, 목적에 대해서, 운영에 대해서 더 잘 알 수 있도록 해주는 바이블과 같은 역할을 할 수 있어야 한다. 넷째 교육의 책무성 달성을 위한 하나의 수단이 된다. 어쨌든 좋은 교육계획은 전 직원이 자기들이 바라는 욕구가 무엇인지 확인하고, 공동의 목적달성의 길을 논리적으로 발견해 나갈 수 있게 해주는 것이므로 팀워크를 요구하고, 의사결정의 영향을 받는 모든 사람이 의사결정 과정에 참여할 수 있어야 한다.

계획의 과정에도 여러 모델이 있으나 Banghart-Trull의 모델을 간단히 설명하고자 한다.

(1) 문제의 정의: 계획을 세우기 위해서는 먼저 문제가 무엇인가를 알아야 한다. 학교경영계획은 한 학교의 종합계획이므로 각 부서별로 문제점이 무엇인가를 분명히 해야 할 것이다.

(2) 문제경영의 분석: 문제를 분명히 정의한 다음 분석적인 눈으로 볼 필요가 있다.

(3) 계획의 개념화와 설계: 계획을 일단 설계하는 단계이다.

(4) 계획의 평가: 계획을 확정하기 전에 일단 걸러내는 단계를 갖는 것이다.

(5) 계획의 구체화: 3단계의 것을 평가를 거쳐서 실행될 수 있도록 보다 구체적으로 확정하는 것이다.

(6) 계획의 실행: 실천에 옮기면서 위의 단계를 거쳐 나가는 것이다.

지금까지 교육계획의 간단한 정의, 좋은 교육계획의 특성, 과정을 간단히 소개하였다. 이제 마지막 부분으로 학교경영계획의 과학화를 위해서 실제로 느낀 점을 중심으로 몇 가지 강조하고자 한다.

Ⅳ. 학교경영계획을 위한 몇 가지 제안

첫째, 학교경영계획의 필요성 인식을 강조하고 싶다.

이미 말한 것처럼 학교경영계획은 전 직원이 1년간 나아갈 방향을 제시해 주는 것으로 수시로 참고해야 할 바이블과 같은 것이어야 하는데도 그 중요성과 필요성을 제대로 인식치 못하고 그저 상부에 제출하기 위한 것으로 무의미한 연례행사의 하나로, 형식적으로 작성되는 경우가 있다. 계획만 잘 작성되고 그 계획에 전 직원의 합의만 이루어졌다면 교무주임으로서는 계획서 대로 추진만 하면 되는 것으로 귀찮은 게 아니라 오히려 도움을 주고 편하게 해주는 것이다. 계획의 필요성을 절실히 느낄 때 좋은 계획이 나올 수 있다.

둘째, 전 직원이 참여할 수 있어야 한다. 사람들은 자기가 참여한 일에 최선을 다하는 경향이 있다. 한두 사람에 의하여 작성된 계획을 추진하는 데는 많은 어려움이 따르게 된다. 만일 많은 사람을 참여시킬 수 없다면 확정하기 전에 합의를 봐야 한다.

셋째, 조정이 필요하다.

어떤 사람은 많은 사람을 참여시킨다고 하여 각계, 각 부서, 전 교사에게 연간계획서를 작성하게 하여 그대로 수합하여 모아놓은 것을 학교경영계획서로 내놓는 것을 보았다. 그래서 실천단계에서 행사가 겹치고 각 주임들이 서로 자기 분야의 중요성만을 내세우는 경우가 있다. 교무주임의 중요기능 중의 하나인 조정의 기능을 발휘하여 계획단계에서 우선순위에 따라 조정할 것을 강조한다.

넷째, 학교경영계획은 예산편성을 포함해야 한다.

흔히 현장에서 보면 학교예산은 교장과 서무의 비밀사항으로 되어 있고 학교경영계획은 예산의 뒷받침이 없이 작성되는 경우가 많다. 재정적 뒷받침 없는 학교경영계획서는 한낱 휴지조각에 불과하다는 것을 알고 예산서와 매치하도록 할 것을 강조한다.

다섯째, 교사의 잡무를 줄이려는 노력이 계획단계에서 반영되었으면 한다. 교장, 교감, 교무, 서무가 편하자면 분업식으로 교사에게 나누어 맡기면 된다. 유능한 교장, 교감, 교무일수록 그렇게 한다. 그러나 이것은 정상이 아니다. 교사는 가르치는 일이 본업이다. 금년계획에서는 교장, 교감, 교무(수업시간이 적다면), 서무에서 더 많은 일을 하고 교사들은 가르치는 일에 전념할 수 있도록 하는 의도적인 계획이 학년 초부터 계획, 추진되었으면 한다. 조금 높은 자리(사실은 높은 자리도 아니고 전문영역이 다른 것으로 보아야 하는데)에 있다는 것을 이용하여 자기가 할 일을 교사에게 넘기고 봉급은 자기가 타는 일은 없는지 살펴봐야 한다.

V. 결 언

지금까지 계획은 학년이 시작되기 전에 이루어지고 변동사항만 학년 초에 수정 보완되어야 한다는 점과 계획도 행정의 효과성 모델처럼 과학적 차원과 직관적 차원을 고루 갖추고 이 양자가 평가적 망을 거쳐 나와야 한다는 점을 말하였다. 그리고 이어서 좋은 교육계획의 특성과 계획의 과정을 제시하고, 학교경영계획을 위해서 구체적으로 다섯 가지 제안을 하였다.

수천 명의 학생과 학부모, 교직원의 성패와 직결되는 학교경영계획은 중요하다. 또 본고의 어설픈 일반적인 이야기로는 그 중요성에 비추어 볼 때 충분치 못하다. 교육계획이 하나의 학문영역으로 발전하고 있는 때인 만큼 이 방면에 대한 과학적인 지식탐구에 더욱 노력하고, 또 풍부한 경험에 의하여 하나의 예술로 승화시키며, 경영자의 철학이 반영된 학교경영계획을 세우고 실천하기를 당부한다.

13. 하기휴가계획의 실제*

I

내 고장 칠월은
청포도가 익어 가는 시절

이 마을 전설이 주저리주저리 열리고,
먼 데 하늘이 꿈꾸며 알알이 들어와 박혀,

하늘 밑 푸른 바다가 가슴을 열고
흰 돛단배가 곱게 밀려서 오면

내가 바라는 손님은 고달픈 몸으로
청포를 입고 찾아온다고 했으니,

내 그를 맞아, 이 포도를 따 먹으면
두 손을 함뿍 적셔도 좋으련.

---

* 이 글은 주임강좌(1978. 7) 교육연구사, pp.50-53에 게재됐던 것임.

아이야, 우리 식탁엔 은쟁반에
하이얀 모시 수건을 마련해 두렴

"월중 주임(부장) 과제"라는 제목을 놓고 보니 "월중"이란 말도 극히 사무적이요, "주임"이란 말은 무거운 책임감을 연상케 하는 데다 "과제"라는 짐까지 얹혀졌으니 딱딱하고 답답한 느낌이어서 이육사의 시원한 "청포도" 시 한 수를 우선 빌려와 글을 부드럽게 시작해 보려고 한다.

7월하면 벌써 즐거운 여름방학으로 가슴 부풀어지는 달이다. 어른들의 가슴이 부풀어질 때 어린이와 소녀들의 꿈은 또 얼마나 클 것인가? 이들의 머릿속에는 벌써 "청포를 입고 찾아" 올 여름방학을 맞을 준비로 "하이얀 모시 수건"이란 계획서를 마련해 두고 있을지도 모른다.

II

글을 쓰는 사람도 방학을 앞둔 이런 부푼 가슴을 쉰일곱 번째 맞고 있다. 그러나 방학이 끝나고 개학할 때쯤에는 언제나 한결같이 아쉬움과 후회뿐이었고, 정말 멋있고 만족할 만하게 보냈다고 생각되는 방학은 겨우 한두 번뿐이었다. 그래서 어떤 때는 아주 계획조차 세우지 않고 보낸 방학도 있었다. "만날 자기 자신을 속이는 일을 하지 말자고……" 생각하면서, 그러나 결국 계획서를 작성하지 않았을 뿐이지 머릿속에는 계획으로 차 있게 마련인 것이다. 그리고 지나고 보면 역시 아쉬움만 남을지 모르나 계획을 세우는 것이다. 인간은 어떤 목적을 추구하고 미래에 대한 계획이 있다는 것이 동물에게서 찾아볼 수 없는 특권이다. 칼 만하임의 "계획의 시대"란 말을 빌리지 않더라도 점점 더 계획은 각광을 받고 있다. 인생 자체가 계획으로 꽉 차 있고 국가, 정치, 경제 등 모두가 크고 작은 계획으로 얽혀 있는 것이다. 다만 누가, 어느 나라가 좋은 계획을 잘 세워서 잘 실천하느냐에 따라서 성공 여부가 달려 있는 것이다. 인생을 두 번 다시 살 수 없는 것이기에 계획적으로 살아야 할 것이다.

김종철은 "계획이란 구체적인 목적을 효율적으로 달성하기 위한 미래에 관한 행동의 순서 또는 절차이며 목적과 수단, 방법을 합리적으로 연결시키는 지적 준비과정"이라고 교육계획론에서 정의하고 있다. 이러한 정의로 볼 때 필자가 50여 회 이상의 방학을 가치 있게 써먹지 못했던 것은 그 계획이 "지적"이지 못하고 하나의 "욕심"으로 세운 설계였었기 때문이라 생각된다.

하여간 모든 일은 계획으로부터 시작된다. 이 졸문도 어떻게 무슨 내용을 써 나갈 것인가 하는 계획으로부터 시작되었을 것이다. Fayol 행정의 과정으로 "계획, 조직, 지휘, 조정, 통제"를 들고 있는데 계획으로부터 시작되며, Gulick도 "Planning, Organizing, Staffing, Directing, Co-ordinating, Reporing 그리고 Budgeting"으로 소위 POSD-CoRB를 들고 있는데 역시 planning으로부터 시작된다. 학생들이나 교사들의 하기휴가도 역시 치밀한 계획으로 시작되어야 하며 학교교육의 중책을 맡고 있는 주임교사의 휴가계획은 중요한 의미를 갖는다. 주임교사의 휴가계획은 학교교육계획의 일부로서 곧바로 학생들의 방학생활에 영향을 주게 되는 것이다. 먼저 학생들의 휴가 중 생활계획부터 큰 덩어리로 언급하고자 한다.

Ⅲ

A. 학생들에게 근로와 봉사의 기쁨을 맛볼 수 있게

하기휴가 계획에서 학생들에게 한 달간 공부라는 교과목의 과제를 일체 주지 말고 근로하고 봉사하는 기회를 만들어 주는 계획을 세우기를 권하고 싶다. 한 달간 책에서 떠나게 하면 아이들을 아주 버릴 것인가? 그리기, 만들기도 자유에 맡기고 부담을 주지 않기로 한다면 아이들은 정말 퇴보할 것인가? 대신 가정과 연락하여 땀 흘려 일하고 봉사하게 하는 하기휴가를 계획하면 어떨까? 근로나 봉사가 아니더라도 학교장과 각 주임이 상의하여 학생들 휴가생활의 큰 방향을 정해 주고 한 달은 학생들 개인 시간이니 자유로이 써 보라고 해 보고 싶다. 초등학교 저학년은 부모들이 원하는 방향으로 교육해 보라고 해보고 싶다. 그렇다고 자유방임을 의미하는 것은 아니다.

물질 만능, 쾌락주의가 팽배해지면서 학생들은 인생을 너무나 쉽게만 살려고 하고 있다. 돈의 가치도 제대로 모르는 것 같다. 또 부모들이 그렇게 교육하고 있는지도 모른다. 아침에 출근하면서 어린아이들에게 10원, 20원, 100원을 까먹으라고 이유도 없이 던져 준 결과일지도 모른다. 학교에서 상품을 주어도 30원짜리 공책으로 하찮게 여기고 있다. 아버지한테 달라고만 하면 친구가 상품으로 받은 30원짜리 공책보다 더 두껍고 좋은 공책을 사 쓸 수 있다는 생각을 가진 학생들이 많은 것 같다. 쉽게 돈을 벌려고 10대들이 거침없이 강도짓을 하고 있다. 어려서부터 어려운 일을 안 시켜서 그런 것 같다.

시골이나 친척집에 가도 단순히 구경이나 하고 놀고, 얻어먹고 오게 하는 것이 아니고 농촌 사람들과 같이 일을 해보게 한다든지, 장사하는 아버지 어머니를 도와 가게 청소를 하고 물건을 포장 또는 배달하게 한다든지, 신문이나 우유배달을 한 달간 시킨다든지, 일손이 딸리는 공장에서 일을 하게 한다든지, 집에 페인트칠을 시킨다든지, 밥짓기를 시킨다든지, 일거리를 만들면 무엇인가 있을 것 같다. 서양처럼 일거리가 많지는 않겠지만 가정과 협조만 이뤄진다면 될 수도 있을 것이다. 짐승이나 화분을 돌보게 할 수도 있을 것이다.

놀이터나 공원, 유원지, 문화재, 거리를 청소하는 봉사활동에서 즐거움을 맛보게 할 수도 있을 것이다. 이러한 계획은 학교에서 일방적으로 던져 줘서는 즐거움을 맛볼 수 없을 것이다. 반드시 일한 만큼의 보수를 줘서 돈의 가치를 알 수 있도록 가정과 협조가 이뤄져야 할 것이다.

B. 스스로 계획서를 작성하여 실천의욕 갖게

남이 시켜서 하는 일과 자신의 내적 성취동기에 의하여 시작하는 일 사이에는 질적으로 차이가 있다. 이번 하기휴가 계획은 학교에서 일방적으로 던져주지 말고 7월 한 달 충분히 협의하고 토론해서 스스로 결정한 다음 담임교사의 허락을 받는 식으로 했으면 좋겠다. 입시 준비에 바쁜 중·고등학생은 공부하지 말라고 해도 할 것이며, 고향을 찾아가 소설이나 읽으려는 학생도 있을 것이고, 캠핑계획으로 가득차 있는 학생들도 있을 것이다. 이들은 자기들 스스로 세운 계획은 자기 자신과의 약속이기 때문에 잘 실천하려고 노력하지만 학교에서 던져 준 과제는 거추장스런 반강제적인 것으로 느껴지는 것이다. 초등학교에서도 3학년 이상은 부모와 협의하여 스스로 실천항목을 정하고 스스로 계획서를 작성하여 교사가 검토하게 하는 것이 좋을 것 같다. 과제를 줄 때에도 비슷한 것 중에서 스스로 선택해서 할 수 있는 자유를 주고 개학 때 종합보고서를 갖고 오게 할 수도 있다. 될 수 있으면 교실이나 집안에서 해결할 수 없는 휴가 중에만 할 수 있는 것을 제시해 주는 것이 좋을 것 같다.

C. 대자연의 일원으로서의 인간임을 깨닫게

이제 휴가가 되면 그 많은 학생들이 산으로 들로 쏟아져 나올 것이다. 학교의 엄격한 규율 속에서 해방감을 느끼는 학생들은 사고도 많이 저지를 것이다. 이런 사고의 예방도 충분한 시간을 두고 협의되어야 할 것이다.

하기휴가는 동기휴가보다도 자연 속에서 생활하기 좋은 기간이다. 인간성이 메마르고 정서생활이 결핍되기 쉬운 교실 수업을 떠나서 자연 속에서 그 고마움을 알고 자연보존, 자연과의 조화, 공존을 느끼게 하고, 자연보호활동을 할 수 있도록 하는 좋은 기회이다. 인간은 자연을 지배하고 산다는 생각보다 자연계의 한 시민이라는 의식을 깨닫게 하여야 캠핑에서 천막을 치더라도 자연훼손을 생각해서 칠 것이다. 아이들은 또래끼리 놀기를 좋아하나 지도자가 없는 캠핑이나 여행은 사고와 탈선을 유발하기 쉽다. 건전한 단체나 훌륭한 리더를 구하도록 하고 비용도 서서히 일을 해서 벌거나 저금을 하도록 유도되어야 할 것이다. 학생이 몇 명 있는 가정에서 터무니없이 너도 나도 몇만 원씩 내놓으라고 졸라대는 일이 없도록 계획되어야 할 것이다.

D. 나무 그늘에서 독서하는 재미를 갖게

독서의 즐거움을 맛보는 사람은 더위도 모른다. 시원한 나무그늘, 숲 속,

시냇가에서 책을 읽는 모습을 이번 휴가에서 많이 보았으면 좋겠다. 캠핑 필수품으로 야외전축이나 기타도 좋지만 소설책, 수필, 동화책 한 권쯤 배낭에 챙겨 넣을 수 있도록 지도되었으면 좋겠다.

IV

이제 학생들 과제는 큰 덩어리로 네 가지만 제시하고, 각 주임별로 휴가 중의 과제를 간단히 항목만 메모해 보고자 한다. 휴가 전에 할 일, 휴가 중에 할 일 등을 설명 없이 적는다.

A. 교무주임

전반적인 휴가계획을 종합하여 일목요연하게 도표화해 두는 것이 좋을 것이다.

① 가정통신－휴가 중 근로 봉사할 수 있는 일거리, 일에 대한 대가 등
② 휴가 중 일숙직
③ 비상연락(교사, 아동), 비상근무조 편성
④ 휴가 중 공문서 처리(서무와 협조)
⑤ 2학기 수업편제, 시간표, 교과진도표
⑥ 각종 7월말, 8월말 보고 통계
⑦ 각종 열쇠, 보완관계 확인
⑧ 전입, 퇴학서류 각종 장부 정리보관
⑨ 성적통지표 정리, 회수보관

B. 연구주임

① 자격연수, 일반연수, 개인연수
② 아동 독서지도, 교사 독서

③ 1학기 교육계획 반성 및 2학기 보완계획

④ 2학기 특별활동, 자유학습의 날 운영계획

⑤ 교사용 도서정비 보충

⑥ 2학기 평가계획

⑦ 과제물 전시, 시상계획

C. 윤리주임

① 휴가 중 예절, 공중도덕, 반공생활 지도계획

② 선생님께 급우들끼리 편지쓰기

③ 민방위 훈련

④ 광복절 국기달기 지도

⑤ 경로교실 운영

D. 새마을 주임

① 자연보호 활동

② 조기청소, 조기체조 지도계획

③ 꽃길 가꾸기, 봉사활동 지도계획

④ 절약, 저축, 폐품 모으기

⑤ 학교의 수목, 화단, 동물관리

⑥ 환경미화, 게시물 보수계획

E. 과학주임

① 아동의 채집, 표본, 관찰과제

② 교육자료 수집, 제작

③ 실험연수, 과학전시회 작품

F. 체육주임

① 아동의 건강, 안전생활 지도계획(특히 수영, 익사사고, 인공호흡법, 응급처치법, 교통사고 등에 대한 사전지도)

② 뇌염, 콜레라 등 각종 전염병 예방지도, 위생생활, 이 닦기 등

③ 체육부 특별부서 강화훈련

④ 체육기재 보수, 보충

G. 학생주임

① 학년별 휴가 중 계획서

② 동 학년 교사 간의 친목강화

③ 2학기 진도표, 시간표

V

각주임의 개인생활 면에서도 자기분야에 대하여 깊게 연구를 한다든지, 여행을 한다든지, 어떤 미지의 경험에 파묻혀 본다든지, 어떤 학원에라도 나가 한 가지 기술이나 어학을 배운다든지, 못다 처리한 가정 일에 파묻혀 본다든지 하여 일상적인 학교일에서 떠나 좋은 경험을 쌓을 수 있는 기회라고 본다. "하루에 단 5분"만 잘 사용하면 성공한다는데 우리 교사들은 1년에 두 번씩이나 있는 이 휴가기간을 잘 이용하면 성공할 수 있을 것이다. 남들이 3, 4일 또는 1주일 여름휴가를 얻었다고 좋아하는 걸 보면 우리 교사만이 갖는 이 휴가라는 특권을 잘 사용하기 위하여 사전에 치밀한 계획이 있어야 할 것이다.

하기휴가를 앞둔 "부푼 가슴" 그것이 바로 계획이지만 그것을 좀더 구체화하여 치밀한 계획을 세워서 실천하는 것이 성공으로 가는 길이라고 본다. 지금까지 학생들의 휴가 중 지도계획으로 크게 4가지를 제시하고 각 주임 교

사의 과제를 간단히 항목만 든 다음 교사 개인 생활에 대하여도 당돌하게
몇 가지 권고를 하였다. 이것은 평소의 생각을 간단히 적은 것이지 학문적으
로 깊이 연구한 결과는 아니다. 단 한 가지라도 이번 하기 휴가계획에 어떤
시사점이 제시되었다면 이 글의 가치로 알겠다.

14. 초등교육의 구조·기능·운영[*]

제도나 정책의 변화는 많은 사람에게 영향을 준다. 이익이 되는 집단이 있는가 하면 불리한 집단도 있다. 또한 국가발전과도 직결된다. 이런 의미에서 현행학제를 보다 체계적으로 검토해 보고 발전의 방향을 모색해 본다는 것은 우리의 교육사상 뜻깊은 일이라 하지 않을 수 없다.

주로 학제에 대한 검토라고는 하나 주제에서 보는 것처럼 초등교육의 구조, 기능, 운영에 관한 종합적인 검토라고 할 수 있다.

초등교육을 중심으로 보되 밑으로 유아교육, 위로 중등교육, 교사교육, 옆으로 특수교육도 약간 언급될 수 있다.

이미 이 방안에 관하여 문교부의 학제발전기초연구, 한국교육개발원, 대한교육연합회를 통하여 많은 연구가 보고되고, 지적되고, 주장되어 때로는 여기서 중복되기도 할 것이다.

본 논문에서는 현행 초등교육의 구조, 기능, 운영 면에서 문제점을 분석하고 나서 발전의 방안들을 제시하는 순서로 전개하고자 한다. 그러나 문제점을 다루는 중 방안이 시사된 것은 뒤에 다시 종합하여 요약 제시될 것이다.

---

[*] 이 논문은 문교부 학제발전연구(1982)에 제출된 것임.

Ⅰ. 초등교육의 구조·기능·운영에 관한 문제분석

이 부분은 이미 학제발전연구위원회의 기초연구와 한국교육개발원의 교육제도연구 및 의무교육에 관한 여러 연구에서 많이 분석되었다. 본 논문에서는 가능한 한 구체적이며 작은 것까지 포함시키려 노력할 것이다.

A. 분석의 관점

분석의 관점은 교육인간화를 비롯한 다음의 6개 측면을 중심으로 하였다.

1. 교육의 인간화

학교가 추구해야 할 가장 중요한 목적의 하나가 이 인간화 측면이다. 산업사회의 구조가 비인간화되고 학교도 비인간화 요소가 많다는 소리가 높아가고 있다. 학교가 학생 개개인에 맞추지 못하고 학생이 학교에 맞추는 획일성, 경직성이 교육의 인간화에 장애가 되고 있다.

다양한 교육운영이나 프로그램은 보다 학생 개인에게 맞출 수 있고 인간적 접촉을 할 수 있게 한다. 과대학교, 과밀학급의 폐단을 지적하면서도 돈 없다는 핑계로 이의 시정에 대한 노력은 적었다. 한 학교에 1학년부터 6학년까지 꼭 갖추어야만 하니 과대가 되고, 학생 수를 평균으로 나누다 보니 1학년도 6학년도 똑같이 과밀일 수밖에 없다. 과대, 과밀로 인하여 인간적 접촉을 소원하게 하고 그것이 쌓여 청소년문제, 사회범죄 원인의 일부가 되고 있는지도 모른다.

참다운 교육의 인간화는 학생의 개인차를 넓혀 주는 것이고 이것은 다양성으로 어느 정도는 가능해질 수 있다. 다양한 교육운영은 행정과 제도의 복잡성을 초래하고, 운영의 어려움을 가져오지만 학생, 학부모에게 이익이 되고 결국은 국가발전과 연결된다.

2. 교육기회의 균등성과 개방성

교육의 기회균등은 많은 사람들이 지금까지 지적한 것처럼 능력에 따른 기회의 균등과 개방이다. 학생들이 가지고 있는 능력을 최대한 발휘할 수 있는 기회가 충분히 주어진다면 그것이 바로 교육의 기회균등이다.

다른 복합적인 요인이 작용하고 있지만 과대, 과밀이라는 불리점이 지적되는데도 학생들과 학부모는 도시학교를 원하고 있으며, 도시에서도 특정학교를 가기 위해 허위로 주민등록 신고를 해놓고 있는 실정이다.

학교의 운동선수나 밴드부 등 특별프로그램은 소수로 제한되어 있다. 유치원과 특수교육의 기회도 충분하지 못하고, 능력 있는 영재가 커갈 수 있는 길도 없다. 초등학교 1, 2학년 때 가정에서 제대로 뒷받침해 주지 못해 한글을 제대로 해득 못하면 6학년 교실에서도 멍하니 앉아 있게 되는 수도 있다.

제도적, 구조적, 법적으로 균등하고 모든 사람에게 개방되어 있으면서도 실제운영 면에서 불균등한 경우가 많다.

3. 수월성

평등성과 동시에 수월성도 추구해야 한다. 평등을 "능력을 최대한 발휘할 수 있는 기회의 제공"으로 본다. 결국 수월과 평등은 차를 발견하기 어렵다.

그러나 현재 수월성을 보장해 주는 부분의 제도는 약하다. 잘하는 사람이나 못하는 사람이나 똑같은 속도로 진행해야 한다. 유일한 길은 검정고시를 거치는 길이나 이것은 정규학교를 다니지 못하는 사람이 가는 길로 되어 있다. 지금까지 예 · 체능계에서 수월성을 보여준 대부분의 사람은 학교의 제도적 보장보다는 가정의 뒷받침의 덕을 본 사람들이다.

4. 체제의 다양성

다양한 체제에 다양한 운영이면 더욱 좋겠지만 그렇지 못할 경우는 체제가 좀 획일화되어 있더라도 운영에서 다양성을 발휘할 수 있으면 차선책은 될 수 있다. 교육의 인간화, 기회균등, 수월성도 결국 다양성이 있을 때 가능하다.

다양성이라고 해서 반드시 다 좋은 것은 아니다. 그때그때 필요한 대로 발

급해 준 교사자격증제도, 그때그때 땜질한 전문학교 쪽의 학제는 오히려 난
맥을 빚고 있다. 그러나 학생 한 사람 한 사람에게 맞추고 능력에 따른 균등
과 수월을 추구하다 보면 자연히 다양해질 수밖에 없다.

또 지방분잡, 지방자치를 하다 보면 자연히 아이디어가 나오고, 창의가 나와
다양해진다. 똑같은 교실에, 똑같은 교과서, 거의 똑같은 학생 수, 똑같은 교수
방법, 똑같은 시각에 시작해서 똑같은 시간에 끝나야만 교육이 되는 것으로 우
리의 사고방식은 굳어져 있다. 또 다양성은 반드시 돈이 더 드는 것으로만 알
고 시도도 안 해 보고 포기하는 수도 있다. 가능하면 같은 액수의 교육경비로
도 다양한 프로그램으로 학생들에게 선택의 기회를 주도록 해야 할 것이다.

중앙집권적 행정은 좁은 우리나라에서 능률적일 수도 있지만 한번 정책결
정을 잘못해 놓으면 피해는 크고, 무엇보다도 학생 개개인에게 맞추기가 어
렵다. 그래서 큰 것은 중앙에서 충분한 검토하에, 작은 것은 지방과 학교에
넘겨져야 할 것이다.

5. 인간발달과의 적합성

학교제도와 교육내용은 인간발달단계에 알맞아야 한다. 이와 관련하여 조
기교육이 강조되고 있는 것은 누구나 다 아는 사실이다. 또 취학연령이 내려
가야 한다는 주장도 있고, 초등학교 저학년 내용의 일부가 유치원으로 내려
가야 한다고도 한다.

그리고 유치원과 초등학교 저학년은 발달단계로 보아 한데 묶어야 한다고
하며 유-3학년은 Early Childhood Education으로(0세~8세) 연구되고
있다. 확실히 초등학교 저학년은 초등학교 6학년과 묶는 것보다는 유치원과
묶는 것이 타당하다.

그런가 하면 아동의 성장발달이 빨라져 청소년기가 앞당겨짐에 따라 초등
학교 6학년이 중학교와 합쳐져야 한다는 주장도 있다.

초등학교 1학년에서는 유치원도 거치지 못한(10% 정도는 제외될지 모르
지만) 어린이에게 갑자기 너무나 많은 양이 가르쳐지고 있다고도 한다.

이런 주장들을 잘 검토하여 새로운 학제발전에 반영시켜야 할 것이다.

6. 사회체제와의 통합성

학교도 하나의 사회체제의 일부이다. 그러므로 학교가 사회로부터 유리될 수는 없다. 산업화가 학교에 영향을 주고, 가치관의 변화는 학교라고 해서 예외일 수는 없다.

여성의 사회진출은 유아교육의 필요성을 더욱 강조하게 되고, 사회, 가정의 이동성은 높아지는데 학생의 이동성은 자유롭지 못해 문제가 되고 있다.

형이 다니는 대학은 수익자 부담이어서 난방이 잘된 곳에서 그것도 긴 방학을 쉬면서 공부하는데 그 동생은 국방의 의무처럼 교육의 의무를 치르느라고(학생의 의무라기보다 부모의 의무이고, 병역의 의무와는 성질이 다른데도) 석탄연기에서 떨면서 공부해야 하는 실정이다. 은행에 다니는 아빠는 돈을 만지니까 냉방이 잘된 곳에서 근무하는데 6살짜리 그 아들은 에너지 절약으로 뜨거운 7월과 8월의 일부를 무더운 교실에서 공부에 열중해야 한다면 무엇인가 사회와 학교가 유리된 감이 있다. 이것은 누구를 탓하기 위한 지적이 아니라 교육에 대한 사회의 이해를 돕고 국민의 협조로 교육의 문제를 해결해야겠다는 의도에서 나온 예이다.

이러한 6개 측면, (1) 인간화, (2) 기회균등과 개방성, (3) 수월성, (4) 다양성, (5) 인간발달과의 적합성, (6) 사회체제와의 통합성의 관점에서 교육의 현실을 살펴보게 될 것이다.

B. 분석내용

다음 세 측면의 내용을 분석하고자 한다.

첫째, 구조, 기능적 측면에서 ① 초등교육 연한 및 취학연령, ② 초등학교의 성격과 목적, ③ 각 학교 단계 간의 연계성, ④ 각 학교 단계 간의 학교유형,

둘째, 운영적 측면에서 ① 교육의 기회균등, ② 교육의 적절성 제고, ③ 교육의 경제적 효과,

셋째, 학제발전과제와 관련하여, ① 학생의 조직, 이동, ② 교사양성, ③ 행·재정, ④ 생활지도 등이다.

분석의 준거와 분석내용을 종합하면 〈표 1〉과 같다.

〈표 1〉 분석의 준거와 내용

분석내용 \ 분석준거	1. 교육의 인간화	2. 교육의 기회균등과 개방성	3. 수월성	4. 체제의 다양성	5. 인간발달과의 적합성	6. 사회체제와의 통합성
1. 구조·기능적 측면						
(1) 초등교육연한 및 취학연령						
(2) 초등학교의 성격과 목적						
(3) 각 학교 단계 간의 연계성						
(4) 각 학교 단계 간의 학교유형						
2. 운영적 측면						
(1) 교육의 기회 균등						
(2) 교육의 적절성 제고						
(3) 교육의 경제적 효과						
3. 학제발전과제						
(1) 학생의 조직·이동						
(2) 생활지도						
(3) 교사양성						
(4) 행·재정						

물론 분석할 내용에 따라 6개의 분석의 준거가 모두 해당될 수도 있고 해당되지 않는 항목도 있다. 그리고 가능한 한 편견을 배제하려 하지만 경험적 자료(empirical data) 없이 분석해야 하기 때문에 주관에 치우칠 가능성이

있어 분석이라기보다는 차라리 하나의 논의라고 할 수 있다. 보다 발전적 연구를 위해서나 확신을 얻기 위해서는 경험적 자료에 의한 분석이 요구된다.

1. 구조, 기능적 측면

교육의 구조, 기능적 측면은 운영적 측면에 비하여 비교적 고정적 성격을 지니고 있으며 변경을 위해서는 대개 법적, 정책적 뒷받침이 있어야 한다.

a. 초등학교 교육연한 및 취학연령

초등학교 6년이란 교육연한과 교육의 인간화 측면과는 깊은 관련이 없는 것같이 보인다. 다만 대도시에서 6개년에 해당하는 학생을 모두 한 학교에 수용하려 하다 보니 과대학교가 되어 이것이 학생교육에 문제가 되고 있다. 사정에 따라 6개년이 아닌 적은 수의 학년만 수용할 수도 있어야 할 것이다.

수월성의 측면에서 교육연한과 취학연령을 보면 똑같은 나이에 입학해서 똑같은 6년 만에 초등교육을 마쳐야 한다는 데 문제가 있다. 개인에 따라서는 머리가 일찍 발달하는 사람도 있고 늦게 발달하는 사람도 있을 수 있으며, 학습속도가 개인에 따라, 과목에 따라 다를 수가 있다. 교육재정이 허락하는 범위에서 학부모가 희망하고 또 Test 결과 1년 정도 앞당겨 취원 또는 취학할 수 있게 되어야 할 것이다. 그리고 영재아가 발견되는 즉시 특수학교로 이동해 갈 수 있고 또 특수학교에서 6개년 전에 중등교육으로 이어질 수 있는 통로가 있어야 한다.

인간발달단계로 보아 ① 초등학교 저학년이 유치원과 묶어져야 하고, ② 저학년 내용의 일부가 유치원으로 내려가고, ③ 취학연령이 내려가는 경향이고, ④ 6학년이 중학교와 합쳐야 한다는 주장이 있어 미국에서는 Middle School에 대한 연구가 활발하다. 이런 것은 하나하나에 대하여 더 연구해야겠지만 취학연령 인하는 우선 재정이 필요한데 유치원 교육확대와 병행하여 실현하기는 당장 어려울 것이다. 그러므로 유치원 교육을 확대하여 정착한 다음 생각해 볼 일이다.

사회체제 통합성의 면에서 볼 때 여성의 사회진출이 많아지면서 가정교육의 일부를 학교나 사회가 떠맡아야 한다고 유아교육에 대한 압력이 되고 있다.

또, 학업을 마치고 사회에 나가 일할 수 있는 시기가 너무 늦어(특히 남자는 군복무를 마쳐야 하고, 또 여자는 혼기가 늦어진다) 교육기간을 1년쯤 단축하자는 주장도 있다.

이 문제도 그리 간단하지 않다. 이미 언급한 것처럼 교육과정은 팽창하고, 학교에서 가르치는 시간 수는 너무 많다고 하는 상황에서 일단 줄였다가 다시 늘려야 할 경우는 줄일 때보다 더 어려움이 예상된다. 물론 세계적 수준을 유지한다는 점도 있으나 이것은 그렇게 중요하다고는 보지 않는다. 국가의 상황으로 보아 필요하다면 남의 눈치를 볼 필요 없이 과감히 단축할 수 있어야 한다. 그러나 만일 지금부터 단축한다 해도 그 효과는 15년 후에나 나타날 텐데 그때에는 오히려 더 많은 학교교육연한을 요구하게 될지도 모른다.

b. 초등교육의 성격과 목적

현재의 초등교육은 "국민생활에 필요한 기초적인 초등보통교육을 하는 것을 목적으로 한다." 다시 말하면 초등학교 6학년까지만 의무교육일 때 국민으로서 생활하는 데 필요한 기초적인 능력을 기르는 것이다. 이러한 목적은 의무교육 6년을 마쳤을 때의 최종산물로서의 목적이라고 할 수 있다. 중간도달목표를 정해 두는 것도 좋을 것 같다. 수단으로서의 목표를 지시해 주는 것이 교육법 94조에 나타나 있는데 각 교과와 관련된 내용이고, 중간목표에 해당하는 과정인 각 학년목표는 초등학교 교육과정 운영에만 나타나 있다. 유-3으로 묶는다면 저학년에서 도달할 중간목표를 확실히 해주는 것도 생각해 볼 수 있다. 예를 들면 초등학교 3학년까지는 최소한 한글 문자해득, 쓰기, 셈하기, 학교와 국가, 인간에 대한 기본태도를 기른다든지 분명히 하여 6년간의 적체를 막도록 해야겠다.

다음에 생각해 볼 점은 의무교육 6년을 마치면 국민생활에 필요한 기초능력을 길러서 생활에 불편이 없었느냐 하는 점이다. 국민으로서 갖추어야 할 최소한을 갖추었느냐 하는 점이다. 예를 들면 그 나라 국민으로서 최소한 자기 나라 신문을 읽을 수 있었느냐 하는 것이다. 또 자기 나라를 지키는 군인으로서 생활하는 데도 불편이 없었어야 할 것이다. 공문서를 읽고 이해한다든지, 공무원(하급)으로서 일할 수 있는 능력을 초등학교 수준에서 갖추어야 할 "기초능력"이라고 보면 너무 수준을 높이 잡는 것인가?

이제 의무교육 연한이 연장되겠지만 자기나라 의무교육을 받고도 국민으로서 생활하는 데 크게 불편이 있었다면 사회체제와의 통합성, 인간화, 기회균등에 있어서 문제이다.

이제까지 초등학교는 국민생활에 필요한 기초능력의 완성교육에서의 의무교육이 중학교까지 연장되면 기초능력 완성을 위한 중간학교로 성격이 바뀌어야 할 것이다.

c. 유아, 중등교육과의 연계성

12% 정도만이 혜택을 받고 있는 유치원교육과 초등교육의 연계성을 말하기 전에 먼저 유치원 교육의 확충을 강조해야 할 것이다. 그러나 이것은 많은 사람들이 그 중요성을 강조해 왔고, 세계적 추세라는 것도 이미 많은 사람들이 지적하였다. 중학교 진학률은 81년 현재 96.41%, 86년에는 98.50%가 될 것으로 추정하고 있는바 많은 사람들이 유치원 교육의 의무화보다 중학교 의무화를 우선으로 내세우고 있으나 필자는 우선 국고보조에 의하여 가정의 빈곤으로 중학교에 진학 못 하는 1.5%를 구제해 줘 100% 수용하고, 이와 함께 유치원 교육을 의무화할 것을 미리 제의하며 100% 가까운 취원을 전제로 하여 연계성을 따져야 할 것이다.

현재 초등 저학년 교육은 문제가 있다. 거의 90%에 해당하는 학생들이 가정으로부터 학교로 옮겨오자마자 벅찬 학습과제를 받아야 하며, 놀이를 중심으로 심신발육, 조화로운 발달, 집단생활 경험, 바른 언어생활, 창작적 표현의 유치원 교육을 받은 12%의 학생들도 갑자기 일상생활에 필요한 기초능력을 기르는 것으로 옮기고 학문적 탐구방법이 도입되는 데는 무리가 있다. 유-3은 조기교육(early childhood education)으로 묶는 경향이다.

초등학교와 중학교의 연결도 부드럽지 못하다. 갑자기 과목전담제로 매시간 바뀌고, 외국어가 첨가되고 제복까지 입혀지고, 학교에 따라서는 교칙과 규율이 딱딱하고, 선후배 관계가 무서운 관계가 되었었다. 그러나 이제 중학교 3년이 의무교육에 들어올 경우 초등학교 4~6학년과 중학교 3년을 국민기초교육 기간으로 묶어 4~6학년은 부분과목 전담제를 적용하여 부드럽게 연결시킬 수 있을 것이다. 또 중학교에서 "중견국민"을 기른다는 것도 무리이고, 초등학교에서 성대한 졸업식도 큰 의미를 찾지 못할 것이다. 초등학교에서 영어가 지도된다면 중학교에서 제2외국어 도입을 검토할 필요가 있고, 의무교육을 마친 후 신문을 읽을 수 있도록 한자를 지도하든가 아니면 신문을 한글로 고치든가 해야 할 것이다.

d. 초등학교 유형

많은 사람들이 과대, 과밀학급으로 인한 초등교육의 문제점을 지적한 지 이미 오래됐다. 그러나 이 문제는 교육재정이 해결해 줄 문제라 하여 돈 없이는 손댈 수 없는 것으로 여겨 왔다. 그리고 똑같은 학교에 꼭 6개 학년을 다 수용해야 하고, 꼭 교장, 교감이 모두 있어야만 하는 것으로 획일화된 생각을 가지고 있었다. 이제 돈을 덜 들이는 방향에서 다양한 학교유형을 생각해 볼 필요가 있다. 지방자치를 한다든지 교육체제의 하부기관에 권한이 위임되어 창의성을 발휘할 수 있게 한다면 다양한 학교유형을 생각할 수 있다. 최근 '미니학교'라는 학교 형태가 대도시에서 생겨났는데 사실은 이러한 학교 규모가 알맞은 규모일지도 모른다.

유치원과 3학년까지만 있는 학교, 4~6학년만 수용한 학교, 유~6학교, 4~9학교, 유−9학교, 초등학교에 중학반, 또는 특수반을 가진 학교 등 지역의 특성, 지역의 학생수용능력, 교지확보사정에 의하여 다양하고 융통성 있는 학교체제를 운영하는 것이 오히려 경제적일 수도 있다. 마을회관이나 아파트의 한 교실분 정도를 빌려서 교사가 출장지도하는 반도 운영해 볼 수 있다.

학교의 유형이 다양하면 할수록 행정은 복잡하고, 그럴수록 행정의 창의성과 신축성이 요구되며 결과적으로 고객인 학생들에게 도움을 주자는 데 뜻이 있다.

2. 운영적 측면

구조적 측면이 좀 고정적이라면 운영적 측면은 좀 유연하고, 융통적이고,

다양하고, 개방적이고, 변화적일 수 있어야 할 것이다. 운영적 측면마저 획일적이고, 폐쇄적이라면 교육의 인간화나 기회균등, 수월성도 모두 실패로 돌아가기 쉽다.

a. 교육의 기회균등 실현

이미 많은 사람이 지적한 것처럼 모든 사람에게 똑같은 배급이 아니고 한 사람 한 사람이 가지고 있는 능력을 최대한 발휘할 수 있는 기회의 균등, 다시 말하면 민주주의 교육의 궁극적 목적인 개인의 자아실현의 기회라고 보아야 할 것이다.

희망한다면 최소한 유치원 교육을 받을 수 있고, 중등교육은 받을 수 있어야 할 것이다.

수영에 잠재가능성을 가지고 있는 학생이 수영부가 없어서 기회를 놓치는 학생은 얼마나 될까? 선수양성이 아닌 전원이 운동 팀에 참여할 수 있는 기회, 학교 밴드나 오케스트라 어디엔가 전원이 참여할 수 있는 기회가 주어져야 한다.

특수학교, 특수학급으로 자유로이 갈 수 있어야 하고 대안학교, 대안학급(alternative schools or classes)이 있어서 선택할 수 있어야 한다. 사립 초등학교는 특색을 살릴 수 있도록 하여 역시 선택할 수 있어야 할 것이다.

b. 교육의 적절성 제고

먼저 교육프로그램이 적절한가 살펴볼 필요가 있다. 초등학교 저학년 내용 일부가 유치원으로 내려가고, 고학년 내용 일부가 중학교로 넘어가야 한다는 것은 이미 말하였다. 저학년의 통합교과는 잘한 것이나 놀이나 생활을 중심으로 한 방법이 적절한 것이다. 너무나 많은 것을 가르치기 위해 학교에서 보내는 시간이 많고, 가정에서도 많은 과제를 해결해야 하는 실정이다. 많은 학생 수 때문에 누가 어느 학습과제에서 통과했는지 확인하지 못한 채 다음 과제로 넘어가야 한다.

저학년에서는 보다 더 인간교육에 치중해야 하는데 그렇지 못했다는 반성도 있을 수 있다.

교육과정의 내용과 양, 그리고 방법이 국민생활에 필요한 기초능력을 기르는 데 적절하였느냐에도 의문이 제기된다. 물론 재정의 탓으로 많은 학생에 거친 교육을 한 원인도 있었겠지만.

　그리고 교육의 내용과 방법이 인간화에 적절하였느냐도 따져 봐야 한다. 교육이 더 이상 대학입시를 겨냥한 학부모의 요구충족에만 맞추려 해서는 안 된다. 하급학교는 모두 상급학교를 위한 준비 과정이 될 수 없다. 의무교육기간은 상급학교를 위한 준비기간이 아니라 국민생활을 위한 완성교육이어야 한다.

　c. 교육의 경제적 효과

　경제성만 따진다면 한 교사가 많은 학생을 한번에 가르치는 것이 좋을 것이다. 그러나 교육에서는 교육의 성과를 높이면서 동시에 경제적이어야 한다. 대개의 경우 다양한 프로그램으로 학생 개개인에 맞추자면 성과는 높지만 돈이 더 들게 마련이다. 우리가 생각해야 할 점은 비슷한 돈을 투입해서 어디서 더 성과를 얻을 수 있느냐 하는 점이다.

　많은 사람들이 중학교 의무교육 확대에 앞서 초등교육의 내실화를 외치고 있다. 밑바닥 교육이 잘 안 된 데다 교육연한만 확대해 봐야 큰 성과를 거둘 수가 없다. 먼눈으로 보면 기초교육에 투자하는 데 안정되고 경제적이다. 특히 가치, 규범, 윤리, 인간교육은 초기에 제대로 안 되면 후기에 많은 돈을 투입해도 바로잡기 힘들다.

　학교급별로 볼 때도 학교 간의 재정투자에 차가 많다. 수익자 부담에 의하여 투자를 하니까 차가 있다고 볼 수 있으나 국민교육이란 대국적 입장에서 보면 초등교육이 불리한 차등대우를 받아서는 안 된다. 교사대우에서 차가 있고, 교사 대 학생 수에 있어서 어린이를 다루는 초등에서 중등에 비해 훨씬 줄어들어야 할 것이다. 심지어는 고용인 수에 있어서도 학생 수에 비추어 볼 때 초등이 적고, 학교시설도 어린이를 수용하고 있는 초등이 더욱 안전하고 편리해야 할 텐데 지금은 그 반대가 되고 있다.

　우리나라의 사회, 경제적 발전에 비하여 교육측면의 발전은 보조를 맞추지 못하고 있다. 예를 들면 가정의 건축, 가구는 편리해지는데 학교의 건축, 시설, 교구는 뒤따르지 못했었다.

3. 학제발전 과제

학제를 발전시키려는 측면에서의 문제점을 살펴볼 필요가 있다. 이것도 역시 다음에 논한 학제발전방안 제시와도 연결된다.

a. 학생의 조직과 이동

학생의 조직(grouping)과 이동은 수직적인 면과 수평적인 면으로 나누어 볼 수 있다. 수직적 조직(vertical organization)은 학년(grade) 조직을 말하고 수평적 조직(horizontal organization)은 교수학습 단위인 학급(class) 조직을 말한다.

수직적 조직에 있어서 현재 우리는 생육연령에 의하여 1년 단위로 "일제행진(lock-step)" 형식으로 한 학년씩 진급하는 것이다. 이런 상태에서는 인간화, 수월성, 다양성이란 측면에서 볼 때 개별성이 무시되고, 잘하고자 하는 의지를 부당하게 처벌하는 결과가 된다. 이에 대하여 무학년제(nongrading)가 대안으로 제시되었으나 우리나라 같은 다인수 학급, 학교에서는 상당히 어려울 것이다.

다른 대안으로 복수학년(2개 학년 정도, multigrading)을 단위로 하여 과목에 따라(전 과목이 어려우면 산수, 읽기 등 제한된 과목만이라도) 다른 속도로 나아가게 하는 방안도 있을 수 있다. 우리나라 벽지에서 하는 복식수업에서 과목에 따라 집단을 달리하는 것이라 할 수 있다. 실제 4학년이지만 산수만은 5학년 수준의 집단에 분류되어 공부할 수 있는 학생을 연상할 수 있다.

수평적 조직에서는 동질(능력별)집단, 이질집단을 생각할 수 있고, 학급담임제(self contained), 과목전담제(departmentalization), 부분과목전담제(Partial-departmentalization), team teaching 등을 생각할 수 있다. 외국에서도 초등학교에서 과목전담제는 늘어나는 경향이며, 예능과는 유치원에서도 전담교사가 있다. 그리고 한 교사가 한 학년을 전공으로 가르치는 경향이라고 할 수 있다. 그러나 고학년에서 중학교와의 연결을 위해서 몇 과목만 전담교사를 두는 방안도 고려해 볼 수 있다.

여기서 학급당 학생 수에 대하여 잠깐 주목할 필요가 있다. 대개의 학교에서는 1학년이나 6학년이나 비슷한 수의 학생으로 학급을 편성하고 있다. 그러나 보다 인간적 접촉을 요하는 것은 어린 1학년 학생들이다. 그리고 1, 2학년에서 한글을 해득하지 못한 학생은 모든 교과, 모든 학년에서 학습결손이 누적되기 쉽다. 이런 점을 고려한다면 고학년의 학생 수가 늘어나는 한이 있어도 학교에 갓 들어온 1학년의 학급당 학생 수를 줄여야 할 것이다.

다양한 학교유형을 운영하고, 또 특수학교가 운영되면 학생의 수평이동이 자유로워야 한다.

b. 생활지도

생활지도와 관련지어 볼 때 가장 큰 문제점이 과대학교, 과밀학급이다. 가정에서 부모와 자녀 간의 관계가 멀어져 가고 있다고 하는데 학교에서마저 교사와의 상호작용과 접촉이 적어져 이것이 청소년 문제와도 연결될 수 있다.

교사를 늘릴 수 없다면 보조원이라도 두어 교사는 학생과의 접촉에 더 힘쓸 수 있도록 하는 것도 생각할 수 있다. 도시에서는 유휴 여성 고급인력으로 하여금 teaching aid 등으로 자원봉사할 수 있도록 하여 초등학교 생활지도, 학습지도 개선에 도움이 될 수 있는 방안도 고려할 수 있다.

가정방문도 아동파악과 생활지도에 도움이 될 수 있다. 미국의 미네소타주에서는 교사나 학부모와의 상호작용이 아동의 학업성취에 영향을 준다는 보고에 따라 교사에게 수당을 지급하면서까지 가정방문을 시키려고 주지사가 의회에 예산을 요청한 적이 있다. 우리나라 교사들은 수당도 없이 과외시간을 교육을 위해 쓰려고 하는데도 금지시키는 경우가 있는 것은 문제이다.

c. 교사양성

교사의 질이 교육의 질을 결정한다고 할 만큼 교사는 중요한 변인이다. 특히 어린이에게 교사의 영향력은 어느 상위학교에서보다도 더욱 강력하다.

예·체능교사는 현재 중·고등학교처럼 전문과목 자격증 소지자가 지도하는 교과전담제를 채택해야 할 것이다. 그리고 다른 교사들도 학년별로 전문화할 필요가 있다. 유치원, 1~3학년, 4~6학년, 7~9학년, 10~12학년으로 전문화하고, 7~12학년 담당은 다시 과목으로 전문화하는 것이다.

교대, 사대를 통합하여 종합교원대학에서 모든 수준 학교의 교사를 양성한다면 교수의 인력활용, 협조체제 등 여러 면에서 효율적일 것이다. 종합교원대학 안에서 유아교육코스, 초등하급코스, 초등상급코스, 중등전기코스과목전공, 중등후기코스과목전공, 특수교육, 행·재정코스대학원 등으로 나누어 양성할 수도 있다. 현재와 같이 교대, 사대가 떨어져 있는 것은 한 학교인데 캠퍼스만 떨어져 있는 것으로 하여 운영할 수 있을 것이다.

현재와 같이 짧은 실습기간으로는 충분한 교수기술을 기르기 힘들다. 2년제 교대에서 4년제로 늘어나는 이때에 한 1년쯤 철저한 실습이 필요하다. 대개의 경우 실습은 부속학교나 실습 초등학교에 모든 것이 맡겨지는 경우가 있는데 대학의 철저한 지도가 요구된다.

교사의 현직교육은 스스로 참여할 수 있도록 유도하여 학점제(정식대학 학점이 아니더라도)로 하여 취득한 학점이 호봉에 반영되도록 할 필요가 있다. 강제로 차출되어 억지로 받는 연수는 능률과 성과가 적다.

야간대학이나 교육대학원을 교사개인의 재정부담으로 마쳤을 때는 호봉에 반영해 전문적 성장의욕을 북돋아 줘야 한다.

물론 현재 초·중등교사 간에 있는 차별대우는 없어져야 하고 학력, 경력, 연수학점에 따라 동등한 대우를 받도록 하여야 할 것이다.

d. 행·재정

지역과 학교사정, 학생 하나하나에 맞추는 행정을 하기 위해서는 우선 융통성과 다양성이 인정되고 조장되어야 한다. 다양하고 복잡하면 돈이 더 들게 마련이나 오히려 돈을 줄이기 위해서 다양성을 추구할 수도 있다.

융통적이고, 다양하고 복잡한 행·재정을 운영하기 위해서는 행·재정의 과학화와 전문화가 요구된다. 또 자율성도 보장되어야 한다. 이미 지적한 것처럼 학년에 따라 학급당 학생 수를 달리하고, 학교유형도 지역에 따라 다양하고, 수업시종이 건물에 따라 다르고, 2부제 운영에 따라 교사의 출퇴근 시간이 달라진다면 지금과 같은 획일적 사고방식으론 행정하기가 어려울 것이다.

모든 교사가 다 행정가가 되려고 한다는 데 문제가 있다. 행정영역과 교수영역이 각각 전문영역으로 존중된다면 행정지향은 줄어들 것이다. 교사와 교장이 학력과 경력에 따라 동등한 대우를 받을 수 있고 각자의 전문성이 인정될 수 있는 제도적 장치가 있다면 구태여 책임이 많고 어려움이 많은 교장으로 옮겨가려고 하지 않을 것이다. 아니면 교장에게 높은 수준의 자격요건을 요구해서 전문성을 높일 수도 있을 것이다.

교육재정 운영에 학부모, 주민, 지방의 참여가 절실히 요구될 것이다. 국민들이 교육세 낸 것으로 모든 의무는 끝났다고 생각하여 교육현실을 강 건너불 보듯이 방관한다든지(그럴 가능성이 있다), 아니면 감독적 태도로만 나온다면 문제가 될 것이다. 내 자식의 학교, 우리 지방의 학교라는 의식을 갖고 교육에 협조할 수 있도록 유도되어야 할 것이다. 현재로서는 나라 체면, 의무교육 몇 년이라는 국제경쟁보다, 유상이냐 무상이냐를 따지기 이전에 교육의 질을 보장하는 것이 더 중요하다. 주민의 노력봉사나 물질적 봉사를 받아서라도 초등교육이 개선될 수 있다면 그것도 기꺼이 받아야 한다.

지금까지의 장학이 행정을 통한 교수학습개선이었다면 앞으로는 이와 동시에 교수학습개선에 직접적으로 접근하는 장학방법을 고려해야 할 것이다. 그리고 교육과정 개발과 개정도 중앙에만 맡기지 말고 지방에서도 부분적으로 떠맡을 수 있게 되어야 할 것이다.

이상에서 살펴본 것을 종합하여 볼 때 구조, 기능적 측면도 문제가 있지만 운영 면에서 문제가 더 있으며, 제도적 문제도 다양성으로 보완 발전할 수 있는 여지가 있음을 알 수 있다. 문제점과 함께 부분적으로 제시되었던 방안들을 종합하여 발전의 방안으로 정리하고자 한다.

Ⅱ. 초등교육의 구조·기능·운영의 발전 방안

지금까지 문제점을 분석하면서 간간이 제시된 의견, 방안을 다시 종합정리해 보고자 한다. 여기서 제시되는 방안들은 하나의 아이디어에 지나지 않으므로 교육재정의 여건, 전체적인 학제의 골격에 맞춰 구체적인 자료에 의하여 수정 또는 재조정되어야 한다.

구체적인 방안을 논하기 전에 먼저 몇 가지 기본적인 방향이 있다.

첫째, 초등교육 부문에서는 학제의 구조와 기능을 근본적으로 개혁하기보다는 운영 면에서 다양성을 추구하는 방향에서 방안을 모색하고자 한다.

둘째, 교육의 인간화에 좀더 접근하려 하며 가능하면 학생을 개인으로서 고려하고 학생에게 선택의 폭을 제공하도록 노력한다.

셋째, 언젠가는 어느 정도 교육의 지방자치제가 실현되어 지역의 특성이 살려지고, 지역에 따라 다양해지고, 하부기관의 재량권이 확대될 것으로 보아 그런 방향에서 방안이 모색된다. 그리고 교육에 주민의 참여가 증대되어야 할 것으로 본다.

넷째, 의무교육 연한이 유치원까지 하향확대되고 중학교까지 연장되며, 머지않아 고등학교까지 확대될 것이라는 전망하에 발전방안이 모색된다. 이러한 발전방향과 전망 속에서 구조, 기능, 운영의 순서로 살펴보고자 한다.

A. 구조, 기능적 측면

초등교육 6년이라는 기본학제는 그대로 두고 약간씩 변화시키는 방향이라는 것은 이미 말한 바와 같다.

1. 의무교육의 확대

중학교 의무교육에 앞서 유치원교육의 공교육화 또는 의무화를 방안으로 제시하고 싶다. 연구보고에 의하면 우선순위 1위가 중학교 의무교육이지만 86년도 추정 진학률 98.5%라면 1.5%만 국고보조로 차등무상교육을 실시하면 비록 수익자 부담이 대부분이지만 100% 진학률(졸업률과는 약간 차가 있겠지만)을 확보할 수 있다. 그러나 유치원의 공교육화는 세계적 추세임에도, 그대로 두면 86년도 추정 20% 취원율밖에 안 된다. 그래서 중학교 완전무상을 유보하고 1.5%에 대한 차등무상에 유치원에 못 가는 80%까지를 취원(유상이 되었든 무상이 되었든)시키고 초등교육의 충실을 기해야 할 것이다. 요는 돈을 받아서라도 유치원~중학교까지 100% 수용하고 또 교육의 질을 높여야 한다는 생각이다.

2. 초등교육의 성격과 기능

초등학교 6학년까지만 의무교육인 현재로서는 초등교육이 중학교 교육을 받기 위한 중간교육의 성격이라기보다는 오히려 우리나라 국민으로서 갖추어야 할 최소한의 기초능력을 기르는 완성교육으로 보았어야 할 것이다. 그리고 중학교에서 "중견국민"을 기르는 것이 암시되어 있다. 그러나 실제로 초등학교만을 마치고는 자기 나라 신문도 읽을 수 없었으며 중학교 졸업으로 "중견국민"이 되기도 힘들었을 것이다. 앞으로 중학교까지 의무교육이 확대될 때는 초등학교와 중학교를 합쳐서 국민기초교육의 완성(고등학교를 위한 중간학교가 아니라)으로 보아야 할 것이다.

3. 초등교육 중간목표

초등교육 6년 중 3학년까지 저학년을 유치원과 한데 묶어 유−3을 조기교육(early childhood education)으로 금을 긋고자 한다. 발달단계로 보아 초등학교 저학년을 5, 6학년과 묶는 것보다는 밑으로 묶는 것이 타당하다. 그래서 초등학교 교육의 최종 목적인 "국민생활에 필요한 기초적인 초등보통교육"의 중간에 저학년에서 도달해야 할 최소한의 중간목표를 정해 두는 것이 좋겠다. 물론 지금도 각 학년의 목표가 있기는 하지만 예를 들면 우리나라 문자인 한글해득이라든지, 인간교육, 학교와 사회, 국가에 대한 태도, 읽기, 쓰기, 셈하기 등 기초교육의 최소한의 목표를 정하는 것도 의미가 있을 것 같다. 유−3의 성격과 목적을 분명히 하는 것이 좋겠다.

4. 초·중등 간의 연계

초등학교 4~6학년을 묶어 초등상급 기초교육을 한다. 어느 정도 이론교육도 가능하고 부분교과전담제도 가능하여 중학교 교육과 연계지을 수 있다. 만일 4학년부터 조금씩 외국어 교육이 도입된다면 중학교에서 제2외국어도 고려할 수 있고 최소한 신문을 읽을 수 있는 정도의 한자교육도 철저히 해야 한다. 그만큼 초등에서의 국어교육은 강화되어야 할 것이다. 지역사정에 따라 이 초등학교 고학년은 독립적으로 한 학교를 이룩할 수도 있고, 중학교와 묶을 수도 있다. 어린이와 청소년을 한데 묶는다는 비난이 있을 수 있으나 한 학교에 수용만 하고 운영은 달리한다. 물론 지금처럼 유치원, 저학년과 같이 설 수도 있다.

5. 다양한 학교유형

기본적으로는 유−3(유치원−초등학급), 4~6(초등상급), 7~9(중등전기), 10~12(중등후기)의 학교유형을 생각하지만 지역의 사정, 학교의 규모, 수용능력, 학교운영의 경제성, 통학거리 등을 고려하여 다양하게 운영할 수 있게 한다. 위의 기본형은 학생 수가 많은 대도시에 알맞을 것이고, 농촌에서는 고등학교까지 유−6−6, 또는 유−9−3, 유−12 학교도 가능하게 해야 한다. 경우에 따라서는 유−3−6−3, 유−3−3−6도 고려하고, 특별한 경우는 유−5−3−4 등도 두려워하지 말고 운영에서 각급 학교의 성격과 인간발달단계의 특성을 살리도록 유의하면 다양성이 오히려 경제적일 수 있다. 이러한 경우 행정가는 각급학교행정에 대한 연수가 있어야 하고, 학생의 수직, 수평 이동이 자유로워야 한다. 낙도 같은 곳에서는 초등학교에 중학반이나 고등학교 반을 두어서라도 구제해야 하고, 원거리, 아파트 지역에서는 마을회관, 교회, 아파트의 한 교실분 정도를 빌려서라도 교사가 출장지도 하는 등 소수의 학생이라도 교육을 받고자 하는 사람은 구제되어야 한다.

6. 특수학교 및 학급

장애자를 위한 특수학교가 도시에 몰려 있어서 교육의 기회가 골고루 주어지지 못하고 있다. 학교를 별도로 설립할 수 없는 지역에서는 정상학교에 특수학급을 설치할 수 있도록 한다. 현 실정으로는 여러 가지 어려움이 있으나 이러한 특수아를 정상학급에 수용하여 지도하는 것(mainstreaming)도 시도되어야 한다. 이러한 경우는 교사의 특수교육에 대한 능력이 전제가 돼야 하고, 개별학습, 시설 등이 전제되어야 한다. 무엇보다 중요한 것은 동료학생, 사회인의 특수아에 대한 동등의식이 중요하다. 하여간 특수학급을 설치하지 못하는 곳에서는 정상학급에서라도 지도되어야 한다.

예·체능에 대한 재질이 발견되는 즉시 예·체능계 특수학교로 이동할 수 있어야 한다. 지금까지 주로 사립이나 개인의 노력에 의존하여 왔는데 예·체능계도 국가가 맡아서 해야 할 것이다.

영재아가 발현되면 특수학교로 옮겨져 남보다 빨리 높은 수준에서 교육을 마칠 수 있도록 되어야 하는데, 전문기관이 있어서 정확한 검사에 의하여 영재아를 정확하게 가려내는 일부터 해야 할 것이다.

7. 방송통신 중학교(반)

중학교 의무교육이 실시되어 앞으로의 세대가 모두 중학교 졸업 이상의 수준이 될 것을 대비하여 이미 초등학교밖에 마치지 못한 사람들에게 중학교 졸업의 기회를 주기 위해 방송통신 중학교를 잠정적으로 운영할 필요가 있다. 학력이 올라감에 따라 기성세대에게 기회가 주어지지 않는다면 결과적으로 교육의 기회를 빼앗은 셈이 된다.

8. 취학연령

취학연령을 인하해야 한다는 주장도 있으나 이것은 재정압박과 관련되므로 유치원교육이 확대되면 사실상 교육이 1년 일찍 시작되는 셈이므로 유치원만 확대하고 당분간 더 연구하는 것이 좋을 것이다.

현재의 초등학교 취학연령은 만 6세에서 하루만 부족해도 1년을 기다려야 한다. 이러한 폐단을 막기 위해 ① 5~7세 사이에서 아동의 성숙도에 따라 학부모가 자유로이 선택하게 하는 방안, ② 5.5세~6.5세 사이에서 입학시키는 방안, ③ 현재와 같이 만 6세 입학을 원칙으로 하되 5~6세 사이에서 입학을 원하는 사람은 전문연구기관의 검사를 거쳐서 학교의 수용능력에 따라 조기입학을 가능케 하는 방안이 있을 수 있다. 그리고 유치원이 공교육화되었을 경우는 유치원 취원을 만 5세를 원칙으로 하되 4~5세의 아동은 지능검사를 거쳐서 받아 주고 유치원에서 초등학교로 자동적으로 넘어가게 하면 된다. 이러한 방안 ③은 능력에 따라 1년 빨리 교육을 마칠 수 있게 하는 결과도 된다.

9. 초등교육 5년으로의 단축 문제

초등교육을 5년으로 줄이고자 하는 의도는 ① 전체교육연한 16년을 15년으로 줄이기 위해서, ② 중·고등학교 교육연한을 늘려 조정하기 위해서, ③ 순수한 교육이론의 입장에서 현재의 6년간의 교육내용을 5년으로 줄일 수 있고 또 줄여야 한다고 믿기 때문으로 나누어 생각해 볼 수 있다.

필자는 현상 6년을 지키고자 하는 입장이다. 아직은 세 가지 의도나 이유가 충분치 않다. 더구나 다른 수준의 학교도 그렇겠지만 초등학교에서 교육과정이 팽창하고 있다. 인구교육, 성교육, 환경교육, 영양교육, 소비자교육 등이 교육과정에 많이 포함되어야 한다고 각 분야에서 주장된 지 오래다. 더구나 어린이들이 너무나 많은 시간을 학교에서 배우고 있다고 하고, 주5일제 수업이 실험되고 있는 실정에서 5년으로 줄여 놓으면 초등교육 내용을 충분히 소화시키기 어렵다. 기초교육을 소홀히 해 놓으면 상급학교에서 아무리 많은 시간, 아무리 많은 돈을 투입해도 초등에서 한 것만큼 효과를 거두기 어렵다. 특히 인간교육적 측면은 더욱 그렇다.

10. 고등학교, 유아원 확충에 대한 압력

의무교육이 상, 하로 확대될 경우 필연적으로 고등학교와 유아원에 대한 확충압력이 가해질 것이다. 이에 대한 대비가 요구된다.

11. 남녀 공학

초·중등이 같은 학교에 수용되는 경우에 따라 차차 중학교까지 자연스럽게 남녀공학으로 되어야 할 것이다.

이상의 구조를 기간학제(초, 중등부분)로 나타내면 〈그림 1〉과 같다.

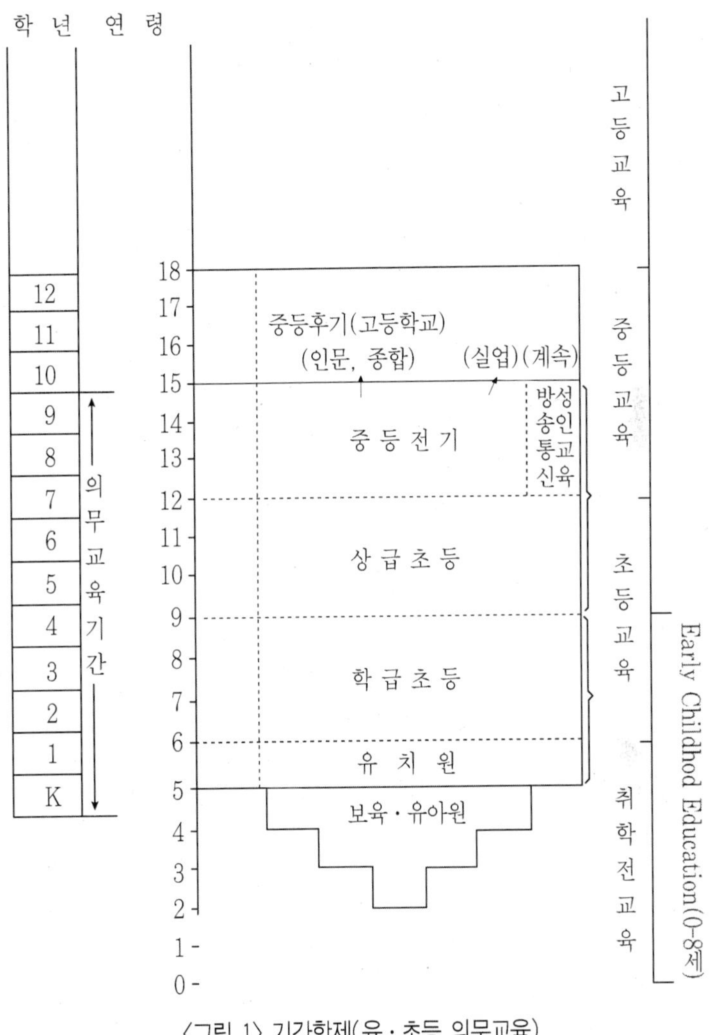

〈그림 1〉 기간학제(유·초등 의무교육)

B. 운영적 측면

제한된 재정을 가지고 보다 나은 성과를 얻기 위하여 또는 약간 더 투입하여 더 많은 효과를 올리고 교육의 인간화를 꾀하면서 학생에게 선택의 폭을 넓혀주기 위해 다양한 교육운영이 필요하다.

1. 학급당 학생 수

현재의 학급편성을 보면 전교생을 전교사 수로 나눈 평균 학생 수로 전교의 학급당 학생 수가 비슷하여 1학년 학생 수나 6학년의 학급당 학생 수나 비슷하다. 어머니 품에서 갓 떨어져 들어온 1학년을 다루기가 같은 수의 4, 5, 6학년 다루기보다 더 어려울 것은 누구나 쉽게 짐작할 수 있다. 사실 지금과 같은 많은 학생 수는 공부는 고사하고 관리하기에도 벅찬 정도이다. 1, 2학년에서 문자를 해득하지 못한 아동은 모든 학년, 모든 교과에서 학습 결손이 누적되기 쉽다. 학교, 사회, 국가에 대한 태도, 학습에 대한 태도를 잘못 형성해 놓으면 좀처럼 고치기 힘들다. 고학년에서 학생 수가 늘어나는 한이 있더라도 저학년에서 교사와 학생의 인간적 접촉을 충실히 하고자 방안을 모색한다.

예를 들어 각 학년 3개 반씩 평균 60명, 전교생 1,080명, 교사 18명이라면 1학년은 학급당 36명, 2학년은 45명, 3학년은 60명, 4, 5, 6학년은 90명씩 편성하더라도 저학년이 더 인간적 접촉을 필요로 한다고 보는 것이다. 이러한 경우 교실과 교사의 증가는 없으나 4, 5, 6학년 교사의 부담이 커져 불평이 높아진다. 현재도 고학년 교사들이 주당 8~10여 시간씩 더 많은 수업부담을 갖고 불평하는데도 교장이 이를 조정 못 하는 수가 있다. 중 · 고등학교에서 수업시간이 많아지면 수당을 지급하는데 초등학교에서는 많이 가르치고도 똑같은 봉급을 받고 있다. 봉급에 반영해 주든지 근무부담에 형평을 기하면서 이런 방안을 고려할 수 있다.

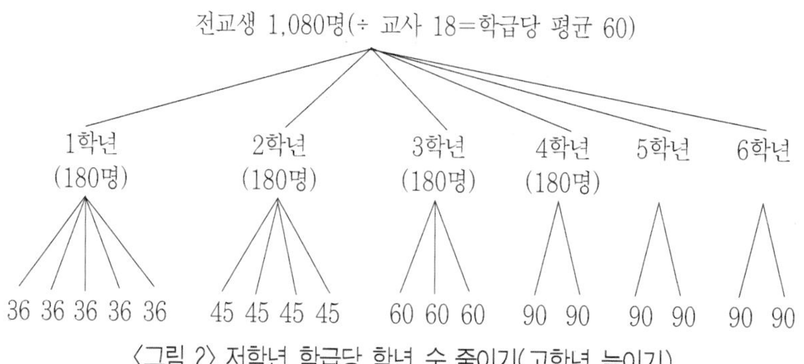

〈그림 2〉 저학년 학급당 학년 수 줄이기(고학년 늘이기)

다른 방안은 1, 2학년에서 한 교사가 2개 반을 맡아 2부제를 하여 학급당 학생 수를 줄이는 방안이다. 학생들은 인간적 접촉을 많이 할 수 있으나 교사의 부담은 늘고 2부를 싫어하는 학부모의 요구를 충족시킬 수 없다. 1, 2학년에서 수업시간을 줄이고, 교사 보조원을 쓰면 근무부담을 줄일 수 있고, 2부제도 불리할 것이 없으며(늦잠 자는 아동들을 중심으로) 학부모의 불만도 줄일 수 있다. 그러나 현재의 상황으로는 학급당 학생 수를 줄이지 않아도 2부제를 해소 못 하는 실정이므로 교실 수를 확보하기 힘들 것이다.〈그림 3〉

어쨌든 저학년에서부터 학급당 학생 수를 줄여서 인간교육을 강화해야겠다는 의도를 밝히려는 것이다.

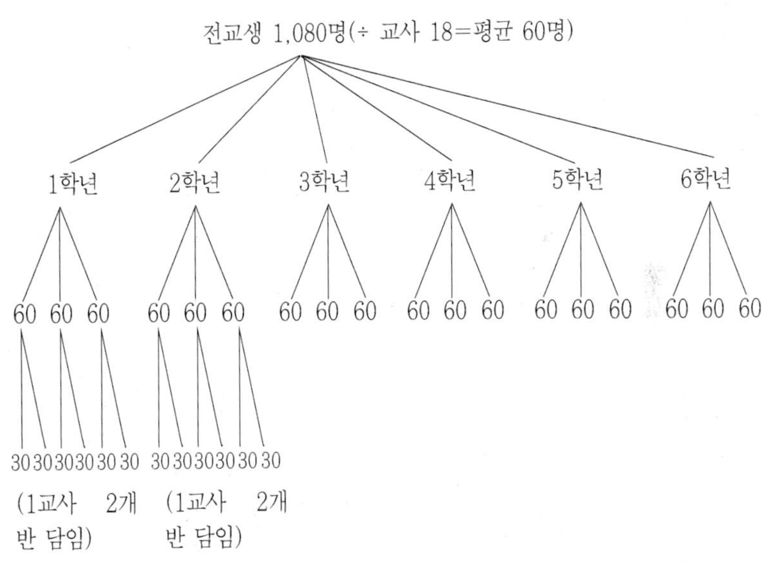

〈그림 3〉 저학년 1교사 2개 반 담임으로 저학년 학급당 학생 수 줄이기

2. 예·체능교과 전담제

한 교사가 모든 교과를 다 지도하기는 어렵다. 특히 예능과는 전문성과 기능을 요하는 것으로 전문교사가 지도해야 한다. 어렸을 때 기초를 잘못해 놓으면

이 방면에의 발전에 지장이 있을 것이다. 유치원에서부터 가능하다고 본다. 여기에는 교사양성이 필요하고, 결국 교사 증원의 문제가 따르게 된다.

3. 4~6학년 부분교과 전담제

초등학교 4~6학년에서는 예·체능 교과 말고도 좀더 전문성을 요하는 교과를 전문교사가 전담하게 하여 전문성도 높이고 초등학교와 중학교의 연계를 부드럽게 할 수도 있고, 또 학생으로 하여금 학급담임제와 부분교과담임제 중에서 선택하게 할 수도 있다. 이러한 경우는 교사증원이 반드시 필요한 것은 아니다.

4. 사립초등학교

얼마 안 되는 사립초등학교이긴 하지만 국가가 필요로 할 때 교실난 해소에 기여해 온 것은 사실이다. 그래서 국가의 지원을 받으면서도 공립과 다른 특색을 살릴 수 있도록 하고 학생들이 선택에 의하여 갈 수 있어야 한다. 그리고 유치원 교육을 지나치게 사립에 의존했다가는 나중에 공교육 또는 의무화할 때 또 어려움이 따르게 될 것으로 예상된다.

5. 교사보조원

교사는 교수전문가이다. 그런데 이 교수전문가가 잡무에 시달린다고 한다. 정부가 의도적으로 줄이려고 시도했지만 좀처럼 해소 안 되고 있다. 비싼 봉급을 줘야 할 교수전문가를 싼 값으로 할 수 있는 잡무를 하게 한다면 극히 비경제적이다. 비싼 봉급을 줘야 할 교사는 교수학습 연구에 몰두하게 하고 대신 고등학교 졸업 정도의 교사보조원을 두어 잡무 등을 처리하고 교사를 돕게 하는 것이 좋다. 아니면 part time으로 대학 재학생을 교사보조원으로 고용하는 것도 고려할 수 있다.

6. 가정방문

교사와 학부모의 밀접한 상호작용은 학생의 학업성취, 생활지도에 도움이 된다. 가정방문을 금지하기보다는 권장돼야 할 성질이다. 부정적인 요소가 있다면 그것만을 제거해야 한다.

7. 학부모, 주민의 협조

학부모와 국민의 협조 없이는 결코 초등교육은 성공될 수 없다. 교육세 받는 것만으로는 충분할 수 없다. 학부모의 고급유휴인력들이 part time으로 도서실, 자료실, 교통, 생활지도, 음악, 미술, 체육, 영어 등의 교사보조의 일에 봉사할 수 있는 기회를 마련하는 것도 생각할 수 있다. 학부모의 수준이 높아짐에 따라 자기 자녀의 학교나 지역의 학교에 봉사함으로써 생의 보람과 즐거움을 찾고자 하는 사람이 늘어날 것이다. 물론 이런 사람도 학교와 교육에 대한 오리엔테이션 코스를 거쳐서 하는 게 좋다. 물질적인 희사나 봉사도 달게 받아야 한다.

8. 장학의 방법개선

장학의 궁극적인 목적은 교수학습개선인데 지금까지 우리의 장학은 행정의 연장 또 주변적인 일에 바빴다. 교수학습장학에만 전념할 수 있는 담당자를 두어 교사로 하여금 가르치는 일에서 전문적으로 성장하고, 가르치는 일에서 만족하도록 장학해야 한다(교수학습에 초점을 둔 장학).

9. 특별활동

모든 학생이 운동선수나, 밴드부나, 합창부 등에 참가할 수 있도록 기회가 개방될 수 있어야 한다.

C. 부수적 조치

초등교육의 구조, 운영적 측면의 변화에 따라 부수적인 조치가 필요하다. 여러 가지가 있겠으나 교사, 교육행정가, 시설의 세 측면만 살펴보고자 한다.

1. 교사양성과 연수

(1) 교사의 전문화를 위하여 유치원교사코스, 초등하급코스, 초등상급코스, 중등전기코스, 중등후기코스, 특수교사코스, 교육행정코스(대학원)로 분화하여 양성할 필요가 있다.

(2) 교대와 사대를 통합하여 종합교원대학으로 하고 코스만 달리하면 교수의 인적 자원을 활용하고 학문의 발전을 가져올 수 있다.

(3) 교생실습은 그 기간을 한 학기 또는 일년 정도까지 늘려야 한다. 특히 우리나라는 수습교사 기간이 없어 한번 채용되면 일생 동안 임기보장될 가능성이 있기 때문에 실습의 철저가 강조된다. 대개 실습기간은 부속학교나 일선학교에 모든 것이 넘겨지는 경향이 있는데 어디까지나 대학에서 집중지도 해야 한다.

(4) 물론 학력과 경력에 따라 각급 학교 교사는 동등한 대우를 받아야 한다.

(5) 교사의 현직교육은 자발적으로 참여할 수 있도록 유도되어야 한다. 대학원 학점이든 교육구청 또는 교육위원회 단위연수학점이든 학점에 의하여 봉급에 반영해 주면 자발적 참여의 가능성은 높다.

(6) 교대가 2년제에서 4년제로 승격됨에 따라 모든 교사가 4년제 졸업 수준이 될 수 있도록 기회가 주어져야 한다. 이러한 기회가 주어지지 않는다면 결국 4년제가 생기기 전에 졸업한 사람들에게는 기회가 박탈된 셈이 되고 앞으로 교장, 교감이 교사보다 낮은 학력을 갖게 되는 결과가 된다. 방송통신대학에 기회를 주어 4년졸업 수준을 유지하려는 것은 잘하는 일이다.

(7) 교사의 인사에 있어서 순환근무제는 경합지역에만 적용하고, 경합지역이 아닌 곳에서 희망하는 사람은 한 학교에서 사명감과 보람을 느끼며 일생을 바칠 수 있게 하는 방안도 고려할 필요가 있다.

(8) 여교사가 많은 비중을 차지하고 있는 초등교육에서 여교사들이 남교사에 비하여 행정직으로의 진출 등에 있어서 불리한 전망을 갖게 된다면 교직을 부업 정도로 여기게 만들 가능성이 있다. 만일 여교사들이 남편의 직업은 주업이고 자기의 직업인 교직은 가계를 돕는 수입원의 부업으로 여기게

된다면 초등교육은 위기에 부닥친다. 행정직으로의 진출 등에 있어서 여교사에게 실질적으로 기회가 보장될 수 있는 제도적 장치가 있어야 한다.

2. 교육행정가

(1) 앞으로의 행정가는 다양성에 적합하면서 동시에 전문성도 요구된다. 초등교장이 유치원장도 겸하게 될 것을 대비하여 유아교육행정에 대한 연수나 학점 이수가 요구된다. 마찬가지로 초·중등이 합쳐진 다양한 학교의 행정가를 위해서 초등교육행정, 중등교육행정 양쪽을 다 알아야 한다. 장학사, 연구사도 마찬가지다.

(2) 교사와 교장은 학력과 경력에 따라 똑같은 대우를 받고 각각의 전문성이 존중되어야 한다.

3. 학교시설

학교유형이 다양해짐에 따라 학교시설도 각급 학교 특성에 따라, 그리고 지역의 특성에 따라 다양하고 또 알맞아야 한다. 유치원과 저학년을 수용한 학교시설은 놀이, 생활에 편리하도록 구조되어야 할 것이다. 그리고 한 시설을 다용도, 다목적으로 쓰일 수 있고, 또 쉽게 개조될 수 있고, 장기적 전망으로 설계돼야 한다.

Ⅲ. 결 론

지금까지 초등교육의 구조, 기능적 측면, 운영적 측면, 학제발전에 관련된 내용을 ① 교육의 인간화, ② 교육의 기회균등과 개방성, ③ 수월성, ④ 체제의 다양성, ⑤ 인간발달의 적합성, ⑥ 사회체제와의 통합성이 여섯 관점에서 분석하고 발전방안도 역시 ① 구조기능적 측면, ② 운영적 측면, ③ 부수적 조치의 세 측면에서 비교적 초등교육의 실제적인 문제를 중심으로 제시하였다.

이러한 발전의 방안에서 의도하는 것은 가능한 한 교육의 인간화로 학생 개개인에 맞추고 학생에게 선택의 기회를 주고자 하는 것이며, 그러다 보니 결과적으로 교육체제와 운영은 다양해질 수밖에 없다. 그리고 가능한 한 교육의 재정적 투입을 많이 하지 않는 범위에서 방안을 제시하려 하였으나 역시 현상을 바꾸거나 새로운 것을 도입하려면 교육경비가 불어나지 않을 수 없을 것이다.

여기에 제시된 방안을 고려하거나 실험하려 할 때는 특히 변화와 혁신에 대하여 현장교사들은 흔히 저항의식을 갖기 쉽다는 것을 염두에 두어야 한다. 특별한 이익이 당장 돌아오지 않는다면 일단 변화에 대하여 반대해 놓고 본다는 것이다. 그리고 변화에 의하여 영향을 받게 되는 사람들은(이익이 되거나 해가 되거나) 장기적이기보다는 단기적 전망을 갖기 쉽다는 점도 있다. 그러므로 이러한 발전방안은 개인이나 지역의 이해관계를 떠나서 국가적 입장에서 장기적 전망을 갖고 검토되어야 할 것이다.

또 여기서 방안을 제시하거나 문제를 분석하는 동안 초등교육만을 강조하는 표현이 있었을지 모르나 교육이 어느 한 부분만 중요할 수는 없는 것이므로 우리나라 교육전체를 놓고 보는 입장에서 재조정되어야 할 것이다.

결론적으로 초등교육의 구조, 기능, 운영적 측면에서 기본적 학제는 6년 그대로 두고 저학년과 고학년을 나누어 묶고, 운영의 다양성으로 보완하는 입장에서 몇 가지 실제적인 면에서 발전의 방안이 제시되었다.

15. 교육혁신체제*

Ⅰ. 서론 - 교육혁신의 중요성

오늘날 전세계적으로 개발의 시대에 처해서 교육의 쇄신과 발전을 이룩하기 위하여1) 선진국이나 후진국이나 모두가 그 나라 나름대로 최선의 노력을 경주하고 있다.

인구의 폭발, 지식의 폭발, 상승적 기대의 폭발 등으로 교육의 폭발현상이 나타나고2) 있는 이때에 교육이 그대로 주저앉아 있거니와 거북이걸음을 하고 있을 때가 아니다.

교직문화는 변화나 혁신의 시도를 색안경으로 보고 흔히는 부정적인 태도에다 체념적인 비관론마저 깃들이는 경우가 많다. 흔히는 평온하고 안정된 분위기를 강하게 희구하고 교육행정가들은 조직의 "유지기능"에 전심하여 "혁신기능"을 등한시하는 경우가 많다고 하겠다. 그러나 오늘날은 유지기능도 중시하지만 혁신기능을 살려 더욱 보강시켜야 할 때라고 본다.3)

---

* 교육연구(74.4) 교육연구사 pp.23~26에 게재된 것임
1) 김종철, "교육정책의 새로운 구상" 새교육, 1970, 4월호, p.59.
2) 김종철, 교육계획론(서울: 교육출판사, 1973), p.268.

이렇게 교육에 있어서 혁신의 기능이 중요함에도 교육은 다른 기업과 달라 혁신을 받아들임에 있어서 느린 것만큼은 사실이다. 그것은 교육이 그만큼 중요해서 섣불리 혁신을 도입할 수 없다는 신중성에서 온 원인도 있겠지만 Richard O. Carlson이 일컬은 것처럼 "야생적 조직"(wilder organization)이 되지 못하고 "온상적 조직"(domesticated organization)[4]이기 때문이다. 야생동물은 생존경쟁에서 지면 강자에게 먹히니 잡혀 먹히지 않기 위해 그야말로 사역을 다하고, 사기업은 경쟁에서 지면 당장 문을 닫아야 하므로 다른 기업과의 경쟁에 이기기 위해서 최선의 방법을 선택하고 혁신도 용이하게 한다. 그러나 교육은 혁신을 하지 않아도 고객인 학생은 저절로 모여들고 최선의 경영을 하지 않아도 국가로부터 자금과 교원의 월급은 나오는 것이다. 학교가 다른 학교와의 경쟁에서 지게 된다면 문을 닫게 되고 그 학교의 교원은 실직하게 된다면 상황은 달라질 것이다. 이렇게 야생적이지 못하고 온상적이기 때문에 새로운 혁신이 전국에 퍼지기에는 50년 이상이나 걸린다[5]는 것이다. 그 한 예로 독일에서 미국에 유치원이 소개된 후 20년에야 St. Louis에 처음으로 설립되고 94년이 지난 1968년까지 겨우 46% 교육구가 유치원 교육을 실시한다[6]는 것이다.

그러나 대학을 졸업하고 50년간은 그 분야에서 지도적 역할을 하던 시대에서 5년을 넘기가 어려운 시대[7]로 변한 지금은 교육이 그렇게 과거처럼

---

3) 김영식, "PPBS의 도입과 교육경영의 혁신" 새교육 1971, 1월호 p.39

4) Richrd O. Carlson, "Environmental Constraints and organizational Conequences: The public school and Its clients" in Danicl E. Criffithsed, Behavioral Science and Educationce and Educational Administration. *The Sixty-third Year Book of the* National Society for the Study of Education, Part Ⅱ.(Chicago: The University of Chicago press, 1964), pp.264-67.

5) Paul R. Mort, and Donald H. Ross, Principles of School Admini*stration(New York: Mc Craw-Hill Book Company, 1957), p.181 Robert G. Owens, Organizational Behavior in Schools,(Englewood Cliffs Prenti-Hall, Inc. 1970) p.144*에서 전재.

6) "Kinder garten Education, 1967-1968" NEA Resaarch Bulletin, XLⅦ, No.1(March 1969) p.10.

7) 이규호, "한국교육의 혁신" 한국교육이념의 탐구(서울시교육위원회 1973), pp.196

온상적인 상태에만 있을 수는 없는 것이다.

격동하는 세계에 있어서 교육이 변화에 적응하고 변화를 촉진하는 기능을 다하기 위하여 스스로 급격한 변화를 겪고 있음은 사회변화와 교육의 관계에서 유래되는 논리적 귀결[8]인 것이다. 다행히 현대는 혁신을 가능케 하고 또한 촉진하는 요인이 있다.

그 첫째는 사회심리적 기능(Socio-Psychological Mobility)의 증대로 보다 변화에 대한 수용태세가 강화되었다는 점이며,

둘째는 경영철학의 변화와 기술의 발달로 개혁을 도입하고 보급함에 있어서 보다 합리적인 방법과 절차를 밟을 수 있게 되었으며,

셋째는 과학기술의 발전과 연구개발의 진전으로 교육계획의 방법기술 도구가 성공적으로 개발되었으며,

끝으로 교육에 관한 정보와 자료의 보급이 신속 정확하게 이루어짐으로써 다른 나라 다른 지역에서 추진되고 있는 교육개혁을 보다 신속히, 보다 정확하게 이해할 수 있게 되었으며 혁신방안에 관한 한 전세계적으로 국경을 넘어서 교환할 수 있게 되었다는 점이다.[9]

혁신의 비결을 배운 사회는 먼 장래에 있어서 뿐 아니라 당장에 더욱 흥미 있고 더욱 활기에 찬 사회가 될 것이라[10]는 신념하에 젊은이들로 하여금 그들이 지니고 있는 유망성을 성취하도록 도와주기 위하여 계속적이고 효과적인 재능의 구조를 작용시키는 교육혁신은 우리 한국사회에서도 더할 수 없이 중요한 것이다. 해방 후 교육제도, 방법, 내용 등에 있어서 조변모개라고 할 정도로 변화하여 왔다. 이러한 변화는 확고한 철학과 가치관이 없고, 정책결정에 있어서 Dror의 Model[11] 같은 신중한 18단계의 백년대계다운 신중성 결여에서 기인한 것이지만 혁신을 위한 몸부림이었던 것만큼은 사실

---

8) 김종철, <u>세계 안의 한국교육</u>(서울: 배영사, 1972), p.63.
9) 김종철, <u>교육계획론</u>(서울: 교육출판사, 1973), p.271.
10) Gardner 저 임철희 역, <u>자아혁신</u>, 탐구당, 1972, p.14.
11) YeheZkel Dror, Public Policymakion Re-Examined(San Francisco: Chandler 1968).

이었을 것이다. 이러한 몸부림마저도 없었더라면 서당식이나 일제식의 교육밖에 못했을지도 모른다. 이제는 갖은 몸부림을 다 쳐봤으니 "국적 있는 교육"의 탐구와 실천12) 속에서 한국교육혁신의 길을 모색하고 참다운 교육혁신을 이룩하는 것이 중요하다고 본다.

Ⅱ. 본론 – 교육혁신체제

교육혁신의 중요성에 이어 이제는 바람직한 방향으로의 혁신을 촉진하는 체제를 몇 부분으로 나누어 살펴보아야겠다.

A. 계속적인 혁신의 사회체제

이 문제는 일반적이고도 광범위한 것이다. 변화와 혁신을 잘 받아들일 수 있는 사회체제 속에서 교육혁신은 이루어지고 교육은 더욱 빠른 속도로 발전할 수 있을 것이다.

Nancy R Rechinger는 그의 박사학위 논문에서 "변화 그 자체가 오늘날 사회가 당면한 가장 큰 문제의 하나이다. 이 문제해결의 가장 큰 장애물은 변화를 다루는 우리 사회체제의 부적절성인 것이다"13)라고 하여 변화가 문제이고 또 사회 체제가 그 변화에 적당치 못한 것이 장애라는 것이다. 우리 한국사회도 변화에 민감하고 일단 혁신하기로 정책결정이 이루어지면 "힘"을 가지고 추진할 수 있는 사회체제가 되어야겠다. 여기서 또 중요한 것은 혁신은 계속적인 것이란 점이다. 꾸준히 계속적으로 일어나야 하는 것이다.

---

12) 유동진, "한국의 현실과 교육의 임무" 한국교육이념의 탐구(서울시교육위원회 1973), p.37.

13) Nancy R. Rechinnger, "Educational Implions of the Predicted Effects of Cybernation on the None-Work Segments of Mans Life", Unpublished doctoral disseration, Wayne State University, Detroit, Michigan, 1970, p.240.

Johng Gardner는 "역사상 영속적인 쇄신의 체제구축을 시도한 사람은 아무도 없다"14)라고 지적하였다. 정지함이 없는 영속적인 혁신체제가 되도록 하는 것이 중요한 문제이다.

계속적인 혁신의 능력과 체제를 발전시켜야 하는 이유는,

첫째, 교육자체의 분야에서 계속적인 새로운 발현과 새로운 지식이 폭발적으로 생겨나고 있기 때문이고,

둘째, 학교의 역할이 변화하고 있기 때문이다.

학교의 역할이 바뀌고 있는데 계속적인 혁신이 없고 정지해서야 되겠는가? 학교의 역할은 새로운 사회에 젊은이들로 하여금 참여할 수 있도록 준비시켜야 하고 일생을 통해서 탐구하고 활동할 수 있도록 도와주어야 하는 것이다. 그리고 앞으로의 탈산업시대에서는 개인의 자아실현이 중요한 학교의 역할이 되는 것이다. 사회에 대한 교육의 역할이 변하고 있는데 교육의 혁신이 계속적으로 이루어지지 않을 수 없는 것이다.

B. 교육자체의 혁신을 위한 피드백 체제

공장이나 기업의 산물은 눈에 보이기 때문에 결과가 뚜렷하여 품질을 따지기에 좋으나 교육의 산물인 '학생의 바람직한 방향으로의 행동변화'는 품질을 재기가 곤란하다. 그래서 투입과 산출의 수지타산을 잴 겨를도 없이 우리의 교육은 많은 투입만을 요구해 온 것만은 부인할 수 없다. 그래서 공산주의와 대결하고 있는 우리의 어려운 여건 속에서도 국가예산의 15% 이상을 매년 문교예산에 투입했던 것이다.

이제는 교육투자의 성과에 대한 책임성이 강조되어야 하겠고, 투자효과를 평가하도록 해야겠다.15) 교육이라는 데서만 교육자 또는 교육학자의 전유물로 문을 꼭 닫아 매 놓지 말고 모든 방향으로부터 들어오는 문을 활짝 열어

---

14) John Gardner, "Toward a Self-Renewing Society", Time, April 11, 1969, pp.40-41.
15) 김영식, "교육투자" 새교육 1971, 12월호, p.70.

놓고 평가를 받고 그것이 곧 불충실한 부문에 Feed back으로 "자동조절"16) 되어 혁신이 될 수 있어야겠다.

중학교에서 지진아 문제가 있으면 그것이 곧 Feed back(초등학교에)되어 근본적인 원인을 밝혀 치료될 수 있어야지 겨우 우열반 편성문제로 끝난다면 지진아는 계속해서 나오고 우열반 문제는 끝없이 한국교육에 남을 것이 아닌가? 미국의 기업이 기획, 연구평가, 목표와 계획의 수정에 기꺼이 투입해서 탈공업시대에 접어들었다면17) 교육도 틀림없이 교육자체의 평가와 Feed back에 투자해서 좋은 교육으로 발전할 수도 있을 것이다. 한 학생이 실패했다면(사회에서건 상급학교 생활에서건) 그가 배운 고등·중·초등학교까지 거슬러 올라가 결함을 찾아내고 다른 학생은 그와 같은 실패의 전철이 계속되지 않는 철저한 Feed back 체제가 이루어지면 교육은 더 한층 발전할 것이다.

C. 교육혁신의 풍토조성

교사나 교장 또는 어느 부문의 사람이라도 혁신에 대한 Idea를 가지고 있으면 교육위원회나 문교부 또는 혁신전문가나 혁신하려는 부문의 전문가의 적극적인 지원을 받고 상호의견 교환을 하며, 혁신을 계획하고 추진할 수 있는 힘을 Idea를 가진 사람에게 줄 수 있는 풍토가 조성되어야겠다.

특히 이 혁신의 계획에는 지역사회가 스스로 참여하고 후원자가 스스로 나타날 수 있는18) 혁신의 풍토, 특히 혁신으로 인해서 직접 간접으로 영향을 받는 사람들이 광범하게 참여할 수 있도록 하고, 또 스스로 참여하는 풍

---

16) Marshall Mcluhan, "Cybernation and Culture", In Charls R. Dechert, ed, The Social Impact of Cybernetics(N. Y.: Simon & Schuster Inc., 1967).

17) John. k. Galbra: th, The New Industrial State(Boston: HAughton Mifflin Company, 1967).

18) J. G. Mc Crachen, "Building Community Acceptance for Innovation", in Educational Leadership(March 1973), pp.519-521에서 참고.

토가 돼야만 원활한 교육혁신이 이루어질 수 있을 것이다.

Fred H. Wood는 "혁신의 풍토"로 7가지를 제시하고 있으나 다 살펴볼 필요는 없고 다만 혁신의 Idea를 가진 사람이 참여하고 또한 충분한 대우나 대가를 받을 수 있는 풍토가 되어야 할 것을 강조한다.

D. 교육혁신과 정치, 경제

자유세계와 공산세계를 막론하고 발전된 나라들, 그리고 발전을 다투고 있는 나라들은 교육을 교육 내적 법칙에 의해서만 다루지 않고 정치와 경제와의 밀접한 관계 아래에서 다루고 있다[19]는 것은 너무도 당연하다.

교육혁신에서도 큰 범위에서는 정치와 경제의 뒷받침이 절대로 필요한 것이고 정치와 경제의 안정이 무엇보다도 중요한 것이다. 해방 후 교육에 많은 흔들림과 혼란이 연속되어 마침내는 국적을 찾게까지 된 것도 그간의 정치, 경제의 안정이 없었기 때문이었을지도 모른다. 이제 안정을 걷고 있는 우리의 정치, 경제의 토대 위에 한국교육의 새로운 전환점을 모색하여야 하며, 쇄신과 발전을 위한 획기적 구상이 있어야 하겠다.[20]

Ⅲ. 결론 - 제언

지금까지 교육혁신에 대하여 현대사회에서의 중요성과 혁신을 촉진할 수 있는 사회체제, 풍토 등을 살펴보았다.

교육혁신을 다룸에 있어서 이외에 중요한 교육혁신전략, 혁신가의 특성, 혁신을 요하는 부문, 혁신적인 조직풍토 등이 중요하나 다음 기회로 미루고, 이제 두 제언을 끝으로 맺음하려 한다.

---

19) 이규호, 전게서, p.178.
20) 김영식, "새로운 교육정책의 방향 조직" 새교육 1970, 4월호, p.67.

A. 교육혁신 전담기구의 설치

김영식 교수는 "변화에 대응하기 위해서는 조직의 혁신 능력을 길러야 하고 혁신기능을 전담할 부서가 마련되어야 하겠다"고 했으며, 또 "변화와 혁신기능을 부각시키고 효과와 타당성을 높이려는 변화에 잘 대응할 수 있는 방법이나 제도가 필요하다고 본다"[21]고 주장한다.

시간을 단축하고 재정의 효율화를 위해서는 전담 기구가 있어야겠다. 문교부도 좋고 한국교육개발원 같은 연구소라도 좋다.

혁신의 Idea를 받아들이고 처리하고 그 부처에서 Idea를 산출해 내고 교육 전반에 걸친 수정과 혁신을 요하는 부분을 찾아내는 일을 하는 곳이 있어야 할 것이다. 대학이 혁신의 기능을 맡아도 좋다. 대학이 한 교육구씩 맡아 현직교육도 시키고 각 학교나 교육구를 혁신의 방향으로 이끌 수도 있을 것이다. 다시는 "국적 없는 교육"이라는 교육이 되지 않기 위해서도 새로운 것을 받아들이고 보급하는 혁신의 전략을 맡는 전담기구가 있어야 시행착오가 적을 것이다.

B. 교사자신의 혁신정신이 중요하다

다른 사람의 자아실현을 도와주려면 교사 자신은 학생의 Model이 되어야겠다. 창조적이고 능력개발에 계속적인 성장과 일생을 통한 연구와 혁신이 있는 교사라야 학생으로 하여금 일생을 통한 교육과 탐구생활을 하도록 할 수 있을 것이다.

교사가 맡은 학생 개개인의 "자아혁신"을 도와주면 그 자아혁신은 바로 사회혁신의 기능을 발휘할 수 있을 것이다. 교사는 학생 스스로가 배울 수 있는(그리고 배우고자 원하는) 지점까지 개인의 내재적 자질을 발전시키도록 도와주고 개인으로 하여금 예견할 수 없는 도전과 대처하고 예견할 수 없는 세계에서 다능한 융통성을 가진 개인으로서 생존할 수 있는 장비를 갖춰주

---

21) 김영식, "PPBS의 도입과 교육경영의 혁신" 새교육 1970. 4월호, p.67.

도록 해야 할 것이다.

이와 같은 교육을 받은 개인들은 사회자체를 신축성과 적응성과 쇄신성을 항상 유지하도록 만들어 놓을 것이다. 이와 같이 중요한 교육을 맡은 교사는 까딱하면 학생들과 생활하는 속에서 새로운 지식을 받아들이는 데 둔감하고, 자신이 알고 있는 지식과 과거에 사용해 봐서 자신이 있는 방법만을 생각하여 혁신의 기능에서 제외되기가 쉽다. 그래서 교육으로 사회의 부조리를 배제하는 사회혁신의 기능을 맡아야 할 텐데 사회가 변하고 나서 거기에 교육이 뒤늦게 따라가고 있게 되는지도 모른다.

혁신이란 단순한 쇄신이나 변화만을 가리키는 것은 아니다. 그것은 또한 변화의 결과를 우리의 제 목적에 부합되도록 하는 과정인 것이다.

우리의 목적에 맞는 의도적이고 계획적인 교육혁신이 차차 이루어지길 바라며 혁신의 문제가 최근 많은 사람들의 연구의 관심을 집중시키고 있는[22] 이때 이 글이 조금이라도 자극이 되었으면 한다.

---

22) 김종철, 교육계획론(서울 교육출판사, 1973), p.265.

●저 자 소 개●

주삼환(朱三煥)

●약력●

서울교육대학 교육학과 졸업
서울대학교 교육대학원 교육행정 전공(교육학 석사)
미국 미네소타 대학교 대학원 교육행정 전공(철학 박사)
전 서울 시내 초등학교 교사 약 15년
   한국교육학회 회원, 한국교육행정학회 회장(1999)
   미국 오하이오 주립대학교 객원교수(2003~2004)
현 충남대학교 인문대학 교육학과 교수

●저서 및 역서●

『사회과학이론입문』(공역, 한국학술정보(주), 2005)
『한국교육행정강론』(한국학술정보(주), 2005)
『질의 교육과 교육행정』(한국학술정보(주), 2005)
『수업분석과 수업연구』(공저, 한국학술정보(주), 2005)
『교육행정철학』(역, 한국학술정보(주), 2005)
『미국교육행정』(역, 한국학술정보(주), 2005)
『입문 비교교육학』(역, 한국학술정보(주), 2005)
『임상장학』(역, 한국학술정보(주), 2005)
『교육행정사상의 변화』(한국학술정보(주), 2005)
『위기의 한국교육』(한국학술정보(주), 2005)
『교양 인간관계론』(공역, 한국학술정보(주), 2005)
『우리의 교육, 몸으로 가르치자』(한국학술정보(주), 2005)
『전환시대의 전환적 교육』(한국학술정보(주), 2006)
『장학: 장학자와 교사의 상호관계성』(역, 한국학술정보(주), 2006)
『허즈버그의 직무동기이론』(역, 한국학술정보(주), 2006)
『대안적 교육행정학』(공역, 한국학술정보(주), 2006)
『전환적 장학과 학교경영』(한국학술정보(주), 2006)
『교육행정 특강』(한국학술정보(주), 2006)
『올바른 교육행정을 지향하여』(한국학술정보(주), 2006)
『교장의 리더십과 장학』(한국학술정보(주), 2006)
『교장의 질 관리장학』(한국학술정보(주), 2006)
『지방 교육자치와 대학자치』(한국학술정보(주), 2006)
『장학의 이론과 기법』(한국학술정보(주), 2006)
『전환기의 교육행정과 학교경영』(한국학술정보(주), 2006)
『고등교육연구』(한국학술정보(주), 2006)
『교육개혁과 교장의 리더십』(한국학술정보(주), 2006)
『교육조직연구』(한국학술정보(주), 2006)
『선택적 장학』(한국학술정보(주), 2006)

『리더십의 철학』(공역, 한국학술정보(주), 2006)
『장학 연구』(한국학술정보(주), 2006)
『미국의 대학평가』(역, 한국학술정보(주), 2006)
『교육행정 및 교육경영』
　　(공저, 학지사, 2003, 개정판)
『미국의 교장』(학지사, 2005)
『교육이 바로 서야』(원미사, 2002)
『교육행정 및 교육경영』
　　(공저, 삼광출판사, 1995)
『장학론』(공저, 한국교육행정학회, 1995)
『장학론』(공저, 한국방송통신대학, 1991)
『인간자원장학론』(공역, 배영사, 1987)
『장학론』(공역, 학문사, 1984)
『교육정책의 새로운 방향』
　　(역, 교육과학사, 1983)
『교육학개론』(공저, 정민사, 1983)
『장학론』(갑을출판사, 1982)
『신장학론』(역, 교육출판사, 1979)

장학연구

• 초판 인쇄	2006년 5월 1일
• 초판 발행	2006년 5월 1일
• 지 은 이	주삼환
• 펴 낸 이	채종준
• 펴 낸 곳	한국학술정보㈜

413-756 경기도 파주시 교하읍 문발리 526-2
파주출판문화정보산업단지
전화 031) 908-3181(대표)·팩스 031) 908-3189
홈페이지 http://www.kstudy.com
e-mail(출판사업부) publish@kstudy.com

• 등 록 제일산-115호(2000. 6. 19)
• 가 격 36,000원

ISBN 89-534-4834-4 93370 (Paper Book)
　　　89-534-4835-2 98370 (e-Book)